本书系国家社科基金项目"公司减资对债权人通知义务研究"（19CFX049）成果

薛 波 著

MIN FA DIAN SHI DAI MIN SHANG GUAN XI LUN

民法典时代
民商关系论

上海人民出版社

推荐序一

在《民法典》编纂过程中，关于民商两法关系的处置问题，一直是重大"悬疑"问题，各方观点纷纭，歧见迭出。囿于既有立法传统和现实因素等方面的考量，立法机关在《民法总则》起草伊始，及时果断地作出立法决断，确立了"民商合一"的立法体例。但是"民商合一"该如何合，在哪些地方合，合的范围、程度以及方式等问题，民商法学界并没有达成基本共识。《民法典》实施后关于民商关系的讨论亦未随着立法的完成而终结。在《民法典》"民商合一"体例下如何保持商法的特殊性和独立性，学界又展开了新一轮的研究热潮。薛波撰写的这部《民法典时代民商关系论》著作直面民商关系这一基础性难题，从理论、制度、实践三个维度对《民法典》时代的民商关系作了全面而又深入的研究。

本书观点新颖、内容丰富、结构严谨、资料翔实。第一编基础理论的第一章通过对新中国《民法典》编纂史的梳理，将"摸着石头过河"凝练为中国《民法典》编纂的"方法论"和"认识论"，并认为这一方法亦是我国商事立法的方法，呼吁商法学界加快推进商法通则立法，实现商法立法的系统化和科学化。第二、三章从历史和现实维度，论证了商法通则立法的可能空间和时代意义，并将商法通则的立法定位提炼为"补充法""权利法"和"裁判法"，这一认识非常具有前瞻性。第四章公司法改革中商法思维的引入，从法律思维角度阐释了商法思维的内涵、外延及关键点，对立法中贯彻和运用商法思维并准确区辨商法思维和民法思维具有重要意义。对民商关系的理解不能仅仅停留在"形而上"的抽象理论层面，否则，就可能会成为"屠龙之术"，更重要的是如何在立法和司法适用中区分和把握民商关系。第二编作者选取了公司法人格否认制度、公司法人财产权制度、企业财团抵押权制度等展开研究，这些制度均处于民商关系的"交叉"地带，是展示民商关系处置之微观典范。如第五章通过公司法人格否认制度"入典"这一示例，以点带面地探讨了《民法典·总则编》"法人章"已经"掏空"《公司法》"总则章"之现实，对《民法典》时代民商关系的处理极具启发意义。第三编包括分期付款买卖合同解除权在股权转让中的适用、未届期股权转让中民法思维和商法思维的界分和融合，公司减资决议和减资行为之区分，公司对外担保中外观主义和表见代表规则的运用，这些研究从司法裁判角度对民商关系作了精细化区分，展示了作者较为扎实、细腻的研究能力。

本书作者薛波博士自 2013 年至 2016 年脱产随我研究商法。在随我研习商法的求学期间，态度诚恳、刻苦好学，发表了一系列研究成果，学术研究能力取得了长足进步。本书理论和实践结合、宏观和微观兼备，是他对民商关系问题长期思考后的结晶和总结，对理解《民法典》时代民商关系以及商法的特殊性和独立性问题具有重要参考价值。寥寥数语为序。衷心祝贺《民法典时代民商关系论》一书的出版，也期待作者后续在该领域推出更多原创性成果，为丰富和繁荣我国商法学基础理论作出更大贡献。

雷兴虎

2021 年 8 月 7 日于江城武汉

推荐序二

    我与薛波的学术交往始于2009年他追随我攻读硕士学位。从那时起，他就对民商法学产生了浓厚的兴趣，并开始广泛涉猎民商法的学术专著、论文和其他文献，每有会意或困惑，便与我倾心交流。我们之间的学术话题总也绕不开民商法学，并且至今绵延不断。硕士研究生毕业后，他南下武汉攻读民商法学博士学位，经雷兴虎教授点石成金，学术成果脱颖而出，新作不断涌现。《民法典时代民商关系论》这部著作便是他潜心钻研、精妙构思的一系列论文的集大成者，可谓"十年磨一剑"。"盖文章，经国之大业，不朽之盛事。"学者须有情怀、社会责任和奉献精神。

    民法与商法的关系是私法中的最基本关系。私法的表达形式应当采用何种立法体例："民商分立"抑或"民商合一"？是近两百多年以来一直困扰大陆法系学术和立法的难题，并影响着整个私法的实现方式和效果。对此，放在私法形成、发展、演变的历史长河中考察，我们发现"民商分立"似乎是私法孕育时期自然选择的结果，"民商合一"则是立法者编纂法典人为设计的体现。尽管具体模式和表现形式存在差异，但是贯穿其中的私法统一理念却始终如一。就价值层面而论，除了共同的价值取向外，我们也可以找到民商法二者不同的价值序列：民法以自然人为本，强调人的尊严、人身安全和公平；商法则以经济人为依归，追求市场交易迅捷、效率和交易安全。抛开法律价值不论，"民商分立"与"民商合一"不过是两种立法技术，并无高低贵贱和优劣之分，关键是如何作出适宜本国法制传统和现实国情的抉择。我国《民法典》编纂采用"民商合一"私法体制，但是并未否定商法在民法典时代的独立性。然而，民法与商法如何融合又如何保持商法的相对独立，依然是《民法典》时代完善商事立法，公正、高效地进行商事执法和司法的重大课题。

本书共三编十四章，从民商关系的"基础论"（第一编）、"制度论"（第二编）和"适用论"（第三编）三个维度谋篇布局。结构体系层层递进，前后呼应，浑然一体。

第一编揭示了我国"摸着石头过河"的《民法典》编纂方法及特色，探讨了民法典时代《商法通则》的立法意义、功能定位、结构体系、与《民法典》的关系以及立法方式等重大问题。主张在公司法改革中引入和运用商法思维，避免单纯的民法规制方式徒增公司营运成本，损害营业效率、妨碍交易安全。该部分不但能使读者回望《民法典》编纂的历史过程，而且带领读者展望了《民法典》制备后未来民商关系的研究方向和发展空间。

第二编民商关系制度论。首先，对公司法人格否认"入典"的正当性提出了质疑，认为这属于民商法律规范的错误配置，将公司法人格否认这一具体的特殊规则抽象上升为《民法典》的一般原则，必然削弱其可操作性；其次，探索了民法典时代《公司法》总则修订的路径，认为在《公司法》篇首设置独立的"形式序编"，有可参照的立法例、成本较低，既利于保持公司法的体系结构又能照应《民法典·总则编》，是一条切实、可行的路径选择；再次，阐明了公司法人财产所有权确立的历史意蕴与当代价值，主张《公司法》修改应以《民法典》为依据明确承认公司法人的财产所有权。企业财团抵押权作为一种典型的商事抵押权，在法律关系的构成要素、抵押权登记等方面均有其特殊性，既要考虑其相对于民事抵押具有独立性，又要照顾二者的关联和衔接。以上研究以企业立法和企业财产为焦点，以点带面地对民商关系的相关制度进行了触类旁通、举一反三的检讨和重构。告诫我们，法律制度不能脱离现实需要和适用条件，为了创新而创新，否则，将成为屠龙之术。

第三编民商关系适用论。探讨了四个问题：第一，分期付款买卖合同解除权在股权转让中的适用；第二，未实际缴付出资股权转让后的出资义务及责任承担；第三，公司减资违反通知义务的法理解析及股东赔偿责任；第四，公司对外担保中债权人审查义务的认定。这些疑难问题大多处于民商法律的交集地带。针对相关的案件，用民法的眼光审查和用商法的思维方式加以判断，裁判结果往往大相径庭。就此类案件要求法官必须审慎甄别民、商的法域归属，选择适宜的裁判方式作出公正裁决。对此，何种场景民商法律规范应当合而协力；何种情形必须划界而治，谨防张冠李戴适用法律错误，作者均一一作出了具有说服力的解答。

作为薛波法学研究的见证人，品读这部著作，仿佛在倾听他讲述与民商法学结缘的学术故事，能感受到他对我国民商法的热情、憧憬、忧虑、自信和执着的追求。字里行间，洋溢着批判与创新的科学精神，依稀幻化出他艰辛的民商法学术旅程，使人看到他，时而在荆棘丛生的山林间寻寻觅觅，上下求索的情景；时而穿越戈壁，艰难跋涉荒漠的步伐；眺望他沿着崎岖的山路攀登高峰的身影，体味他"会当凌绝顶，一览众山小"，与我们分享成功的喜悦。

十年集锦，是学术生涯的回顾和总结，更应当是整装待发，开启新的学术征程。作为一名青年民商法学者，犹如才露尖尖角的小荷，当晨雾散去，在朝阳沐浴下的他一定会挺然傲立，香远益清。

行文草草，言不尽意，开卷有益，读者会各有不同的感悟，仅以是为序。

郭富青

2021 年 7 月 30 日于古都西安

目　录

第一编　民商关系基础论

引论：民商关系

——一项亘古而弥新的课题

　　商法的历史源远流长。古代《汉谟拉比法典》《赫梯法典》《摩奴法典》中调整买卖活动的规范，是民事规范的早期状态，虽不具有商业的特征但却是其萌芽。西罗马帝国灭亡后，欧洲的商业曾一度中断，在经历漫长而黑暗的中世纪早期（约5世纪到10世纪）后，商业又开始复苏并逐渐繁荣。11世纪晚期到12世纪是商法变化的关键时期，欧洲的商业革命、十字军东征使东西方的商路被打开，对商法（商人法）的复兴、传播、促进和发展具有决定性作用。这一时期欧洲出现了一个新的职业商人阶级，他们在乡村和城市从事大规模的商业交易，为满足商人阶级的需要逐步形成了商（人）法体系，亦是在这一时期商法在西方第一次被人们看成是一种法律体系。

　　伴随着近代商法的出现和生长，民商两法就如影随形。究竟该如何处理民商关系亦一直是一项极具挑战性的课题。民法和商法虽同属私法，共用私法的基本理念，但是基于商法形成的特殊历史背景和商事关系的独特性，势难为民法所完全包容。1807年的《法国商法典》和1900年的《德国商法典》采用"民商分立"体例，1881年的《瑞士债务法典》和1942年的《意大利民法典》采用"民商合一"体例。这两种立法体例各有拥趸，优劣互现，迄今难分高下。近代中国，积贫积弱。自维新变法以降，以魏源、李鸿章、张之洞为代表的有识之士提出"师夷长技以制夷"以来，商法伴随着近代中国社会的转型被引入并逐渐地生根、发芽、开花、结果。在历次《民法典》编纂过程中，有人认为，中国自《大清民律草案》开始即奉行"民商合一"体例，亦有人认为，中国最开始实行的不是"民商合一"而是"民商分立"。一百年来，围绕民商立法中的民商关系问题一直纠缠于"分"与"合"之间，可谓分合纠葛，难以定一。一代又一代的民商法学家为此投入了大量的研究和知识努力。

2014 年 10 月 23 日,党的十八届中央委员会第四次会议作出编纂民法典的决定,搁置已久的《民法典》编纂工作得以重启,民商两法的关系处置问题旋即又成为《民法典》编纂过程中"绕不开的重大难题"。《民法典》如何对待商事关系,商事关系以何种方式进入《民法典》,《民法典》能够容纳/收容商事关系的范围和限度等问题,各方专家、学者、民商法学工作者提供了许多极具价值和启迪意义的见地。在《民法典》编纂过程中,最高立法机关和民商法学界就该问题召开过多次研讨会/讨论会/专家论证会/咨询会,最终形成了在《民法典》之内"独立成编、独立成章、独立成条、完全融合"四种模式。虽然在《民法典》编纂之初立法机关明确表示采用"民商合一"体例,但是《民法典》实施后民商关系之争议并未因为立法的完成而终结和消弭。

有部分学者认为,"民商合一"之下商法已经完全被民法所统合和吸收,丧失其独立性。但更多对这一观点进行了质疑。如有学者认为,《民法典·总则编》未能对商法逻辑、商法思维、商法方法予以充分体现或者未体现,与其"民商合一"体例的表示大相径庭。《民法典·总则编》虽然宣称坚持"民商合一"立法体例,但是却并未认真对待商事关系,其对商事关系的调整仅具"圈地"意义。

还有观点认为,"民商合一"天然附带有民法商化不足和商化过度的问题。前者会导致反映商事需求的商法规则在立法论和解释论上的适用机制被双重弱化,后者则有害民事规则理性及制度体系自洽。有学者更直截了当地指出,"民商合一"这个判断本身就是以承认民法和商法之间差异性为条件的。我国后《民法典》时代的"民商合一"不是以抹杀民商区别为标志的绝对的民商合一或民商混同,而是以承认商法独立性为基础的"相对"和"有限"的民商合一。《民法典》实施后民商关系依然是学术界热门的话题。

在上述历史和现实背景之下,本书围绕《民法典》时代的"民商关系"这一主题和线索展开。全书总计三编十四章,逻辑结构和主要内容如下:

第一编:民商关系基础论。本编共四章。第一章:"中国特色"《民法典》编纂方法及其对商事立法的镜鉴。本章将"摸着石头过河"概括为中国《民法典》独一无二、独具特色的编纂方法。这种编纂方法亦是我国商事立法的方法,我国的商事立法有必要借鉴《民法典》编纂方法，加快商法通则立法建设，推动商事立法的"体系化"与"科学化"。第二章：商法通则立法的缘起及时代价值。本章以商法通则的立法沿革及《民法典·总则编》对商事关系的关照性不足为切入点，分析了商法通则立法的空间和可能。认为制定《商法通则》是对《民法典》的必要补充和有益完善，是固化商事登记制度改革成果的最佳方式，是优化营商环境的重要举措，是完善中国特色社会主义法律体系的现实需要，亦是推进国家治理体系和治理能力现代化的题中之义。第三章：商法通则的立法定位及其逻辑展开。本章从立法定位的概念和内涵入手，提出基于商法通则和《民法典》关系、自身属性、适用对象三方面考虑，应当将商法通则定位为"补充法""权利法""裁判法"。制定商法通则不是对《民法典》"民商合一"立法体例的"否定"，而恰恰是"中国特色"民商立法体例的具体体现。商法通则的内容设计应当以"商事权利"为主轴和核心，其规范逻辑结构应当遵循"构成要件—法律后果"之要求。第四章：商法思维在公司法改革中的引入和运用。本章从商法哲学视角阐释了公司法改革需要商法思维的理论和实践动因，商法思维的内涵、体系和着重点，商法思维在公司法改革中的具体运用，公司法改革引入和运用商法思维的留意点五个方面的问题。上述四章均聚焦/针对与民商关系处置中的重大"基础性""理论性"问题展开，对当前和未来的商事立法、理论、司法实践具有一定的参考价值。

第二编：民商关系制度论。本编共四章。第五章：公司法人格否认制度"入典"的正当性质疑——兼评《民法典·总则编》"法人章"的立法技术。本章通过对《民法典》纳入公司法人格否认这一在商法中极为特殊的判例法制度的历程和因由的考察，实质讨论《民法典》对商事关系的包容性和限度问题。第六章：公司法人财产权制度确立的历史意蕴与当代价值。本章选择的是一个公司法研究中的基础性问题。在《民法典》第 269 条第 1 款已经明确规定营利法人财产所有权的背景下，呼吁正在修改中的《公司法》亦应当顺势而为，对第 3 条第 2 款进行修改，明确公司法人的财产所有权。本章实质上是《公司法》修改和《民法典》的体系联动问题。第七章：《民法典》实施后企业财团抵押权制度研究。企业财团抵押权作为一种典型的商事抵押权，其出现主要是为了便利企业融资。企业财团抵押权在设定主体、客体、内容、抵押权登记以及抵押

3

财产处分等方面，均有其特殊性。企业财团抵押权的实现亦需要注意和公司担保、不动产登记、破产别除权等制度的衔接和配合。对该制度的研究，可以窥见商事关系的特殊性和独立性及其和民事关系的关联。第八章：《民法典》实施后《公司法》总则修订之路径选择。本章立足于《民法典》"法人章"已经"掏空"《公司法》总则这一现实之下，提出《公司法》修改的四条路径，保留总则、删除总则、改总则为通则、改为形式序编。和公司法人格否认具有一定的关联性和类似性，本章实质探讨的是《民法典》实施后商事关系和民事关系之协调及生存空间问题。

第三编：民商关系适用论。本编共六章。第九章：指导案例67号裁判理由之检讨——兼论指导案例裁判理由的基本要求。本章主要探讨的是《合同法》第167条（现《民法典》第634条）分期付款买卖合同解除权在分期付款股权转让中的司法适用边界和限度问题。该议题涉及合同法思维和组织法思维的交叉和融合以及外观主义的司法适用。第十章和第十一章探讨同一个主题，即未实际缴付出资股权转让中的民法（交易法/合同法）思维和商法（组织法/团体法）思维之界分和融合。完全认缴制下，未实缴股权外部转让可能诱发诚信危机和道德风险，股权转让后由谁承担原股权上所附的未届期出资义务，立法及司法解释均未具明文。对该主题的思考需要游走于《民法典》《公司法》之间，商事关系和民事关系的关联和特殊性在该主题中得到了集中呈现。第十二章：公司减资对债权人通知义务的法解释学分析及展开和第十三章：公司减资违反通知义务时股东的赔偿责任——《最高人民法院公报》载"德力西案"评释中涉及决议行为的性质和效力认定是典型的民商交叉问题，亦是当前学界研究的热点问题。《民法典》第134条第2款虽然将决议行为归于特殊法律行为，但是法律行为效力瑕疵类型能否适用于决议尚存争论。公司减资时股东对债权人补充赔偿责任的范围和基准，乃损害赔偿规则在商法中的具体适用。诚如王泽鉴先生所言，损害赔偿系民法最核心问题之一，这两章亦多涉及民商关系的交叉适用。第十四章：公司对外担保中债权人审查义务的认定。该问题一直是公司法研究中的"悬案"。为解决公司决议和担保合同效力关联及债权人的审查义务问题，近年来最高人民法院已经出台了多部司法解释，仍未有定论。公司对外担保涉及商事外观主义、团体法思维及合同效力判断、表见代表、公司债权人保护等知识的综合运用，是民商关系犬牙交错之典范。

本书各编的内容虽然各异，但主旨集中，绝大多数在讨论《民法典》时代的民商关系处置问题，试图从理论、制度、实践三个维度展示作者对民商关系的理解和领悟。当然，民商关系讨论切入的视角和路径是多元开放的。本书对于民商关系的研究和解读，亦只能是"冰山之一角"。商事关系属于商法基础理论范畴之一，商法学的兴旺和繁荣需要准确、深刻地把握/领会商事关系和民事关系的界分和融合问题，中国商事立法和司法实践亦呼唤民商关系研究的指引和跟进，希冀本书能为推进《民法典》时代的民商关系研究尽绵薄之力。

第一编　民商关系基础论

第一章 "中国特色"《民法典》编纂方法及其对商事立法的镜鉴

《中华人民共和国民法典》（以下简称《民法典》）已于 2020 年 5 月 28 日十三届全国人民代表大会第三次会议审议通过并于 2021 年 1 月 1 日实施。《民法典》实施后及时总结《民法典》编纂的经验、特色和创新，是政治界、法学界、商务界以及社会各界人士责无旁贷的历史使命。本章拟立足于《民法典》编纂的宏观视角，提炼和阐释"中国特色"的《民法典》编纂方法。

一、"中国特色"《民法典》编纂方法的意涵

方法由"方"和"法"两部分组成。在相关词典里，对"方法"一词有多重含义。《汉语大词典》对"方法"的解释是：（1）测定方形之法；（2）办法，门径；（3）方术，法术；（4）法则。①《现代汉语词典》的解释为：关于解决思想、说话、行动等问题的门路、程序等。②从法学角度看，方法，即在给定条件之下，为实现特定目标所采取的途径、路径、步骤、方式、手段、措施等。③方法包含两个基本要素：一是某个有待实现目标的确定；二是为实现目标选择的推进办法和推进途径。任何选择目标的设定和实现，都必须依赖一定的方法。

---

① 参见《汉语大词典》（第 1 卷），汉语大词典出版社 1990 年版，第 1560 页。
② 参见《现代汉语词典》，商务印书馆 1983 年版，第 306 页。
③ 参见葛洪义：《法律方法讲义》，中国人民大学出版社 2009 年版，第 4 页。

所谓《民法典》的编纂方法，即为实现编纂《民法典》目标所采用的途径、路径、步骤、方式、方案、手段、措施。和编纂方法相近似的概念是编纂技术，我国学术界通常对二者不加区分、混淆使用，实际上二者是有所区别的。编纂技术是从静态视角即《民法典》的编制体例和内容构造入手来观察的；编纂方法是从动态视角即《民法典》的形成过程来看待的。编纂方法既不关乎《民法典》的立法技术，亦和《民法典》内容无涉。犹如建造一栋房屋，编纂技术指建房的框架结构和材料选用问题，建房材料是砖瓦还是大理石，框架结构是选用别人的设计图纸还是自行临摹；编纂方法指从形成过程来观察房子采用何种方式搭建起来的，如是以专业工程队短期内一次性施工完毕，抑或采用临时工形式渐进成型。

从世界范围内来看，主要包括"法学阶梯"和"学说汇纂"两种经典的编纂技术，代表者为 1804 年的《法国民法典》和 1896 年的《德国民法典》。《法国民法典》在继承公元 533 年古罗马皇帝优士丁尼颁布的《法学阶梯》人、物、诉讼三分法的基础上稍加调整，分为人、财产及对于所有权的各种限制、取得财产的各方法三编。《德国民法典》系继承历史法学派的精神编纂而成。深受康德哲学影响的萨维尼及继受者普赫塔、海塞、耶林、温德沙伊德等人，通过对罗马法律素材长期的系统整理和概念化努力，仿效《学说汇纂》打造出总则、债务关系法、物权法、亲属法、继承法五编制的民法典。中国《民法典》采总则、物权、合同、人格权、婚姻家庭、继承、侵权责任七编制体例，有观点认为，中国《民法典》的编制体例是《德国民法典》的翻版和改造；亦有观点认为，中国《民法典》在潘德克吞体例基础上融入了英美法元素，体现出鲜明的中国特色。

尽管编纂技术/体例对认识中国《民法典》特色和创新具有十分重要的意义，但是其并非中国《民法典》最大的特色和创新。按照马克斯·韦伯"形式理性"和"实质理性"的区分思想，欧洲法律具备逻辑性和"形式理性"的特征。[①]自罗马法以降，民法即为践行"形式理性"之典范。公元 6 世纪罗马皇帝优士丁尼一世完成的《优士丁尼法典》《法学阶梯》《学说汇纂》（*Codex Digesta*，*Institutiones*）三部法律法规的汇编也被称为"Codici"，最终确定了在罗马法系

---

① 参见［德］马克斯·韦伯：《论经济与社会中的法律》，张乃根译，中国大百科全书出版社 1998 年版，第 61—62 页。

中法律术语的含义为"法典"。①19世纪末，西欧法国、德国、奥地利、瑞士等资本主义国家掀起的近代"民法法典化"运动，在全面继受和发展罗马私法体系基础上形成了所谓的"民法法系"或者"大陆法系"。②"民法法典化"运动使民法的"形式理性"特征得到了集中呈现，通过对《民法典》的体例编排、概括条款、术语表达等一系列的设计，体现出强烈的精确性、可计算性和可复制性，最终使《民法典》能够跨时空、跨地域地传播。因此，师承《德国民法典》《法国民法典》等大陆法系经典民法典的国家，在各自民法典的体例选择上实则多形"异"实"同"。正如萨维尼所言，法律作为历史上形成的文化现象，它萌生于特定民族的灵魂深处并在那里经过长期的历史进程而孕育成熟，只有从该国的历史中才能发现该国的民族精神。③那么何谓中国《民法典》编纂最大的特色和创新呢？

受制于各国政治、经济、社会、历史、文化基础等因素之不同，域外《民法典》编纂方法亦大异其趣。19世纪的《法国民法典》是法国大革命的产物，亦是第一部资本主义国家民法典。在制定民法典前，法国是一个单一国家，虽然全国各地施行的法律各不相同，但不存在地区性的法典，制定《法国民法典》可谓是"白手起家"，④它采取的是一次性编纂方式。20世纪的《德国民法典》是自由主义时代法律思想的产物，它忠实反映了当时俾斯麦帝国的社会关系。⑤《德国民法典》编纂之初，虽然有《巴伐利亚马克希米里民法典》《普鲁士国家的普通邦法》《奥地利普通民法典》《撒克逊王国民法典》以及1848年制定的《德国普通票据法》和1861年制定的《德国普通商法典》等邦（王国、公国等）法存在，但是也是一次性完成的。作为有志于成为21世纪世界民法典标杆和典范的中国《民法典》，在编纂方法上具有独创性和特殊性。本书所指的《民法典》编纂方法，非指民法典编纂的技术方法/编纂体例，而是指在民法典形成过程中所采取的方式、依据和路线图。如果从这一视角切入，中国《民法典》

---

① 参见魏磊杰、王明锁：《民法法典化、法典解构化及法典重构化——二百年法典发展历程述评》，载《私法》2005年第10期。

② 参见周枏：《罗马法原论》（上册），商务印书馆2014年版，第18页。

③ 参见［德］K.茨威格特、H.克茨：《比较法总论》，潘汉典等译，中国法制出版社2017年版，第262页。

④ 参见谢怀栻：《外国民商法精要》，法律出版社2014年版，第66页。

⑤ 参见［德］霍尔斯特·海因里希·雅克布斯：《十九世纪德国民法科学与立法》，王娜译，法律出版社2003年版，第117页。

编纂方法可以归之于我们耳熟能详的——摸着石头过河——这一方法。

回顾改革开放四十多年民事立法的变迁，我国民事立法一直采取"宜粗不宜细""成熟一个、制定一个"的指导方针，立法机关根据不同时期政治、经济、社会发展的需要陆续颁布了众多的民商事单行法，同时为保障民事单行法的实施，最高人民法院还陆续颁布了规模庞大的民商事司法解释及司法解释性质文件群体。《民法典》正是立基于这些民事单行法和司法解释基础上完成的。我们是成熟一编就制定一编，另外一部分成熟再制定第二编，第二编成熟后制定第三编……经过不断摸索、积累、试错、总结，最后合拢为统一民法典。这种先逐一制定民事单行法和相关联的司法解释及司法解释性质文件，再在此基础上编订纂修合拢成统一法典，是改革开放后采用"摸着石头过河"的方法摸索形成的，在世界范围内无先例可循。它深嵌在中国改革开放经济发展史中，扎根于中国土壤和中国司法实践，充溢着浓郁的中国元素和本土化色彩。

尽管在民法典编纂之前，有学者在总结改革开放四十年中国民事立法历史经验时，已经提到了"摸着石头过河"的方法，但只是作为我国民事立法的"经验"或"特色"对待，①未提升至中国民事立法"方法论"和"认识论"的高度。在《民法典》颁布这一历史性时刻，回顾中国民事立法四十年的变迁浮沉，提炼中国《民法典》编纂的方法论，无疑"摸着石头过河"应当属于中国《民法典》编纂独树一帜、独一无二的编纂方法。

二、"中国特色"《民法典》编纂方法的形成

（一）形成历史

"摸着石头过河"本是一句接地气却富有智慧的民间俚语。它的本意是指，在经验不足的情况下必须大胆试验、积极探索、摸清规律、稳步前进，通过反复尝试、不断摸索、不断调整、不断总结经验，以达到最终的目标。②这一方法

---

① 参见房绍坤：《新中国民事立法的基本经验及其评析》，载何勤华主编：《曲折、磨难、追求——首届中国法学名家论坛学术论文集》（下），北京大学出版社 2011 年版，第 557 页。

② 参见韩振峰：《"摸着石头过河"改革方法的来龙去脉》，载《光明日报》2014 年 4 月 19 日第 14 版。

具有四方面的特征：（1）目标的明确性。"摸"石头最终目标是到达对岸的"河"。（2）内容的实践性。通过一边做一边总结，以提高认识、获知规律。（3）方法的探索性。在不断试错、反复尝试中摸索前进。（4）过程的曲折性。它是一个实践、认识、再实践、再认识的迂回过程。

这一方法最早由刘伯承元帅提出。新中国成立初期，受命去组建军事院校的张爱萍临行前向刘伯承请教，刘伯承说："我送你六个字，可要牢牢记住，这就是摸着石头过河。"①但率先将这一方法运用到经济工作领域的却是陈云。1950年4月，陈云在政务院第27次会议中谈道："物价涨不好，跌亦对生产不好。要'摸着石头过河'，稳当点为好。"1954年5月17日，针对如何在进行社会主义改造的同时又能充分发挥资本主义工商业的积极作用，陈云提出，应当采用"加工订货、统购包销"的具体方式，并再次强调了"摸着石头过河"的指导思想。②1980年12月16日，在中央工作会议上做《关于经济形势与经验教训》讲话时，陈云再次论述了改革开放应当采取"摸着石头过河"的方法。随后，在12月25日的闭幕会议上邓小平表示赞同。自邓小平讲话后，"摸着石头过河"正式跃升成为我党工作的方法论和认识论。之后在不同场合，邓小平多次全面、系统阐释了这一工作方法的要求和内涵。他指出："改革开放胆子要大一些，敢于试验，不能像小脚女人一样。看准了的，就大胆地试，大胆地闯……没有一点闯的精神，没有一点'冒'的精神……就走不出一条好路……就干不出新的事业。"③"我们现在做的事都是一个试验。对我们来说，都是新事物，所以要摸索前进。"④进入21世纪，习近平总书记在党的十八届中共中央政治局第二次集体学习中在强调全面深化改革时亦强调："摸着石头过河，是富有中国特色、符合中国国情的改革方法。摸着石头过河就是摸规律，从实践中获得真知。摸着石头过河和加强顶层设计是辩证统一的。"⑤毋庸置疑，在新中国成立以来尤其改革开放四十多年来中国特色社会主义经济发展过程中，"摸着石头

---

① 参见陈振家：《邓小平的智源》，中国社会科学出版社2003年版，第219页。
② 参见王曦、舒元：《"摸着石头过河"：理论反思》，载《世界经济》2011年第11期。
③ 参见《邓小平文选》（第三卷），人民出版社1993年版，第372页。
④ 参见《邓小平文选》（第三卷），人民出版社1993年版，第174页。
⑤ 参见"习近平总书记在十八届中共中央政治局第二次集体学习时的讲话"，载人民网：http://dangshi.people.com.cn/n/2014/0409/c85037-24858259.html，2019年7月10日访问。

过河"的思想和工作方法发挥着指南作用，是中国特色社会主义事业取得伟大胜利的方法论基础。

《民法典》作为市场经济建设的基本法，回顾新中国成立七十年来民法典的编纂史，本质就是中国特色社会主义市场经济建设实践在私法领域的体现和表达，亦是"摸着石头过河"这一工作思想和工作方法在民事立法领域的生动运用和具体贯彻。

1949年新中国成立后，中共中央明令废止《民法》在内的原国民政府"六法全书"，全国人大常委会于1954年组建领导班子，参酌1922年《苏联民法典》起草民法典，1956年12月完成了《民法典（草案）》草拟工作。该草案共有总则、所有权、债、继承四编，总计525条。1962年全国人大常委会组织第二次起草民法典，1964年11月1日定稿完成了《民法典草案（试拟稿）》，该草案包括总则、财产的所有、财产的流转三编，总计24章262条。1979年11月在全国人大副委员长彭真的领导下再次成立民法典起草小组，至1982年5月完成了《民法典草案（第四稿）》，包括民法任务和基本原则、民事主体、财产所有权、合同、智力成果权、财产继承权、民事责任和其他规定，总计8编43章465条。但因时值改革开放初期，经济体制改革方向未定，加之1979年至1985年民法和经济法论战激烈，民法独立地位受到严重质疑。制定民法典的时机和条件均不成熟，第三波民法典编纂进程亦中断。

随后中国民事立法方针彻底从"批发"转向"零售"。1980年颁布《婚姻法》，1985年颁布《继承法》。1986年在彭真同志力推之下颁布《民法通则》，《民法通则》总计9章156条，对基本原则、民事主体、民事权利、民事责任、诉讼时效作了周详的规定，实际上是一个"小"（微缩/缩编）民法典。《民法通则》颁布拉开了我国民事立法的序幕，20世纪80年代又先后制定《经济合同法》（1981）、《涉外经济合同法》（1985）、《技术合同法》（1987），合同立法呈现"三足鼎立"的局面。1991年制定《收养法》，1995年制定《担保法》，1999年《合同法》颁布结束了合同法"三足鼎立"的局面。2002年制定《农村土地承包法》。

虽然其间有过编纂民法典的尝试，但仅是昙花一现。2002年12月23日立法机关曾向全国人大常委会提交过一个九编制的《民法典（草案）》。由于该草案只是对现行生效法律的"汇编"而非"编纂"，内容矛盾重复，立法质量不高。初次审议后便无下文，民法典立法实际处于休眠状态。①立法机关继续单行立法的思路，2007 年颁布《物权法》，2009 年颁布《侵权责任法》，2010 年10 月 28 日通过《涉外民事关系法律适用法》。2011 年 3 月 10 日全国人大常委会委员长吴邦国庄严宣布，中国特色社会主义法律体系已经形成。

就在有学者悲观预言，民法典已经渐行渐远之际，②2014 年 10 月 28 日，党的十八届四中全会通过的《中共中央关于全面推进依法治国若干重大问题的决定》提出："加强市场法律制度建设，编纂民法典。"决定的出台使宣判"死刑"的民法典得以"复生"。立法机关旋即拟定了"两步走"的编纂策略：第一步修订《民法通则》为《民法总则》，第二步整合其他民事法律为民法典各分编。2016 年6 月第十二届全国人大常委会法制工作委员会将制定《民法总则》列入年度立法计划。2016 年 7 月《民法总则（草案）》提请全国人大常委会第一次审议，历经四次审议后，2017 年 3 月 15 日以 2 782 票赞成、30 票反对、21 票弃权顺利通过。③2018 年 8 月 27 日民法典各分编草案开始审议，全部草案历经二审，其中争议较大的人格权编、婚姻家庭编、侵权责任编历经三审。2019 年 12 月《民法总则》和民法典分编草案"合体"，草案整体提请第十三届全国人大常委会第十五次会议审议。2020 年 5 月 28 日《民法典》以 2 879 票赞成、2 票反对、5 票弃权高票表决通过，包括总则编、物权编、合同编、人格权编、婚姻家庭编、继承编、侵权责任编及附则，总计 7 编 1 260 条 106 600 字。新中国第一部《民法典》重磅登场。

爬梳新中国成立七十年来《民法典》编纂的历史变迁，可以窥见，新中国《民法典》编纂历经坎坷劫波，浮浮沉沉，而非一蹴而就。在前三次尝试一次性编纂民法典无果后，中国民事立法转而改采"摸着石头过河"的方法，先"成熟一个、制定一个"逐步完善各领域的民事单行法，为民法典立法奠定了良好的法律素材和实践基础，然后再对现行有效的民事单行法规范进行科学的整理，对已经不适应现实情况的规定进行修改完善并对社会生活中的新情况、新问题作出有针对性的新规定。④最后，在这两方面基础上形成统一《民法典》。

---

① 参见王卫国主编：《中国民法典论坛（2002—2005）》，中国政法大学出版社 2006 年版，序言部分。

② 参见柳经纬：《渐行渐远的民法典》，载《比较法研究》2016 年第 1 期。

③ 参见张鸣起：《〈中华人民共和国民法总则〉的制定》，载《中国法学》2017 年第 2 期。

④ 参见李建国：《关于〈中华人民共和国民法总则（草案）〉的说明——2017 年 3 月 8 日第十二届全国人民代表大会第五次会议上》，载《人民日报》2017 年 3 月 9 日第 5 版。

（二）形成诱因

1. 哲学层面：受经验主义哲学的影响。经验主义哲学和先验主义哲学、超验主义哲学相对应，它滥觞于英国，代表人物有培根、杜威等。不同于建立在超验主义哲学基础之上的神启法，亦有别于先验哲学基础上的法典式制定法，①经验主义哲学是指人们在同客观事物直接接触过程中通过感觉器官获得的关于客观事物的现象和外部联系的认识。②它以实践经验为基础，不是以概念、逻辑、推理、论证为基础的思维活动和思维方式。"摸着石头过河"方法是典型经验主义哲学的产物，它裹挟在中国特色社会主义市场经济建设实践过程中，是我们在《民法典》编纂过程中不断试错、不断摸索、不断总结、不断改进最终形成的。

2. 经济层面：市场经济条件不具备。民法作为调整市民社会财产关系和人身关系的基本法，其生存的经济基础只能是市场而非计划经济。新中国成立以来我国多次尝试一次性编纂《民法典》均无疾而终，后来改采用"摸着石头过河"的编纂方法，根本原因在于编纂《民法典》的经济条件不具备。1956 年、1964 年、1979 年编纂《民法典》实行的是计划经济体制，计划经济主要通过行政指示和行政命令来组织和安排生产、交换、流通、消费活动。最极端例证莫过于 1964 年的《民法典草案》，该草案第三编"财产的流转"将经济行政关系作为财产流转的核心，没有自然人、法人、物权、债权、法律行为、合同等民法基本内容，③集中反映了计划经济体制的特点。

3. 政治层面：政治环境不允许。编纂《民法典》是一项规模浩大的政治工程，必须要有与之相适应的政治环境和条件，1954 年、1964 年《民法典》编纂失败主要受国际环境和国内政治运动的冲击，1979 年《民法典》编纂时全国正在进行真理标准问题大讨论，《民法典》编纂所需的政治环境也不具备。由于我国《民法典》编纂进程的迟滞，这亦是 1979 年第三次尝试《民法典》编纂无果后改采"摸着石头过河"编纂方法的重要动因。

4. 学术层面：《民法典》编纂的技艺欠缺。新中国成立初期，面对资本主义国家全面封锁采取"一边倒"的外交政策，我国民商法理论全盘继受了苏联国家

---

① 参见谢晖：《经验哲学之兴衰与中国判例法的命运》，载《法律科学》2000 年第 4 期。
② 参见《中国大百科全书·哲学 1》，中国大百科全书出版社 1987 年版，第 372 页。
③ 参见郝铁川：《中国民法典起草的历史》（下），载《法制日报》2016 年 7 月 13 日第 7 版。

主义法学,聘请苏联专家,派遣留学生赴苏联学习,组织翻译了大批苏联民法著作。1954 年起草民法典的范本是 1922 年的《苏俄民法典》、1979 年参考了《苏联民事立法纲要》和 1962 年的《苏俄民法典》。[①]历次《民法典》编纂莫不受苏联民法的影响,直到 2014 年《民法典》编纂还有学者呼吁应当肃清苏联民法对我国《民法典》编纂的影响。[②]苏联民法在研究方法上长于阶级分析和政治分析,忽视法教义学方法的运用。编纂技艺欠缺是改采"摸着石头过河"方法的学术动因。

5. 实践层面:编纂《民法典》的司法土壤贫瘠。1957 年最高人民法院全年共审理案件仅 2 573 件,其中刑事案件 2 545 件,民事案件全年仅 28 件。全国共结案 2 203 件,其中刑事案件 2 184 件,民事仅 19 件。最高人民法院 1957 年的工作报告也指出,在实行农业合作化之后土地归集体所有,私人间的耕地纠纷基本消失,1956 年全国初审土地纠纷只有 6 070 件。[③]这表明当时民事纠纷非常稀少。1979 年改革开放后推行的复转军人进法院、社会招干、机关分流政策,使我国法院系统混杂有大量"半路子"出身的法官,这些法官的法律思维和审判素养比较欠缺。民商事案件审判长期依靠国家政策,党和国家颁布的有关民商事方面的政策性文件,司法解释性质的文件甚至领导人的批复、批示、指示、指令等,缺少《民法典》编纂所匹配的司法土壤。

总之,受上述多重因素的影响和制约,最终使《民法典》改采用"摸着石头过河"这一编纂方法。但是在《民法典》颁布这一万众瞩目的历史性时刻,回顾我国《民法典》编纂史,这一方法却显得极为特殊,值得学界认真对待和反思。

三、"中国特色"《民法典》编纂方法对商事立法的借鉴意义

(一)借鉴的现实性和可行性

1. 现实性

虽然我国《民法典》编纂秉持"民商合一"的立法传统,但是基于商事关

---

① 参见梁慧星:《中国民法学的历史回顾与展望》,载《望江法学》2007 年冬季号(总第 1 期)。

② 参见杨立新:《编纂民法典必须肃清前苏联民法的影响》,载《法制与社会发展》2016 年第 2 期。

③ 参见孙宪忠、谢鸿飞:《中国民法学六十年:1949—2009 年》,载陈小君主编:《私法研究》(第 8 卷),第 5 页。

系的特殊性及现代商事关系发展已经从传统商品生产、制造、加工、销售、服务等经营活动形成的商事关系的调整转移到了资本和金融领域的金融商事关系的事实，①《民法典》对商事关系的容纳极为有限。《民法典》颁布后《公司法》《证券法》《合伙企业法》《个人独资企业法》《破产法》《保险法》《票据法》《海商法》等商事单行法将继续游离于《民法典》外存在。

目前，中国特色社会主义商事立法体系已经基本备齐和健全，商事执法司法经验亦相当丰富，但商法立法"体系化"和"科学化"进程却相当迟缓，这主要受多重因素的制约：（1）抑商的文化基因。中国传统文化"深层结构"具有静态的"目的"意向性，意在"镇止民心，使之少知寡欲而不乱"。②公元1000年左右商人在西欧出现时，常常带着货物徒步或骑马四处奔波，风尘仆仆，从这个城镇到那个城镇，从这个集市到那个集市，一路售卖货物，被形象地称为 Pies poudreux（"泥腿子"）。③商人这种"好动""冒险"形象和中国传统文化格格不入。（2）贬商的社会政策。中国封建社会历来推行"重农抑商"政策，在"士农工商"的排位中，商人始终叨陪末座。"君子喻于义、小人喻于利""商人重利轻别离"之说盛行，商人被认为是投机取巧之徒。这些观念根深蒂固，严重制约了商人地位的提升。（3）排商的思维抵制。我国学界长期存在"排商""抑商"的"沙文主义"思潮，忽视商法的特殊性和特殊的商法思维之存在。（4）商法规则形式理性之欠缺。现行商法单行法颁布于不同时期，各自均独立存在，结构都有总则、分则、法律责任和附则；内容都有立法宗旨、调整对象、调整范围条款，无法形成一个逻辑一致、圆融自治的系统。（5）商法立法起步较晚。新中国成立前三十年我国的商法立法基本上处于"停滞"状态。1992年党的十四大确立市场经济体制改革目标之后商事立法才步入快车道，至今亦不过三十年时间。起步较晚亦是滞碍商法立法"体系化"和"科学化"进程的现实原因。

正如学者所言，民法和商法是"车之两轮、鸟之两翼"的关系。④二者都是

---

① 参见施天涛：《商事关系的重新发现与当今商法的使命》，载《清华法学》2017年第6期。

② 参见孙隆基：《中国文化的深层结构》，中信出版集团2015年版，第10页。

③ 参见［美］迈克尔·E.泰格：《法律与资本主义的兴起》，纪琨译，上海辞书出版社2014年版，第4页。

④ 参见"张文显教授在中国法学会商法学研究会2015年年会上的发言"，载民主与法制网：http://www.mzyfz.com/index.php/cms/item-view-id-1151360，2019年11月20日访问。

市场经济建设的基本法。如果商事立法不能和民事立法协同推进的话，那么中国特色社会主义市场经济建设的法治保障便存在重大"缺陷"和"短板"。《民法典》实施后我国商法学界有必要学习和借鉴《民法典》编纂方法，推进商法立法的"体系化"和"科学化"。

2. 可行性

改革开放四十多年来，商事立法和民事立法始终相互交织、交互影响、相互吸收、齐头并进、共同发展，二者在立法路径上具有高度的一致性、统一性、协调性。《民法典》编纂所采用的"摸着石头过河"方法又何尝不是我国商事立法的方法。我国1979年颁布《中外合资经营企业法》，1986年颁布《外资企业法》，1988年颁布《中外合作经营企业法》，1988年颁布《全民所有制工业企业法》，1992年颁布《海商法》，1993年颁布《公司法》，1995年颁布《票据法》《保险法》《商业银行法》，1997年颁布《合伙企业法》，1998年颁布《证券法》，1999年颁布《个人独资企业法》，2001年颁布《信托法》，2003年颁布《证券投资基金法》，2006年颁布《企业破产法》。这些主要商事单行法亦是伴随中国特色社会主义市场经济建设发展的现实需要，采用"摸着石头过河"的方法"成熟一个、制定一个"完成的。商事立法和民事立法在立法方法上的一致性、统一性、协调性，为商事立法"体系化"和"科学化"奠定了可行性基础。

（二）商事立法借鉴《民法典》编纂方法之展开

既然民事立法和商事立法在方法上具有高度一致性、统一性、协调性，那是否意味着《民法典》颁布后有必要另立一部商法典？笔者认为，商事立法对《民法典》编纂方法的借鉴应当有所取舍，不宜盲目照搬，目前应坚持两点论：（1）无需制定独立的《商法典》。在《民法典》秉持"民商合一"立法体例前提下再制定一部独立的商法典显得不合时宜，商事立法应当在《民法典》确立的统一私法框架下推进。（2）商法立法"体系化"和"科学化"仍有必要。我国商事立法采用"摸着石头过河"的方法成熟一个制定一个，导致各商事单行法之间各自为政，影响了立法的和谐统一，目前亟须通过体系化努力，消弭各单行法的龃龉和矛盾，填补商事一般规范空白。这两点应当是《民法典》颁布后我国商事立法的指导思想，亦是我国商法学界坚持的方向和目标。

其实早在《民法总则》立法过程中，商法立法一直是缠绕在民商学界的

"悬疑"问题。最高立法机关为此组织过多次研讨会、论证会、听证会和实地调研，形成了在《民法典》内独立成编、独立成章、独立成条、完全融合四种模式。①《民法总则》最终选择了"完全融合"模式，将商法规则分散融合、逐一规定在相应的章、节、条、款、项中，《民法典》各分编亦沿袭了这一做法。但实证显示，这一处置模式仍然存在进一步探讨的空间。《民法总则》实施后学术界对民商关系处置褒贬不一。支持者认为，《民法总则》创新地规定了"民商合一"的基本原则、商主体的类型和标准、商事权利体系、商行为类型以及商事责任类型，彰显了中国特色；②批评者认为，《民法总则》对商事权利、商行为、商事责任等重要制度的规定基本处于敷衍状态，对诸如代理商、经纪商这样的商事代理直接忽视，③尤其是《民法总则》"法人章"采用大规模援引《公司法》规定的做法，造成上位法和下位法的冲突。《民法总则》虽然实行"民商合一"，但实际仅具"圈地"意义，并未认真对待商事关系。

无论如何评判《民法总则》对民商关系处置模式之成败得失，亦无论实行"民商合一"抑或"民商分立"，其实不过是一个立法选择和外部形式问题，纯粹属于理论之争和地盘之辨，商法的独立地位和独特商法思维不会因为民法典立法的完成而终结和消弭。法学作为一门充满实践理性的学科，其魅力主要不在于坐而论道，构建价值，其核心要解决的是法适用命题。④德国、法国"民商分立"和意大利"民商合一"形成史已经表明，"民商合一"或者"民商分立"纯粹属于历史的产物而非理性选择的结果。《法国民法典》对商法的疏漏是因为法国大革命对商业阶层的敌视，以至于《法国民法典》制定时根本没把"商法"当成"民法"来看待。在民法典制定时商法已经形成了自己独特的传统，它没有明显的与罗马法关联的祖先。优士丁尼的《法学阶梯》里没有它，法国法理论里也没有它。这一原因同样解释了《德国民法典》和《奥地利民法典》里为什么疏漏了商法。⑤在我国《民法典》立法秉持"民商合一"体例前提下，学界

---

① 参见雷兴虎、薛波：《〈民法总则〉包容商事关系模式研究》，载《甘肃政法学院学报》2017 年第 1 期。

② 参见许中缘：《我国〈民法总则〉对民商合一体例的立法创新》，载《法学》2017 年第 7 期。

③ 参见施天涛：《商事关系的重新发现与当今商法的使命》，载《清华法学》2017 年第 6 期。

④ 参见［德］卡尔·恩吉施：《法律思维导论》，郑永流译，法律出版社 2013 年版，译后小记部分。

⑤ 参见［美］艾伦·沃森：《民法法系的演变及形成》，李静冰、姚新华译，中国法制出版社2005 年版，第 160—161 页。

应当抛弃"民商合一"和"民商分立"的无谓争论，立足于我国商事立法和司法实践推动商法立法的"体系化"和"科学化"。

那么，何谓商事立法"体系化"和"科学化"路径的最佳选择呢？经过商法学界二十多年的深入研究，已经形成了相当一致的看法，即中国商事立法应当尊重中国自己的商事立法、司法、执法实践和商务创新，我们没有必要采用大而全的单一商法典或民法典/民商法典模式，应当采用《民法典》+ 商事（法）通则 + 商事单行法相结合的立法模式。①这种由《民法典》+ 商事单行法②构成的"统分结合、有分有合"的立法模式，是扎根于中国土壤形成的商事立法模式，属于真正本土化的中国创新。它符合渐进经济体制改革中的商事立法、执法和司法实践，亦是我国理论和实务界长期探索和理性思考的结晶。

为加快推进商法通则立法工作，当前有必要做好三方面工作：（1）夯实商法通则的立法基础。关于商法通则立法的可行性、必要性的论证已经相当坚实、充分，需要进一步补强的是商法通则的实质内容。除可以从各商事单行法中撷取应当规定在商法通则的部分内容外，尤为重要的是应当注意对商业习惯/惯例的提取和吸收。因为没有任何领域比商法更能清楚地观察到经济事实是如何转化成法律关系的。只要不与强行法相悖，商人往往可以根据自己的力量，按照自己的需要以合意的交易条件和方式设定他的法律关系。③商事习惯对于商事交易和商行为的解释具有支柱性意义。我国学界和实务界对此的重视程度还远远不够。鉴于商事习惯/惯例之于商事立法的重要性及特殊价值，有必要成立专职

---

① 该模式最早由江平教授提出，王保树教授、赵旭东教授均进行过充分论证。2015 年 9 月在河南召开的中国法学会商法学研究会年会上张文显教授表示支持，并勉励商法学界要有意识推进商法通则工作。之后他又进一步强调社会主义市场经济法律体系更多要通过商法来体现，商法学研究会应当早日向立法机关提交商法通则建议稿，推动商法通则立法。参见"鲍绍坤、张文显副会长听取中国法学会商法学研究会工作汇报"，载中国法学会官网：https://www.chinalaw.org.cn/portal/article/index/id/17602/cid/54.html，2019 年 6 月 21 日访问。

② 有观点认为，商法通则类似于"总则"或"总纲"性质的法律文件，终极目标仍然是制定商法典。实际上商法通则不能等同于商法"总则"或者"总纲"，还发挥着对商事单行法缺漏"补充"和"兜底"作用，仍属"单行法"范畴。详见王保树：《商事通则：超越民商合一与民商分立》，载《法学研究》2005 年第 1 期。

③ 参见［德］古斯塔夫·拉德布鲁赫：《法学导论》，米健译，商务印书馆 2013 年版，第111—112 页。

负责商事习惯/惯例调查工作的委员会/调查小组，在全国范围内开展大规模的商事习惯调查、搜集、整理和汇编工作。关于委员会/调查小组人员的构成，建议由全国人大常委会法工委牵头，会同最高人民法院和中国法学会商法学研究会的骨干力量，在全国各级人民法院/仲裁机构/律师事务所/商业行会/商务企业展开大规模的商事习惯/惯例调查工作。在反复筛选、甄别、过滤、萃取的基础上，对我国商事实践中已经发展成熟但还未上升至成文法或者司法解释规定的，由委员会/调查小组出具代表独立意见的专家意见书。专家意见书应当详细载明待纳入商事习惯的类型、适用范围和纳入理由，以给商法通则立法做好充分的理论准备和资料参照工作。（2）整合商事单行法及司法解释。我国民商立法历来存在"无法不解释"的现象，商事司法解释对商事审判的影响甚至要大于立法。据统计，1979 年至 2011 年间我国共颁布了 469 件民商事司法解释。2014 年后几乎每出台一部重要的商事单行法，一年内就会颁布与之相配套的司法解释。例如，2005 年 10 月 27 日《公司法》修订颁布，2006 年 5 月 9 日《最高人民法院关于适用〈中华人民共和国公司法〉若干问题的规定（一）》（以下简称《公司法司法解释（一）》）正式实施，间隔仅六个月；2008 年 2 月 28 日《保险法》修订，同年 10 月 1 日《最高人民法院关于适用〈中华人民共和国保险法〉若干问题的解释（一）》（以下简称《保险法司法解释（一）》）实施，间隔也六个月；2006 年 8 月 27 日《破产法》通过，2007 年 6 月 1 日颁布《关于审理企业破产案件指定管理人的规定》，间隔九个月。虽然司法解释对于细化法律、保证法律适用以及发展和完善法律发挥了十分重要的作用，但是这种大规模颁布抽象性司法解释的做法却严重模糊了立法权和司法权的边界，使立法存在被司法解释"架空"之危险。《民法典》编纂已经充分注意到了对司法解释的统合吸收问题。商法立法亦有必要借鉴《民法典》编纂的方法，强化立法对司法解释的吸收，借此以廓清立法权和司法权之边界，维护立法权之权威。（3）推进商法通则进入立法规划。在做好前两方面工作的同时，当前更为紧迫的任务是推动商法通则早日列入全国人大常委会的立法规划。虽然学界就商法通则立法已经召开了多次学术研讨会/论证会并且出台了数份高质量的商法通则立法学者建议稿，有多位全国人大代表和全国政协委员提交了关于商法通则立法的议案。但截至目前，商法通则立法依然止步于理论准备和社会呼吁阶段，在全国人大常委会的年度立法规划里，迟迟未出现过商法通则的立法计划。正如学者所言："民法典的竣工之时，就是我国商事立法启航之日。"①《民法典》颁布为商法通则立法提供了良好机遇和契机。趁民法典编纂之余热，有必要发动政治界/学术界/实务界/商务界/一切可能力量，通过立法论证会/听证会/研讨会/代表议案等多种方式和途径，督促立法机关尽早将商法通则列入立法规划。

---

① 参见赵旭东：《民法典的编纂与商事立法》，载《中国法学》2016 年第 4 期。

第二章 商法通则立法的缘起及时代价值

一、商法通则立法命题的历史演进

我国商法通则的立法实践最早可以追溯至清末。清光绪二十九年（1903）颁布的《商人通例》对商人的概念、商事权利、商号、商业账簿等问题作了明确规定；宣统二年（1910），又编制了总计 7 章 84 条的《商事总则》，但未经审议；民国三年（1914），将《商事总则》改为《商人通则》颁布实施，总计 7 章 73 条。①及至晚近以来，随着后续民法典的历次起草，②制定《商事通则》的呼声一直未曾间断。1998 年，江平教授提出制定《商事通则》构想。他从民法典制定的宏观视角分析认为，民商关系应当坚持两点论：一是民商融合的趋势；二是民法和商法的划分仍然有必要。③因此，应当对二者的范围作出界定，没有界定就谈不上融合，有必要按照《民法通则》的模式，另立一部《商事通则》。④江平教授关于民商关系的观点引起了学界的广泛关注。1999 年 6 月 30 日，由深圳人大常委会法工委和中国社会科学院法学研究所合作草拟的《深圳经济特区商事条例》颁布，系新中国成立以来《商事通则》立法的首次尝试。该条例在 2004 年 4 月 16 日深圳市第三届人民代表大会常务委员会第三十一次

---

① 参见谢振民：《中华民国立法史》（下册），中国政法大学出版社 2009 年版，第 802 页。

② 新中国成立以来，我国分别在 1954 年、1962 年、1979 年、2002 年四次启动《民法典》编纂工作，但均因历史条件所限，始终未能完成。参见梁慧星：《新中国第三次民法起草亲历记》，载《武汉文史资料》2015 年第 1 期。

③④ 参见江平、马俊驹：《民法典：建设社会主义法治国家的基础——专家学者谈中国民法典的制定》，载《法律科学》1998 年第 3 期。

会议又进一步修改，可谓是《商事通则》从理论走向实践的标志。①之后，前中国法学会商法学研究会会长王保树教授从现实主义立场出发，全面系统地阐述了他关于制定《商事通则》的方法论、定位、指导思想和基本结构。②2004 年中国法学会商法学研究会以《商法通则》立法问题为年会中心议题，提出要尽快完成《商事通则》建议稿的工作；2007 年商法学年会上，商法学界围绕"和谐社会构建中的商法建设"这一主题再次探讨商法的完善及《商法通则》的制定问题；2008 年商法学研究会在宁波成立了《商事通则》调研组，最终在 2010 年形成了包含 10 章 92 条的《中华人民共和国商事通则》建议稿。③自 2010 年之后，随着具有中国特色的社会主义法律体系的正式形成，学界虽然有零星制定《商事通则》的声音，但在全国人大的立法规划里，一直未出现过制定《商事通则》的计划。

正所谓"面壁十年图破壁"，在沉寂了数年之后，随着 2015 年《民法典》编纂工作的强势重启，《民法典》编纂的学术热潮显然激发了商法学界对《商事通则》进行新一轮评估和思考，《商事通则》的制定工作再现曙光，近两年来，屡次成为商法学界争讨的焦点话题。2015 年 9 月，在河南召开中国法学会商法学研究会年会上，时任中国法学会副会长的张文显教授明确指出，民法典和商法典是"鸟之两翼、车之两轮"的关系，商法学界要有意识地推动商事立法工作，要在已有的商事通则草案的基础之上继续推进。④之后他又进一步强调，社会主义市场经济法律体系更多要通过商法体现，商法学研究会应当早日向立法

---

① 2013 年 12 月 25 日，深圳市第五届人大常委会第二十六次会议通过《深圳市人民代表大会常务委员会关于废止〈深圳经济特区商事条例〉的决定》，废止了《深圳经济特区商事条例》。但这不能抹杀其实践价值及效用。我国学界有观点称，《深圳经济特区商事条例》从制定伊始就一直处于"闲置"状态。笔者曾借在深圳工作之机，向深圳市市场监督管理局电话咨询过该条例的实施情况，事实上并非如此，该条例在 1999—2013 年间一直发挥着重要作用。否定意见参见樊涛：《我国民法典的制定与商事规范的构建》，载《法学杂志》2016 年第 11 期。

② 参见王保树：《商事通则：超越民商分立和民商合一》，载《法学研究》2005 年第 1 期。

③ 另外还有两个学者建议稿，分别为苗延波完成的《中华人民共和国商法通则》草案建议稿，樊涛、王延川完成的《中华人民共和国商法通则》草案建议稿。

④ 参见"张文显副会长出席中国商法学研究会 2015 年年会并致辞"，载民主与法制网：http://www.mzyfz.com/cms/xuehuigongzuo/html/1535/2015-09-30/content-1151360.html，2017 年 3 月 21 日访问。

部门提交商法通则建议稿，推动《商法通则》立法工作。①张文显教授的系列发言推高了《商法通则》立法研究的热潮。2017年商法学界频频发力，展开了对《商法通则》新一轮的研究。2017年4月15日，河南财经政法大学召开了"第二届民法与商法的对话学术研讨会"；9月10日，中国商法学研究会邀请全国人大常委会法工委主任沈春耀同志，专题汇报与研讨"商事制度改革与商事立法中的《商法通则》立法相关问题"；9月16日，吉林大学举办"首届吉大商法高端论坛"，集中研讨《商法通则》的立法体例问题；10月13日，南京大学商法研究中心举办"商法通则与中国商事立法体系的构建"研讨会；10月14日、15日，2017年中国法学会商法学研究会年会热议制定《商法通则》的可行性和必要性；11月17日，中山大学举办"国家工商总局《商法通则》立法研究"项目结项暨商法通则制定必要性与可行性研讨会；12月30日，北京大学法学院举行"制定商法典——商法典编纂的全球印象学术研讨会"；2018年年初，在北京召开的商法学研究会会长会议审议与研讨《商法通则》"专家建议稿"的定稿。《商法通则》的研究热度可谓一时无两，俨然已成为商法学界的"重头戏"。

在前后历经近二十年的研究之后，在由王保树教授和赵旭东教授领衔的两代商法学人的不断开拓和努力进取下，在商法学界和实务界甚至行政机关的长期呼吁下，制定《商法通则》又再一次重新回归于立法机关的视野之中。当前，在《民法典》实施已经完成民事立法"体系化"和"科学化"，商法学界对《商法通则》的理论研究已经相当系统和深入的情形下，制定《商法通则》的历史时机也已经成熟。商法不能、也没有理由继续"沦落"为《民法典》之外的"游勇散兵"或"可有可无的注脚"。②商法必须认真、理性地面对自身的"体系化"和"科学化"及其统一的法源体系建构问题，尽早推动《商法通则》进入立法规划。这是民法典时代的商事立法、司法和理论必须面对的重大课题，亦是商法学人责无旁贷的历史使命。

---

① 参见"鲍绍坤、张文显副会长听取中国法学会商法学研究会工作汇报"，载中国法学会官网：https://www.chinalaw.org.cn/Column/Column_View.aspx?ColumnID = 921&InfoI，2017年3月21日访问。

② 当然，这不等于要制定一部统一的民商法典，或者在民法典之外单独制定商法典。目前商法学界大部分学者均不赞同制定商法典或民商法典。

二、商法通则立法的现实空间与可能

如果说，商法学界的理论研究为《商法通则》的制定提供了理论基础和历史依据，那么，《民法典·总则编》在商事关系处置上的欠缺和失当，则为《商法通则》立法预留下了充足的现实空间和可能。在《民法典》编纂伊始，囿于既有的立法传统和现实因素等方面的考量，立法机关果断作出决断，确立了"民商合一"的立法体例。①但是，"民商合一"该如何合，在哪些地方合，合的范围、程度及方式等问题，学界并未达成共识和一致。最终《民法典·总则编》虽然在民事主体、民事权利、决议行为、代理等章节部分关照到了商事关系，但并未完全反映商法的精神、理念、原则和制度。②《民法典·总则编》对商事关系的调整存在重大欠缺和不足。

第一，《民法典·总则编》未涵盖商法的基本原则。《民法典·总则编》虽然确立了平等、自愿、公平、诚实信用、公序良俗、保护生态环境六大原则，③但是除去保护生态环境原则，其他原则都是在《民法通则》第3、4、7条规定基础上的承袭和沿用。尽管有学者从学理解释的角度，将这些原则也一概解释为商事活动的基本原则，并认为是《民法典·总则编》对"民商合一"体例的立法创新，④但似乎略显牵强。如果《民法典·总则编》旨在规定统一适用于民商事活动的基本原则，为何不对商事营业自由，商事交易简便、迅捷等具有鲜明商法特色之原则作出明确的规定？最让人难以理解的是，《民法典·总则编》忽视了调整商事关系最重要的原则——外观主义原则。众所周知，外观主义原则主要适用于商事活动，真正体现了商法的特点，是商法得以"部门化"

---

① 参见《关于〈中华人民共和国民法总则（草案）〉的说明》（2016 年 6 月 27 日第十二届全国人民代表大会常务委员会第二十一次会议），第 3 页。

② 赵旭东教授旗帜鲜明地指出："《民法总则》对商法不作规定或者少作规定，就是最好的规定，不作设计，就是最好的统筹、最理性的安排，它给下一步商事立法留出了足够的机会和空间，由此也期待《民法总则》颁布后，商事立法也能够进入立法机关的立法日程。"参见《民法总则是对民法分则编纂的指导》，载法制网：http://www.legaldaily.com.cn/fxjy/content/2017-03/22/content_7063049.htm，2017 年 7 月 23 日访问。

③ 参见《民法典·总则编》第 2、5、6、7、8、9 条。

④ 参见许中缘：《我国〈民法总则〉对民商合一体例的立法创新》，载《法学》2017 年第 7 期。

和"独立化"之皈依，亦是商法单行法中不同制度、规范得以统一的指导性原则。①尽管《民法总则（草案）》和《民法总则（草案）》一审稿第6条第2款曾出现过外观主义原则的身影，但最终颁布的《民法典》删除了该条规定，不得不说是一个重大的立法遗憾。总之，从《民法典·总则编》基本原则部分的规定观察，很难说《民法典·总则编》全面贯彻了"民商合一"的立法体制。《民法典·总则编》对商法原则规定的不完整和忽视是既定的客观事实。

第二，《民法典·总则编》"法人章"存在"复印"《公司法》的痕迹。《民法典·总则编》民事主体"法人章"的条文构造，基本上可谓是《公司法》的"微缩版"（或缩简版）。尤其是总则编"营利法人"一节几乎全都是《公司法》"核心规则"的复制。据笔者总结，《民法典·总则编》"法人章"共计有11处复制了《公司法》12个条文。如"法人章"之"一般规定"第67条法人的合并分立是《公司法》第174条、第176条的复制，第69条法人的解散情形是《公司法》第180条的复制，第70条法人清算组的组成、清算义务人责任是《公司法》第183条的复制。《民法典·总则编》"法人章"之"营利法人"第85条有关决议效力的规定是《公司法》第22条的改造，第86条规定的营利法人的社会责任是《公司法》第5条的沿用，第84条关联关系的规制是《公司法》第21条的复制。尽管从我国《民法典》编纂的过程与法技术选择上考量，制定《民法典》系对改革开放以来民事领域法律规范及民商司法解释的系统化整理和总结，法律继受的成分居多。因此，采用这种"复印"技术具有一定的现实性和合理性。但是，这种"复印"技术的运用必须掌握好限度，否则会造成体系上的混乱和适用上的难题。举例来说，《民法典·总则编》第83条第2款将《公司法》第20条第3款规定的公司法人格否认制度，直接"提升"至一般法规定，适用于所有的营利法人。但这一做法会带来两个明显的问题。（1）规制范围过宽。我国目前的营利法人包括公司营利法人和非公司营利法人。在非公司营利法人中，国有企业和集体企业的独立性在法律上存在显著差异。在改革开放过程中，为了明晰产权绝大部分国有企业和集体企业已改制为公司，已经改制为公司的国有企业可以适用法人格否认制度。对于未改制的传统国有企业，作为出资人的"国家"这一抽象主体，恐怕难以适用法人格否认制度。传统集

---

① 参见薛波：《论公司法改革中商法思维的引入和运用》，载《北方法学》2017年第1期。

体企业的出资人不明，同样存在无法适用法人格否认制度的问题。但是《民法典·总则编》第 83 条第 2 款在适用对象上却未做区分，径直将法人格否认制度扩展适用于所有"营利法人"，显然与实践不符。（2）适用空间有限。《民法典·总则编》第 83 条第 2 款与《公司法》第 20 条第 3 款、第 63 条在适用时还可能存在适用重叠的问题。尽管依"特别法优先于一般法"适用之法理，公司法人格否认纠纷应当优先适用《公司法》第 20 条第 3 款和第 63 条，但法律文本上的重叠却是客观存在的。《民法典·总则编》"法人章"的条文构造采取"复印"《公司法》的立法技术，可谓是《民法典》在商事关系处置问题上最大的欠缺和不足。

第三，《民法典·总则编》"民事法律行为章"商法规范缺失。民法的核心是私法自治，私法自治经由法律行为（尤其是契约/合同）而实践，法律行为乃践行私法自治的主要工具和手段。[1]法律行为以意思表示为其核心要素。[2]因此，法律行为部分实乃《民法典·总则编》的关键和核心。如果《民法典·总则编》要彻底实现"民商合一"的目标，就应当在法律行为部分对商事关系做出周延的调整。遗憾的是，通观《民法典·总则编》第六章"民事法律行为"四节共 28 个条文，除了第 134 条法律行为的成立将法律行为的类型区分为单方行为、双方行为、多方行为和"决议行为"实现了法律行为分类理论的重大革新和突破之外，其他规定均是按照民事主体之间意思表示（主要是双方意思表示）为纽带构建起来的。除去第一节"一般规定"之外，有关意思表示（第二节）、法律行为的效力（第三节）以及法律行为的附条件和附期限（第四节），在《民法通则》《合同法》法律行为规定的基础上作了极大的补充、完善和发展，建立了以"意思表示"为核心的民事法律行为制度，在彰显意思自治原则上迈出了关键一步，是我国民事立法一个质的飞跃。[3]例如，《民法典·总则编》第六章第二节"意思表示"的规定系《民法通则》所没有的。《民法通则》仅在第 55 条关于民事法律行为的有效条件上使用了"意思表示"一词，其他条文中均未出现

---

① 参见〔德〕迪特尔·梅迪库斯：《德国民法总论》，邵建东译，法律出版社 2000 年版，第 142 页。

② 参见王泽鉴：《民法概要》，北京大学出版社 2009 年版，第 66 页。

③ 参见柳经纬：《迈向意思自治的民事法律行为制度——评〈中华人民共和国民法总则〉第六章"民事法律行为"》，载《贵州省党校学报》2017 年第 3 期。

过"意思表示"一词。《民法典·总则编》第 137 条规定了对话和非对话情形下意思表示生效的时间，第 138 条规定了无相对人的意思表示生效时间，第 139 条规定了公告方式意思表示生效时间，第 140 条规定了意思表示的方式以及沉默视为意思表示的要求，第 141 条、第 142 条规定了意思表示的撤回和意思表示解释规则，这些规定对于引导行为人在民事活动中作出意思表示以及在民事裁判中判定意思表示的效力具有重大价值。①再如，在表意瑕疵及其救济问题上，②《民法典·总则编》第 147 条规定重大误解时行为人的撤销权和第 151 条显示公平时受损害方的撤销权，系《民法通则》第 59 条规定之沿用。《民法典·总则编》第 148 条、第 150 条则修正了《民法通则》第 58 条第 3 款受欺诈、受胁迫、乘人之危情形下的救济规则。原《民法通则》第 58 条第 3 款规定一方以欺诈、胁迫和乘人之危，使对方在违背真实意思的情况下所为的行为无效。但《民法典·总则编》第 148 条、第 150 条规定为可撤销。这两种思路反映了两种不同的立法价值取向。无效论虽然也为当事人提供了救济，但彰显的是国家意志和"父爱家长主义"的价值观，撤销论则将表意不自由行为的效力交由表意人意思自治决定，行为有效或无效端赖表意人是否行使撤销权而定，充分尊重了表意人的自由意志（意思），彰显了意思自治原则。总之，《民法典·总则编》"民事法律行为"一章主要是以意思表示为基础来设置相应规则的，属于典型的民法思维的产物。

众所周知，民、商法在规制模式上存在显著差异。民法以双方法律行为（主要是合同）为主轴，以保障和尊重民事主体内心效果意思的实现为其核心和遵循，从而践行私法自治的理念和精神。商法作为民法的特别法，虽然也遵循私法自治的理念，如在分析股权转让（质押）等交易时，不可避免地要论及意思表示。但商事关系甚为复杂多变，其不仅牵涉商主体双方的利益关系，而且往往也涉及第三人。保护第三人，实际上就是以客观公正的标准，保护正常的经济秩序。③在商事权利主体—商事权利义务—商事责任的思维链条上，第三人

---

① 参见柳经纬：《迈向意思自治的民事法律行为制度——评〈中华人民共和国民法总则〉第六章"民事法律行为"》，载《贵州省党校学报》2017 年第 3 期。

② 表意瑕疵行为包括欺诈、胁迫、乘人之危、显失公平、重大误解等情形，本质是行为人的表意不自由，之所以要对表意不自由的行为人提供救济，旨在维护意思自治原则。

③ 参见孙宪忠：《中国物权法总论》，法律出版社 2009 年版，第 172 页。

权利和利益之保护在商法规范设计时居于中心位置。商法为了追求其效率、迅捷的价值取向，一般不关注当事人的内心效果意思，往往以客观的、可以识别的外部标识，来确保商事交易的进行。如商事登记、公司决议外部效力、票据的签字签章等规定均是上述原理的体现。①正因如此，有学者指出，在有些情况下商法规范排除了意思表示的适用，明显地提升了外观法理和形式主义的地位。②《民法典·总则编》如果要实现对商事关系周延的调整，就应当在法律行为部分，彻底摒弃传统民法思维指导下的以意思表示为核心的"一元"规制模式，改采用"二元"规制模式。只有融贯表意行为（意思表示为核心）和非表意行为（外观事实为基准）的法律行为规制模式，才可能周延地照顾到对商事关系的调整。但是《民法典·总则编》"民事法律行为"章的规范设计，明显采取的是意思表示为核心的"一元"规制模式。从"民商合一"视角来审视《民法典·总则编》"民事法律行为"章之规定，基本没有关照到对商事关系的调整。

第四，《民法典·总则编》对商事登记制度未做统一安排。凡商事组织的设立和运作均需商事登记规范，商事登记贯穿了绝大多数商事单行法，在商人制度中有着不可忽视的意义。③我国商事登记法律制度主要散见于《公司法》《证券法》《合伙企业法》《保险法》《商业银行法》《企业法人登记管理条例》《公司登记管理条例》《合伙企业登记管理办法》《个人独资企业登记管理办法》《企业法人登记公告管理办法》《企业登记条例》等相关法律、条例和规定之中。商事登记立法形式分散，④内容重叠，⑤缺乏统一的立法理念和规划。⑥立法形式的分散

---

① 参见薛波：《论公司法改革中商法思维的引入和运用》，载《北方法学》2017 年第 1 期。

② 参见叶林：《商行为的性质》，载《清华法学》2008 年第 4 期。

③ 参见王保树：《商法总论》，清华大学出版社 2007 年版，第 103 页。

④ 我国商事登记的法律文件有针对企业法人登记的一般性法律文件，如《企业法人登记管理条例》；有专门针对公司、合伙企业登记法规，如《公司登记管理条例》；有针对外商投资企业的专门规定，如《外商投资企业设立及变更备案管理暂行办法》；还有专门针对企业登记中某一环节制定的法律文件，如《企业名称登记管理规定》。

⑤ 突出表现在实体法和程序法之间的重叠。如《公司法》第 12 章 "法律责任" 规定的许多内容在《公司登记管理条例》"法律责任" 章中重复出现。《公司法》第 198 条公司违法登记责任和《公司登记管理条例》第 68、69 条重复；《公司法》第 199 条股东（发起人）出资违法责任和《公司登记管理条例》第 70 条重复；《公司法》第 199 条股东（发起人）抽逃出资责任和《公司登记管理条例》第 70 条重复，等等，种种适例不胜枚举。

⑥ 参见朱慈蕴：《我国商事登记立法的改革与完善》，载《国家检察官学院学报》2004 年第 6 期。

和立法体系的混乱严重妨碍了商事登记制度有机体系的构建，也妨碍了商事登记制度功能的发挥。①长期以来，尽管商法学界极力呼吁制定一部统一的商事登记法，但一直尚付阙如。2013 年 2 月党的十八届二中全会决定改革工商登记制度。随后，国务院和国家工商行政管理总局开始大刀阔斧地推进商事登记制度的改革。商事登记制度改革虽然在消减行政审批事项、降低市场准入门槛、鼓励市场投资、促进经济发展等方面取得了巨大成效。②但均是对行政法规和部门规章的制定或修改，行政化色彩较浓，效力层次也比较低。目前，我国商事登记仍然采用分散立法模式，商事登记立法混乱的局面仍未得到根本改变。实行"民商合一"体例的《民法典·总则编》对商事登记制度的设计和安排，可谓是一个绕不过去的重大疑题。《民法典·总则编》如果要肩负起构建整个私法法源体系的重任，成为民商法规范的"一般性、总纲性、统帅性"的法律文件，就应当在《民法典·总则编》中设专章规定商事登记制度。但是，通观《民法典·总则编》10 章 204 个条文，却未对适用于所有商事组织的商事登记制度做哪怕一丁点儿的规定。

第五，《民法典·总则编》对商事代理的特殊性关照不足。《民法通则》将民事法律行为和代理合并为一章，《民法典·总则编》将代理与民事法律行为分开各单列一章，以凸显代理不同于法律行为的特殊性及重要价值，但是《民法典·总则编》对商事代理的特殊性关照明显不足。首先，《民法典·总则编》第162 条沿袭《民法通则》第 63 条第 2 款之规定，要求"以被代理人的名义实施民事法律行为"，坚持显名主义原则。但是，商事代理和民事代理存在明显不同，商事代理仅限于委托代理，不包括法定代理和指定代理，不以显名为必要。其次，《民法典·总则编》第 173 条第 2 款规定委托人或代理人可以随时解除代理关系。民事主体之间建立委托代理关系具有一定的人身信任属性，任意解除权适用于民事代理具有一定的合理性。但如果允许任意解除权无限制地适用于

---

① 参见朱慈蕴：《我国商事登记立法的改革与完善》，载《国家检察官学院学报》2004 年第6 期。

② 2016 年 3 月 16 日上午，国务院总理李克强在回答第十二届全国人大四次会议记者提问时表示，我国国务院各部门原有行政审批 1 700 多项，现在已经消减 600 余项，本届政府减少1/3 行政审批目标已经实现。参见中国政府网：http://www.china.com.cn/lianghui/news/2016-03/16/content_38038808，2017 年 10 月 27 日访问。

商事代理，则可能会破坏商事活动的连续性以及商事代理人合理的经济预期。尤其对于有固定期限的商事代理合同，当事人双方均不得享有任意解除权。最后，商事代理系属持续性、职业性的营业行为，与个别性、一时性的民事代理判然有别。《民法典·总则编》第七章代理之规定，旨在调整一般性的个别代理，对于代理商所从事的持续性、长期性的经营行为基本未做规制，最典型的例子就是经理权。在公司、合伙企业、个人独资企业中都存在经理问题，但经理权统一的内涵及经理的义务长期缺乏一般性的规定。缺少统一的经理制度，被学者认为是我国商法的体系性空白。①《民法典·总则编》第170条虽然规定了职务代理，但过于笼统和概括。没有在职务代理的范畴内对经理权、代办权作明确规定，会影响到商人对代理工具的选择和使用。

此外，《民法典·总则编》对营业转让、商业辅助人、商业账簿、商号等也未作规定。这些涉及绝大部分商事单行法的共通事项和补充规则，《民法典·物权编》等各分编也未作全面、系统的规定。《民法典》虽然宣称坚持"民商合一"的立法体例，但是在内容安排上却忽略商法的特殊性不予体现，逻辑上存在明显的悖论。②《民法典》在商事关系调整上存在的缺陷和不足，为《商法通则》立法预留了充足的现实空间和可能。

三、商法通则立法的时代价值解读

一方面，制定《商法通则》的历史基础和理论依据已经较为坚实、充分；另一方面，《民法典·总则编》对商事关系的调整存在着重大的欠缺和不足。当前制定一部"一般性、统率性、补充性"的《商法通则》可谓水到渠成。《商法通则》立法具有重大的现实效用和时代价值。

第一，《商法通则》是对《民法典》的必要"补充"和"完善"。尽管早在《民法总则》制定时就有学者呼吁，应当制定一部具有"商法品格"的《民法典》。③但

---

① 参见刘文科：《商事代理法律制度论》，法律出版社2013年版，第64页。
② 参见赵磊：《民法典编纂中的立法模式悖论——基于商法规范如何安排的视角》，载《北方法学》2017年第3期。
③ 参见王涌：《中国需要一部具有商法品格的民法典》，载《中国法律评论》2015年第4期；柳经纬：《编纂一部商事品格的民法典》，载《比较法研究》2016年第1期。

是从《民法典·总则编》的内容设计观之,最终显然偏离了这一预期目标。《民法典·总则编》未能实现对商事关系的有效调整,除有立法技术运用上的失当,以及《民法典·总则编》体系构造、自身容量等因素所致之外,更深层的原因恐怕还在于,民商法思维模式和思维方法存在显著的差异,以及因这种差异所导致的民商事裁判技术上的"分离"甚至"分立"。当前,学界有一种声音,认为制定《商法通则》等同于《民法总则》,终极目的仍然是为了制定一部独立的商法典,实行彻底的民商分立。这种做法是对我国"民商合一"立法体例明显的"背离"甚至"叛变",对此笔者不敢苟同。制定《商法通则》并非对《民法典》的"背离"或"叛变",反而恰恰是对《民法典》的有益"补充"和"完善"。应当承认,我国商法学界在该点认识上存在重大的缺陷和不足。有相当部分的商法学者认为,《商法通则》应当类似于《商法总则》,乃要对各商事单行法规范起到"一般性、统率性、贯彻性"的功能。其实,这种观点只关注到了《商法通则》的部分功能,还不够客观和全面。《商法通则》还要发挥"查漏补缺"的功能,即对各商事单行法疏漏或不完整作"补缺性"的规定,这才是《商法通则》的核心价值和实际效用所在。恰如王保树教授所言,《商法通则》不是各商事单行法的一般法和上位法,它是和《公司法》《证券法》《破产法》《合伙企业法》等商事单行法并列的单行法,它不漠视已经颁布并行之有效的单行商事法律,亦不替代单行商事法发挥作用,更不以商事法律领域的全部规则缩编为一个完整的体系为自己的目标。①所以,它不会取代民法一般私法的地位,《商法通则》既不是"民商合一"也不是"民商分立",而是在尊重我国商事立法实践基础上对二者的超越。②诚哉斯言!笔者认为,这一认识相当精准并且与我国商事立法实践高度契合。自改革开放以来,我国的商事立法就一直遵循单行法的立法形式,这种立法形式对于促进社会经济转型变革,保持商法的现代性和开放性以及同国际商事规则接轨等方面功不可没,其优越性已经得到了充分的验证。我国《民法典》和商事单行法并存的私法体例,既能克服民商分立和制定大一统民法典的弊端,又能兼收法典和单行法之利。因此,我们完全没有必要制定商法总则或商法典。③正是因为对《商法通则》功能定位

①② 参见王保树:《商事通则:超越民商分立与民商合一》,载《法学研究》2005年第1期。

③ 参见郭富青:《论民法典的体例对商法现代化的影响》,载《财经法学》2017年第2期。

认识的偏差，导致制定《商法通则》的主张一直遭到了来自民法学界的强烈反对。①有关《商法通则》的立法建议亦迟迟未能引起立法机关的注意。

民法和商法是一般法和特别法的关系，②《商法通则》并非法典总则性质的立法，而是《民法典》的特别法和下位法。③它不取代《民法典》一般私法的地位，通过制定《商法通则》以补充和完善《民法典·总则编》规定的疏漏和不足。从法律适用的角度而言，制定《商事通则》必须注意和《民法典·总则编》规则的衔接和协调问题。拟定的《商法通则》条文，不能和《民法典·总则编》出现体系违反和规范冲突情况，并且应当以维护和保障《民法典·总则编》的落地实施为己任。

第二，《商法通则》是固化商事制度改革成果的最佳方式。2013 年 2 月 28 日，党的十八届二中全会决定改革工商登记制度，商事制度改革在全国范围启动。据统计，2014 年以后国务院和国家工商行政管理总局先后出台、修订了 310 多部法律文件，其中包括《注册资本登记制度改革方案》（2014.2.7）、《公司登记管理条例》（2014.2.9）、《公司注册资本登记管理规定》（2014.2.20）、《企业信息公示暂行条例》（2014.8.7），等等，国家工商行政管理总局局务会议审议通过的《企业公示信息抽查暂行办法》（2014.8.19）、《工商行政管理行政处罚信息公示暂行规定》（2014.8.19）、《企业经营异常名录管理暂行办法》（2014.8.19）、《个体工商户年度报告暂行办法》（2014.8.19）、《农民专业合作社年度报告公示暂行办法》（2014.8.19）等一系列配套性的行政法规、部门规章。

① 参见王利明：《民商合一体例下我国民法典总则的制定》，载《法商研究》2015 年第 4 期。

② 商法是私法的特别法抑或民法的特别法的争论过去就一直存在。2017 年 12 月 30 日在北京大学法学院召开的"制定商法典——商法典编纂的全球印象"学术研讨会上，施天涛教授认为，过去他认为商法是民法的特别法，现在对这一观点做出修正。商法不是民法的特别法而是私法的特别法，这是持明显的私法二元论观点。笔者在和雷兴虎教授的交流中，他也持同样的观点。王保树教授则认为，民法和商法是一般法和特殊法的关系，如果否定民法和商法是一般法和特别法的关系，那势必将一些最一般的问题，诸如诚信原则、法人等也由商事法律作出规定，这势必会造成立法资源的浪费以及法律规则间不必要的冲突。李建伟教授、钱玉林教授也持此论。笔者同意第二种意见，私法二元论对于认识商法的特殊性具有一定价值，但民法的一般规则仍然适用商法，商法是民法的特别法。

③ 苗延波对《商法通则》的内容、性质、地位及其和《民法典》的关系作了详尽论述。参见苗延波：《论中国商法的立法模式——兼论〈商法通则〉的立法问题》（下），载《法学评论》2008 年第 2 期。

2015年6月29日国务院办公厅又印发了《关于加快推进"三证合一"登记制度改革的意见》，将原来企业设立程序中分别由工商行政部门、质量技术监督部门、税务部门核发的"注册证号""组织机构代码""税务登记证"改为工商行政管理部门一次收件，质检、国税或地税部门联并审批，工商行政部门统一核发加载有统一的企业注册码和社会信用代码的营业执照，实行"一照一证"。浙江省更是在2015年7月1日实行"五证合一"，将原来由社保部门、统计部门核发的社会保险登记证号、统计登记证号，全部统一到企业信用代码并加载于企业营业执照。2015年11月3日国务院还发布了《国务院关于"先照后证"改革后加强事中事后监管的意见》。这些行政法规和部门规章的颁布实施，对于进一步简政放权、释放市场活力、推动投资兴业和经济发展取得了十分显著的成效。①但是均为行政法规和部门规章的形式，效力层级比较低，与法制经济的要求和期待明显不相称，并且负面效果和影响比较多。制定《商法通则》能够及时、合理地提升商法规范应有的位阶和层次，确保其应有的法律权威和法律效力，是固化商事制度改革成果的最佳方式。

第三，《商法通则》是优化营商环境的重要举措。按照党的十九大和中央经济工作会议精神，进一步优化营商环境，是建设现代化的经济体系、促进高质量发展的重要基础，也是政府提供公共服务的重要内容。为此，上海、广东、浙江、河北、辽宁、陕西等地纷纷出台了优化营商环境新举措。广东率先在全国推行商事制度改革，实行注册资本登记完全认缴制，将企业年检改为年报，并出台了《广东省商事登记条例》（2015.12.3）、《广东省市场监管条例》（2016.7.28），借鉴国际营商环境评价通例，对标国际开展开办企业便利度评估和排名。随后，全国各地纷纷出台各种方案、条例，如《上海市着力优化营商环境加快构建开放型经济新体制行动方案》（2017.12.24）、《辽宁省优化营商环境条例》（2017.2.17）、《河北省优化营商环境条例》（2017.12.1）、《陕西省优化

---

① 据国家工商行政管理总局官网2015年1—9月的统计数据，全国新登记市场主体1 065.5万户，比上年同期增长15.8%；注册资本（金）20.7万亿元，增长40.9%。其中，企业315.9万户，增长19.3%，注册资本（金）19.4万亿元，增长44.3%。个体工商户731.2万户，增长16.0%，资金数额0.9万亿元，增长40.1%。农民专业合作社18.4万户，下降26.2%，出资总额0.4万亿元，下降29.9%。截至9月底，全国实有各类市场主体7 511.3万户，比2014年年底增长8.4%，注册资本（金）162.6万亿元，增长25.8%。参见国家工商行政管理总局官网：http://www.saic.gov.cn/xw/xwfbh/201510/t20151015_188，2017年12月26日访问。

营商环境条例》（草案）（2017.9.26）、《浙江省优化营商环境条例》（草案）（2018.2.23）。陕西省更是将 2018 年确定为"营商环境提升年"，对标世界银行《全球营商环境报告》核心评价指标，①提出了全面实施优化提升营商环境的"十大行动"。②这些改革措施对于改善营商环境、激发经济活力起到了重要作用。通过制定《商法通则》及时总结和固化这些改革成果和手段，是完善这些举措的法制化途径之一。尤其值得一提的是，随着国家"一带一路"建设布局的推进实施，"一带一路"沿线国家之间的商务活动和贸易往来正日益频繁。从促进沿线国家商法发展的角度出发，也应当及时对我国现行的商事法律法规和司法解释进行评估，在尊重交易习惯和交易习俗的基础上，制定一部能够适用于"一带一路"区域各国的《商法通则》示范法。《商法通则》是构建"一带一路"法治化营商环境的基础和保障，能够有效地消减"一带一路"沿线各国商事当事人国际商务往来中的疑虑和顾忌，降低贸易投资的制度成本和交易风险，提升经济活动的可预期性和透明度，促进区域经济的深度融合和快速发展。

第四，《商法通则》是完善中国特色社会主义法律体系的现实需要。党的十五大提出了依法治国的方略，建设社会主义法治国家首先必须要有完备的法律体系。2011 年 3 月 10 日十一届全国人大四次会议上，全国人大常委会委员长吴邦国郑重宣布，中国特色法律体系已经建设完成，其中明确将民法商法并列为七大主干法律部门之一，肯定了商法在我国社会主义法律体系中的独立地位，突出了商法在社会主义市场经济建设中的重要作用。③党的十八届四中全会通过的《关于全面推进依法治国若干重大问题的决定》又进一步提出，全面推进依法治国要形成完备的法律规范体系，要加强科学立法、民主立法。按照"科学立法"的部署和要求，我国《民法典》已经颁布并且顺利实施。通过编纂《民法典》

---

①　《全球营商环境报告》是世界银行 2001 年成立的 Doing Business 小组创建的一套评估各国私营部门发展环境的指标体系。评估对象涉及 190 个国家（地区），内容涵盖企业生命周期的 10 个领域：开办企业、办理施工许可、获得电力、登记财产、获得信贷、保护投资者、纳税、跨境贸易、执行合同和办理破产。

②　包括开办企业、办理施工许可、接入水电气暖、办理不动产登记、信贷、纳税、跨境贸易和投资便利化、降低成本八方面和营商环境监测评价以及强化督查考核两方面，对营商环境建设提出明确的量化目标和实现目标的措施及办法。

③　参见赵万一、赵吟：《论商法在中国社会主义市场经济法律体系中的地位和作用》，载《现代法学》2012 年第 4 期。

实现民法立法的"体系化"和"科学化"并进而为民事裁判提供统一、权威法源依据的目标已经实现。①作为和民法并列的独立的法律部门的商法，也应当趁着《民法典》实施的契机，及时对改革开放四十多年来我国商事单行法及其规模庞大的司法解释群体进行系统化的清理、整顿和总结，制定一部《商法通则》。制定《商法通则》并非纯粹满足形而上的理论化的偏好，商法根植于市场经济生活土壤的特质，决定了商法的发展与市场经济实践之间是相互依存和相互促进的关系。制定《商法通则》是我国商事立法实践发展的逻辑结果和必然产物，符合科学立法的目标要求，更是进一步完善中国特色社会主义法律体系的现实需要。

第五，《商法通则》是推进国家治理体系和治理能力现代化的题中之义。党的十八届三中全会指出，要推进国家治理体系和治理能力现代化。推进国家治理体系和治理能力现代化，就是要彻底改革当前不适应实践发展要求的机制和体制，实现治理规范化、法治化、民主化、效率化和协调性的目标。②其中，法制现代化可谓是国家治理现代化的基本表征和核心要求，③推进国家治理体系和治理能力现代化的关键在于法律制度建设。商法作为市场经济的"大宪章"和基础性法律，肩负着弘扬企业家精神、树立产权观念、保护商人利益，塑造良好营商环境的任务和使命。在当前市场经济建设向深水区迈进的现实中，在国家和社会治理局面日趋复杂的情况下，推进国家治理体系和治理能力现代化迫切需要一部《商法通则》保驾护航。通过制定《商法通则》为整个商事立法提供一个名副其实的"一般法、统率法和补充法"，从而形成结构合理、逻辑严谨、内容丰富的高质量商事立法体系和实施体系，是国家治理现代化的重要表征，亦是推进国家治理体系和治理能力现代化的题中之义。

四、结　语

商法始终闪耀着一种时代的精神，④公元 1000 年左右商人在西欧出现时，就

---

① 参见薛军：《中国民法典编纂：观念、愿景与思路》，载《中国法学》2015 年第 4 期。
② 参见俞可平：《推进国家治理体系和治理能力现代化》，载《理论参考》2014 年第 2 期。
③ 参见张文显：《法治与国家治理现代化》，载《中国检察官》2014 年第 12 期。
④ 参见范健：《略论中国商法的时代价值》，载《南京大学学报（哲学·人文科学·社会科学版）》2002 年第 3 期。

被形象地称为 Pies poudreux（"泥腿子"）。①商事规则因此能够跨越城市国家之间的藩篱作为商人阶层的同业规则扩张到世界的任何角落。②所以商法能够"犹如产生它的商业"一样"庞大而广泛"。③在《民法典》已经实施的背景下，商法学界务必要高度重视《商法通则》的立法问题并尽快采取行动，以无愧于历史交付的重担和时代的期盼。《商法通则》的制定亦必将有助于产权保护、平等交易及有效监管等市场经济目标的实现，充分发挥其市场经济建设"大宪章"作用。

---

① 因为商人们常常带着货物徒步或骑马四处奔波，风尘仆仆，从这个城镇到那个城镇，从这个集市到那个集市，一路售卖货物，所以被形象地称为"泥腿子"。参见［美］迈克尔·E.泰格：《法律与资本主义的兴起》，纪琨译，上海辞书出版社2014年版，第4页。

②③ 参见［意］F.卡尔卡诺：《商法史》，贾婉婷译，商务印书馆2017年版，第1页。

第三章 商法通则的立法定位及其逻辑展开

一、商法通则立法定位的内涵和价值

从词义上考察，"定位"由"定"和"位"组成，"定"即确定、定格、定立；"位"即位置、方位、方向、界限、边界。二者组合在一起即有确定位置或确定方位之意。所谓立法定位，本质指确定待制定的法是一部什么法以及该法的体系构造和内容设计应当遵循的逻辑起点、立法基点、立法思路问题。立法定位往往容易和立法价值相混淆，二者虽然均属于部门法哲学范畴，但是"价值"是一个表征意义的范畴，系事物（客体）所具有的对主体有意义、可以满足主体需要的功能和属性。[①]立法价值是以法与人的关系为基础的法对于人的需要的满足，[②]是立法始终应当贯彻的价值和理念。[③]各部门法的立法价值具有"多元性"和"共通性"。如法的价值包括秩序、自由、公平、正义等，但是秩序、自由、公平、正义又是每一部门法应当追求的终极目标和皈依。而立法定位仅仅是立法者制定一部单行法时的"前见之思"，涉及该部门法的属性和本质，系其所具有的独特标志。每一部门法在立法伊始都应当准确、恰当地确定其立法定位。如果在立法伊始，没有确定好立法定位或者立法定位飘忽不定、含混不清，那么我们很难相信和期待，最终制定出的将会是一部品质精良、形质统一的法律作品。因此，在探讨商法通则的体系构造、内容设计、规范配置之前，

---

① 参见张文显：《法哲学范畴研究》，中国政法大学出版社 2001 年版，第 192 页。
② 参见卓泽渊：《论法的价值》，载《中国法学》2000 年第 6 期。
③ 参见舒国滢：《法理学导论》，北京大学出版社 2012 年版，第 183 页。

厘清商法通则的立法定位具有十分重要的理论和实践价值。

第一，就理论价值而言，商法通则的立法定位决定了商法通则的性质、特色和本质。立法定位为我们认识商法通则提供了一种"宏观"和"整体"的视角，为商法通则立法描绘了基本的"轮廓"和"线条"。当我们在讨论商法通则立法时，我们究竟需要一部怎样的商法通则？这应当是每一位商事立法者、商法学研究者、商事司法裁判者/仲裁者以及商事活动执法者/守法者/护法者首先需要面对的"前提性"追问。立法定位决定了我们的商法通则立法应当依循怎样的逻辑基点和立法思路而展开，决定了未来呈现在我们面前的商法通则的"庐山真面目"；也决定了商法通则的精神气质和灵魂的形成。

第二，就实践价值而言，商法通则的立法定位也是决定商法通则立法及司法适用的"指南"和"线索"。就立法而言，商法通则的体系构造、内容设计、规范配置、立法语言等，均必须紧密围绕立法定位为"中心"和"线索"展开，一切规范设计都必须紧扣立法定位，服务于立法定位，细化并践行立法定位之要求；就司法适用而言，商法通则的司法适用必须要在厘清商法通则立法定位的前提之下，准确确定商法规范的意涵及其立法旨意。尤其是在法律规定多义、重叠、模糊甚至未作规定的情况下，在明确立法定位的前提下，对规范意义作解释论上的准确适用和价值判断。

二、商法通则立法定位的确定依据

确定商法通则的立法定位应当考虑哪些因素？商法通则的立法定位又应当遵循怎样的依据和标准？这显然不是一个仅仅靠主观臆断就可以得出结论的问题。立法定位主要由该法所处的历史地位、现实需要以及该法的自身特质等因素综合决定的。笔者认为，我国商法通则的立法定位应当综合以下因素确定：

第一，商法通则和《民法典·总则编》的关系。这主要是由商法通则所处的历史地位决定的。我国当前正处于一个典型的"民法典好时代"。在《民法典》编纂过程中，民法和商法的关系处置就一直是一个错综繁杂的重大疑题。[1]在《民法

---

[1]　参见刘凯湘：《剪不断，理还乱：民法典制定中民法与商法关系的再思考》，载《环球法律评论》2016 年第 6 期。

典》已经颁布实施的背景下，探讨商法通则的立法定位，必须理性、妥善地处置和《民法典·总则编》的关系。众所周知，我国《民法典》实行"民商合一"的立法体例。业已实施的《民法典·总则编》在民法法源、民事主体、法律行为、民事权利、代理、民事责任、诉讼时效等章节中已经部分关照到了对商事法律关系的调整，彰显了《民法典·总则编》对商事关系的"包容性"特质。虽然《民法典·总则编》在"加入"商法规范方面不遗余力，但是囿于商事关系的特殊性及商事关系的发展具有极强的变动性、适应性、国际性特征，现代商法已经从对传统商品生产、制造、加工、销售、服务等经营活动形成的商事关系的调整转移到了资本和金融领域的金融商事关系，[1]这就使得《民法典·总则编》只能局限于对部分传统商事关系的容纳和调整（其实《民法典·总则编》对传统商事关系的调整也是甚为有限的），对现代商事关系尤其是金融商事关系可谓鞭长莫及，已产生诸多"商事立法剩余"。[2]在这样的背景之下，商法通则立法一方面必须在《民法典·总则编》和各分编为我们勾勒出来的生存空间内做文章，[3]在《民法典》所确立的"民商合一"框架之下思考商法通则立法问题，不能撇开《民法典》另起炉灶；另一方面，商法通则立法亦必须充分虑及和《民法典·总则编》在调整对象、调整范围、立法宗旨上的差异性。在《民法典》实施背景之下，我们在讨论商法通则的立法定位时，最不容忽视的就是商法通则和《民法典·总则编》的关系问题。

第二，商法通则的自身属性。商法通则立法定位的确立还必须考虑商法通则的自身属性及内容配置，这是确定我国商法通则立法定位的核心和依据。前已述及，商法通则立法定位的依据，最终关涉商法通则是一部什么法以及该法的主要特色和精神气质，因此，我们在立法伊始必须厘清商法通则的自身属性。

---

① 金融商事关系，是指以营利为目的从事投资或融资并提供金融交易服务而发生的商事关系，在性质上属于服务性商事关系。包括企业关系、证券关系、期货关系、基金关系、信托关系、商业银行关系、票据关系、保险关系、融资租赁关系等。参见施天涛：《商事关系的重新发现与当今商法的使命》，载《清华法学》2017年第6期。

② 参见周林彬、官欣荣：《论商法通则对民法典"商事立法剩余"的制度安排》，载《学术论坛》2019年第1期。

③ 张谷教授将此形象地称为"螺蛳壳里做道场"，详见张谷教授在第二届《商法通则》立法研究学术研讨会上的发言。资料来源中国商法网：http://www.commerciallaw.com.cn/index.php/home/news/info/id/434.html，2019年2月24日访问。

我们最终确立的商法通则到底是一部商人/主体法、商行为法、企业法、营业法、权利法、责任法抑或其他？这是我们进行商法通则立法的逻辑基点和立法起点。如果我们制定的商法通则是以"商人/主体"这一概念为逻辑和线索的话，那么，在商法通则的总则部分就有必要采用"结构主义"的立法模式，对商人/商主体的概念、类型，商人/主体的权利和义务，商人/主体的设立、运行、变更、消灭等问题作出周详的规定，最终呈现在我们面前的就是一部带有浓厚商人/主体法色彩的商法通则；如果我们最终制定的是一部以"商事权利"为中心的商法通则，那么就应当采取"功能主义"的立法进路，在商法通则的内容设计中对商事权利的类型、取得、变更、消灭进行全面规定，以彰显商法通则对商事权利的宣示和重视。总之，商法通则的自身属性是决定商法通则体系结构、内容设计、规范配置等得以展开的核心依托。

第三，商法通则的适用对象。立法的完成往往并不预示着一部法律命运的终结，如何将"纸面上的法"转变成"行动中的法"，如何将抽象权利、义务、责任转化为现实中的权利义务关系和责任关系，使法律规范从抽象的行为模式转变成人们的具体行为和裁判结果，法律的实施/适用至为关键和重要。因此，还必须从法的实施/适用的角度考虑商事通则立法问题。我们最终制定的商法通则的适用对象和目标读者到底是谁？是法官、检察官、律师、仲裁员、法学研究者等法律适用群体，抑或是政治和社会团体、商务界人士以及普通民众。商法通则立法必须考虑其适用的对象以及可能产生的示范效果。适用对象直接关系到商法通则规范的逻辑结构，商法通则的现实效用，也关系到商法通则的实施效果。

三、商法通则立法定位的逻辑展开

按照上述三重标准和要求，笔者认为，基于商事通则和《民法典·总则编》的适用关系，应当将商法通则定位为"补充法"；基于商法通则的自身属性应当将其定位为"权利法"；基于商法通则的适用对象应当将其定位为"裁判法"。

（一）商法通则立法定位的三维透视

1.商法通则是"补充法"

目前，学界关于商法通则比较流行的一种观点认为，商法通则应当类似于

《民法典·总则编》或者商法典总则，系调整商事关系的"一般法""统帅法""总纲性"的法律文件。制定商法通则的目的就是要将各商事单行法及其司法解释中的"一般性""共通性""普适性"的规则进行集中、统一的规定，以减省商事立法、执法、司法、守法成本。这种基于商法立法"体系化""科学化"以及与《民法典·总则编》功能对比得出的结论，认识到了商法通则的部分功能。但还难谓全面准确且带有明显的"望文生义"僵化式解读之嫌。如果按照这种解释，商法通则就应当等同于《民法典·总则编》/《商法总则》，制定商法通则的最终目标仍然是为了制定一部独立的商法典，那就又回归到"民商分立"的老路上去了。

正是由于对商法通则立法定位认识的不全面和不准确，往往习惯性地将商法通则定位为商法典的"总则"（或商法典），导致近二十年来关于商法通则的立法建议遭到来自民商法学界内部的激烈反对和抵抗，有关商法通则的立法建议也长期停滞在理论探讨层面，迟迟未能引起立法机关应有的重视。应当说，商法学界对商法通则立法定位的不准确、不全面以及自身解释力的不足，是迟滞商法通则立法进程的主要因由。对此，商法学界负有不可推卸的责任。

实际上，商法通则除了发挥"一般法"和"共通法"的功能之外还应当是"补充法"。从某种意义上说，作为"补充法"的商法通则才是其"核心使命"和"主要特色"之所在。对此，已故的前中国法学会商法学研究会会长王保树教授曾有过精准阐释。他指出，商法通则的方法论基础出自实践。制定商法通则应当弥补其他单行商事法的缺漏，即按照"缺什么、补什么"的精神，凡是调整商事关系需要的规则，都应制定出来。[1]凡是那些可以完善已有的商事单行法和将制定的以个别单行商事领域为规范对象的商事单行法中解决的，无需归入商法通则；凡是那些不可能在完善已有商事单行法或将制定的以个别商事领域为规范对象的商事单行法中解决的，应当在商法通则中解决。[2]这一论断可谓高度贴合商法通则立法的理论和实践，是对我国民商立法模式及改革开放四十多年来商事立法实践和发展的精准阐释。

在《民法典》实施的背景下，对商法通则作为"补充法"的理解应当包含以下两个维度：

---

[1][2]　参见王保树：《商事通则：超越民商分立与民商合一》，载《法学研究》2015 年第 1 期。

第一，商法通则和《民法典·总则编》的关系。就《民法典·总则编》和商法通则的关系而言，商法通则是对《民法典·总则编》的"必要完善"和"有益补充"，二者是一般法和特别法的关系而非"平行"或"并列"的关系。在《民法典》实行"民商合一"立法模式背景之下，《民法典·总则编》作为私法一般法的地位应当得到尊重和维护，尊重《民法典》私法一般法地位就是对我国私法统一性和法制权威性的尊重和维护。虽然《民法典·总则编》已经部分关照到了对商事关系的包容和调整，但是《民法典·总则编》对商事关系的调整又是极不周延、不充分的，①这就为商法通则立法提供了充足的现实空间和可能。在《民法典·总则编》和商法通则的法源适用位阶上，原则上应当遵从以下标准设定：（1）凡是《民法典·总则编》和商法通则皆有规定的，依"特别法"优先原则，《民法典·总则编》应当"补充"适用而商法通则应当"优先"适用；（2）凡是商法通则及商事单行法及司法解释对于商主体和商行为未尽之规定，皆可准用《民法典·总则编》的一般规定；②（3）凡是《民法典·总则编》对于商事关系的调整不周延、不充分之处，而其他商事单行法中又无法规定的，皆可由商法通则予以规定；这样一来，商法通则既能起到"上接"《民法典·总则编》之一般规定，亦能起到"填补/兜底"商事单行法的疏漏和空白的作用。

第二，商法通则和商事单行法的关系。商法通则不是各商事单行法的"上位法""统帅法"和"一般法"，它是和《公司法》《证券法》《合伙企业法》《个人独资企业法》《保险法》《票据法》《破产法》《海商法》等并列的商事单行法，它不漠视已经颁布实施并行之有效的单行商事法的存在，亦不替代商事单行法的完善和发挥作用，更不以商事法律领域的全部规则缩编为一个完整的体系为目标。③它既有调整商事关系的"一般性"规则，亦有调整商事关系的"特殊性"规则，所以它不会/无法取代《民法典》作为私法"一般法"的地位，亦不属于各商事单行法的"上位法"和"一般法"。商法通则既不是"民商合一"亦非"民商分立"，而是在尊重我国商事立法历史和现实基础上对二者的超越。④是符

---

① 参见李建伟：《〈民法总则〉民商合一中国模式之检讨》，载《中国法学》2019 年第 2 期。

② 《民法总则》和商事单行法的适用关系，参见钱玉林：《民法总则与公司法的适用关系论》，载《法学研究》2018 年第 3 期。

③④ 参见王保树：《商事通则：超越民商分立与民商合一》，载《法学研究》2015 年第 1 期。

合中国特色社会主义法治原则的重大创新！亦是中国商法对世界商法立法模式的重大创举！只有将商法通则定位为"补充法"后，才有可能在《民法典》"民商合一"的立法模式下为商法通则找到妥适的位置和安放之所，才有可能将现行商事单行法中没有/无法容纳的商法规则（如商事登记、营业转让、经理权、代理商、商号等）进行明确的规定，才能够名正言顺地弥补我国商事立法体系中的疏漏和不足，也才有可能充分彰显商法通则的立法价值和现实效用。

作为"补充法"的商法通则不同于《民法通则》和《民法典·总则编》。1986 年制定的《民法通则》具有十分特殊的历史背景和时代际遇。当时正值改革开放初期，各种社会关系正处于急剧变动之中，中国经济改革的方向还未确定。加之《民法通则》起草之初，民法学界和经济法学界的学科论战始终纠缠期间，[①] 迫切需要一部能涵盖调整民商事生活领域法律关系的单行法，以起到私权启蒙和权利保障以及为经济发展保驾护航的作用。因此，《民法通则》总计9 章 156 个条文涵盖了基本原则、公民、法人、民事法律行为和代理、民事权利、民事责任、诉讼时效、涉外民事关系的法律适用等全部领域，实际上是一部微缩（缩编/缩简）版民法典。《民法典》是国家建设和社会治理的"基本法"。《民法典·总则编》系调整民商事法律关系的"一般性""统帅性""总纲性"的法律规范之集成。《民法典·总则编》对民法典人格权编、物权编、合同编、侵权责任编以及各商事单行法，均具有重要的贯彻价值和指导意义。《民法通则》和《民法典·总则编》均不具有"补充法"的地位。

可以说，是否具备"补充法"的地位可谓是商法通则和《民法典·总则编》《民法通则》最大的区别，也只有厘清了商法通则和《民法典·总则编》《民法通则》在私法体系中各自的定位后，商法通则的立法效用和实际价值才可能真正被理论界和实务界所接受和认可，也才能消除理论和实践上的阻力，说服我国立法机关早日启动商法通则立法规划。

2. 商法通则是"权利法"

由于深受大陆法系民事权利制度体系以及商法中商主体和商行为二元结构之影响，我国商法基础理论较少对商事权利和商事义务进行理论的凝练和集中阐释，[②] 也没有重视和引入商事权利研究范式，致使商事权利理论研究极其

---

① 参见柳经纬：《当代中国民法学的理论转型》，中国法制出版社 2010 年版，第 72 页。

② 参见赵旭东等：《〈商法通则〉立法大家谈》，载《国家检察官学院学报》2018 年第 3 期。

薄弱甚至缺失，严重影响商法学科的成熟以及商事法律部门的确立。①既往商法学界对商法通则的研究，或从"商主体"或"商行为"的角度探讨商法通则的体例结构，②或从商法通则的核心范畴"营业"这一概念入手分析商法通则的内容安排，③从"权利法"的角度研究商法通则可谓寥若晨星。

商法通则既是商人法和商行为法，亦是权利法。商人法是从商人的主体资格及其享有的权利义务角度来认识商法通则的，行为法是从商主体所从事的商行为类型及其法律后果来探讨商法通则的架构和体系的，毋庸置疑，这些研究进路均具有重要的理论价值和意义。但是依据民商法的一般原理，"主体"和"行为"必须围绕"权利"为中心展开。权利系现代法哲学的中心和基石范畴，④权利涉及的是一个人对另一个人的外在的和实践的关系。⑤权利之本质是权利主体享有的独立于他人的强制意志的自由，并且这种意志（意思）自由和他人的自由并存。⑥纵观整个私法演进史，如何处理好这种负载了个人意志（意思）自由的权利之归属以及与他人意志自由（权利）的边界和限制问题，历来是私法体系和制度设计的"核心"和"主轴"。商法通则作为私法特别法，理应将"商事权利"摆在突出和中心位置。

在该方面，我国 1986 年颁布的《民法通则》和 2020 年实施的《民法典》提供了绝好的范例和榜样。《民法通则》第五章将"民事权利"单列一章，在总计 156 个条文之中用 45 个条文（约占三分之一）对物权、债权、知识产权、人身权等民事权利作了周详、细密的规定。历经改革开放 40 多年的民商事实践发展已经证明，《民法通则》专章规定民事权利的做法是成功的。《民法通则》对民众的私权启蒙、权利教化以及市场经济的促进和发展起到了非凡作用。《民法典》立法者也从善如流，积极响应法学界和社会各界对民事权利的呼吁和期盼，在延续《民法通则》既有立法经验的基础上，为适用现代社会权利扩张的现实，对民商事权利的类型又做了进一步的发展和完善。《民法典·总则编》第五章"民事权利"章以 24 个条文对民商事权利作了详细的规定，可谓是 21 世纪的私

---

① 参见李建华、麻锐：《论商事权利研究范式》，载《社会科学战线》2014 年第 10 期。
② 参见邹海林：《商法基础理论研究的新发展》，中国社会科学出版社 2013 年版，第 33 页。
③ 参见朱慈蕴：《营业规制在商法中的地位》，载《清华法学》2008 年第 4 期。
④ 参见张文显：《法哲学范畴研究》，中国政法大学出版社 2001 年版，第 335 页。
⑤⑥ 参见［德］康德：《法的形而上学原理》，沈叔平译，商务印书馆 2011 年版，第 53 页。

权"宣言书"。其不仅对人格权（第 109 条、第 110 条）、物权（第 113 条、第 114 条、第 115 条、第 116 条、第 117 条）、债权（第 118 条、第 119 条、第 120 条、第 121 条、第 122 条）、人身权（第 112 条）、知识产权（第 123 条）、继承权（第 124 条）等传统民商事权利等作了规定，另外还增设了个人信息受法律保护（第 121 条）、股权等其他投资性权利（第 125 条）、数据、网络虚拟财产（第 127 条）等新型权利（益）之保护。

尽管商法通则和《民法通则》《民法典》所处的历史方位、立法取向方面有很大不同，但是这种差异性和特殊性，不应当弱化商法通则作为"权利法"的本质属性，不应当消弭商法通则私权启蒙、保障私权这一"共通性"价值。尤其是当前我国正大力推进商事登记制度改革，努力营造稳定、公平、透明、可预期的营商环境，将商法通则定位为"权利法"可谓正逢其时。商法通则既是固化商事登记制度改革成果、优化营商环境、推进国家治理体系和治理能力现代化的现实举措，亦是我国社会主义市场经济发展的迫切需要。更是保护民营企业的合法权益和企业家产权的"宣言书"和"总纲领"。2016 年 11 月 4 日，中共中央、国务院出台的《关于完善产权保护制度依法保护产权的意见》提出要平等保护各类市场主体的合法权利；2018 年 11 月 1 日，习近平总书记主持召开民营企业座谈会时强调，要坚定不移地发展壮大民营企业，改善民营企业的营商环境问题，扎实推进"放管服"改革；[①]2019 年 2 月 25 日，习近平总书记在中央全面依法治国委员会第二次会议上进一步强调，法治是最好的营商环境，要将平等保护贯彻到立法、执法、司法、守法的各个环节，依法平等保护各类市场主体的产权和合法权益。[②]助推民营经济实现创新发展以及保护民营企业家产权和权利不受非法侵害，维护其良好预期，是我国当前社会经济发展过程中的重大议题。我国的商法通则立法也理应及时反映这一历史需求和时代期盼，积极回应当前经济社会发展的现实，以消除国有企业和民营企业竞争中的不平等地位和待遇，保护民营企业家权利和产权为目标和己任。

那么，作为"权利法"的商法通则到底应当涵盖哪些商事权利类型和内容呢？遵循"民商合一"立法体例的《民法典·总则编》已经对债权、物权、股

---

① 参见习近平总书记 2018 年 11 月 1 日在民营企业座谈会上的讲话，资料来源人民网：http://cpc.people.com.cn/n1/2018/1102/c64094-30377329.html，2019 年 2 月 11 日访问。

② 参见习近平总书记 2019 年 2 月 25 日在中央全面依法治国委员会第二次会议上的讲话，资料来源光明网：http://politics.gmw.cn/2019-02/26/content_32567955.htm，2019 年 3 月 5 日访问。

表 1-3-1　商事权利

	权利类型	权利内容	适用对象	适用法律
商事权利	投资人权利	股权①、合伙企业份额权、合作社成员权	民商主体	商法
	商主体自始取得的权利	营业权、商号权、商事信用权、商业机会保护权、商业秘密权、公平交易权②	商主体	商法、知识产权法
	商主体基于营业活动取得的权利	商事物权如财团抵押权、浮动抵押权、集合抵押权、商事留置权、应收账款质押权；商事债权即基于各种商事合同取得的权利	商主体和交易相对方	商法、合同法、物权法

权等投资性权利作了原则性规定，《民法典》人格权编、物权编、合同编、侵权责任编也对商事人格权、商事物权、商事合同、商事侵权等作了一般性规定（如《民法典·物权编》第十七章第二节规定的最高额抵押、第十八章第二节规定的权利质权即为典型的商事担保物权）。在"民商合一"立法前提下《民法典》还会给商法通则立法预留下多少空间，不无疑问。从《民法典·总则编》规定观之，《民法典》第 125 条规定："民事主体依法享有股权和其他投资性权利。"该条采用概括授权的方法，为未来商法通则集中规定商事权利预留了充足的空间和可能。这里的"其他投资性权利"属于"兜底性"条款，除了股权以外的其他投资性权利应当由商事特别法规定。鉴于我国商事权利的理论研究薄弱的现状以及商事权利对商事实践的重要意义和价值，未来我国商法通则关于商事权利的规定，建议采用相对比较宽松的标准，原则上只要是《民法典》和其他民商事单行法未作规定（或不宜作规定）而又能反映商事实践迫切需要的商事权利类型，都应当在商法通则中予以明确的规定。结合我国目前商法学研究进展、立法现状以及司法实践，建议未来我国商法通则立法应对如下商事权利作出规定。③

---

①　《民法典》第 125 条虽然提到了股权，但对股权的权能并未展开。鉴于股权的重要价值，建议在商法通则中予以明确规定。

②　蒋大兴教授认为，商主体自始取得的权利类型其实可以归属于"营业自由"之中。鉴于当下中国最不能保障的也是营业自由，因此商法通则应当重点规范和保障"营业自由权"。营业自由是否有必要以商事权利形式进入商法通则，值得探讨。参见蒋大兴：《〈商法通则〉/〈商法典〉总则的可能体系——为什么我们认为"七编制"是合适的》，载《学术论坛》2019 年第 1 期。

③　关于商事权利的分类参考了吕来明教授的部分观点。参见吕来明：《商事权利论》，法律出版社 2016 年版，第 30 页。

3. 商法通则是"裁判法"

制定商法通则的目的不是为了满足某种形而上的理论旨趣和追求，商法通则立法的需要出自商事实践。①就此而论，商法通则最重要的目标读者/适用对象主要是法官、检察官、律师、仲裁员、商务界人士等法律适用者群体而非普通民众。制定商法通则就是要为商法领域的司法裁判提供一个统一、权威的文本/裁判依据，因此，商法通则立法必须充分虑及其最终/可能的实践效用和司法效果。遗憾的是，我国民商立法历来过于重视立法的法政策目标之实现，对立法"体系化"和"科学化"重视不够，从而导致民商事司法实践中频频出现"有法不好用"和"有法不宜用""有法不知如何用"的司法困境和窘局。②商法通则立法的内容设计必须认真对待其司法裁判功效的发挥，必须慎思每一条规范背后所指涉的事实类型和调整的法益目标。从裁判法的角度审视商法通则，需要重点处理好以下三方面问题：

第一，商法通则立法应当充分尊重我国的商法实践和商务实践。尊重商法规范的司法适用状况，尊重商务界人士/商人对商事权利保护的现实需求，注重对商业惯例/习惯的萃取和吸收。其中，对商业惯例/习惯的吸收工作尤其值得重视，因为没有任何法律领域比商法更清楚地观察到经济事实是如何转化成法律关系的。③只要不与强行法相悖，商人往往可以依据自己的力量，按照自己的需要以合意的交易条件方式设定他的法律关系。如果约定的交易条件变成了一般的交易习惯，即使在个别法律交易中因缺乏对该条款明示的合意而产生疑问时，仍视其已经得到默认。④商事习惯/惯例对于商事交易和商行为的解释具有"支柱"意义。我国商法学界对此研究得还不够深入。值得称道的是，我国《民法典·总则编》第10条规定："处理民事纠纷，应当依照法律；法律没有规定的，可以适用习惯，但是不得违背公序良俗。"《民法典·总则编》首次在一般法中明确了"习惯"的法源地位。有学者认为，基于《民法典·总则编》实行

---

① 参见王保树：《商事通则：超越民商分立与民商合一》，载《法学研究》2015年第1期。
② 参见王建文：《中国商事司法实践中的法律适用：困境与出路》，载《现代法学》2010年第5期。
③ 参见［德］古斯塔夫·拉德布鲁赫：《法学导论》，米健译，商务印书馆2013年版，第111页。
④ 参见［德］古斯塔夫·拉德布鲁赫：《法学导论》，米健译，商务印书馆2013年版，第112页。

"民商合一"的立法体例之现实，解释论上《民法典·总则编》第 10 条的"习惯"理应包括了民事习惯和商事习惯。①为细化和落实《民法典·总则编》第 10 条之规定，未来商法通则立法之前，建议由中国法学会商法学研究会牵头，成立专门的商事习惯调查组/委员会，专职负责全国各地的商事习惯/惯例的调查、搜集、整理、汇编工作。在专家委员会的人员组成上，建议由学界和实务界人士各半组成，采取自荐＋其他部门（包括最高人民法院和地方各级人民法院、高等院校、企业、研究院、研究所等）推荐的方式。商事习惯调查组/委员会可采用实地/企业调研/召开座谈会等多元化的组织方式，积极倾听商务界人士/企业家的意见和建议，撰写商事习惯调查报告和研究报告。在反复甄别、筛选、过滤、萃取的基础上，对于我国商事实践中已经运用的比较成熟但是还尚未上升至成文法规定的，在调查报告和研究报告的基础上，再出具代表学者独立意见的专家意见书。专家意见书详细写明待纳入商法通则的商事习惯的具体类型及纳入理由，以为将来商法通则立法提供充足的资料参照和参考。

　　第二，对待纳入商法通则的商法规范/商事习惯，在立法设计过程中应当严格遵守法律规范的逻辑结构（构成要素）的基本要求。众所周知，法律规范作为规定具体权利和义务以及具体法律后果的准则，是法院据以裁判支持一方向他方当事人所主张的请求权基础/裁判依据。②它不同于政治口号或者政策性文件，法规范具有自己独特的属性和严密的逻辑结构/构成要素。一个完整的法规范应当由"构成要件—法律后果"两部分构成，③构成要件包括规范的对象和事实描述，法律后果包括应然规制和被规制的行为模式。④当构成要件所描述的案件事实出现的时候，法律后果随即发生。⑤法律规范的逻辑结构/构成要素关乎商法通则所预设的立法价值能否在司法场域中实现，意义十分显著。商法通则的规范设计应当努力符合"构成要件—法律后果"这一法理逻辑结构要求。从目前几个学者建议稿来看，条文的逻辑结构/构成要素还有进一步完善的空间。例

---

① 参见王利明主编：《中华人民共和国民法总则详解》，中国法制出版社 2017 年版，第 51 页。

② 参见王泽鉴：《民法思维——请求权基础理论体系》，北京大学出版社 2009 年版，第 41 页。

③ 参见雷磊：《法律规则的逻辑结构》，载《法学研究》2013 年第 1 期。

④ 参见朱庆育：《民法总论》，北京大学出版社 2013 年版，第 133 页。

⑤ 参见［德］卡尔·拉伦茨：《法学方法论》，陈爱娥译，中国政法大学出版社 2003 年版，第 133 页。

如，在学界有广泛影响力、由王保树教授主持、中国商法学研究会集体完成的《中华人民共和国商事通则》建议稿第一章"总则"9个条文中，第1条属于立法目的，第3条、第4条、第5条、第7条分别规定了营业自由原则、交易便捷原则、交易安全原则、外观主义原则、社会责任等条款，这些均属于原则性、定义性、宣示性的条文，难以直接作为裁判规范适用。建议稿第二章"商人"一章9个条文中，第10条规定了商人的定义，第11条规定了商人的类型，第12条为商事组织的定义，第13条为商自然人的定义，第15条规定了商人的商号权、商誉权、商业形象权。[①]这些条文也均属于定义性、说明性、宣示性的条文，不具有裁判法的基本属性。建议稿将这些学理化色彩浓厚的内容安置在商法通则中，其妥当性值得斟酌。

第三，法规范与法规范之间并非彼此孤立无关平行的存在。整个法秩序（或其大部分）都受特定指导性法律思想、原则或一般价值标准的支配，诸多规范之各种价值决定得借此法律思想得以正当化、一体化，并因此避免彼此之间的矛盾。[②]以"体系"的形式表现出来是当前商法发展最核心的任务之一。在我国《民法典》实施已经完成整个私法立法"体系化"和"科学化"以及构建统一的私法法源体系任务的背景下，商法通则的规范设计也应当契合和因应《民法典》实施的历史契机和时代要求，着力推进商法立法的"体系化"和"科学化"并构建统一的商法法源体系。具言之，在商法通则的规范设计过程之中，要充分处理好和《民法典》（尤其是总则编和合同编）中商法规范的衔接和协调。不能"一叶障目不见泰山"，所拟定的规范和规范之间不能出现矛盾错配和体系违反的情况，便于后续法学研究以及司法适用。[③]

（二）各立法定位之相互关系

上述三大立法定位系何种关系呢？作为"补充法"和"裁判法"的商法通则是从"外部关系"（商法通则和《民法典》及商法通则的适用对象）考虑的，

---

① 参见王保树主编：《商事法论集》（总第20卷），法律出版社2012年版，第1—2页。

② 参见［德］卡尔·拉伦茨：《法学方法论》，陈爱娥译，中国政法大学出版社2003年版，第133页。

③ 考虑到这一论题过于宏大，涉及问题众多。囿于研究主旨和研究范围，本书仅做简要提示。关于商法立法的体系化和科学化议题，后续另撰文探讨。

作为"权利法"的商法通则是从"内部"（内容设计）角度考虑的。作为"裁判法"的商法通则还是从"动态"（法律适用）角度考虑商法通则立法的，而作为"权利法"和"补充法"的商法通则仅仅是从"静态"视角考虑的。其中，"补充性"是商法通则最基本、最特殊的立法定位，它集中展现了商法通则和《民法典》之间的法源适用位阶关系，以及商法通则不同于《民法通则》及其他民商事单行法的特殊性之所在，是改革开放 40 多年来我国商事立法实践经验的集中总结和概括，亦是我国商法学理论研究的结晶和硕果，民商法学界应当倍加珍惜和重视。作为"权利法"的定位则是商法通则自身属性的具体体现，亦是商法通则体系规划和内容构造的基本遵循和核心依据。作为"裁判法"的商法通则是从其适用对象角度考虑的，它集中反映了各民商事单行法作为裁判规范的一般属性和共通价值，也反映了《民法典》背景下构建统一私法法源体系的要求。商法通则各立法定位之相互关系可图示如下：

图 1-3-1　商法通则各立法定位之相互关系

四、结　语

立法定位属于商法通则制定过程中的"基础性"和"前置性"问题。在《民法典》实施的背景下，我国商法通则立法应当遵循"补充法""权利法""裁判法"这三重逻辑。唯有如此，商法通则才能在私法体系/秩序中找到妥适安置之所。当然这并非要否认将商法通则定位为"商人法""商行为法""营业法""企业法"就是偏颇甚至错误的。对商法通则立法定位的认识应当采取一种"开放"和"多元"进路，唯有从各个不同视角观察和透视商法通则之本质，才可能达至透视商法通则"庐山真面目"之目的，才能为后续商法通则的体例设计、内容构造、规范配置等提供思路上的指引和启示，以早日推进商法通则立法目标之实现。

第四章　商法思维在公司法改革中的引入和运用

经过对公司资本制度的大幅度修改之后，我国《公司法》已于 2014 年 3 月 1 日正式颁布实施。①尽管本次公司资本制度修改在内容上明显体现出由法定资本制向授权资本制度转换的痕迹，但新《公司法》实行的仍然是法定资本制，②与法定资本制配套的规范措施仍然构成公司法体系的支柱和核心。对此，有学者准确地评论道，本次公司资本制度修改仅仅是对资本缴纳制度进行的宽缓化处理，还远远没有达到"改革"的程度。时下，公司法进一步结构性改革呼声渐隆，③如何在未来公司法改革中，将商法思维引入和运用到公司法规范的修订和完善过程中去，以彰显公司法自身价值目标和体系理性的基本要求，实具重大理论及现实意义。④本章试图在廓清商法思维内涵及外延的基础上，就商

---

① 本次公司法修改主要取消了普通公司法定资本最低限额的要求，同时将公司注册资本额和缴纳期限交由公司章程自由约定，相应的验资程序也被取消。

② 参见雷兴虎、薛波：《公司资本制度改革：现实评价与未来走向》，载《甘肃社会科学》2015 年第 2 期。

③ 参见王保树：《公司法律形态结构改革的走向》，载《中国法学》2012 年第 1 期；王保树：《公司法的全面改革不能着眼于堵漏洞、补窟窿》，载《环球法律评论》2014 年第 1 期；王保树：《公司法与证券法修改应联动进行》，载《清华金融评论》2014 年第 11 期；刘俊海：《建议〈公司法〉与〈证券法〉联动修改》，载《法学论坛》2013 年第 4 期；周友苏、李红军：《现代化视野下中国公司法改革前瞻——以公司形态调整为主线》，载《社会科学》2012 年第 4 期；张辉：《中国公司法制结构性改革之公司类型化思考》，载《社会科学》2012 年第 9 期。

④ 党的十八大报告中明确提出："提高领导干部运用法治思维和法治方式深化改革、推动发展、化解矛盾、维护稳定能力。"在此宏观背景之下，2013 年中国商法学年会就法治国家建设中的商法思维与商事立法、商法解释、商事裁判之间的关系等问题曾展开过探讨。遗憾的是，之后对商法思维研究的成果寥寥。但学界的沉寂并不能抹杀商法思维的价值，诚如王保树教授所言：（转下页）

法思维引入公司法改革的功效及其运用、留意点等问题作一些理论上的探索，以期能裨益于公司法的改革与实践。

一、公司法改革引入商法思维的理论和实践动因

作为社会经济生活中最重要的法律，公司法容纳了大量市场和政府职能据以发挥作用的制度措施，因此，公司法的历次修改，在某种程度上，总是嵌入在特定的社会、经济和政策背景之中，这似乎是公司法无法摆脱的宿命和路径依赖。然而，作为公司法学研究者，我们又不得不关注公司法自身的价值诉求和制度逻辑。公司法具有超脱于特定政治、社会、经济背景的超稳定结构，这是公司法作为理性法得以发展和完善的保障和源泉。笔者始终相信，作为融商事组织法和行为法于一体的公司法，其必定在价值目标、规范设计、司法裁判等不同环节隐形地遵循着商法特有的思维模式和方法，而这种模式和方法恰是公司法价值目标、制度设计的起点和终点。

从学界研究的现状来看，部分学者依循法释义学的研究路径，就特定案例、原则和规则等中、微观问题作就事论事的分析，以彰显公司法不同于合同法、物权法等民事部门法的特殊思维方式。这种研究在规范适用层面具有一定的积极意义，但若从公司法自身理性的角度考量，未免浮游表面、难窥要领。一方面，公司法自身的价值诉求和体系理性需要商法思维的引入和运用；另一方面，学界对商法思维这一关涉到公司法部门法哲学属性的命题却缺乏深入、系统的研究，这种需求—供给两者之间的紧张关系导致了我国公司立法及司法中诸多疑题难以得到正当化解释，下文就以公司担保规范适用为例释明。

公司担保规范适用可谓是我国公司法学研究中的"悬案"，学界在最基本问题上至今仍未取得共识。①究竟该如何理解《公司法》第 16 条第 1 款的规范性

（接上页）"商法思维是商法的财富，商法学研究应当珍惜并尊重。"面对我国商法学基础理论研究一直相对薄弱的现实，经验主义和实用主义的商法应当型构自己的思维模式和方法，以此逐渐摆脱长期以来学界对商法理论底蕴缺乏和薄弱的诟病。

①　自 1993 年《公司法》颁布以来，有关公司担保规范的理解和适用一直是理论界和实务界研究的疑难问题，有关研究成果参见李游：《公司担保中交易相对人合理的审查义务——基于 458 份裁判文书的分析》，载《政治与法律》2018 年第 5 期；吴越、宋雨：《公司担保合同中相对人善意认定标准研究——基于〈民法总则〉对〈合同法〉50 条之扬弃》，载《社会科学研究》2018 年（转下页）

质、效力范围、公司债权人审查义务之承担与否及标准等问题？依据笔者的观察和总结，目前学界至少存在以下七种观点：以崔建远、钱玉林为代表的学者认为，《公司法》第 16 条第 1 款仅仅是规范公司内部决议的程序性法律规范，立法所称的"公司为他人提供担保"指的是公司为他人提供担保这个"事项"而非指"公司为他人提供担保的行为"。①如果股东（大）会或董事会担保决议违反章程规定，则属于《公司法》第 22 条规定的可撤销的决议，股东可据此申请法院撤销并依第 113 条、第 150 条追究董事的责任。②股东（大）会或董事会越权担保所签订的担保合同应类推适用《合同法》第 50 条关于法定代表人越权代表的规定处理，视第三人的主观状态而定，且第三人对章程不负有审查义务。③而以赵旭东、高圣平为代表的学者认为，《公司法》第 16 条第 1 款的立法目的就是将公司对外担保的内部决策权限和程序对外公布，法律一经公布即具有公开宣示的效力，任何人不得以不知法律有规定或宣称对法律有不同的理解而免受其拘束。《公司法》第 16 条第 1 款属于效力性的强制性规范，担保合同将因公司决议违反章程而无效。④即使认定该条为管理性强制性法律规定，违之

（接上页）第 5 期；高圣平：《公司担保中相对人的审查义务——基于最高人民法院裁判分歧的分析和展开》，载《政法论坛》2017 年第 5 期；高圣平：《公司担保相关法律问题研究》，载《中国法学》2013 年第 2 期；杨代雄：《公司为他人担保的效力》，载《吉林大学社会科学学报》2018 年第 1 期；曾大鹏：《公司越权对外担保的效力研究——基于法律解释方法之检讨》，载《华东政法大学学报》2013 年第 5 期；冉克平：《论公司对外担保合同的效力——兼评〈公司法〉第 149 条第 3 款》，载《北方法学》2014 年第 2 期；王文宇：《论公司违法缔结担保合同之效力》，载刘俊海主编：《中国资本市场法治评论》（第 4 卷），法律出版社 2014 年版；吴飞飞：《公司担保合同行为的最佳行为范式何以形成》，载《法学论坛》2015 年第 1 期；郭志京：《中国公司对外担保规则特殊性研究》，载《当代法学》2014 年第 5 期；同时在 2013 年 5 月 26 日中国社会科学院组织的主题为"商法规范的理解与适用研讨会"上有 5 篇论文探讨该问题。参见陈洁主编：《商法规范的解释与适用》，社会科学文献出版社 2013 年版。

① 参见钱玉林：《公司法第 16 条的规范意义》，载《法学研究》2011 年第 6 期。

② 参见钱玉林：《寻找公司担保的裁判规范》，载《法学》2013 年第 3 期。

③ 参见崔建远、刘玲玲：《论公司对外担保的法律效力》，载《西南政法大学学报》2008 年第 4 期。

④ 参见赵旭东：《商法学》，高等教育出版社 2007 年版，第 222 页。值得注意的是，在 2012 年 11 月华东政法大学经济法律研究院举办的"商事担保法律制度的确立与完善研讨会"上，赵旭东教授旗帜鲜明地指出，在公司对外担保合同效力问题上，其属于"无效派"和"少数派"。但在具体分析《公司法》第 16 条第 1 款规范意义时，其又认为未经公司内部决议的担保行为属于超越管理权的越权行为，在法律上"效力待定"。前后观点出现这种矛盾的原因不得而知。详细论述参见"商事担保法律制度的确立与完善研讨会"现场发言实录中赵旭东发言部分。赵旭东、宋晓明主编：《公司法评论》（总第 23 辑），第 220 页。

亦不当然认定担保合同有效。①同该种观点相类似的一种观点认为，《公司法》第16条第1款中有关公司对外投资或者担保限额的规定，在法条中使用了"不得"字样，属于强制性的规定，对公司和担保权人均有约束力。②但与前述在公司担保合同效力判断上管制、保守的立场不同，该观点依据对第16条第1款强制性规定之认识，径直得出违反《公司法》第16条第1款规定的公司对外担保合同无效之结论。梁上上教授则从《公司法》第16条第1款的立法构造及立法目的出发，指出它属于约束公司对外担保的内部意思形成机制，违反第16条第1款不直接导致公司担保合同无效。但是，由于法律的明文规定，使得第16条第1款具有"溢出"效应。再结合《合同法》第50条，公司担保合同的相对人应当对公司章程及其相关决议进行"从宽"的形式审查。③罗培新教授通过对近年来公司担保案件的实证数据分析后指出，《公司法》第16条第1款应当为赋权性与强制性结合的条款，一旦公司担保的内部决策程序上升为立法规定，即具有推定公知的对世效力，担保权人必须承担合理的、审慎的审查义务，否则应承担不利之后果。④持第六种观点的学者没有纠缠于《公司法》第16条第1款的规范性质为依托进而判断公司对外担保合同的效力，主张担保合同的效力应依照民事法律行为的基本原理以及交易情境予以确定。也就是说，越权担保合同性质属于效力待定合同，而非无效合同，在符合法律规定的前提下，应认定为有效合同，对公司产生法律效力。⑤观点七来自《北京市高级人民法院关于审理公司纠纷案件若干问题的指导意见》之规定："公司担保未履行《公司法》第16条规定的内部决议程序，或者违反公司章程规定的，应认定担保合同未生效，由公司承担缔约过失责任。"⑥

学理上的聚讼纷纭、认识不一，导致各地法院在公司对外担保合同效力案

---

① 参见高圣平：《公司担保相关法律问题研究》，载《中国法学》2013年第2期。

② 参见李金泽：《〈公司法〉有关公司对外担保新规定的质疑》，载《现代法学》2007年第1期。

③ 参见梁上上：《公司担保合同的相对人审查义务》，载《法学》2013年第3期。

④ 参见罗培新：《公司担保法律规则的价值冲突与司法考量》，载《中外法学》2012年第6期。

⑤ 参见刘贵祥：《公司担保与合同效力》，载《法律适用》2012年第7期。

⑥ 参见《北京市高级人民法院关于审理公司纠纷案件若干问题的指导意见》（京高法发2008127号）第6条。

件纠纷的裁判时，基于不同的法理逻辑和裁判思路，作出的裁判结果各异。①例如，在"冯某君诉林某龙等民间借贷纠纷案"②中，法院认为，五洲大酒店为林某龙提供担保未经公司董事会或者股东大会的决议，违反了《公司法》第 16 条第 1 款之规定，应当确认为无效。很显然，该种裁判思路将第 16 条第 1 款理解为效力性的强制性法律规范，违反该条就应当否定法律行为之效力。在"中建材集团进出口公司诉北京大地恒通经贸有限公司、北京天元盛唐投资有限公司、天宝盛世科技有限公司等进出口代理合同纠纷案"③中，北京市高级人民法院认为，《公司法》第 16 条第 1 款并没有明确规定违反该条担保合同无效，依照该条认定担保合同无效，不利于维护合同的稳定和交易安全。在第三人为善意的情况下，对违反第 16 条第 1 款所为的法律行为的效力应当予以认可。

上述学界和实务界对公司担保规范意义理解的乱象，根源之一在于，由于民商法学者基于不同的知识基础、思维方法，导致在理解《公司法》第 16 条第 1 款的规范意义时，出现了巨大的偏差。这种偏差客观又导源于《公司法》和《合同法》两法在保护的法益上存在着巨大抵牾，担保合同当事人双方在本位法选择上的价值冲突。《合同法》重在保护交易相对人之合理信赖利益，进而促进交易、保障交易的顺利完成；而《公司法》重在公司资产之维持，保障公司、股东、管理层、债权人、雇员等多元的利益诉求之实现。由于未能准确运用民商法思维模式和方法，分析《公司法》第 16 条第 1 款的立法价值导向，最终在规范解读时出现结果多元的解释困境。

公司担保规范仅仅是我国公司法规范适用中的典型著例之一，类似的问题还有很多。④当前，无论是学界还是实务界，对商法思维的内涵、外延及内容体系等问题均存在一定程度的认识模糊，也未就民、商法思维两者之间的界限和

---

① 根据罗培新教授对公司对外担保决议效力的裁判案件统计结果，2007 年至 2010 年期间，共审理判决案件 18 起，其中判决有效 12 起（占总数 66.7%），无效 6 起（占总数 33.3%）。参见罗培新：《公司担保法律规则的价值冲突与司法考量》，载《中外法学》2012 年第 6 期。

② 参见浙江省临海市中级人民法院（2009）临商初字第 205 号民事判决书。

③ 参见《最高人民法院公报》2011 年第 2 期。相同的判决意见还可以参阅：上海市第二中级人民法院（2009）沪二中民四（商）初字第 6 号民事判决书；北京市高级人民法院（2009）高民终字第 1730 号民事判决书。

④ 例如，商事违约金和民事违约金的区别、流质契约的效力、合约和团体决议的区分等问题，都是长期困扰商法学界未能妥善解决的疑题。

关联问题作深入的研究。在此一逻辑前提下，更遑论从规范目的、体系功能视角，来准确运用商法思维解释商法规范，裁判商事案件纠纷了。而未来我国《公司法》的改革，首先需要面对和解决的问题恰恰就是诸如上述公司法规范适用中出现的司法难题。如何通过对《公司法》规则的删、改、修，从立法论上将上述（但不仅仅这些）疑题一一消释，并最终达到定分止争的立法效果。要达致这一目的，当前的公司法学研究，必须从宏观层面，就商法思维的内涵外延、体系内容，商法思维和民法思维之间的动态区分等问题有较为清晰的理解和认知，以促进未来公司立法的科学化。

二、商法思维的内涵、体系和关键点

从词义上考察，根据《汉语大词典》和《辞海》的解释，思维系指客观存在反映在人的意识中经过主观活动而产生的结果。有学者据此认为，思维既是一种过程，也是一种结果。[①]这是从动、静两种不同的角度对思维的认识。笔者以为，思维的重心应当是动态的思维过程，结果只不过是思维过程的最终目标指向，属当然之理，强调并无实益。所谓商法思维，系指商事法律人在商法知识结构的影响和支撑下，依据现行有效商事法律规范和法律逻辑、以价值取向的思考、合理论证解释适用商事法律的理性思维方法和过程。[②]商法思维可划分为静态和动态两个向度，静态的商法思维多强调商法思维的知识结构，动态的商法思维要义在于思维方法和过程的运用。

---

①　参见王保树：《尊重商法的特殊思维》，载《扬州大学学报（人文社会科学版）》2011年第3期。

②　从笔者目前掌握的资料来看，商法学界对商法思维重要性虽已有所认识，但有关该领域基本理论问题的探讨还尚未大规模展开，倒是法理学界就法律思维论述颇多。下文关于商法思维的定义及内容体系之论述便是笔者主要阅读文献材料后结合自己研习商法之心得所做的提炼和思考。参见〔德〕卡尔·恩吉施：《法律思维导论》，郑永流译，法律出版社2013年版；王泽鉴：《法律思维和民法实例》，中国政法大学出版社2001年版；郑成良：《论法治理念与法律思维》，载《吉林大学社会科学学报》2000年第4期；姚建宗：《法学研究及其思维方式的思想变革》，载《中国社会科学》2012年第1期；孙笑侠：《法律人思维的二元论兼与苏力商榷》，载《中外法学》2013年第6期；陈金钊：《法律思维及其对法治的意义》，载《法商研究》2003年第6期；陈金钊：《对"法治思维"和"法治方式"的诠释》，载《国家检察官学院学报》2013年第3期；刘治斌：《法律思维：一种职业主义的视角》，载《法律科学》2007年第5期；石旭斋：《法律思维是法律人应有的基本品格》，载《政法论坛》2007年第7期。

商法思维知识结构主要包括形上和形下两个方面。

第一，商法思维知识结构的形上层面，即"实质商法"。其是一个由商事习惯、商事观念、商事信念和信仰、商事目的和目标、商事价值、商事理念等诸多方面组成的"资源池"和"有机体"。有论者认为，所谓"实质商法"只不过是部分理论研究者纯粹的主观价值预判和思维假设，在实践中根本不具有可操作性和可行性，对此，笔者不敢苟同。"实质商法"所揭示的是商法事实、规范等各自存在和运行的"客观规律"和"道理"，这些"客观规律"和"道理"是现实中的商事法律及其实践本身所包含并片段地呈现出来的客观属性以及这些属性之间的有机联系，商法学理论研究者的任务之一就是将这些属性和联系通过不断地理解、总结、归纳、提炼而使之体系化和条理化。实质商法的内部体系恰如物理学中的能量守恒定律，是对商法的本质及其内在客观规律的科学认识。其不以人的意志为转移，潜存在商法规则、原则等实在法体系之后，是商法得以独立化和部门法化的灵魂和精神皈依，也是商法学研究的根本动力所在。

第二，商法思维知识结构的形下层面。它指的是商法的概念、各种规则和制度、原则以及依照商法自身的逻辑所形成的内在和谐统一的知识体系框架。商法的概念是认识商法规则和体系之"基石"，其作用犹如长城上的砖头。商法规范是商法知识结构的基本组成单元，其所特有的"权利—义务—责任"结构是商事思维和商法裁判据以进行的基本思维模型。商法原则是克服商法局限性的重要工具，对各项商事法律制度和全部商法规范起统帅和凝聚作用。商法的知识体系框架是上述三个方面得以有机统一和内在逻辑科学化的关键和支撑。

商法思维的动态方面由思维方法和运行过程两大部分构成，二者相伴相生，契合于一体。

方法，是指在给定的条件之下，为实现特定目标而采取的途径、路径、手段、步骤、措施等。[1]可用以发现特定法律制度或法的体系内与具体问题或争议的解决有关的原则和规则的知识的总和，即思维方法。[2]商法思维就是因思维方法的形式而存在的。[3]商法思维过程中商法规范性质和意义的分析，商事裁判思

---

[1]　参见葛洪义：《法律方法讲义》，中国人民大学出版社 2009 年版，第 4 页。

[2]　参见〔美〕戴维·M. 沃克：《牛津法律大词典》，李双元等译，法律出版社 2003 年版，第 761 页。

[3]　参见孙笑侠：《法律人思维的二元论兼与苏力商榷》，载《中外法学》2013 年第 6 期。

考过程及裁判结论作出，均有赖于思维方法的具体运用。商法思维方法最重要、具体的表现就是商法解释技术和方法（如文义、体系和历史解释方法，漏洞填补，不确定条款的适用等方法）。商法思维围绕思维方法的运用而展开，商法思维方法以商法解释技术和方法为核心，商法解释技术和方法使得"预设的价值、规范在事实的运动场上跑起来，让他们在舞动中获得新生或延续生命"。①可以说，没有商法解释技术和方法就没有商法思维。

法律思维是一种动态的流程模式，而非静态的结构模式。②商法思维的运行过程，就是以掌握的商法知识结构为基础材料、运用商事法律思维方法论证和解决案件事实的思维经过。当系争商事案件出现时，选择"从事法律判断及形成终局案件事实之基础的法条"。③然后将系争商事事实涵摄（归纳、吸纳）于法条的事实构成之下。如果这种涵摄是可能的话，就可以直接得出该商事法律规范的法律后果。然而，无论如何审慎从事法律，"其仍不能对所有——属于该法律规整范围，并且需要规整的——事件提供答案"。④换言之，法律必然有"漏洞"，当法条的选择出现立法者由于"制定法律时疏忽未预见、未规定，或规定与否暧昧不明时，需要探求规范旨意"。⑤旨意探寻过程中法律解释方法的运用，其本质也是价值判断的过程，此时，商法的基本原则和商法理念就会无形地具化在这一思维运行链条中。商法思维的动态运行使得思维方法这一抽象的工具之功能和效用得以最大程度的发挥。⑥

在上述商法思维二元逻辑结构中，商法思维知识结构是思维过程及方法得以进行的"前见"和"材料"，决定着后者的广度和深度；商法思维的运行过程和方法则使得僵化的思维知识以及其构架起来的体系框架得以动态化，两方面相得益彰、不可或缺（内容体系及构造见表 1-4-1 和图 1-4-1）。

在商法思维的动、静二元体系结构中，商法思维的重心应当是思维过程的阐明和运用。在这一动态化的商法思维运行模式中，有以下几个核心要点决定着这一思维模式运用是否精确无误，在此需要进一步深化论述。

---

① 参见［德］卡尔·恩吉施：《法律思维导论》，郑永流译，法律出版社 2013 年版，第 285 页。
② 参见王泽鉴：《民法思维——请求权基础理论体系》，北京大学出版社 2009 年版，第 193 页。
③④ 参见［德］卡尔·拉伦茨：《法学方法论》，陈爱娥译，商务印书馆 2005 年版，第 121 页。
⑤ 参见杨仁寿：《法学方法论》，中国政法大学出版社 2013 年版，第 191 页。
⑥ 鉴于商法思维运行过程和方法是下文要探讨的重点，在此不作详细展开论述。

表 1-4-1　内容体系

商法思维	商法知识结构　　　商法思维方法　　　商法思维过程
静态（知识结构）	商法理念、观念、信念和信仰、目的和目标、价值等深层次的形上层面；商法概念、原则、规则制度以及依照这些商法知识建构起来的体系框架等形下层面。
动态（思维方法）	商法思维方法，包括法律关系的找寻、归责原则方法，商法解释、推理、论证、利益衡量等方法。其中，商法解释方法是思维方法的核心，具体又包括文义、体系、历史、目的、比较、法律漏洞的填补、不确定法律概念及一般条款的补充。①
动态（运行过程）	商法思维的运行过程。即运用上述知识结构和思维方法，解决系争案件事实的经过。一般思维模型为：案件事实—法律规范—法律结论。

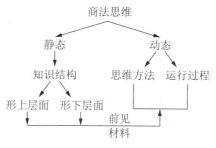

图 1-4-1　关系构造

　　第一，商法理念是商法思维运行的核心精神。商法理念是关于商法的内在本质与客观规律的理性认识，是有关商法在调整商事生活实践中所应达到的终极方式、途径、目标的一种信仰、期待和追求。商法思维的运行过程就是在商法理念的目标指引之下，以其为精神皈依，运用商事法律规范解决系争案件事实的过程，在商法理念的内容体系上，学界存在着"一元论""二元论""多元论"等不同的学说见解。综述其观点，笔者以为真正能体现商法独特性的理念主要有以下四个方面：（1）营利为本。营利为本的理念体现了商法独特的价值

① 郑永流教授认为，我国学界存在着"泛法律解释"的倾向，法律解释的目的是结合事实确定法律规范的含义。法律规范的含义可以通过文义、体系和历史三种解释方法获得，因此，法律解释的范围仅仅限于这三种。很显然，这是从狭义上理解解释方法的，这种划分在理论法学研究中具有一定意义。在本书语境下，笔者倾向于广义理解，将漏洞填补等造法活动也纳入解释方法中。参见郑永流：《法律判断大小前提的建构及其方法》，载《法学研究》2006 年第 4 期。

取向，是商法区别于民法及其他部门法理念的核心标志。（2）商人自治。商法属于私法，无论是从私法发展的历史源流上考察，还是从商法的具体制度、规则进行思考和提炼，自治是私法的灵魂，自治也构成了商法理念的源头活水。在具体的商事活动中，只要不与强制性法律条款相悖，商人就可以依据自身的力量和需要，以约定的条款设定他的法律关系。[1]在个别的商事行为中，即便缺乏对特定事项的明示规定或事先合意，只要存在一般的商事交易惯例，仍应遵从承认。（3）效率优先。与传统民法有别，商法调整的场域、经济关系特点决定了在多维的价值目标追求中，效率被置于优先的位置。[2]具言之，在商主体的成立上，商法通过特定的程序设计，如简化注册登记手续、降低准入门槛等，以保障商主体成立上的简便和迅捷；在商事交易过程中，商法采纳诸如契约定型化、权利证券化、程序简易化、交易电子化、短期诉讼时效等制度措施，促进社会财富最大化，保障效率优先目标之实现。（4）保障安全。逐利的驱动助长了商人的贪婪本性，商事风险随时潜伏在商事交易活动过程中，保障交易安全又成为营利和效率之外商法所追求的另一重要目标。为此，商法创设了强制主义、公示主义、外观信赖、加重责任等一系列措施，来分散交易风险，保障交易安全。

第二，外观信赖原则是商法思维运行的关键。商法的基本原则是商事主体从事商事活动的根本准则，是商事法律规范意义阐明时商法价值指引的具体化，是商事司法裁判过程中重要的裁判依据。商法思维中无处不渗透着商法基本原则的印记。关于商法的基本原则，法学界目前仍是众说纷纭、莫衷一是。[3]笔者以为，真正能体现商法特点、构成商法部门化和独立化的原则应当是外观信赖原则。外观信赖不仅体现了商法作为私法区别于同作为私法的民法在价值取向上的差异，也是商事特别法中不同的制度、规范，通过外观信赖原则得以统一的指导性原则。借助于外观信赖原则，商事特别法组成了一套特有的规则体系，形成了对商行为法律效力的统一判断规则。另外，外观信赖规则还是商事裁判

---

① 参见［德］拉德布鲁赫：《法学导论》，中国大百科全书出版社 2003 年版，第 75 页。

② 按照法律经济学的解释，商法调整的是被抽象为一个个理性的经济人在市场运作中发生的经济关系，盈利是各个微观主体的趋同性目标，尊重情感、伦理等其他法律场域（如民法）中可能被考虑的多维目标，在商法中则无需顾及。因此，将效率作为商法独特的理念甚为恰当、妥帖。

③ 参见邹海林、张辉：《商法基础理论研究的新发展》，中国社会科学出版社 2013 年版，第 65 页。

思维的核心法则，其体现了司法裁判中法官利益平衡的偏向点，决定着商事裁判的选择和方向。

第三，商法规范性质的识别是商法思维运行的基础。我国学界通常将商事法律规范概括地划分为两大类，即商事主体规范和行为规范。①主体规范注重规制商事主体的内部构造，塑造标准的商事活动的参与者，行为规范侧重对通过商事交易行为外部形式要件的规定，为商事活动的运行确立公认的格式。②正如有学者指出："从历史的角度看，商法的行为规范主要规制企业活动中特定人相互行为，本应尊重当事人的意思，以自由和迅速为依归，故大多采用任意性的规定。而商事主体规范的健全与否，间接、直接影响第三人利益及社会安全，应以严格和确实为必要，故多采强行性规定。"③商法规范的任意性和强制性识别是商法思维在立法和司法运用的关键。在商事立法过程中，立法者首先根据待设规范所调整的法律关系和调整对象，然后在此基础上确定规范的任意性或强制性，在最终形成的法律文本中，强制性规范和任意性规范的比例将直观反映出立法者的政策导向和立法目的。需要特别指出的是，无论是任意性规范还是强制性规范，都是支撑司法自治的。即使是强制性规范，它并不管制人民的私法行为，而毋宁是提供一套自治的游戏规则，仍不涤除私法自治的理念。④其最终目的乃是通过减省市场上交易参与者的"信息搜寻成本"或是"确保当事人的权益"，以符合经济效益与公平正义的目标。⑤

三、商法思维在公司法改革中的功效及具体运用

以上行文从法律思维视角，运用大量笔墨对商法思维进行了理论描述，但这非本书的核心目的。对商法思维的研究不能仅停留在"理论言说"层面，重要的是如何在具体的商事部门法中贯彻和运用商法思维。就本书而言：如何在

---

① 参见王保树主编：《中国商事法》，人民法院出版社 2001 年版，第 36—46 页。
② 参见张楚：《论我国商法规范的二元结构及其价值缺陷》，载《中国法学》1999 年第 2 期。
③ 参见赖源河：《学习商法与经济法需要宏观的企划能力》，载赖源河主编：《赖源河教授六秩华诞祝寿论文集编：财经法专论》，台北五南图书出版社 1997 年版，第 4 页。
④ 参见苏永钦：《走入新世纪的私法自治》，中国政法大学出版社 2002 年版，第 17—20 页。
⑤ 参见王文字：《进出公司法——几点跨视域的观察》，载王文杰主编：《月旦民商法研究》（第 9 卷），清华大学出版社 2005 年版，第 8 页。

未来公司法修法过程中，合理地撷取商法思维知识、运用商法思维方法，通过动态的商事思维过程，制定出理性的、合乎实践需求的商事法律规范。依此，商法思维的功效及具体运用应从以下诸方面阐释。

（一）重塑公司法的哲学根基

弗里德曼说："法典背后有强大的思想运动。"《公司法》修订秉承怎样的哲学理念，最终决定着公司法的精神气质。我国 1993 年《公司法》制定之初就肩负着推动国有企业转型、维护社会稳定的政治任务。公司法所潜存的该种目标使得具体条文的设置充斥着浓厚的强制色彩。翻诸整部公司法条文，"不得""应当""必须"等命令性语句随处可见（其中，"不得"出现 61 次，"应当"出现 136 次，"必须"出现 28 次）。管制主义的哲学立场昭然若揭，公司法作为私法、自治法的属性难以彰显。经过 10 多年的公司理论研究及实践发展，2005 年《公司法》修改，自由主义的哲学理念开始渗透在修法始终，从公司的设立、运营、变更分立到清算解散，立法均赋予了股东和公司一定程度的自治权。例如，在公司资本制度领域，对资本形成制度进行了有限度的松绑，放宽了有限责任公司和发起设立的股份公司出资方式和缴纳期限的限制，降低了法定资本的最低限额，放松了对股份发行、公司转投资、股权收回和股份回购等内容或程序上的限制等。但是，由于 2005 年公司法修改时间仓促，又使得此次修改难免带有"阶段性、中度修改"的痕迹。有学者在修法后评述到，我们既不能以自由主义来刻画这部法典的气质，也不能用实用主义来描绘它的基本立场，公司法的精神气质仍然笼罩在烟雾之中，[①]这一评述可谓精辟形象。2013 年公司资本制度修改首先肇始于 2012 年深圳工商局发起的公司登记制度改革。尔后，在 2013 年 3 月国家工商行政管理总局制定的《关于加快广东转型升级、建设幸福广东的意见》中，明确将深圳和珠海作为统一商事登记改革的试点。[②]2013 年 10 月 25 日，李克强总理主持召开国务院常务会议，部署全面推进公司注册资本

---

①　参见蒋大兴：《没有精神气质的公司法——法典构造的乌托邦》，载王文杰主编：《月旦民商法研究》（第 10 卷），清华大学出版社 2006 年版，第 77 页。

②　随后，2013 年 5 月两地分别出台了《珠海经济特区横琴新区商事登记管理办法》和《深圳经济特区商事登记若干管理规定》。2013 年 11 月国家工商行政管理总局批复同意广东商事登记改革试点范围扩大到深圳、珠海、东莞和佛山四地。

登记制度改革，将放宽市场准入，创新政府监管方式，建立高效透明公正的现代企业登记制度，作为政府职能转变的基本要求。在这一系列社会政策的强力推动之下，2013 年 12 月 28 日，第十二届全国人大常委会第六次会议旋即通过了《关于修改〈中华人民共和国公司法〉的决定》。

通观 1993 年《公司法》制定及 2005 年、2013 年两次《公司法》修订，我国历次公司法改革多少带有为拉动内需而由行政权力驱动下的被动式改革的意味。而被动式改革则带有忽视公司法自身价值诉求和体系理性的修法思维，忽视了公司法制度生长的逻辑与环境约束，造成了公司法规范背后法理思想的缺失和迷离的缺陷。职是之故，笔者认为，如果能在我国商法学研究中，深入挖掘商法思维含义、内容、特质，形成共识，并且，在公司法规范适用中，自觉地将商法思维贯穿到公司法文本的理解、解释中去。通过微观商法注释学的研究和推进，逐步形成公司法形而上理念基础。那么，下一步的公司法修改这种经过长期的学理研究、实践运用的公司法规范适用中特定的思维模型，将会自觉地内化到修订的公司法规范体系当中去，渐次重塑公司法的哲学根基。

（二）强化公司法的体系理性

任何法律规范都不是孤立存在的，都是整个法律体系的一部分，[①]法学最重要的任务之一，就是要指出此规范和彼规范之间的意义关联。[②]《公司法》作为理性法，其在规范设计上也应当遵循法律体系的基本规律。也即所有的公司法律概念、制度和规范，都应当依据公司法自身的逻辑形成内在价值一致、外在形式结构化的自治系统。

由于我国历次公司法修订都是在行政权力强力介入下的被动性改革，改革公司法在某种程度上就是为了迎合发展经济、促进就业的政策目标。改革者很难领会到，庞杂的公司法规范群体之间的脉络关联，亦难从"体系理性"的高度对公司法规范内容进行通盘把握。同时，由于在立法政策上一直遵循民商事法律应"成熟一个、制定一个"的基本原则，致使公司法规范群体之间难以建

---

① 参见［德］伯恩·魏德士：《法理学》，丁晓春、吴越译，法律出版社 2013 年版，第 141 页。

② 参见［德］卡尔·拉伦茨：《法学方法论》，陈爱娥译，商务印书馆 2005 年版，第 144 页。

立起有效的衔接和配合关系。这些我国公司法制定或修改中长期存在的疑题，成为阻碍我国公司法立法"体系化"和"科学化"①的因素之一。

例如，在我国公司资本制度立法过程中，由于长期奉行管制主义的哲学立场，资本制度在保障债权人利益方面被置于突出地位。然而，理论研究和实践一再表明，建立在法定资本制基础上的资本三原则在保障债权人利益方面效用甚微。通过 2005 年、2013 年两次公司资本缴纳制度的"渐进式"改革，我国公司债权人保护的信用基础已经开始从资本向资产转型。新资本制度下，资本三原则尤其是资本维持原则在我国目前公司法制度体系中，有无存在的必要，颇值怀疑。②然而，遍览资本维持原则下的规范体系，公司担保、减资、股份回购、利润分配等，均以强制性法律规范的形式，来保障公司资本的稳健及债权人利益。在资本缴纳制度改为完全认缴后，资本维持下的规范体系，在理念选择、规范设计上隐存着巨大的龃龉和矛盾，在此以减资规范为例进一步释明。

依照公司的净资产从公司流出与否，减资可以区分为形式减资和实质性减资。前者仅仅是减少公司的资本总额，公司的净资产并没有向外流出；后者减少的是公司的实缴资本，即将股东的出资返还给股东以减少公司的责任财产。因此，对债权利益影响较大。我国减资的程序规范主要集中在《公司法》第 177 条，该条是在借鉴传统大陆法系法定资本制下严格的债权人保障模式基础之上演化而来，具体可分解为如下五层意思：（1）立法允许公司根据实际经营需要减资；（2）减资的对象是注册资本而非认缴或者实缴资本；（3）减资时必须编制资产负债表和财产清单；（4）减资必须遵守法定的披露程序，在规定的期间内通知或者告知债权人；（5）债权人在接到通知的合理期限内，有权要求公司清偿债务或者提供相应的担保。笔者认为，完全认缴制下我国减资规范需要重新反思检讨。

第一，该条试图通过严格的减资程序来限制公司责任财产的减少，并通过赋予债权人的担保权以维护债权人利益，以期达到公司和债权人利益保护上的平衡，其制度设计的实际效果有待仔细考量。

第二，该条明确规定减资的对象是公司的注册资本，可是在认缴资本制下，

---

① 参见孙宪忠：《我国民法立法的体系化与科学化问题》，载《清华法学》2012 年第 6 期。

② 参见邹海林：《我国司法实务应对公司注册资本制度改革的路径选择》，载《法律适用》2014 年第 5 期。

公司资本债权人保护的信用基础从资本走向资产，公司的注册资本仅具有形式意义，净资产率和净资产的数额才是债权人关注的重点。因此减少注册资本实质上并不会必然危及债权人利益。

第三，赋予债权人就其未到期债权有权要求公司向其提供相应担保的权利，其立意至善。可立法就设定担保限额、标准却未具明文，实务操作中将难以准确把握担保的合理限额。

第四，简洁、但不实用的立法将会使其在司法裁判过程中难以为法官所用，影响规范功能之发挥。仅仅规定减资的程序要求，没有对减资作形式减资和实质减资的区分，也没有就公司股东大会决议减资如存在程序或者内容瑕疵时，赋予债权人诸如减资停止请求权和减资无效诉权之类的救济措施；同时，减资属于公司重大事项的变革，其必然引发公司内部股东之间的利益冲突，需要从立法层面对中小股东和优先股股东之利益提供合理保护，然而，翻诸整部公司法及相关司法解释，却找不到与之相配套的制度设计。

第五，减资属于常态的商业活动，在英美法系属于董事的商业判断。我国效仿大陆法系国家立法例，将减资的权限配置给股东（大）会特别决议。如果将减资定位为董事的商业判断的话，那么规制董事的行为而非静态的"资产负债表和财产清单"才是上策之选。其实，根据《公司法》第177条第1款前半句之表述，是否减资完全在于公司的"实际需要"，立法者似乎注意到了减资的商业属性，但在减资的决议程序安排上，《公司法》第43条、第103条却规定减资必须经三分之二表决权股东或所持表决权三分之二以上股东（大）会决议通过，减资决议规范和程序规范之间明显存在体系上的矛盾和不协调。

另外，我国公司法还存在大量明显的制度缺失和疏漏。如股东（董事会）决议不成立、①类别股制度、董事免责规则、董事对第三人责任制度、商业判断规则

---

① 2016年12月最高人民法院公布的《关于适用〈中华人民共和国公司法〉若干问题的规定（四）》第5条明确了适用决议不成立的五种情形，与《公司法》第22条决议无效之诉和决议撤销之诉一起共同构成了"三分法"立法格局。但司法解释规则毕竟不属于立法，建议正在修改中的《公司法》及时吸收司法解释的规定明确议不成立规则。不过，亦有学者认为，《民法典》第134条第2款规定："法人、非法人组织依照法律或者章程规定的议事方式和表决程序作出决议的，该决议行为成立。"按反面解释，当法人、非法人组织未依照法律或章程规定的议事方式和表决程序作出决议，如未召开会议伪造会议决议，应认定决议不成立。参见徐银波：《民法总则决议行为规则之解释适用》，载《私法研究》2017年第22卷。

和公司集团等，这些在国外已较为成熟的制度，在我国公司法中还尚付阙如。

该如何化解我国公司法中潜存的这些体系性矛盾和制度缺失，笔者认为，未来的公司法应进一步改革：其一，应当将静态的商法思维的内容具化、贯彻到公司法条文修改的动态思维过程当中来。借此强化修法者制度设计中的观念指导和约束。其二，在商法思维内容的引入和运用时，尤其应当重视和信守前述商法的四大基本理念。我国公司立法实践出现的制度缺失、体系矛盾、管制因素过多、规范配置不合理及操作性不强等问题，本质都是立法者对公司法的理念操守问题把握不准造成的。公司法选择什么样的法理念，会直接反映在公司法的规范性质和内容之中。其三，以商法理念指导公司法具体条文的设计时，要充分重视公司法规范之间的意义脉络和体系关联，即依据"法条设计的理路"展开条文设计，①防止立法的"碎片化"倾向。面对上述公司资本制度体系中存在的问题，立法者应进一步考量资本维持原则下的规范性质和规范结构，进一步减少资本维持原则下诸规范内容中的管制性因子，以迎合资本制度约束宽缓化的发展趋势和世界潮流。最终使资本形成制度、资本维持原则及子规范系统之间在理念选择和制度设计上趋于统一。其四，再具体就减资规范而言，《公司法》第43条、第103条将减资的决议权配置给股东（大）会，加大了减资的程序成本，立法的初始目的是通过严格的决议程序限制注册资本的减少，保障公司债权人利益，然而，在公司资本缴纳制度改为完全认缴下，注册资本保障债权人的功能日渐式微。未来公司法改革应当修改《公司法》第43条、第106条之规定，直接将减资决议权配置给董事会，以消除《公司法》第43条、第103条和第177条之间的体系性矛盾。

（三）突出公司法的部门法特性

将商法思维引入和运用到公司法改革中来，将有助于突出公司法的部门法特性，笔者以下主要以商人自治和外观信赖原则两方面详加阐释。

第一，商人自治的商法理念在公司立法中的运用，突出表现在以下两方面。一方面，应进一步强化公司章程自治。在资本缴纳数额、缴纳期限、股票发行

---

① 参见蒋大兴：《没有精神气质的公司法——法典构造的乌托邦》，载王文杰主编：《月旦民商法研究》（第10卷），清华大学出版社2006年版，第73页。

类型、公司担保决议程序、利润分配等事项上，凡是不关涉外部第三人，皆属公司章程调整的自治事项，章程可排除公司法优先适用。另外，在诸如董事长职权、董事任期等公司法未具明文或虽有规定但立法用语模糊的情况下，应当授权公司章程作出规定；另一方面，要尊重"资本多数决"基础上的公司自治。公司法作为团体法，在公司诸多事项的表决上，应遵循"资本多数决"的团体法思维模式，以最终形成公司自己的意思。我国既往司法实践中，一再出现下述情况：将公司章程等同于股东及利益相关者之间签订的"合同束"，因此，对初始章程修改，必须经过股东会决议中全体股东的一致同意方为有效，否则仅对赞成股东有效，对异议股东不发生效力。①这种以保护少数异议股东利益为目的的裁判逻辑，貌似合理但实属不当。产生这种"合理"的"悖论"的根源就在于忽视了公司法作为团体法和组织法的本质属性，其没有意识到公司特有的意思形成和效力作用机制，导致在规范适用中，僵化地将合同法（交易法）的思维模型套用在公司决议事项上，对立法及司法实践造成了误导。

第二，外观信赖原则在公司法规范设计中的适用及限制。如前文所述，外观信赖真正体现了商法的特点，构成了商法部门化和独立化的逻辑起点，外观信赖是商事立法应普遍贯彻的独特原理。在公司法所调整的法律关系类型当中，有相当部分关涉公司—外部第三人（主要指债权人）之间的利益纠纷。对涉及第三人利益的公司外部法律关系，就应当从保障商事交易效率和安全理念角度，考虑公司对外关系的整体性，适用外观信赖原则指导公司法的规范设计。例如，在股东资格确认、表见代理、股权善意取得、公司对外担保合同效力评价等规范设置时。鉴于商事实践中商事主体及其交易外观不一致的事实存在，商事主体的内心真意及事实真相往往并不是规范设计的重心所在；相反，外观事实的客观存在、相对人的合理信赖以及本人的与因行为才是立法需要考量的核心要素。立法需要在"意思自由"和"信赖利益"之间进行妥当的价值衡量。

如我国《最高人民法院关于适用〈中华人民共和国公司法〉若干问题的规定（三）》（以下简称《公司法司法解释（三）》）第25条对于名义股东处分股权引发的投资权益纠纷处理，第27条对股权转让后原股东处分仍登记在其名下股份纠纷的处理，均参照原《物权法》第106条善意取得规则处理。立法如

---

① 参见江苏省常州市天宁区人民法院（2005）天民二初字第497号民事判决书。

此规定其目的在于为已办理工商登记的受让股东，提供信赖保护。其中，第27条之规定在实践中可分解为以下四种典型类型：（1）A将自己拥有的B公司的全部股权转让给C，但未办理股权变更登记，事后又将该股权转让给D，并办理了工商登记。（2）A将自己拥有的B公司的51%股权转让给C，但未办理股权变更登记，事后又和D约定将其＞49%的股权转让给D，并办理了工商登记。（3）假设2014年5月1日，A将其拥有的B公司全部股权转让给C，并办理了股权变更登记。2014年10月1日A和C之间的合同被撤销或无效，但在此之前，A将全部股权又转让给了D并办理了工商登记。（4）假设2014年5月1日，A将其拥有的B公司51%股权转让给C，并办理了股权变更登记。2014年10月1日A和C之间的合同被撤销或无效，但在此之前，A将其＞49%的股权又转让给了D并办理了工商登记。

在上述四种情形下，A再次将股权转让给D时属于无权处分，D作为不知情的善意受让人，符合《公司法》第27条规定的参照《物权法》第106条规定适用之情形，构成股权善意取得〔即便情形（2）（4）中A再次将股权转让给D时，无权处分的股权比例非常小，如A和D之间的股权转让比例为51%，此时A无权处分的股权比例为1%〔50%－（1－51%）＝1%〕，依然适用股权善意取得〕。应保护D的权利外观，符合商事外观信赖原则的基本要求，当无异议。

值得检讨的是第25条名义股东处分股权适用善意取得之规定。按照原《物权法》第106条第1款，适用物权善意取得的逻辑前提是无权处分，而名义股东处分股权则属于有权处分，[①]有权处分如何适用善意取得？其实，基于物权变动和股权变动不同的逻辑结构，物权变动仅需通过不动产登记或动产交付即可完成，而有限责任公司股权变动则需要经过股东二分之一以上（人头数）同意、变更股东名册和工商变更登记等程序。因此，后受让人能否取得股权，取决于公司的承认与否。笔者认为，将《公司法司法解释（三）》第25条称之为"股权善意取得"极为不妥，《公司法》第26条和第28条本质上赋予的是公司的"反悔权"。未来公司法进一步修订，在合理引入和运用外观信赖原则指导公司法条文的修订时，应当对第25条进行修改，实行彻底的"名义主义"，明确承

---

① 参见郭富青：《论股权善意取得的依据与法律适用》，载《甘肃政法学院学报》2013年第7期。

认名义股东处分股权属于有权处分。

从上述论述可以看出，商人自治和外观信赖原则作为上述一系列具体法律制度的规范基础，有助于突出公司法作为商事部门法的特殊性，但是，公司法具体的规则设计和改良，究竟该如何把握外观信赖原则的适用范围及适用限度，目前仍然需要进一步研究。

（四）限制非商法思维的入侵

从我国公司法的历史演进脉络和发展状况来看，公司法修订长期主要面临两种非商法思维的入侵和威胁。

第一，政策性思维的强力介入。长期以来，我国一直是个政策社会，主要依靠政策治理国家。[①]同国外公司立法强调立法的"科学性"和"技术性"要求不同，我国公司法从制定之初，就背负着国企改制的使命，后两次修法也和特定的社会政策密切相关。以 2013 年公司资本制度改革为例，此次修法主要是在行政权力主导下的被动修改。公司资本制度改革的首先是服务于鼓励创业、刺激经济增长的政策目标，至于修法采用何种思维、理念则被置于次要位置。如前文分析所示，行政权力驱动下的政策性修法思维长期以来主导了我国公司法修改。这种政策性修法思维忽视了公司法制度生长的逻辑与环境约束，造成了公司法规范背后法理思想的缺失和迷离。未来我国公司法资本制度改革，如何祛除政策性影响下的修法之弊病？如何将特定的社会政策转换成立法政策，再将立法政策渗透到公司法理念选择、规范的制定、解释和适用过程中去，[②]从而实现社会政策—立法政策—法律规范之间的链式衔接和机制协调，是一项重大的学术和政治议题。笔者认为，公司法改革引入和运用商法思维，在方法论上具有深刻的启迪作用。通过商法思维的过滤、吸收和提炼，将社会政策转换为

---

① 参见蔡定剑、刘丹：《从政策社会到法治社会——兼论政策对法制建设的消极影响》，载《中外法学》1999 年第 2 期。

② 陈甦教授以司法解释为例认为，司法解释既然要以法律文本为依据来阐释其立法本意，那么就必须严守法律文本所贯彻的立法政策，顺应立法政策是司法解释的应有境界，既可以阐发立法本意，又可以防止司法解释恣意行文而使其主旨溢出法律文本之外。笔者认为，何独商事司法解释需要严守立法政策本意？商事立法本就是将社会政策整合过滤后为立法政策、再通过立法技术手段转化为法律规范的过程；商法规范的解释和适用及司法实践也同样需严守之。参见陈甦：《司法解释的建构理念分析》，载《法学研究》2012 年第 2 期。

立法政策，再依据立法政策制定出合乎《公司法》理性要求的规范制度，是防止政策性修法思维武断、强力介入公司法制度改革的最有效、合理的方式之一。

第二，公法思维的强调，私法属性的忽视。公司法本质是私法，但同时又是一个渗透着公法因素的法域，适当的公法性规范在公司法中存在是应当和必要的。公司作为以营利为最主要目的的市场主体，追逐利润是其本性的追求。但逐利性无节制的膨胀，又可能损害第三人或社会公共利益。①因此，公司法中强制性地嵌入了一定数量的公法性规范，其意在对公司的营利活动进行规制，以防范交易风险，保障交易安全。然而，在公司法学研究中，过去有一种观点，过于强调公司法的公法属性，扭曲其功能和本质。例如，我国 1993 年《公司法》第 4 条规定："公司股东作为出资者按投入公司的资本额享有所有者的资产收益、重大决策和选择管理者的权利。"该规定表明，公司的股东（出资人）可依所有者的身份，对其出资享有收益并对公司具有绝对的控制力，公司只不过是股东个人的投资工具。造成这种错误认识的根源就在于，1993 年公司立法的主要目的是服务于国企改革的政治需求，立法者未能充分考虑公司法的私法属性。在对出资人（股东）出资财产的归属问题上，坚持认为出资人（股东）对出资财产享有完全的、绝对意义上的所有权。完全忽视了公司作为"法律上的人"的私法人地位。所谓公司财产不过是股东"手臂"的延伸，仅是股东出资所形成的一堆财产的集合体而已。由于不能实行"股权"和"公司法人财产权"之间的严格分离，最终公司资本制度难以发挥应有的功能，完善的公司治理机制同样也难以有效建立。笔者认为，公司作为市场上的理性经济人，具有独立支配和表达自己意思的特殊机制，也是自己利益的最佳判断者和决定者。未来我国公司法改革，在引入和运用商法思维时，应当进一步突出商人自治的价值和意义，只有奉行商人自治的商法理念、保障公司独立的财产和营业自由，才能充分激发其创造性和活力，实现社会总体财富增长的目标。

（五）完善公司法的规范配置

公司法规范配置是长期困扰公司法学理论和实践的难点问题。公司法的规

---

① 马克思曾言："资本家有 100%的利润就会铤而走险，有 200%的利润就会藐视法律，有 300%的利润就会践踏世间一切。"这一描述形象地刻画了商人在利润追逐上的贪婪。

范配置，核心要讨论的是公司法的规范类型和不同类型公司法规范之间的相互关系。公司立法借助于不同规范类型、比例配置，以实现对不同法律主体之间的利益保护的重心和先后位序安排。从本质上讲这是一个价值判断的过程，借此作出的诸多价值判断结果，通过特定的公司法规范而被体系化地安置在一部成文法中。公司法的规范配置是否合理、科学对公司法的解释和适用也具有重要的意义。以商法思维来指导公司法修改和完善，在公司法的规范配置上，需要从以下诸方面予以完善。

第一，公司法规范类型与比例分配。[1]公司法规范按照其调整方法和强度的差异，传统法学理论一般分为任意性规范和强制性法律规范。凡可以当事人意思变通适用的规范，为任意性规范；凡不能以当事人意思变通的规范为强制性法律规范。[2]两者在公司法规范体系中所占的比例，直观反映出公司法的部门法属性。未来我国公司法改革，在运用商法思维指导规范条文的设计时，就拟设条文的规范性质，是采用任意性规范还是强制性规范抑或两者兼而有之，必须首先予以明确，以最终在两者之间寻求一个最佳的比例组合。

第二，强制性和任意性规范的适用领域。我国过去公司立法，基本上将有限责任公司规则的强制性等同于股份有限公司，带来了法律资源的浪费。[3]在公司法规范设计中，因所涉公司类型和事项性质有别，自治和强制的程度多有不同。例如，按照调整公司类型的不同，有限责任公司和发起设立的股份有限公司，由于其封闭性、人合性的特质，因此，在公司内部权限划分、利润分配和对外担保等事项上，宜充分尊重股东（发起人）协议、公司章程的自治性安排；募集设立的股份有限公司，因其公开性和股票市场的流动性，在董事、控股股东和公司实际控制人的权限和义务设置时，应以强制性规范为主。但是，这种

① 公司法规范类型和比例分配问题，王保树、罗培新、汤欣等学者曾对此进行过较为深入的研究。但考虑到该问题在我国公司立法史上长期存在，公司法改革也实具重大理论和实践价值，本书在此做简要提示。
② 不过，有学者通过对民法规范类型的研究认为，该种分类方法不恰当地缩小了规范的类型。在强制性和任意性规范之间，还存在着许多"中间地带"，这种中间地带包括倡导性规范、授权第三人的规范和半强制性规范。参见王轶：《论物权法的规范配置》，载《中国法学》2007年第6期。
③ 参见汤欣：《论公司法与合同自由》，载梁慧星主编：《民商法论丛》（第16卷），金桥文化出版（香港）有限公司2000年版，第317页。

类型化的方法显得过于宏观抽象，个案中法官难以操作。有学者提出，公司法的规范都是具体的，不同场景下的强行法规则表现不同，很难建立一种统一化的、一劳永逸的类型化标准，应当依据个案事实进行价值判断。①对此，笔者认为，在我国未来公司法规范配置中，类型化的方法在规范配置中仍具有基础性的功能，在某些"灰色地带"无法划清应以强制性还是任意性方法调整时，应当分析调整事项的性质，所涉法律关系的类型，所保护的法益等综合因素，在此基础上确定所待设的规范应为强制还是任意。

　　第三，任意性规范和公司章程的关系问题。关于公司法规范和章程的关系问题，在过去公司法学研究中，对该点重视极为不够。一般而言，公司创制章程条款不得和强制性规范相抵触，违之则该条款无效，学界多无异议。未来公司法改革应重视的是，该如何进一步厘定公司章程同任意性条款之间的关系。依据笔者总结，章程和公司法任意性规定总共存在以下四种基本关系：（1）限制适用关系。即公司法允许章程在特定的幅度和范围之内，就特定事项作出安排。例如，《公司法》第45条第1款规定"董事任期由公司章程规定，每届不得超过三年"。该款前半句授权章程自主设定董事的任职期限，后半句则对每届董事的任职期限加以限制，属于典型的限制适用关系。（2）补充适用关系。这是指公司法对有关事项作了规定，但规定得不够详尽，允许公司章程根据自身情况，作出补充性规定。《公司法》第43条第1款规定"股东会的议事方式和表决程序，除本法有规定的外，由公司章程规定"。股东会决议，分为普通决议和特别决议，对涉及修改章程，减少注册资本，公司合并、分立等重大特别事项，公司法明文规定必须经代表三分之二以上表决权的股东同意，这属于强制性法律规定（《公司法》第37条），但章程可在此之外，就股东会的议事方式和表决程序作出补充性规定。例如，A公司章程明确限制"公司对外担保必须经股东（大）会决议一致通过，并且规定担保的额度≤900万元人民币"，A公司法定代表人B经过该公司股东（大）会决议一致同意为银行C提供价值950万元人民币的担保。依据《公司法》第16条第1款，公司章程就对外担保的决议机关、担保总额等事项可自主约定，所以A公司章程补充性规定有效（类似规定还有《公司法》第46条第2款等）。（3）排除适用的关系。该种关系是公司

_____

　　①　参见蒋大兴：《公司法的展开与评判》，法律出版社2001年版，第337页。

法尊重公司章程自治最突出的表现，尽管公司法对特定事项作出了明文规定，但公司章程可完全排除该规定的适用。《公司法》第 71 条第 1 至 3 款规定了有限责任公司股份转让的程序及优先购买权，第 4 款允许"公司章程对股权转让另有规定的，从其规定"。这等于是说，公司章程可以完全排除上述第 1 至 3 款的限定，可以是部分排除，也可以是全部排除，完全交由章程自己决定（类似规定还有《公司法》第 34 条、第 42 条、第 75 条等）。(4) 任意适用关系，这是指在公司法没有明确禁止的事项范围内，完全授权股东（发起人）可以自主设定公司章程的条款。如《公司法》第 50 条第 2 款执行董事的职权由公司章程规定即属之。

研究各类任意性规范对确定公司章程创制条款的自由空间非常重要。在我国过去公司法实践过程中，大多数公司章程都是按照国家市场监督管理局制定的章程范本补充有关事项临摹而成，很多投资者自主经营公司的意思难以实现。2013 年资本缴纳制度改革之后，公司资本事项完全交由公司章程自治，法律对资本缴纳的方式、期限、数额等不再强加管制和约束。在公司章程的自治功能空前强化的背景之下，章程个性化的创制规范空间也得到极大拓展，但通观我国整部《公司法》，在处理任意性规范和章程关系方面规定得相当简略，仅以少量"但书"条文的形式为公司章程创制条款"开了一个小小的口子"。在语句上也极为简略，往往采用"章程对×××事项另有规定的，从其规定"的概括授权立法模式。在当前公司法解释（教义）学欠发达的现状下，法官在适用该类规范裁判案件时，往往不明其意，无法准确理解立法的原意，极有可能在解释适用过程中陷入"有法不能用""有法不好用"的困局之中。如何破解之，笔者认为，当务之急，应当以公司资本缴纳制度改革为契机，理论及实务界需要进一步协力研究公司任意性规范同公司章程的关系，任意性规范的拘束力、效力评价等问题。以便在未来公司法改革任意性规范和强制性规范的设置，能审慎、细致厘定公司章程创制条款的空间和范围，强化公司章程作为公司法裁判法源的地位和功能。

四、公司法改革引入和运用商法思维的留意点

未来公司法改革在引入和运用商法思维指导公司法的修、删、补的过程中，还需要对以下方面特别关注和留意。

（一）民、商法思维的动态区分

民法的核心理念是私法自治，"私法自治经由法律行为（尤其是合同）而践行，法律行为乃实践私法自治的主要机制"，[①]民事主体为一定法律行为，要么发生法律关系的变动，要么发生权利的得丧变更。法律关系是动态理解民法思维的钥匙。民事法律关系一般是民事主体之间自主设定的权利义务关系，往往具有相对性，不关涉第三人。[②]权利主体—权利义务—义务主体是民法思维的一般模型。其中，权利主体是民事法律关系的发动者和实施者，制度设计的重心围绕权利主体而展开。具化到民法规范的设计上，将利益衡量的重心偏向权利主体，以保护原权利人的利益为优先目标。例如，物权的追击效力、物权返还请求权、人格权保护请求权等规范，均是这一民法思维模型的典型表现。商法本质上为私法，但商法又是一个渗透着公法因素的私法领域。在商事关系的分析和评判中，传统商法理论认为，民商事关系并无本质区别，可以依据民法意思自治的理念平衡商主体之间的利益关系。然而，随着商法学研究的深入和商事实践的不断发展，这种观念难以适应商事关系的现实需要。商事关系甚为复杂多变，其不仅仅牵涉商事主体双方的利益关系。而且也往往涉及第三人。"保护第三人，实际上就是以客观公正的标准，保护正常的经济秩序。"[③]在商事权利主体—权利义务—义务主体的基本思维模型上，第三人的权利和利益的保护往往在商法的规范设计时居于中心地位。商法为了追求其效率、便捷的理念要求，慢待了商事主体内心的效果意思，而采用客观化的、可识别的外部标示方式，来确保商事交易的进行。例如商事登记制度、票据背书、签字和签章等均是上述原理的重要体现。

笔者认为，未来我国公司法改革，在引入和运用商法思维指导公司法具体条文的修订过程中，应当从动态思维运行的角度，留意民、商法思维模型之间的动态区分及牵连。准确把握公司内外部法律关系主体之间的利益平衡点。唯有如此，最终形成的公司法规范才可能反映公司法所追求的法益目标，也才可

---

① 参见王泽鉴：《民法总则》，北京大学出版社 2009 年版，第 200 页。

② 需要说明的是，一般民法学界在论述物权的特征时，均指出支配性、绝对性是物权所独有的特征。这是从抽象意义上来认识物权的特征的。笔者以上的视角是从法律思维的动态运行过程进行区分的。

③ 参见孙宪忠：《中国物权法总论》，法律出版社 2009 年版，第 172 页。

能避免类似《公司法》第 16 条第 1 款的规范意义解释上出现困局和乱象。

(二) 公司法律关系的复杂性

将纷繁复杂的社会关系,通过一定的法律评价,纳入法律规范调整的范围之内,从而上升为法律关系。所有的法律规范均调整一定范围内法律主体之间发生的法律关系。因此,在运用商法思维指导公司法具体制度的修订时,还应对公司法所调整的法律关系有清晰的认识。以上述公司担保规范为例,由于《公司法》第 16 条第 1 款仅仅规定了公司对外担保的内部决策程序,对违反该条产生的法律效果这一要件未置可否。法律语句的意义模糊反映出立法者对第 16 条第 1 款所调整法律关系的认识不清。《公司法》第 16 条第 1 款仅仅调整公司担保的内部决议程序,抑或包括公司外部担保的合同效力。这实际涉及以下两层法律关系:第一,公司内部法律关系,公司法定代表人、董事、股东会和董事会之间的法律关系;第二,公司外部法律关系,公司法定代表人、董事等公司利益相关者和债权人之间的法律关系。如果第 16 条第 1 款仅仅调整公司内部法律关系——公司担保决议程序,那么就不宜将第 16 条第 1 款理解为效力性的强制性法律规范,违反该条担保合同无效;反言之,如果第 16 条第 1 款调整的是内外部双重法律关系,那么在规范设计中,应当在该条中就违反决议程序的对外担保的法律效果要件作出明文规定。然而,理性的分析结果表明,现行《公司法》第 16 条第 1 款从法条的逻辑结构、调整法律关系类型等角度分析,只宜将其定位为调整公司内部担保决议的程序性规定。公司内部决议和担保合同两者之间区分明显。在效力范围上,决议旨在形成法人单方的意思表示,不调整法人和第三人之间的关系,要调整这种关系,必须以法人的名义同第三人签订合同。[①]因此,公司内部担保决议违反公司法或章程之规定,与公司担保合同之间无牵连效应。[②]公司对外担保的合同效力问题应当类推适用表见代表规则

---

① 参见〔德〕卡尔·拉伦茨:《德国民法通论》(下册),王晓晔等译,法律出版社 2003 年版,第 433 页。

② 最高人民法院在"四川绵阳市实业有限公司股东会决议效力及公司增资纠纷案"一案的裁判理由部分,也明确将公司实施担保行为的过程区分为公司内部意思形成和对外做出意思表示两个阶段,并且指出:"在公司内部意思形成过程存在瑕疵的情况之下,只要对外的表示行为不存在无效的情况,公司就应当受其表示行为的制约。"参见《最高人民法院公报》2011 年第 3 期。

处理，也即除非债权人明知公司提供担保违反了公司法或章程的规定，否则《公司法》第 16 条第 1 款原则上对债权人不具有约束力。《公司法》第 16 条第 1 款可谓见微知著，未来我国公司法规范设计或修改，应当对特定规范规整的对象及法律关系有准确的认识，如此，制定出的规范条文才可能涵摄特定的法律事实，作出准确的法律评价。

（三）公司法规范的逻辑结构

公司法作为融行为规范与裁判规范于一体的部门法，一方面，为公司的组织和运营提供了基本的行为准则；另一方面，也为公司纠纷解决提供了所需的裁判规范。可以说，作为裁判法源的公司法规范才是其本质的特性所在。将商法思维引入公司法改革过程中来，就是要在公司法规范设计过程中，充分考虑商法思维运行过程的特点，使公司法规范设计能够有效地适用案件事实—法律规范—法律结论这一商事思维过程。应当说，我国公司法规范在该点上的重视极为不够。

仍以上文提及的公司担保规范为例。从逻辑结构上分析，法律规范是基于所预先估计的利益冲突并且试图为此类利益冲突作出一个具有约束力的评判抉择。而这种评判抉择又是通过法规范所设定的法律上的后果的方式来实现的。[1]换言之，一条完整的公司法规范首先要描述法定的事实构成，然后赋予该事实构成某个特定的法律后果。[2]然而，《公司法》第 16 条第 1 款在逻辑结构上，仅仅以"命令式"语句的形式明确了公司对外担保的决议机关和决议程序，缺乏越权担保行为的后果要件；同时，该条所涵摄的行为主体也不够明确，仅从第 16 条第 1 款的规范语句中，无法准确解释出该条是否对担保债权人具有拘束力。《公司法》第 16 条第 1 款在规范逻辑结构上存在的缺陷，使得法官在寻找系争案件的裁判规范时，无法从特定的案件事实出发，目光来回流转于"事实"与"规范"之间，[3]将案件事实涵摄于特定的法律规范之下，得出准确的法律结论。再譬如，我国《公司法》第 5 条以强行法的形式规定："公司从事经营活

---

①　参见［德］迪特尔·施瓦布：《民法导论》，郑冲译，法律出版社 2006 年版，第 1 页。

②　参见［德］伯恩·魏德士：《法理学》，丁晓春、吴越译，法律出版社 2013 年版，第 61 页。

③　参见王泽鉴：《民法思维——请求权基础理论体系》，北京大学出版社 2009 年版，第 32 页。

动……必须承担社会责任",但是,翻诸公司法及相关司法解释条文,均未对"社会责任的内涵外延""违反社会责任的法律后果"等作出明确规定,①司法实践中无法通过诉讼途径使责任者承担不利后果,这使得该条仅具宣示性、倡导性意义,成为无法据此裁判案件的"僵尸型"②法条。

我国公司法改革引入和运用商法思维指导公司修法时,还应当从裁判法的视角深入理解公司法条文的逻辑结构,明确一条完整的法律规范必须包含特定的构成要件和法律效果,以保证公司法规范逻辑结构的完整。

(四)商法解释方法的逆向运用

目前,对公司法解释学的研究尚局限于个别案例或个别规范的研究,国内公司法的法解释学依然处于初步阶段。③制定规则合理、科学的公司法规范体系,能够方便和简化公司法的解释。未来的公司法规范设计,立法者应当逆向运用商法各种解释方法,目光往返流转于立法论—解释论的链条之间。从有利于公司法解释和便于解释的视角,逆向思考公司法规范设计,具言之:

第一,要注意法律概念的内涵和外延清晰、准确。概念越准确的公司法文本,法官的自由裁量权就越低,制定法体系的权威性和稳定性才有保障。

第二,要注重立法的"体系化"和"科学化"。"体系化"和"科学化"本身就为公司法规范的适用提供了重要的前提,这是保证解释方法准确适用的重要条件。我国目前公司法解释学欠发达,其中一个很重要的原因就是立法不完善、立法资料不整齐、立法技术不高造成的后果。我国公司法的基本原理、具体制度大多属于舶来品,当前的公司法研究,正面临着建立公司法学理体系和解释体系的重要任务。④公司法改革应当从便于和简化解释的导向出发,注重公司法立法的"体系化"和"科学化"。

---

① 有关公司社会责任在司法裁判中的困境分析,参见罗培新:《我国公司社会责任的司法裁判困境及若干解决思路》,载《法学》2007年第12期。

② 参见葛云松:《过渡时代的民法问题研究》,北京大学出版社2008年版,第269页。

③ 参见钱玉林:《公司法规范的解释学论纲》,载顾功耘主编:《公司法律评论》(第11卷),上海人民出版社2011年版,第29页。

④ 参见蒋大兴:《商法:如何面对实践?——走向/改造"商法教义学"的立场》,载《法学家》2010年第4期。

五、结　　语

当前,法治思维背景下商法思维得到了理论和实务界的相当重视。如何体现商法思维的功能和价值,并非简单就商法制度层面的特征做简要归纳和总结。商法思维及其功能需要体现到部门法立法及规范解释适用过程当中去。在我们热议公司法需要结构性改革的背景下,①未来的公司法修订如何设计公司法规范体系、如何为公司法规范的完善和修改提供足够多的参考资料、理论资源,对商法思维的研究和思考具有重大的现实和实践价值。

本书正是立足于这样的社会图景之下,对公司法改革为何需要商法思维,何为商法思维,商法思维能为公司法改革带来什么,公司法改革过程中引入和运用商法思维的留意点四个方面的问题做了一般性的刻画和诠释。我国未来的公司法学研究、公司立法以及司法适用均需要重视商法思维的价值、功能及其具体化问题,通过对思维方法的运用来引导商法学基础理论研究的发展,使商法学"看起来像法学",当然,这并非短时间可以轻而易举完成的一项工作。本书就商法思维在公司法改革中的引入和运用问题所做的探讨,只能说是一个粗浅的尝试,未来商法思维研究还有大量缜密和细致化的工作要做。

---

① 参见王保树:《公司法的完善应当有结构性突破》,载王保树主编:《商事法论集》(第22卷),法律出版社 2012 年版,第 1—2 页。

第二编　民商关系制度论

第五章　公司法人格否认制度 "入典" 的正当性质疑

——兼评《民法典·总则编》"法人章"的立法技术

《民法典·总则编》第 83 条第 2 款将原本仅适用于《公司法》的法人人格否认制度进一步 "上升" 至《民法总则》之一般规定。①可是，无论从《民法典·总则编》的体系功能考量，抑或从公司法人格否认制度的起源与发展、域外立法、适用范围和适用要件、司法运用等视角分析，公司法人格否认制度都不具备进入《民法典·总则编》的资格和条件。下文拟先从条文演化的视角，梳理公司法人格否认制度进入《民法典·总则编》的演化历程及因由，继而质疑《民法典·总则编》规定公司法人格否认制度的正当性，最后附带对《民法典·总则编》法人章的立法技术作简要评析。

一、公司法人格否认制度 "入典" 的演化历程

公司法人格否认制度缘何会进入《民法典·总则编》？《民法典·总则编》纳入这一制度到底是基于怎样的考量？通过对《民法典·总则编》第 83 条第 2 款演化历程的考察，就会对这一问题有较为直观的认识。

2016 年 5 月 20 日的《民法总则（草案）》第 74 条规定："营利性法人的成员应当遵守法律、行政法规和法人章程，依法行使成员权利，不得滥用成员权利损害法人或者其他成员的利益，不得滥用法人独立地位和成员有限责

---

① 参见石宏主编：《中华人民共和国民法总则——条文说明、立法理由及相关规定》，北京大学出版社 2017 年版，第 190 页。

任损害法人债权人的利益。"从条文的内容观之，该条沿袭了《公司法》第20条第1款之规定，除将"公司股东"修改为"营利性法人的成员之外"，其他内容基本完全一致。按照法条的逻辑结构，一个完整的法规范首要描述法定的事实构成（Tatbestand），然后赋予该事实构成某个特定的法律后果，对法律后果的安排同时包含了立法者对法定的事实构成所涉及的生活事实过程（Lebensvorgang）进行的法律评价。①当构成要件所描述的案件事实存在时，法后果随即发生。②但《民法总则（草案）》第74条仅以"命令式"语句的形式要求营利法人"不得"滥用法人独立地位和成员的有限责任损害债权人利益，对于营利性法人滥用法人独立人格和有限责任损害债权人利益的法律后果，却未置明文。依文义解释，该条似乎系属强制性规范，但这不符合该条的规范目的。这里的"不得"更多是一种"倡导"或"鼓励"，将之理解为"提倡性规范"③而非"强制性规范"似乎更符合该条的规范旨意。因为其只是要求营利法人成员不得滥用法人独立地位和成员有限责任损害债权人利益，缺乏法律后果，并无实质性拘束力。

2016年6月27日至7月2日审议的《民法总则（草案）》（一审稿）第79条延续了《民法总则（草案）》第74条之规定，未做任何改动。

随着《民法总则》立法工作的逐步推进，立法者也许看到了《民法总则（草案）》第74条、《民法总则（草案）》（一审稿）第79条逻辑结构上的问题。2016年10月31日至11月7日审议的《民法总则（草案）》（二审稿）第85条在前述基础之上，增加了营利法人出资人滥用法人独立地位和出资人有限责任损害债权人利益法律后果的规定，作为第2款，即"营利法人的出资人不得滥用出资人权利损害法人或者其他出资人的利益。法人的出资人滥用出资人权利给法人或其他出资人造成损失的，应当依法承担民事责任。营利法人的出资人不得滥用法人独立地位和出资人有限责任损害法人的债权人利益。法人的

---

① 参见〔德〕魏德士：《法理学》，丁晓春、吴越译，法律出版社2013年版，第61页。

② 参见〔德〕卡尔·拉伦茨：《法学方法论》，陈爱娥译，商务印书馆2003年版，第133页。

③ "提倡性规范"这一概念最早由漆多俊教授提出。所谓提倡性规范，系指鼓励、提倡人们为或不为一定行为的法律规范。当人们违反提倡性规范时，法律后果是否定性的，但不需要规定法律责任，亦不需要采取制裁这种具体否定形式。详见漆多俊：《经济法基础理论》，法律出版社2017年版，第179页。

出资人滥用法人独立地位和出资人有限责任，逃避债务，严重损害法人的债权人利益的，应当对法人债务承担连带责任"。至此，公司法人格否认制度首次以完整的条文形式出现在《民法总则（草案）》（二审稿）之中。

从《民法总则（草案）》（二审稿）第 85 条的内容观之，该条除了将《公司法》第 20 条的适用主体由"公司"扩展至"营利法人"，将《公司法》第 20 条第 2 款中的"股东"依法承担"赔偿责任"改为"出资人"承担"民事责任"之外，其他内容基本是《公司法》第 20 条的"沿袭"和"复制"。将"赔偿责任"改为"民事责任"区别和实益甚微。公司法人格否认制度所涉及的法律责任本来就是具有侵权性质的民事责任。[①]将"公司股东"修改为"营利法人的出资人"，等于将原来仅适用于公司的法人人格否认制度进一步扩展适用于所有的营利法人。这一方面是为了和《民法总则》第三章法人部分第二节"营利法人"和第三节"非营利法人"的法人分类模式相一致，以免出现概念用语和体系适用上的矛盾，保证《民法总则》体系逻辑的一致性和贯彻性；另一方面，《民法总则》第 60 条规定了法人成员的有限责任原则，为防止法人成员滥用法人地位和出资人有限责任损害债权人利益，规定《民法总则》第 82 条第 2 款作为对《民法总则》第 60 条的限制。[②]当然这种限制是否妥当，实值斟酌。

2016 年 12 月 19 日至 25 日审议的《民法总则（草案）》（三审稿）第 82 条延续了《民法总则（草案）》（二审稿）第 85 条的规定，基本未做大的修改，仅在前两稿的基础上，增加了"关联交易的滥用禁止"条款作为第 3 款。2017 年 3 月 15 日第十二届全国人民代表大会第五次会议通过的《民法总则》更是萧规曹随，继续沿用二审稿、三审稿的规定。《民法总则》第 83 条第 1 款对应的是《公司法》第 20 条第 1 款和第 2 款的合并；《民法总则》第 83 条第 2 款对应的则是《公司法》第 20 条第 3 款。最终呈之于世的《民法典·总则编》亦未做任何的改动，直接将《民法总则》的规定纳入（具体演化历程如表 2-5-1 所示）。

---

① 参见［德］托马斯·莱塞尔、吕迪格·法伊尔：《德国资合公司法》，高旭军等译，法律出版社 2005 年版，第 480 页。

② 参见梁慧星：《〈民法总则〉重要条文的理解与适用》，载《四川大学学报（哲学社会科学版）》2007 年第 4 期。

表 2-5-1　公司法人格否认制度"入典"的演化历程

名　称	条文序号	规范内容	《公司法》
《民法总则（草案）》	74	营利法人的成员应当遵守法律、行政法规和法人章程，依法行使成员权利，不得滥用成员权利损害法人或者其他成员的利益，不得滥用法人独立地位和成员有限责任损害法人债权人的利益。	第 20 条第 1 款
一审稿	79	营利法人的成员应当遵守法律、行政法规和法人章程，依法行使成员权利，不得滥用成员权利损害法人或者其他成员的利益，不得滥用法人独立地位和成员有限责任损害法人债权人的利益。	第 20 条第 1 款
二审稿	85	营利法人的出资人不得滥用出资人权利损害法人或者其他出资人的利益。法人的出资人滥用出资人权利给法人或其他出资人造成损失的，应当依法承担民事责任。营利法人的出资人不得滥用法人独立地位和出资人有限责任损害法人的债权人利益。法人的出资人滥用法人独立地位和出资人有限责任，逃避债务，严重损害法人的债权人利益的，应当对法人债务承担连带责任。	第 20 条
三审稿	82	延续二审稿规定。	第 20 条
《民法总则》	83	延续二审稿、三审稿规定。	第 20 条
《民法典》	83	延续《民法总则》规定。	第 20 条

　　由于《民法典》实施不久，我们无法更深层地了解第 83 条第 2 款进入《民法典》的原因和始末，但是从《民法典·总则编》第 83 条第 2 款的条文演化历程，可以窥见：

　　第一，公司法人格否认制度进入《民法典·总则编》是一个渐进历史过程。在《民法总则》制定伊始，立法者并未考虑将公司法人格否认制度纳入其中。《民法总则（草案）》第 74 条和《民法总则（草案）》（一审稿）第 79 条在规范表达上，尽管以"不得"的强制性规范语句形式明确营利法人的出资人不得滥用公司独立地位和有限责任损害债权人利益，但对于滥用该行为的法律后果，却未置明文。同样在《民法总则（草案）》和《民法总则（草案）》（一审稿）其他条文中，亦无营利法人出资人滥用公司独立地位和有限责任损害债权人利益法律后果之规定，这使得该条成了仅具倡导和宣示意义、不具实际价值的"僵尸性"法条，亦不符合民法典规范或行为规范或裁判规范的特征。在历经《民法总则（草案）》（一审稿）及之后的实地调研、会议研究后，《民法总则（草案）》（二审稿）增加了营利法人滥用法人独立地位和出资人法律后果之规定。至此，公司法人格否认制度才首次完整地出现在草案之中。

第二，公司法人格否认制度进入《民法典·总则编》是理论和实务界协力的结果。在《民法总则（草案）》初次审议之前的征求意见过程中，就《民法总则（草案）》（一审稿）第79条对营利法人成员滥用公司独立地位和有限责任损害债权人利益的情形，有些地方、部门、法学教学研究机构和社会公众提出，为防止法人成员滥用其权利，维护以独立财产、独立责任为基础的法人制度，建议明确营利法人成员滥用权利的法律后果。①法律委员会经研究，建议在该条中增加规定：法人的出资人滥用出资人权利给法人或者其他出资人造成损害的，应当依法承担民事责任；法人的出资人滥用法人独立地位和出资人有限责任，逃避债务，严重损害法人债权人利益的，应当对法人债务承担连带责任。公司法人格否认制度进入《民法总则》是在一审稿之后确定的，其进入《民法典·总则编》是理论和实务界共同协力作用的结果。

第三，公司法人格否认制度是《民法典·总则编》"复制"《公司法》的"微缩版"。一切法律都是历史的产物，法同民族语言一样有自己产生和发展的历史。②立法在某种意义上就是对既有规则的复制或修正。③《民法典·总则编》第83条第2款的条文构造即属于《公司法》第20条的"翻版"和"复制"。公司法人格否认制度进入《民法典·总则编》并非孤例，我国《民法典·总则编》"法人章"中类似如此直接"复制"《公司法》相关规定的例子还有很多。④《民法

---

① 参见《民法总则立法背景与观点全集》编写组编：《民法总则立法背景与观点全集》，法律出版社2017年版，第23—24页。

② 参见陈爱娥：《萨维尼：历史法学派与近代法学方法论的创始者》，载《清华法学》2003年第2期。

③ 参见蒋大兴：《民法总则的商法意义——以法人类型区分及规范构造为中心》，载《比较法研究》2017年第4期。

④ 对此本章第四部分还要作详细论述，在此不赘。

典·总则编》采用直接"复制"《公司法》规定的立法技术到底基于何种考量，还尚待后续立法资料备齐后方可能有比较明确的答案。但是，从法人人格否认制度进入《民法典·总则编》的时机和过程观之，在公司法人格否认制度进入《民法典》之前，理论和实务界对是否纳入这一制度似乎未经充分的争讨和酝酿。至于前述《民法总则（草案）》（一审稿）实地调研和会议研究，由于《民法典》立法时间紧迫、任务繁重，很难说将公司法人格否认制度纳入《民法典·总则编》是经过充分论证后的慎思之举。

二、公司法人格否认制度"入典"的二重因由

基于上述条文演化过程的梳理，可再进一步分析公司法人格否认制度进入《民法典·总则编》的可能因由，对此可从两个层面展开：

（一）间接层面

1.立法体例选择的使然。公司法人格否认制度进入《民法典·总则编》与《民法典》的立法体例密切关联。在《民法典》的制定过程中，有关民、商两法的关系处置问题始终是《民法典》编纂绕不过去的"重大悬疑问题"。《民法典》对商事关系的取舍采取何种进路，不仅关涉到《民法典》的功能实现，而且最终可能会影响《民法典》编纂工程的成败。囿于既有历史传统和现实基础等因素考量，《民法典》最终采纳了"民商合一"的立法体例。①这就意味着《民法典》不仅要对规模庞大的民事单行法及司法解释进行体系整合，还要从众多商事单行法及司法解释中剥离出若干有价值的规范纳入《民法典》之内。故此，《民法典·总则编》在制度设计上不仅对传统民法内容作了周详的规定，而且在基本原则、民事主体、民事权利、法律行为、代理等章节，亦充分关照到了对商事法律关系的调整。如《民法总则（草案）》第6条后半句、《民法总则（草

---

① 关于《中华人民共和国民法总则（草案）》说明指出："我国民商立法秉持民商合一的传统，通过编纂民法典，完善我国民事领域的基本规则，为民商事活动提供基本遵循，就是要健全市场秩序，维护交易安全，促进社会主义市场经济健康发展。"

案）》（一审稿）第6条第2款均规定："民事主体从事民事活动应当遵循外观主义原则。"①众所周知，外观主义原则主要适用于商事关系。外观主义原则真正体现了商法的思维和特点，是商事单行法中不同制度、规范得以统一的指导性原则。②《民法典·总则编》考虑纳入外观主义原则正是"民商合一"立法体例的具体要求和体现。立法体例选择为公司法人格否认制度进入《民法典·总则编》提供了坚实的历史背景和前提基础。

2. 理论准备不足的制约。在明确采用"民商合一"立法体例之后，对于《民法典·总则编》中商法条款和内容的选择和安置问题，学界并未展开充分的酝酿和讨论。《民法典·总则编》第三章法人部分第一节"一般规定"和第二节"营利性法人"的内容，基本是在参照《公司法》相关规定的基础上稍作变通。在采取整体"复制"的立法路径下，公司法人格否认制度进入《民法典·总则编》就顺理成章了。客观而论，《民法典·总则编》采取整体"复制"《公司法》规定这种立法路径和方法，从《民法典》编纂的时间、物力、人力成本等因素考量尚可理解。毕竟，我国《民法典·总则编》的制定并非大规模的规范创制过程，而系对改革开放以来民商事立法和司法经验的一次系统化整理和总结，继受的成分居多。但是《民法典》作为整个私法"体系化"和"科学化"的浓缩和结晶，作为民商事领域裁判法源最权威的文本和依据，③优质精良的立法技术、妥适周当的内容设计亦是《民法典》必备的内在要求之一，在具体内容的择取上更应当慎之又慎。《民法典·总则编》如此大规模"复制"《公司法》规定的做法可能会影响立法的质量和水准，相关立法瑕疵和制度缺漏的出现亦不可避免。④

（二）直接层面

1. 完善《民法典·总则编》法人制度的重要举措。《民法典·总则编》第

---

① 遗憾的是，《民法总则（草案）》（三审稿）最终删除了该规定。
② 参见薛波：《论公司法改革中商法思维的引入和运用》，载《北方法学》2017年第1期。
③ 参见王利明：《〈民法总则〉的时代意义》，载《学习时报》2017年3月22日第001版。
④ 王泽鉴教授指出，《民法总则》裁判规范过少，定义性、宣示性条文过多，致使《民法总则》的实际价值大大降低。参见王泽鉴、江平对谈录：《以工匠精神构筑民法大厦》，载无讼阅读：http://www.360doc.com/content/17/0421/00/35583591_647266612.shtml，2017年4月10日访问。

83条第2款的条文演化历程表明,在《民法典·总则编》立法过程中,将公司法人格否认制度纳入《民法典》并无太大争议。在多次的《民法总则》征求意见过程中也鲜见质疑和反对的声音,甚至制定《民法总则》的主要参与者亦毫不避讳地承认,《民法典·总则编》第83条第2款是在《公司法》第20条基础上的"沿用"和"完善"。①如王利明教授就认为,《民法总则》第83条第2款规定的法人人格否认制度,是在原《公司法》规定的基础上所做的进一步完善,完善了营利法人的治理结构和相关规则。②还有论者指出,《民法总则》第83条第2款是对现代民法中权利不得滥用这一民法原理的具体体现,也是对《公司法》中"刺破公司面纱"制度的进一步"完善"和"升华"。③这些表述清楚地表明将公司法人格否认制度纳入《民法典·总则编》是完善法人制度的重要举措。

2. 限制《民法典·总则编》第60条的适用。《民法典·总则编》第60条规定:"法人以其全部财产独立承担民事责任。"该条系《民法通则》第48条改造演化而来。④法人独立承担责任,亦即出资人承担有限责任。有限责任原则作为公司法的基石范畴之一,在募集社会资金,适应所有权与经营权分离等方面发挥了巨大功效。⑤但有限责任也提高了资产不足以清偿债权人请求权的可能性,容易诱发道德性风险。⑥实践中出资人滥用法人独立地位和有限责任损害债权人利益的情况比比皆是,有必要对其予以适当限制。为此,域外各国在司法实践中发展出了公司法人格否认制度,即在某些特定的情形之下,允许债权人"越过"公司这一实体,无视公司独立人格"直索"公司背后股东的法律责任。在《民法典·总则编》第60条对法人独立责任和出资人有限责任已明确规定的情

---

① 参见石宏主编:《中华人民共和国民法总则——条文说明、立法理由及相关规定》,北京大学出版社2017年版,第191页;王利明主编:《中华人民共和国民法总则详解》(上册),中国法制出版社2017年版,第346页。

② 参见王利明:《〈民法总则〉实现对个人私权的全面保护》,载人民网:http://legal.people.com.cn/n1/2017/0525/c42510-29300148.html,2017年4月2日访问。

③ 参见孟强:《创新法人制度　激发社会活力——中国民法学研究会副秘书长孟强谈民法总则中的法人新规》,载中国法院网:http://www.chinacourt.org/article/detail/2017/04/id/2825849.shtml,2017年4月10日访问。

④ 参见陈甦主编:《民法总则评注》(上册),法律出版社2017年版,第409页。

⑤ 参见赵旭东:《公司法上的有限责任制度及其评价》,载《比较法研究》1987年第1期。

⑥ 参见[美]弗兰克·伊斯特布鲁克、丹尼尔·费希尔:《公司法的经济结构》,罗培新、张建伟译,北京大学出版社2014年版,第49页。

况下，引入公司法人格否认制度作为对出资人滥用有限责任损害债权人利益的限制。

在上述二重因由之中，《民法典》的制定背景和"民商合一"立法体例选择，仅仅为公司法人格否认制度进入《民法典·总则编》提供了历史和前提基础，直接将其作为公司法人格否认制度进入《民法典·总则编》的理由，似乎略显牵强。将公司法人格否认作为"完善"法人制度的重大举措的说法，亦不足采。《民法典·总则编》作为整个私法领域的基础性、总纲性、统帅性的法律文件，只宜对法人制度做一般性、原则性、概括性之规定，法人制度的完善更多要通过《公司法》及其司法解释进一步地细化补充。且将公司法人格否认作为完善法人制度的重大举措，此一说法亦显得过于模糊笼统，针对性不强。剩下最核心的理由就是引入公司法人格否认制度作为《民法典·总则编》第 60 条适用之限制。依据梁慧星教授的解释，《民法典·总则编》第 60 条将出资人的有限责任提升至《民法典·总则编》一般规定，规定《民法典·总则编》第 83 条第 2 款作为有限责任的限制。[1] 这样的理解具有一定的道理，但如果熟稔公司法基本原理的话，则又会对这一问题有不同的认识。有限责任原则作为整个商事组织法的灵魂和核心法则之一，责任的有限或者无限是区分各种不同企业组织形态的核心标志。[2] 若无有限责任原则，亦无现代公司所有权和控制权的彻底分离，甚至公司法人治理结构也无从建立。[3] 应当说，《民法典·总则编》第 60 条将出资人有限责任原则"提升"至一般法之高度，具备一定的正当性和合理性。但是依据学界通说，公司法人格否认制度仅仅是有限责任和公司独立人格的"维护"和"补充"，是公司法人制度的"完善"和"升华"，[4] 在公司法中

①　参见梁慧星：《〈民法总则〉重要条文的理解与适用》，载《四川大学学报（哲学社会科学版）》2007 年第 4 期。

②　参见王文宇：《公司法论》，中国政法大学出版社 2004 年版，第 9 页。

③　参见赵旭东：《公司法上的有限责任制度及其评价》，载《比较法研究》1987 年第 1 期。

④　参见［德］格茨·怀克、克里斯蒂娜·温德比西勒：《德国公司法》，殷盛译，法律出版社 2010 年版，第 389 页；王保树、崔勤之：《中国公司法原理》，社会科学文献出版社 2006 年版，第 49 页；石少侠主编：《公司法学》，中国政法大学出版社 2012 年版，第 74 页；赵旭东主编：《公司法学》，高等教育出版社 2012 年版，第 9 页；范健主编：《商法》，高等教育出版社、北京大学出版社 2007 年版，第 127 页；朱慈蕴：《公司法人格否认法理研究》，法律出版社 1998 年版，第 99 页；雷兴虎主编：《公司法学》，北京大学出版社 2012 年版，第 87 页；施天涛：《公司法论》，法律出版社 2006 年版，第 32 页。

尚不具备"一般性、抽象性、贯彻性"价值，更遑论进一步"提升"至《民法典·总则编》之规定了。若仅仅以限制《民法典·总则编》第 60 条的适用为由将公司法人格否认制度纳入《民法典》，这种理解未能准确识别有限责任原则和公司法人格否认制度在公司法中的不同地位和功能，似乎有从《民法典》条文之外在体系所做的"僵化式"的解读之嫌。

三、公司法人格否认制度"入典"的正当性质疑

公司法人格否认制度作为一项"极为特殊的商法制度"，要判断其是否具备进入《民法典·总则编》的资格和条件，唯有深入该制度的本质和细部。如果深谙公司法人格否认制度的历史源流、域外立法、适用范围、适用要件、司法运用等情况，就能对其是否应当进入《民法典·总则编》作比较客观、准确的评价。

（一）公司法人格否认本质是一种判例法制度

英国的公司独立责任及其法律效果乃是通过判例法确立。1987 年英国上议院判决的萨洛蒙诉萨洛蒙公司（Salomon v. Salomon & . Co. Ltd.）一案，被认为是公司法领域最重要的案例之一，奠定了现代公司法的基础。该案历经三审，初审法院和上诉法院均认为，由于萨洛蒙（Salomon）完全取得了其所设立公司的实际控制权，萨洛蒙滥用公司法中的公司设立权，其将个人商业出售给公司的交易存在欺诈，因而交易无效。萨洛蒙不服，随后直接上诉至英国上议院。英国上议院霍尔斯伯里（Halsbury）勋爵认为，该公司在成立后向萨洛蒙购买商业的交易并不存在欺诈，购买价款并没有过高，并且购买行为已征得其他股东的同意，因此上议院判决萨洛蒙胜诉，公司成立有效。[①]虽然该案最终未揭开公司面纱，但却标志着公司法人格否认法理的肇端和萌芽。在该案的判决理由部分，英国上议院在确立公司法人格原则的同时，又详细讨论了萨洛蒙在公司设立过程中是否存在欺诈的问题，这表明欺诈是否定公司法人格的一个潜在理由。

---

① 鉴于该案案情非本书论述的重点，在此作了适当简化。详见黄辉：《现代公司法比较研究——国际经验及对中国的启示》，清华大学出版社 2011 年版，第 105—107 页。

美国的公司法人格否认制度起初同样是以判例的方式确立的。19 世纪最后二十五年是美国公司法制度日益成熟和辉煌的时期。1895 年，一份向美国律师协会提交的论文指出"这是一个公司的时代"。①公司的数量和规模正在急剧扩张，在美国经济中发挥了举足轻重的作用。与此同时，滥用公司独立人格和有限责任的问题也日益突出。在 1809 年的一个判例之中，美国最高法院否定公司人格，责令由公司背后股东直接承担责任，以维护联邦法院的司法审判权，②标志着公司法人格否认制度的萌芽。在 1905 年的美国诉密尔沃基冷藏公司（U.S. v. Milwaukee Refrigerator Translt Co）案中，美国法院进一步明确指出，法人的观念若被用来破坏公共便利，或使不法正当化，或维护欺诈，或保护犯罪，法律将视公司为数人组合。该案虽未提出揭开公司面纱的概念，但却标志着公司法人格否认制度在判例法中正式确立。

自英美两国以判例法形式确认公司法人格否认制度之后，该制度渐次为德、法、日等国接受和认可并在司法实践中不断创新和发展。例如，德国最高法院在 1920 年 6 月 22 日的一起判例之中，明确将一人公司单独股东和公司视为一体，否定公司法人人格，开创了德国"责任透视理论"的先河。③该理论后来为日本的法人格滥用理论所继受和仿效，产生了巨大影响。

细考公司法人格否认制度的历史起源，其是从司法实践中发展起来的一种仅适用于个案的司法推定技术，属于典型的判例法的范畴。它不是对公司法人人格全面、彻底、永久的否定，而是特定、个案、暂时的否定。④公司法人格否认制度有效地填补了股东（出资人）可能利用公司这一实体从事各种非法经营活动，反过来戕害公司独立人格和有限责任的问题，是公司法人制度的"补充"和"升华"。有学者据此形象地宣称："公司法人格否认只是在特定的情形之下，在由公司形式所立起来的有限责任之墙上钻了一个孔，但对被钻之孔以外的所有目的而言，这堵墙依然矗立着。"⑤《民法典》制定者若要将这样一个在《公司

---

① 参见［美］伯纳德·施瓦茨：《美国法律史》，王军等译，法律出版社 2011 年版，第 114 页。

② Bank of United States v. Deveaux, 9 U.S.(5 Cranch) 61；3 L. Ed.38(1809).

③ 参见朱慈蕴：《公司法人格否认法理研究》，法律出版社 1998 年版，第 89 页。

④ 有少数观点认为公司法人格否认是对股东有限责任的根本否定。参见孟勤国、张素华：《公司法人人格否认理论与股东有限责任》，载《中国法学》2004 年第 3 期。

⑤ Phillip I. Blumberg：The Law of Corporate Groups, p.132.

法》中即属于"例外"和"补充"的判例法制度，直接"提升"至一般法的高度，需要细为忖度和考量。

其实，早在 2005 年《公司法》修订时对是否引入公司法人格否认制度，理论和实务界的观点始终莫衷一是。支持者认为，我国虽然实行公司制度的时间不长，但实践中滥用有限责任进行非法活动的情况其为普遍，不少法院在审判活动中已在适用该制度，引入公司法人格否认制度实属必要。①反对者则认为，我国公司制度尚欠发达，引入该制度的时机尚不成熟，②且公司法人格否认制度和大陆法系的严格责任法理功效相仿。③在母公司滥用子公司人格导致子公司破产的场合，有严格责任、多国企业整体责任、公司法人格否认、公司集团法的专门规定等多种救济手段，该制度并非不可替代。④最终，考虑到我国确实存在滥用公司人格逃避责任、损害债权人利益的大量事实，《公司法》修订引入该制度并史无前例地将其成文化。

该制度自确立至今，在我国运行实践也不过十几年。如果一项制度在域外发展已逾百年，目前还主要以判例法形式存在和运作的话，我们在引入该制度之初，是否要审思引入该制度的初衷以及其历史土壤？历史法学巨擘萨维尼早就告诫，法律作为一种历史上特定的现象，如同诗歌、语言、宗教一样，深深地扎根于民族的生活和历史之中。⑤不是某个特定的立法者的理性塑造了法律，而是由贯穿整个历史的"民族精神"（Volksgeiste）的"内在的潜移默化的力量"（inneren stillwirkender Krafte）使之得以有机地培育成长。⑥如果不能从法律生成及历史脉络去审视一项制度及其发展，我们很难清晰地认识该制度的"庐山真面目"。在未充分虑及公司法人格制度的判例法本质以及在我国运作时间不长的现实和背景下，在《公司法》及相关司法解释对该制度已作规定的情形下，将一个在域外发展已逾百年的判例法制度，进一步"提升"至《民法典·总则编》

---

①② 参见张穹：《新公司法修订研究报告》（上册），中国法制出版社 2005 年版，第 176 页。
③ 参见范健、赵敏：《论公司法中的严格责任制度》，载《中国法学》1995 年第 4 期。
④ 参见石静遐：《母公司对破产子公司的债务责任——关于"揭开公司面纱"理论的探讨》，载《法学评论》1998 年第 3 期。
⑤ 参见陈爱娥：《萨维尼：历史法学派与近代法学方法论的创始者》，载《清华法学》2003 年第 2 期。
⑥ 参见［德］K.茨威格特、H.克茨：《比较法总论》，潘汉典、米健、高鸿钧、贺卫方译，法律出版社 2003 年版，第 212 页。

之一般规定，属于明显的失察和疏漏。

（二）公司法人格否认成文化的范例甚为罕见

英国的公司法人格否认制度虽然区分为成文法和判例法，但在成文法的情形之中，法院据以裁判的依据都是《公司法》以外的其他法律。因此，这类案件并不能等同于严格意义上的公司法人格否认制度，指导意义有限，并且在现实中这类案件也比较少见。①

美国公司法属于州法的范畴，各州均是通过判例法发展公司法人格否认制度。尽管在联邦层面的法律，如有关劳工解雇方面的法律等，②亦有少量成文法的规定，但总体而言，公司法人格否认仍然是作为一种判例法制度存在的。在得克萨斯州、路易斯安那州和加利福尼亚州，公司法人格否认制度也均是作为判例法适用。

日本虽然早在 20 世纪 50 年代就引入了美国判例法上的公司法人格否认制度，但地方法院一直到 20 世纪 60 年代才开始在判例中引用该制度。日本公司法人格否认制度适用的场合，主要是以昭和四十四年（1969）2 月 27 日日本最高院第一小法庭的判决为依据的，主要包括两方面：一是公司法人格只不过是纯粹形骸化的场合；二是为回避法律的适用而滥用法人格的场合。③

澳大利亚除在《公司法》之外有一些效果类似于公司法人格否认制度的成文法规定外，同样在判例法中也有规定。澳大利亚判例法中适用公司法人格否认制度主要包括四种情形：（1）欺诈（fraud）或不正当行为（improper conduct），核心是股东利用公司形式逃避法律义务且在主观上存在故意；（2）代理（agency），股东对公司高度控制，以至于公司被视为股东的代理，因此公司的行为被归属于股东的行为；（3）不公平或不正义（unfaieness/injustice），即以正义或不正义作为否定公司法人格的理由；（4）公司集团。④

---

① 参见黄辉：《现代公司法比较研究——国际经验及对中国的启示》，清华大学出版社 2011 年版，第 105 页。

② The Worker Adjustment and Retraining Notification Act of 1988, 29 U. S. C. § § 2101—2109（2000），该法规定，公司解雇人数达到一定标准时触发提前通知等义务，但是各关联公司需要合并计算。

③ 参见朱慈蕴：《公司法人格否认法理研究》，法律出版社 1998 年版，第 93 页。

④ 参见黄辉：《现代公司法比较研究——国际经验及对中国的启示》，清华大学出版社 2011 年版，第 114 页。

当然，亦有少量的例外。2004 年修订施行的《意大利民法典》集团公司部分规定，母公司在特定条件下应向受控公司债权人承担连带责任；《澳大利亚公司法》第 588G 条规定公司在举债时已经破产，或该项借款将导致公司破产，公司的董事要对该债务承担个人责任，第 558V 条规定在公司集团场合，如果子公司进行上述破产交易，母公司可能要承担债务责任；《澳大利亚联邦所得税法》亦规定公司在某些情况下需要对公司的所得税承担责任。①这些均属成文化的例证，但这些国家的公司法人格否认制度是规定在公司集团、破产法和所得税法之中的，并不适用于一般类型的公司。唯一的孤例来自《俄罗斯联邦民法典》第 56 条第 3 款之规定，如果法人的资不抵债（破产）系由发起人（参加人）、财产所有人或有权对该法人发布强制性指示或有可能以其他方式能规定法人行为的其他人所致，则在法人财产不足以清偿债务时，可由上述人对法人的债务承担补充责任。

由于《民法典》相关立法资料还尚未备齐，我们无从考证《民法典》立法者在采纳这一制度之初是否参照了域外立法规定。但据上述分析可知，在英国、美国、澳大利亚及日本诸国，公司法人格否认制度均率先在司法判例中出现，后来亦长期以判例法的形式存在和发展，直接上升至成文法规定的立法例寥寥无几。在《民法典》之中规定公司法人格否认制度，除《俄罗斯联邦民法典》之外，更几无适例。我国《民法典·总则编》第 83 条第 2 款是否参照了《俄罗斯联邦民法典》第 56 条第 3 款之规定，尚不得知。但如果仅凭这一孤例，就将公司法人格否认制度纳入《民法典·总则编》之内，说服力有限。

且前已述及，我国 2005 年《公司法》修订将这一制度成文化时，就存在不小的争议。虽然最终《公司法》第 20 条第 3 款和第 63 条第 2 款分别规定了公司法人格否认的一般规则和特殊规则，但较为原则和简陋。有论者曾建议，最高人民法院宜通过司法解释和案例指导的形式来指导这一规则的司法适用，为公司法人格否认案件的审判工作提供指导和积累经验，②以推动纸面上的公司法人格否认制度跃入实践。③可以说，在可参考的域外法资料乏善可陈的背景下，在

---

① Income Tax Assessment Act 1936（Cth），Pt，IVA.

② 参见黄辉：《现代公司法比较研究——国际经验及对中国的启示》，清华大学出版社 2011 年版，第 105 页。

③ 参见朱慈蕴：《公司独立人格与公司人格否认：从事前规制到事后救济——兼评中国 2005 年〈公司法〉》，载王保树、王文宇主编：《公司法理论与实践——两岸三地观点》，法律出版社 2010 年版，第 71 页。

公司法人格否认制度成文化的实效还尚待评估和总结的情况下，《民法典》更进一步，直接将公司法人格否认制度"提升"至一般法的地位，此举略显唐突和冒进。

（三）公司法人格否认制度的适用极为复杂

第一，适用范围特定。尽管《公司法》第 20 条第 3 款位于《公司法》"总则"部分，一体适用于有限责任公司和股份有限公司，《最高人民法院关于适用〈中华人民共和国公司法〉若干问题的规定（二）》第 18 条第 2 款、第 3 款之规定在适用对象上也未区分公司类型。理论上公司法人格否认制度应一体适用于所有类型的公司。但是，域内外公司法实践均一致表明，公司法人格否认制度基本只在闭锁公司（close corporations）和公司集团（corporate groups）中适用，在公司集团中被否定公司法人人格的子公司也多为闭锁公司，[①]在公开公司中几无适用的先例。黄辉教授通过对 2006 年 1 月 1 日至 2010 年 12 月 31 日的五年99 个案例分析发现，所有样本中无一起针对股份有限公司。与之类似，英国亦无针对股份有限公司的案例，美国虽然有一些案例，但是没有一件最终揭开了公司面纱。[②]这主要因为闭锁公司的管理和经营更容易倾向于合伙化，管理上的兼任和运作上的非程式化更容易导致揭开公司面纱，[③]而公开公司在管理和运作上遵守所有权和控制权的分离，比较规范透明。

第二，适用标准模糊。关于公司法人格否认制度的适用标准，域外各国理论和实践发展出了纷繁复杂的理论学说。德国为准确适用公司法人格否认制度，曾先后提出了"滥用说"、[④]"法规定适用说"、[⑤]"分离说"[⑥]等诸种学说，这些

[①]　参见朱慈蕴：《公司法人格否认法理研究》，法律出版社 1998 年版，第 133 页。

[②]　参见黄辉：《中国公司法人格否认制度实证研究》，载《法学研究》2012 年第 1 期。

[③]　参见施天涛：《公司法论》，法律出版社 2006 年版，第 32 页。

[④]　"滥用说"分为主观滥用说和客观滥用说，二者以股东主观上是否存在滥用公司独立人格和有限责任为区分标准。

[⑤]　"法规定适用说"即公司只有在严格地适用公司法人格否认制度的法律规定时，才可以证明自己的正义性，也才被尊重，当公司未履行公司法的相关规定时，即存在公司法人格的滥用，应依照公司法的规定处理。

[⑥]　"分离说"的逻辑起点是公司所有权和经营权的分离原则。该说认为当公司股东为非公司董事时，应负有对公司的经营管理不予干涉、影响的审慎义务。否则即属违反分离原则，直接对公司的经营后果承担法律责任。

学说作为公司法人格被滥用的判断标准，虽然对司法实践产生了一些作用，但总体而言，影响甚微。德国 1937 年 11 月 16 日最高院的一项判决即以"主观权利滥用说"作为适用公司法人格否认的基础。但该判决的法律依据却是《德国民法典》第 826 条关于权利滥用禁止之规定。①事实上，在涉及公司法人格否认的案件中，德国法院多数都是依据诚实信用、违背善良风俗和权利滥用禁止等一般性条款作为裁判准据法的。美国一般认为公司法人格否认制度是对公司人格滥用（abuse）的司法救济，但对于"滥用"的标准，各州意见亦莫衷一是。得克萨斯州采"欺诈理论"（fraud），即只有存在欺诈的情形时才可能揭开公司面纱。但在新泽西州，"欺诈"并不是适用公司法人格否认理论的必要要件，而是采用更为宽泛的不合法（illegality）或不正义（injustice）标准。还有"第二自我"（alter ego）和"代理"（agency）理论，即只要证明公司是股东或母公司的"第二个自我"即可揭开公司面纱，如母子公司在设施、财务和人员等方面完全一致即为著例。还有诸如"工具论"（instrumentality）、"单一商业体"（single business enterprise）理论，等等。这些理论也只是为公司法人格否认制度的适用提供了方向上的引导，它们并非具体明确、可直接适用的裁判规范。还有一些州的做法更为极端，它们拒绝给"揭开公司面纱"的适用标准作任何原则性的规定，仅仅罗列可能导致适用"揭开公司面纱"的诸相关因素。这些清单的内容繁多，五花八门，有四个、八个、十一个、十二个，甚至还有二十四个。清单上的相关因素亦无权重差别，仅仅起参照和示范作用，并且清单的适用也并非按图索骥，仍然需要法官在个案中充分发挥自由裁量权。②恰如美国著名大法官卡多佐（Cardozo）所言："法院在适用揭开公司面纱时所采用的标准'雾里看花'，至今全部问题'仍被包裹在比喻的迷雾之中'。"③

　　第三，适用要件严格。（1）主体要件。公司法人格否认之诉的被告范围模糊。依据《公司法》第 20 条第 3 款和第 63 条第 2 款的规定，公司法人格否认之诉的被告仅限于股东。但《公司法》第 216 条第 2 款规定，公司实际控制人虽

---

① 参见朱慈蕴：《公司法人格否认法理研究》，法律出版社 1998 年版，第 133 页。

② 参见黄辉：《现代公司法比较研究——国际经验及对中国的启示》，清华大学出版社 2011 年版，第 114 页。

③ Berkey v. Third Avenue Ry., 244 N.Y.84，94，155 N.58.61（1926）.

不是公司的股东，但通过投资关系、协议或者其他安排，能够实际支配公司行为，在客观事实上享有对公司的控制权。①实践中，实际控制人极易滥用公司独立人格损害债权人的利益，理应包括在公司法人格否认之诉被告范围之内，且司法实务亦有案例类推适用《公司法》第 20 条第 3 款规定，将实际控制人也纳入该条的规制范围之内。②但是这毕竟是一种法律漏洞补充方法的思路。目前，有关公司法人格否认之诉被告的适用范围仍需要立法进一步明确。公司法人格否认之诉的原告范围也不确定。有权提起公司法人格否认之诉的原告为公司债权人，包括自愿债权人和非自愿债权人。有观点认为，这里的"债权人"的范围仅限于合同之债，③也有人主张除合同之债外，还应当将"债权人"的范围拓宽至侵权之债、税务等特殊债务。④此外，司法实践中股东不当控制使子公司或母公司的关联公司获益之情形，是仅仅追究控制股东的民事责任，还是共同追究控制股东和关联公司的民事责任，亦存争议。⑤（2）行为要件。公司法人格否认之利用者必须实施了滥用公司人格的行为，主要包括滥用公司法人格诈骗债权人、滥用公司法人格回避契约义务、滥用公司法人格回避法律义务、公司的形骸化等情形。但这些规定都比较抽象和原则，需要法官在具体个案中妥当运用自由裁量权。例如，公司"形骸化"系指公司和股东完全混同，包括业务混同、组织混同和财产混同等。但是对于"混同"的程度和表征，一般则需要法官在具体的司法裁判过程中详细释明并充分发挥自由裁量权。⑥即使在易发生财产混同的一人公司中，如无确凿的法律事实和法律依据，法院一般也不判决公司对股东个人债务承担连带责任。⑦（3）结果要件。公司法人格利用者滥用公司法人格的行为必须给他人或社会造成了损害。在适用时需同时满足两点：一是滥用公司法人格的行为必须造成了损害。这种损害既包括现实损失，亦包括潜在损失，还包括债权人、第三人、国家利益和社会公共利益的损失。二是滥用

---

① 参见郭富青：《公司权利与权力二元配置论》，法律出版社 2010 年版，第 213 页。
② 参见北京市第二中级人民法院（2014）二中民终字第 01813 号民事判决书。
③ 参见沈四宝：《新公司法修改热点问题讲座》，中国法制出版社 2005 年版，第 148 页。
④ 参见刘俊海：《新公司法的制度创新：立法争点和解释难点》，法律出版社 2006 年版，第 88 页。
⑤ 参见江苏省高级人民法院（2004）苏民终字第 056 号民事判决书。
⑥ 参见江苏省高级人民法院（2016）苏民申 5923 号民事裁定书。
⑦ 参见湖北省高级人民法院（2014）鄂民终字第 00006 号民事判决书。

公司法人格的行为和造成损害有直接的因果关系，即损害的当事人必须能证明所受损害和滥用公司独立人格行为之间存在因果关系。

以上表明，对公司法人格否认适用要件的归纳和总结，只不过得到了最原则的内容。目前还无法准确地归纳出公司法人格否认制度的适用原则并据此预测案件的结果。①股东滥用公司人格花样繁多，有时非常隐蔽。仅仅试图靠构成要件就将适用公司法人格否认的场合都概括进去无异于"盲人摸象"。美国弗兰克·伊斯雷布鲁克（Frank Easterbrook）和丹尼尔·菲舍尔（Daniel Fischel）教授形象地将"揭开公司面纱"规则比喻为"闪电"，发生概率虽不高，但实际后果很严重。还有学者将其描述为"公司法的沼泽地""司法的乐透抽奖"，纯属随机事件，毫无原则可言。②我国学界亦有观点质疑，可考虑在《合同法》和《侵权责任法》领域解决股东（实际控制人）滥用公司独立人格严重损害债权人利益问题。③尽管这一提议主要为民法学者所持，其立论的基点与妥当性均值得斟酌，将本属民法领域的纠纷解决机制引入商法中来，不仅存在转换的障碍，而且制度成本较高，但确实从侧面反映了公司法人格否认制度在司法适用中存在的疑题。

对于这样一个适用范围特定、适用条件严格、适用标准模糊的判例法制度，姑且不论 2005 年《公司法》修订之时将其以成文法的形式固定下来，在理论和现实上是否具备合理性和正当性。现又进一步将其"提升"至《民法典·总则编》一般规定，似与《民法典》作为裁判法源的本质属性不符。众所周知，《民法典》作为行为规范和裁判规范的统一体，其最核心的功能乃是要借由《民法典》编纂实现民商立法的科学化，为民商事裁判者提供一套相对逻辑严密、体系自洽、具有可操作性的规范系统，并最终在民商法领域建立起一套健康合理的法源体系。④以便推论出规则适用的优先次序，减少找法过程中的搜寻、比较、

---

① See e.g., H A J Ford, R P Austin and I M Ramsay, Ford's Principles of Corporations Law(9th ed，1999) [4.400]；Briggs v. James Hardie & Co. Pty Lth. (1989) 16 NSWLR 549，578.

② Frank H. Easterbrook & Daniel R. Fischel， "Limited Liability and the Corporation"，52U. Chi. L. Rev. 89，89（1985）；see also John Farrar，"Fraud，Fairness and Piercing the Corporate Veil"（1990）16 Canadian Business Law Journal 474，478.

③ 参见孟勤国、张素华：《公司法人人格否认理论与股东有限责任》，载《中国法学》2004 年第 3 期；赵信息：《对我国适用公司法人格否认法理的质疑》，载《河北法学》1999 年第 4 期。

④ 参见薛军：《中国民法典编纂：观念、愿景与思路》，载《中国法学》2015 年第 4 期。

权衡、记录成本。①以此标准衡量之，公司法人格否认制度特定的适用范围，客观上限制了该制度的适用空间和适用价值，适用标准的模糊和适用要件的严格也给该制度的精准适用带来不小的障碍和难题。纳公司法人格否认制度"入典"，客观上影响到了《民法典》作为裁判法源目标之实现。

（四）公司法人格否认的司法运用比较审慎

德国的公司法人格否认制度的适用一直非常严格。德国法院认为，资合公司的法人性质只有在其使用和整个法律制度的目的不违背的情况下才是值得维护和尊重的。②但若能依据相关法律处理问题，法院很少揭开公司面纱。德国联邦法院曾反复强调，不允许随意地和无限制地忽略法人这一法律实体。③即使在一个公司由单一股东控制且公司的资本显著不足时，法院也不总是撇开公司，责令单一的股东承担债务责任。④在法律适用上，德国司法实践更倾向于采用违背忠诚义务、滥用权利或违背诚实信用原则来支持和论证穿透理论。德国法院甚至要求，公司法人格否认的发生还要求股东行为须同时满足违反《德国民法典》第 242 条诚实信用原则和第 826 条违背善良风俗之规定时，法律才有必要否定公司法人人格"直索"公司背后股东的责任。司法实践尤其经常适用《德国民法典》第 826 条之规定，将其作为民法承认和符合公司法原则的"穿透责任"的一般性构成要件。如果具备了这些条款的前提条件，适用"穿透责任"在事实上就是多余的。⑤

汤普森（Thompson）教授通过对 1985 年 2 000 宗"揭开公司面纱"案件的实证分析发现，总体而言，揭开率为 40%，在公司面纱被揭开的案件中，没有一件发生在公众公司，全部案件均为闭锁公司。在理论上更容易揭开的一人公司中，揭开率为 50%，股东人数超过 2—3 人公司的揭开率为 46%，当股东

---

① 参见苏永钦：《寻找新民法》，北京大学出版社 2012 年版，第 76 页。

② 参见德国联邦最高法院民事判例集第 20 卷，第 4—14 页，转引自朱慈蕴：《公司法人格否认法理研究》，法律出版社 1998 年版，第 126 页。

③⑤ 参见［德］托马斯·莱塞尔、吕迪格·法伊尔：《德国资合公司法》，高旭军等译，法律出版社 2005 年版，第 480 页。

④ 参见［德］罗伯特·霍恩、海因·科茨、汉斯·G.莱塞：《德国民商法导论》，楚建译，中国大百科全书出版社 1996 年版，第 266 页。

人数为 3 人以上的时候，揭开率就只有 35% 了。①两位澳大利亚学者拉姆齐（Ramsay）和诺克斯（Noakes）2001 年对澳大利亚 104 起"揭开公司面纱"案件实证研究后发现，在 104 起案件中，成功的案件为 40 件，胜诉率为 38.5%，私人公司的面纱被揭开的比例为 42%，公众公司只占 22%。一人公司的面纱揭开比例是 50%，而股东人数为 2—3 人的公司这一比例则降低至 37%。②实证研究结果表明，一方面公司法人格否认制度主要适用于闭锁公司；另一方面股东数量越少，揭开公司面纱的概率越高。

我国最高人民法院对公司法人格否认制度的态度历来也是"审慎适用"。③为防止公司法人格否认制度的滥用，最高人民法院还以司法解释和指导性案例形式指导公司法人格否认制度正确适用。《最高人民法院关于适用〈中华人民共和国公司法〉若干问题的规定（二）》第 18 条第 3 款、第 19 条、第 20 条、第 22 条第 2 款、第 23 条第 1 款规定，在公司清算阶段，债权人可以主张对公司债务承担连带清偿责任的情形，明确将控股股东、实际控制人纳入公司法人格否认制度的主体适用范围之内。④在指导性案例第 15 号"徐工集团工程机械股份有限公司诉成都川交工贸有限责任公司等买卖合同纠纷案"中，⑤最高人民法院类推适用《公司法》第 20 条第 3 款，将公司法人格否认制度的适用范围扩展至关联公司之间的人格混同，但是将"人格混同"导致的公司法人格否认适用主体严格限制在"关联公司"的范围之内，以免法院滥用公司法人格否认损害有限责任这一公司制度的基石。

长期以来，地方各级法院亦非常审慎地适用这一制度。例如，《陕西省高级

---

① R B Thompson，"Piercingc the Corporate Veil：An Empirical Study"（1991）76 Cornell Law Review 1036.

② 参见黄辉：《现代公司法比较研究——国际经验及对中国的启示》，清华大学出版社 2011 年版，第 120 页。

③ 参见刘敏：《"法人人格否认制度"在个案中的审慎适用》，载《民商事审判指导》（第 1 辑），人民法院出版社 2005 年版，第 192 页。

④ 参见北京市第一中级人民法院（2012）一中民终字第 14962 号民事判决书。

⑤ 参见《最高人民法院关于发布第四批指导性案例的通知》（法 2013 第 24 号），2013 年 1 月 31 日发布。实务案例参见：最高人民法院（2008）民二终字第 55 号民事判决书；江苏省南京市中级人民法院（2014）商终字第 1353 号民事判决书；四川省内江市中级人民法院（2014）内民终字第 175 号民事判决书；河北省高级人民法院（2014）冀民一终字第 208 号民事判决书；湖南省高级人民法院（2014）湘高法民二终字第 40 号民事判决书。

人民法院民二庭关于公司纠纷、企业改制、不良资产处置及刑民交叉等民商事疑难问题的处理意见》(陕高法〔2007〕304 号)规定:"尽管修订后的公司法规定了公司法人人格否认制度,但在公司法人人格独立和公司法人人格否认的关系上,前者始终属于本位的主导性规则,后者仅为适用于特定场合和特定事由的例外性规定而已。在审判实践中一定要审慎适用,防止滥用,不完全符合适用条件的,绝不能适用法人人格否认制度。"[①]再如,在"方某全、汇邦公司、孙某锋与被上诉人秦某久股权转让合同纠纷案"中,一审湖北省十堰市中级人民法院认为,方某全是汇邦公司实际控制人及法定代表人,其通过汇邦公司财务账户支付秦某久欠款的行为证明股东方某全与公司财务混同。由于存在明显的"公司人格"与"股东人格"混同,汇邦公司应当承担连带责任。[②]方某全不服原审判决,提起上诉。二审湖北省高级人民法院则认为,汇邦公司以借款的形式代偿股东方某全股权转让款的行为,不足以证明两者间必然存在财务上的混同,仅凭一个转账行为就认定"公司人格"和"股东人格"混同,判决公司对股东个人债务承担连带责任,缺乏事实及法律依据。[③]二审法院最终推翻了一审的判决结论,体现出"审慎适用"的立场。同时,实证调查结果也显示,虽然2005 年《公司法》将公司法人格否认制度成文化,但是,法院支持公司债权人揭开公司面纱之诉的案件事实未上升反而降低。[④]还有学者调查后发现,自2006 年 1 月 1 日至 2010 年 12 月 31 日 5 年期间,全国总共发生了 99 件公司法人格否认的案例,其中胜诉 63 个,胜诉率接近三分之二。这一数字明显高于同期国外,美国大概是 40%,英国是 47%,澳大利亚是 38%。[⑤]但 2014 年的实证数据分析显示,在总共 92 个适用公司法人格否认制度的案例中,有 55 个最终揭

---

① 参见法易网:http://law.laweach.com/Rule2_289232_25.html,2017 年 3 月 8 日访问。实务案例参见:江苏省高级人民法院 (2014) 苏商终字第 00406 号民事判决书;江苏省高级人民法院 (2013) 苏商终字第 0269 号民事判决书;湖北省高级人民法院 (2014) 鄂民终字第 00006 号民事判决书;上海市第一中级人民法院 (2016) 沪 01 民终 9356 号民事判决书。

② 参见湖北省十堰市中级人民法院 (2013) 鄂十堰中民二初字第 00021 号民事判决书。

③ 参见湖北省高级人民法院 (2014) 鄂民终字第 00006 号民事判决书。

④ 参见朱慈蕴:《公司独立人格与公司人格否认:从事前规制到事后救济——兼评中国 2005 年〈公司法〉》,载王保树、王文宇主编:《公司法理论与实践——两岸三地观点》,法律出版社 2010 年版,第 71 页。

⑤ 参见黄辉:《中国公司法人格否认制度实证研究》,载《法学研究》2012 年第 1 期。

开了公司面纱，公司面纱在揭开率上呈现下降趋势。①这表明，一方面法院对这项制度的理解日益深入全面；另一方面最高人民法院和理论界一直强调的公司法人格否认制度"审慎适用"产生了实际效果。

域内外的司法实践一致表明，公司法人格否认制度的司法适用极为审慎。《民法典》立法者在考虑引入该制度之初，如果能对该制度在我国的实际运行效果作一番细致调查和评估的话，可能会对《民法典·总则编》应彻底否弃公司法人格否认制度持更为清晰、坚定的立场。

（五）小结

综上，从历史起源、域外立法、制度适用、司法运用等诸视角分析，基本可以肯定的是，《民法典·总则编》第83条第2款是一个缺乏立法审思的"半拉子工程"和"夹生饭"，该款和《民法典·总则编》所承载的私法"体系化"和"科学化"功能明显相悖，公司法人格否认制度进入《民法典·总则编》的正当性存疑。《民法典》制定者出于立法成本和制定进度上的考量，在"法人章"采用了大规模"复制"《公司法》规定的立法技术，未能给该部分的内容设计预留下充分的反思空间和争讨可能，最终使公司法人格否认制度这一原本在《公司法》中就"极为特殊"的判例法制度"鱼龙混杂"般地进入了《民法典·总则编》之中，这不得不说是《民法典·总则编》"法人章"制度设计上的一个重大"瑕疵"。公司法人格否认制度进入《民法典·总则编》客观上影响了《民法典》对商事关系包容性这一命题的贯彻和实现；亦背离了在"民商合一"视角下制定《民法典》的初衷和本意。

四、《民法典·总则编》"法人章"立法技术评析

公司法人格否认制度只是《民法典·总则编》"复制"《公司法》立法技术的一个典型微观著例，类似的示例还有很多。《民法典·总则编》"法人章"的条文构造无论是法人之"一般规定"抑或分节之规定，基本上都是"小《公司

---

① 参见谭贵华：《我国公司法人格否认规则的司法适用研究——基于2014年的92份判决书的实证分析》，载《西南政法大学学报》2016年第4期。

法》的再版",尤其是营利法人部分几乎全部是《公司法》"核心规则"的复制。①据笔者总结,《民法典·总则编》"法人章"共计 11 处复制了《公司法》12 个条文(详见表 2-5-2)。

表 2-5-2　《民法典》复制《公司法》条文

	规范内容	《民法典》条文序号	《公司法》条文序号
1	法人合并分立	第 67 条	第 174 条、第 176 条
2	法人解散情形	第 69 条	第 180 条
3	法人清算组组成、清算义务人责任	第 70 条	第 183 条
4	法人清算程序、职权和终止程序	第 71 条	第 186 条、第 188 条
5	法人分支机构的设立和责任归属	第 74 条	第 14 条
6	设立人责任	第 75 条	第 94 条
7	法人成立规则	第 78 条	第 7 条
8	法人格否认	第 83 条	第 20 条
9	关联关系规制	第 84 条	第 21 条
10	决议效力	第 85 条、第 94 条	第 22 条
11	营利法人社会责任	第 86 条	第 5 条

《民法典·总则编》采用这种"复制"《公司法》规定的立法技术,具有理性可取的一面:

第一,我国《民法典》的制定不是大规模的规范创制过程,更多是对改革开放以来民商事单行法和司法解释经验的系统化整理和总结。民商事单行法及其司法解释作为改革开放以来立法及司法实践的智慧结晶和浓缩,亦是我国编纂《民法典》最基本的素材和依托,我们没有理由弃之另起炉灶。《民法典·总则编》采用"复制"《公司法》规定的立法技术符合实际需要。

---

①　参见蒋大兴:《〈民法总则〉的商法意义——以法人类型区分及规范构造为中心》,载《比较法研究》2017 年第 4 期。

第二，《民法典》在制定之初即秉持"民商合一"的立法体例。在内容设计和制度安排上必须充分考虑到对商事关系的包容性问题。《民法典》中商法规范嵌入的比例和容量最终直接关系到《民法典》的质量和水平。在现实因素和时间成本双重因素的制约和影响之下，《民法典·总则编》采用这种大规模"复制"和"沿用"商事单行法规定的做法是必然、现实之举。

但是，《民法典》毕竟不是对既有民商事单行法和司法解释的简单汇编。如果考虑《民法典》在整个法体系中的典范地位，甚至可以影响整个法体系的精确化和系统化。①《民法典·总则编》作为《民法典》编纂过程中最关键、最重要的一环，肩负着统合整个私法制度的重任，其必须根据法典体系理性的要求，将种类繁多的民商法规则组合成一个内外融贯一致的系统，这样最终制定的《民法典·总则编》文本才具有稳定性和可预期性，也才能最大限度发挥《民法典·总则编》作为裁判法源的核心功能，因此这种"复制"技术的运用应当掌握好限度。如果"滥用"这种复制技术，可能会给后续《民法典》的适用带来无法预料的"混乱"。对此，已有学者敏锐地指出，《民法总则》这种"复制"《公司法》的规范，因其总则之地位，会成为《公司法》修改的一般原则，从而可能对《公司法》的发展形成某种制约，这种制约甚至可能成为《公司法》制度创新的障碍。②并且，这种直接将已有具体规范上升为《民法总则》的"复制/复印技术"，由于忽视了营利法人和非营利法人的差异，也未能注意到营利法人内部的差异性和多样性，可能会和《公司法》等已有的规定发生冲突。③具体就公司法人格否认制度而言，《民法典·总则编》第 83 条第 2 款和《公司法》第20 条第 3 款、第 63 条在适用时，可能会存在明显的冲突。尽管依"特别法优先于一般法"适用之法理，公司法人格否认司法纠纷应优先适用《公司法》第20 条第 3 款、第 63 条之规定，但法律文本上的重叠却是客观存在的。

由于《民法典》实施不久，其实施效果还尚待历史和实践检验。可以预见，未来因这种"复制技术"泛滥造成的规范叠加和冲突问题，还将会大规模涌现。在短期内修改《民法典·总则编》显然不可行的情况下，要改革这种困局，唯有寄希望于下一步《公司法》修订之时，在充分尊重和关照《民法典·总则编》

---

① 参见苏永钦：《寻找新民法》，北京大学出版社 2012 年版，第 41 页。
②③ 参见蒋大兴：《〈民法总则〉的商法意义——以法人类型区分及规范构造为中心》，载《比较法研究》2017 年第 4 期。

中商法一般规范的前提下，从体系适用的视角重新调适和修复《民法典·总则编》和《公司法》在规范适用上存在的冲突和叠加问题。目前，随着《民法典》的实施，民商法学研究正面临向解释论的转型，也希冀法学研究者和适用者能认真总结《民法典》的经验，认真对待《民法典》和各民商单行法及司法解释之间的意义脉络和规范关联，保障《民法典》体系内部的自洽与和谐，规范适用的统一和同一。

第六章 公司法人财产权制度确立的历史意蕴与当代价值

一、问题之缘起

法人对出资人投入公司的财产以及在此基础上的增值财产的支配和归属，是企业产权研究和国企市场化改革中讳莫如深的话题。自 20 世纪 90 年代以来，中国法学界就法人财产权和经营权的性质问题曾经展开过长期、激烈的争辩。[①] 为了防止国有资产流失，保持国家对国有企业资产的控制权和支配权，经济学界和法学界设计出各种眼花缭乱的方案，开出了种种药方。最终 1993 年颁布的《公司法》采纳了"法人财产权"这一称谓。[②] 如今，关于法人财产权问题已无人问津，似乎已然盖棺定论。

2020 年 5 月 28 日颁布的《民法典》第 268 条规定："国家、集体和私人依法可以出资设立有限责任公司、股份有限公司或者其他企业。国家、集体和私人所有的不动产或者动产投到企业的，由出资人按照约定或者出资比例享有资产收益、重大决策以及选择经营管理者等权利并履行义务。"第 269 条第 1 款规定："营利法人对其不动产和动产依照法律、行政法规及章程享有占有、使用、收益和处分的权利。"第 268 条要求企业按照股权—法人财产所有权的逻辑建设市场化产权关系；第 269 条第 1 款确立了营利法人财产

---

① 参见柳经纬主编：《共和国六十年法学论争实录——民商法卷》，厦门大学出版社 2009 年版，第 118—119 页。

② 1993 年《公司法》第 3 条第 1 款规定："公司是企业法人，有独立的法人财产，享有法人财产权。公司以其全部财产对公司的债务承担责任。"

所有权制度。①但是反观我国公司立法，自 1993 年至今一直沿用的是陈旧老套的法人财产权理论。如果说 2005 年《公司法》修改时《物权法》尚未颁布，对法人财产权的沿用尚情有可原。但 2013 年和 2018 年《公司法》修改主要集中于公司资本制度领域，对这一问题亦未能虑及。但是在《民法典》旗帜鲜明的更新观念承认并重申营利法人财产所有权的前提下，这一关涉"公司立法命脉"的基础性问题亟须被重视。当前，我国《公司法》已启动修法程序，②如果《公司法》修改仍抱残守缺，无论在公司资本制度和公司治理领域投入多少精力，进行多少制度创新，距离一部现代化的《公司法》仍然是遥不可及的"奢望"和"空想"，《公司法》现代化和体系化改革运动亦可能蜕变成一纸空文。

二、公司法人财产权的立法变迁与性质争议

（一）立法变迁

作为产权的一种具体表现形式，公司法人财产权这一概念在我国《公司法》中的确立历经漫长的演变过程，其伴随着我国经济体制改革和市场经济建设的发展迂回前进。据笔者总结，大致可以划分为两个阶段。

1. 起步酝酿期

从 20 世纪 50 年代中期开始的社会主义现代化改造至 20 世纪 70 年代末，由于受高度集中的计划经济体制等其他影响，这一时期都在回避和否定私人产权问题。1978 年改革开放后我国走上经济体制改革的道路，针对旧体制中存在的政企不分、企业缺乏自主能力问题，中共十一届三中全会公报提出以"扩大企业自主权"为内容的国有企业分权式改革。1984 年 10 月 20 日党的十二届三中

---

① 参见黄薇主编：《中华人民共和国民法典释义及适用指南》（上册），中国民主法制出版社 2020 年版，第 396 页；杨立新主编：《中华人民共和国民法典条文精释与实案全析》，中国人民大学出版社 2020 年版，第 375 页；崔建远：《中国民法典释评·物权编》（上卷），中国人民大学出版社 2020 年版，第 344 页；孙宪忠、朱广新主编：《民法典评注·物权编》，中国法制出版社 2020 年版，第 511 页。

② 2018 年 9 月 8 日《公司法》修改纳入《十三届全国人大常委会立法规划》，2019 年 5 月 7 日全国人大常委会法工委成立《公司法》修改领导小组、咨询小组和工作小组，启动《公司法》修改研究程序。参见中国经营网：http://www.cb.com.cn/index/show/zj/cv/cv13469611261，2020 年 5 月 27 日访问。

全会通过的《中共中央关于经济体制改革的决定》确立了国有企业所有权和经营权两权分离的改革思路,将国家所有的财产授予企业经营管理,使企业成为相对独立的经济实体,成为自主经营、自负盈亏的商品生产者和经营者。受此影响,1986年制定的《民法通则》在第五章"民事权利"第一节"财产所有权和财产所有权有关的财产权"中明确规定:"全民所有制企业对国家授予它经营管理的财产享有经营权,受法律保护。"《民法通则》将全民企业对其拥有的财产的性质定义为"经营权",这种"经营权"被作为"与财产所有权有关的财产权"之一种。1988年4月3日通过的《全民所有制工业企业法》第2条第2款将经营权权能细化为"企业对国家授予其经营管理的财产享有占有、使用和依法处分的权利"。这表明企业依法享有对其财产的占有、使用和处分权能,至于所有权的另一权能收益权仍由国家保留。由于该法许多规定过于原则,操作性不强,1992年7月23日国务院颁布的《全民所有制工业企业转换经营机制条例》为落实企业经营权,详细罗列了国有企业的14项权能,增设了企业兼并、资产处置等新的经营权形式。但是条例对经营权权能之规定并无新的突破。

2. 发展确立期

1992年党的十四大确立了市场经济体制改革目标之后,党的十四届三中全会通过的《中共中央关于建立社会主义市场经济体制若干问题的决定》(以下简称《决定》)将理顺产权关系、建立现代企业制度作为构建市场经济体制框架的基础性环节,首次提出"法人财产权"概念,在企业法人财产权理论上取得重大突破。《决定》在阐述现代企业制度的特征时指出,"企业中的国有资产所有权属于国家,企业拥有包括国家在内的出资者形成的全部法人财产权","规范的公司,能够有效地实现出资者所有权与企业法人财产权的分离"。这一政策性规定旋即被1993年《公司法》吸收,首次从立法层面对公司法人财产权予以明确。该法第4条第2款规定:"公司享有由股东投资形成的全部法人财产权,依法享有民事权利、承担民事责任。"紧承第3款规定:"公司中的国有资产所有权属于国家。"1994年7月24日国务院公布实施的《国有企业财产监督管理条例》第27条又重申了《公司法》的表述,明确国有企业对其财产享有的权利为法人财产权,国家对企业承担的财产责任以其投入企业的资本额为限,企业以其全部法人财产独立承担民事责任,以立法形式明确了国有企业法人财产权。2005年《公司法》修改虽然删除了1993年《公司法》第4条第3款,但沿用的仍然是法人财产权。2013 年和 2018 年公司资本制度改革对该条款未作任何改动。

（二）性质争议

随着公司法人财产权立法的沉浮变迁，对于如何理解和表述公司法人财产权和经营权的性质，我国民商法学界、经济学界、管理学界投入了巨大的智慧洪流，作出了种种解释和努力，形成了如下诸种学说。

1. 他物权说

公司对公司的全部财产享有经营权或者法人财产权，其性质为他物权。[1]经营权充其量不过是一种他物权，权限再大，亦非所有权，这意味着一个独立的公司法人不能享有自己独立的财产所有权。在市场经济中一旦公司财产丧失，则意味着法人人格的丧失。将法人财产权界定为经营权等于否认公司的独立人格地位。

2. 双重（相对）所有权说

股东对公司财产享有所有权（终极所有权），公司对公司财产享有法人所有权（相对所有权）。股东凭借其所有权享有股东的自益权和共益权，公司凭借其所有权，作为法人进入民事流转领域，独立享受民事权利和承担民事义务。[2]该观点类似于日耳曼法上的双重所有权概念。欧洲封建时期的日耳曼法承认双重所有权，即封建地主所有的高级所有权以及同时存在的佃农低级财产所有权或地权。[3]这一所有权概念在后来的发展过程中形成了与以罗马法为代表的大陆法系完全对立的所有权观念。

3. 结合权说

法人财产权是经营权和法人制度的结合，经营权是其基础，法人制度是其载体。经营权是由所有权派生又独立于所有权的一种财产权，这种财产权一旦与法人制度结合，即构成法人财产权。法人财产权的性质是二者的有机结合。[4]

4. 所有权说

公司法人财产权是具有所有权性质的物权，是物权中的自物权。公司法人

---

① 参见孔祥俊：《民商法热点、难点及前沿问题》，人民法院出版社 1996 年版，第 219 页。

② 参见王利明：《国家所有权研究》，中国人民大学出版社 1991 年版，第 161—201 页。

③ 参见［英］梅因：《古代法》，沈景一译，商务印书馆 1959 年版，第 167 页。

④ 参见雷兴虎：《公司法学》，北京大学出版社 2012 年版，第 194—195 页。

财产权应当界定为公司法人所有权。①公司法人所有权才是真正意义上的所有权，是企业产权制度发展史上最完善、最理想的所有权形式。公司财产与出资者的财产相分离。在公司存续期间，出资者（股东）不得随意撤回出资，公司对其财产具有独立的完全的所有权，故公司法人财产权应当是一种所有权。因此公司法人财产权和所有权的基本内容相同，均涵盖占有、使用、收益和处分等权能。该说无论在我国民商法学界抑或在此次《民法典》编纂过程中，均具有重要影响力。已有学者在对相关政策文献和法律法规规章的详细梳理之后提出，从经营权到法人财产权最终确立为公司法人所有权是中国企业财产权发展的必由之路。②

总之，之所以出现上述林林总总的理论学说，主要根源在于我国市场经济不够发达。基于国有企业改制以及服务于彼时经济建设的现实需要，理论界和实务界对公司这一法律主体人格（权利能力）的认识存在较为严重的偏差。在是否承认公司和自然人一样在法律上具有同等的主体地位问题上摇摆不定、犹豫不决。出于承认法人财产所有权难免会产生淡化、削弱甚至否定国家对企业

---

① 不可否认，法人所有权的提出对确立公司独立人格和独立地位具有重要的理论和现实意义。但本书主张使用"法人财产所有权"而非"法人所有权"这一称谓。理由在于，法人所有权指向不明，究竟系对公司本身（公司组织体）的所有权，还是对公司拥有的全部财产的所有权，含混不清。如果指前者，则可能陷入公司是股东附庸、沦为股东支配之客体之境地。显然公司所有权的本质只能指公司对其全部财产拥有的"支配"和"控制"权利，这种权利实质就是公司财产所有权。有个别民法学者套用《德国民法典》所有权的概念，强调所有权的客体只能是有体物，公司财产包括物权、债权以及知识产权，不符合所有权的定义要求，因此是一个非科学提法〔参见张志坡：《公司财产权利三重结构说之批判》，载《金陵法律评论》（2013年春季卷）〕。笔者认为不然，所有权客体是有体物属于19世纪末20世纪初德国概念法学派的产物，随着企业财团抵押、浮动抵押、集合抵押等新型担保物权的出现，现代物权客体早已突破了传统有体物范畴，如财团抵押是以公司所拥有的动产、不动产、债权、无形财产权打包成一个"物财团"，形成观念上的可交易的"整体物"，制作财团目录并登记设立的抵押权。财团抵押在日本、德国相当发达，日本在《日本民法典》之外以特别法形式制定有《铁道抵押法》《工厂抵押法》《矿业抵押法》《渔业抵押法》等，为企业融资提供了便利（参见〔日〕近江幸治：《担保物权法》，祝娅、王卫军、房兆融译，法律出版社2000年版，第214—215页）。崔建远教授亦认为，和自然人对某不动产或动产享有所有权相比，法人所有权有其特点，例如，其客体可以是多数、多个财产的集合，如建设用地使用权、房屋、场地、设备、工具、知识产权等〔参见崔建远：《中国民法典释评•物权编》（上卷），中国人民大学出版社2020年版，第344页〕。

② 参见孔祥俊：《企业法人财产权研究——从经营权、法人财产权到法人所有权的必然走向》，载《中国人民大学学报》1996年第3期。

财产所有权的深切忧虑，无论是公司立法、司法实务、学术界抑或商务界，均过于强调出资人（股东）对公司的实际控制和财产最终享有，公司不过是出资人（股东）的"另一个自我"和"工具"而已，是出资人（股东）"手臂"的延伸。随着改革开放社会主义市场经济建设的发展和演进，出现了上述五花八门的理论。公司具有独立的权利能力、行为能力（意思辨别能力）和责任承担能力，原本属于不言自明的常识，可是在我国的很长一段时间内却成为无人敢言的"雷区"。这些林林总总、不一而足的理论亦鲜明地反映出立法和政策之间的联动关系，法律作为上层建筑是一定时期内经济关系的反映，法律体现经济关系同时亦反作用于经济关系。关于公司法人财产权的理论争议亦充分地展现出中国公司立法和理论研究的"中国特色"和"中国元素"，说明法人财产权是一个鲜活的、极具生命力的理论争议问题。可以肯定的是，伴随着中国特色社会主义市场经济体制建设和改革的不断发展和推进，公司作为市场经济活动中最为重要、最为微观、最为活跃的主体，我们对公司的主体地位和独立人格的认识也是不断改变、不断深化的。如果回到制度经济学视角从更宏观层面观察中国企业产权发展之路，可以看出，我们在企业产权的界定上走的是一条"渐进式"改革之路。

三、公司法人财产所有权确立的理论基础及意义

爬梳法人财产权的立法变迁和性质争议可见，虽然历经新中国成立七十年尤其是改革开放四十多年社会主义市场经济高速发展，但是我国公司立法采用的依然是法人财产权理论。这一理论无法适应当前我国市场经济建设由"高速增长阶段转向高质量发展阶段"[①]之现实，正在修改中的《公司法》有必要确立法人财产所有权。

缘何要在《公司法》之中确立法人财产所有权？法人对其拥有的全部财产

---

① 习近平总书记在党的十九大报告中指出"我国经济已由高速增长阶段转向高质量发展阶段，正处在转变发展方式、优化经济结构、转换增长动力的攻关期"。这是对我国经济发展阶段变化的重大判断，为今后我国经济发展指明了方向。参见林兆木：《关于我国经济高质量发展的几点认识》，载《人民日报》2018年1月17日第07版。

享有所有权为何如此重要？新制度经济学派对此作出了有力解释。新制度经济学包括两个关键词，一个是"产权"，另一个是"交易费用"。所谓产权，就是对资源排他的占有和使用。作为一项基础性经济制度，产权不仅独自对经济效率有重要影响，而且也构成了市场制度及其许多制度安排的基础。①按照新制度经济学奠基人科斯和诺斯的观点，由于人类受其自身生产能力和生存环境的约束，只有通过交易这一基本活动获得经济效益和安全保障，而产权界定是交易的基本先决条件，②也是资源有效配置的前提。③产权结构的效率引起经济增长、停滞或者经济衰退。④只要产权界定清晰，初始的合法权利配置，哪怕是不合理和不公平的，市场主体最终会通过产权的自由转让来实现资源的有效配置。⑤产权界定与否以及如何界定产权，也直接影响了人们的成本和收益，而对成本和收益的计算，是人们进行经济决策的基础。当某种资源无明确产权归属时，对该资源的利用就要冒不能全部获取由使用该资源而产生的收益的风险，即可能替别人付出了成本（此即经济学上的外部性，包括正、负两个方面）。产权制度可以将成本和收益的外部效应内部化，使经济当事人承担他应当承担的成本，或者获得他应该获得的收益。这一转变增加了经济当事人有效运用资源的能力，从而提高了经济效率。⑥从新制度经济学到民商法学，民商事主体按照自己的意思（意志）对其所拥有的财产的"支配"和"控制"亦是市场交易（交换）活动的起点和基点。所有权作为典型的"支配权"和"绝对权"，⑦本质系依据权利人自己的意思即可实现权利上利益的权利类型。所有权人如欲实现物上利益，仅需形成自己内心的效果意思并贯彻实施该意思即可，无需他人协力或者帮助，此即"所有权人意思的独断性"。⑧

---

① 参见盛洪主编：《现代制度经济学》（上卷），中国发展出版社 2009 年版，第 3 页。
② 参见［美］道格拉斯·诺斯：《经济史上的结构和变革》，厉以平译，商务印书馆 1992 年版，第 233 页。
③⑤ 参见［美］罗纳德·科斯：《社会成本问题》，刘守英等译，载《财产权利与制度变迁——产权学派与新制度学派译文集》，上海三联书店、上海人民出版社 2014 年版，第 39 页。
④ 参见［美］道格拉斯·诺斯：《经济史上的结构和变革》，厉以平译，商务印书馆 1992 年版，第 234 页。
⑥ 参见盛洪主编：《现代制度经济学》（上卷），中国发展出版社 2009 年版，第 3—4 页。
⑦ 参见史尚宽：《物权法论》，中国政法大学出版社 2000 年版，第 61—63 页。
⑧ 参见王泽鉴：《民法物权》，北京大学出版社 2009 年版，第 31 页。

公司作为典型的民商事主体，承认公司对其拥有的全部财产的"意思独断"和"支配力"——公司财产所有权，是公司运营活动和对外交易（交换）活动开展的前提和基础，亦是《公司法》立法体系的"命脉"之所在。按照德国民法学家拉伦茨的观点，法体系分为内部体系和外部体系，内部体系指贯穿于法典各项制度的价值、理念和精神；外部体系指篇章节、基本原则和制度的设置等。①《公司法》内部体系和外部体系的"经度"和"纬度"都必须围绕这一基础概念展开。承认公司法人财产所有权等于确立了公司的独立人格、独立意思能力和责任能力，使股东有限责任、股权（份）转让、所有权和控制权分离理论具有实质意义。

具体而言，承认公司法人财产所有权在理论和实践层面具有如下积极意义：（1）能够实现法律关系的明晰化。在股东—公司—公司债权人三方法律关系中，股东仅以其出资（股份）额为限对公司享有股权，公司对其所拥有的全部财产享有法人所有权，公司以其全部责任财产对公司债权人承担无限责任。股东对公司负有的唯一义务即出资义务，除此之外股东对公司债权人不负任何义务。（2）使股东（出资人）有限责任和公司人格独立建立在坚实的财产基础之上。（3）公司法人财产所有权的确立，使公司自己意思更加明晰化、责任范围更加明确化。（4）为企业大规模筹资提供可能。公司法人财产所有权和股东自有财产的泾渭分明，减少了资金所有者投资的风险和顾虑，使其广为入股、多方投资以求得经济的稳定，从而极大地激发了社会投资的积极性，为企业大规模筹资提供了可能。（5）为专家经营奠定基础。公司财产独立和人格独立适应了现代公司治理的发展趋势，使公司所有权和控制权发生分离，防止权力高度集中到独裁者手中。

四、《民法典》营利法人财产所有权的确立和发展

值得赞赏的是《民法典》率先确立了营利法人财产所有权，为《公司法》修改提供了有益的参照和借鉴。

---

① 参见［德］卡尔·拉伦茨：《法学方法论》，陈爱娥译，商务印书馆 2003 年版，第 133 页。

（一）确立过程

原《物权法》第 68 条采用的是企业法人财产所有权，《民法典·物权编》第 269 条修改为营利法人财产所有权。自《民法典》编纂伊始，关于本条的一致立法意见认为，应当适应《民法总则》关于法人制度变革的现实，将法人财产权的主体由"企业法人""企业法人以外的法人"改为"营利法人""营利法人以外的法人"。①《民法典·物权编（草案）》（征求意见稿）第 65 条规定："营利法人对其不动产和动产依照法律、行政法规以及章程享有占有、使用、收益和处分的权利。营利法人以外的法人，对其不动产和动产的权利，适用有关法律、行政法规以及章程的规定。"《民法典·各分编（草案）》第 64 条、《民法典·物权编（草案）》（二审稿）第 64 条及《民法典（草案）》第 269 条皆接受了征求意见稿第 65 条的规定。②作出这样的修改主要是为了和《民法典·总则编》"营利法人""非营利法人"的法人分类模式保持一致，以体现各编概念的一致性和逻辑自洽性。在《民法典·物权编》征求意见过程中，也有观点提出，应当直接使用"法人所有权"，③但最终颁布的《民法典·物权编》并未采用这一称谓。《民法典·物权编》第 240 条开宗明义地规定，所有权人对自己的不动产或者动产，依法享有占有、使用、收益和处分的权利。第 269 条第 1 款的规定和该条的内容保持一致。因此，毫无疑问地说，遵循"民商合一"立法体例的中国《民法典》确立了营利法人财产所有权制度。如果说 2007 年《物权法》第 68 条第 1 款关于企业法人财产所有权之规定，尚未引起应有的重视的话，《民法典·物权编》第 269 条第 1 款对营利法人财产所有权的规定无异于"定海神针"，对于市场经济建设的促进和发展、现代企业制度创新以及国有企业市场化改革的意义不言而喻。遗憾的是，由于我国民商学界长期存在的学科壁垒，学术界一直未能从立法体系的高度准确解读法人财产所有权。在 2007 年《物权法》已经对企业法人所有权作了明确规定的前提下，部分人的观念依然裹足不前，对国有企业、民营企业的认识还停留在老套的 20 世纪七八十年代，以身份之不同对各种不同类型企业的地位和待遇进行定位。最为典型的例证即为

---

①② 参见孙宪忠、朱广新主编：《民法典评注·物权编》，中国法制出版社 2020 年版，第 511 页。

③ 参见《民法典立法背景与观点全集》编写组编：《民法典立法背景与观点全集》，法律出版社 2020 年版，第 205 页。

2008 年通过的《企业国有资产法》，该法第 2 条将企业国有资产定义为国家对企业各种形式的出资所形成的权益，[①]但是紧承的第 3 条又规定国家对国有资产享有所有权。[②]这一规定又将国家与企业之间的法律关系拉回到了以前的状态，本来已经被解决的问题，再一次被立法重现。这种现象深刻地反映了我国法律观念的非理性和非科学，也是对中央政策的误读和误解以及对中国特色社会主义市场经济的偏颇解释。

（二）确立缘由

按照哈耶克的解释，人类行为模式存在"建构理性主义"（Constructivist Rationality)和"进化理性主义"（Ecological Rationality）两种观察方式。[③]前者认为人生来就具有智识和道德禀赋，能够依据无限理性型构出完美的制度；后者认为制度的起源并不是理性的构造和设计，而在于成功且存续下来的实践，存续下来的实践是适者生存。[④]各种制度并不是人们在预见到这些制度可能会带来的益处之后才建立的。[⑤]如果从这二重视角切入观察，营利法人财产所有权的确立是"自上而下"的建构理性主义和"自下而上"社会实践进化和累积"双向互动、相互交融"的结果，本质是中国特色社会主义市场经济建设经验在法律层面的凝结和表达。(1) 政策层面。中共中央进行的顶层设计以及持续推进的市场化改革，为营利法人财产所有权在《民法典》中的确立奠定了坚实的政治保障和政策支撑。例如，2016 年 11 月 4 日中共中央、国务院出台《关于完善产权保护制度依法保护产权的意见》提出要平等保护各类市场主体的合法权利；2018 年 11 月 1 日，习近平总书记主持召开民营企业座谈会时强调，要坚定不移地发展壮大民营企业，改善民营企业的营商环境问题，扎实推进"放管服"改革；[⑥]

---

① 《企业国有资产法》第 2 条规定："本法所称企业国有资产，是指国家对企业各种形式的出资所形成的权益。"

② 《企业国有资产法》第 3 条规定："国有资产属于国家所有即全民所有。国务院代表国家行使国有资产所有权。"

③ 参见［英］弗里德利希·冯·哈耶克：《法律、立法与自由》（第一卷），邓正来等译，中国大百科全书出版社 2000 年版，第 61 页。

④⑤ 参见［英］弗里德利希·冯·哈耶克：《自由秩序原理》，邓正来译，生活·读书·新知三联书店 1997 年版，第 61 页。

⑥ 参见"习近平总书记 2018 年 11 月 1 日在民营企业座谈会上的讲话"，载人民网：http://cpc.people.com.cn/n1/2018/1102/c64094-30377329.html，2019 年 2 月 11 日访问。

2019 年 2 月 25 日，习近平总书记在中央全面依法治国委员会第二次会议上进一步强调，法治是最好的营商环境，要将平等保护贯彻到立法、司法、执法、守法的各个环节，依法平等保护各类市场主体的产权和合法权益。①（2）理论层面。学术界、实务界、经济学界、管理学界、商务界对公司本质、公司人格独立和财产独立问题认识的不断深入，是营利法人财产所有权最终在立法中得以确立的理论动因。（3）实践层面。各地方（如北京、上海、江苏、浙江、深圳、广州等地）不断推进的商事登记制度改革和创新，公司组织在市场经济中规模的不断扩张以及商业的繁荣使公司主体地位不断凸显，是营利法人财产所有权需要立法予以确认的实践动因。数据显示，2019 年全国新登记注册市场主体数量为 2 377.4 万户，比上年增加 227.8 万户，增长 10.6%；科技企业孵化器数量预计增至 5 200 家左右，增长约 7.4%；国家高新技术开发区企业单位数超过14 万个，增长 19.7% 以上。2019 年创业板、新三板挂牌公司数量为 9 744 个，是 2014 年的 4.9 倍。②截至 2020 年 12 月，全国有限责任公司总计 3 832.2 万户（占比 98.66%），股份有限公司总计 51.9 万户（占比 1.34%）。③当今中国早已经迈入了"公司帝国主义"时代。因此，那种将营利法人财产所有权的确立理解为单纯属于由中央"自上而下"进行的"强制性制度变迁"或者由市场"自下而上"推动的"诱致性制度变迁"都是不准确的。④

五、公司法人财产所有权确立的当代价值

确立并强调公司法人财产所有权，无论对公司立法、司法实务抑或理论研究均具有十分重要的现实意义。

---

① 参见"习近平总书记 2019 年 2 月 25 日在中央全面依法治国委员会第二次会议上的讲话"，载光明网：http://politics.gmw.cn/2019-02/26/content_32567955.htm，2019 年 3 月 5 日访问。

②③ 参见国家统计局官网：http://www.stats.gov.cn/tjsj/sjjd/202007/t20200713_1775410.html，2021 年 1 月 4 日访问。

④ 林毅夫将制度变迁分为诱致性制度变迁和强制性制度变迁两种类型。前者指一群（个）人在响应由制度不均衡引致的获利机会时所进行的自发性变迁；后者指由政府法令引致的制度变迁。详见林毅夫：《关于制度变迁的经济学理论：诱致性制度变迁与强制性变迁》，刘守英译，载《财产权利与制度变迁——产权学派与新制度学派译文集》，上海三联书店、上海人民出版社 2014 年版，第 269 页。

（一）有助于重新审视公司之本质

确立法人财产所有权对于重新认识公司本质具有十分积极的意义。如果从法人财产所有权的角度观察关于公司本质的各种学说，法人否认说存在明显的缺陷和不足。法人否认说具体又包括：（1）目的财产说。该说主要为德国学者布林兹所主张。他认为，法人之本质乃是为一定的目的而组成的无主体之财产而已。（2）受益者主体说。该说主要为利益法学派代表耶林所主张。他认为法人不过是受益者目的或利益的体现，仅仅是形式上的权利义务主体，实际权利义务的归属者，只能是享受法人财产利益的个人。（3）管理人主体说。该说主要为德国哲学家赫德尔所主张。他认为，实际管理财产的自然人，如依章程为管理而任命的董事会才是财产的主体，法人不过是为管理者存在的财产而已。法人否认说以社会实证和法社会学的方法研究法人的本质问题，认识到了法人内部的利益冲突，为现代公司治理提供了思想基础。但是该说严重忽视法人的相对独立性，亦未能清晰地界定股权—公司法人财产权之间的关系。就此而言，由基尔克首倡的有机体说，法国学者米休、撒莱所倡导的组织体说，承认法人权利主体的事实基础，为法人人格独立提供了有力辩护。有机体说滥觞于日耳曼法上的团体思想，主张社团为社团的有机体，是一种社会实在，有独立的意思能力，相反，社团机关不具有独立人格；组织体说认为法人是一种组织体，法人的意志的目的在于实现法人自身的利益。法人具有自己的意志并且这种意志不等于各种意志个体的团体意志。伴随着 19 世纪理性主义社会思潮应运而生的法人拟制说（以萨维尼为代表）弘扬人文主义法学观。该说突出强调了法人成为权利主体的法律技术因素，折射出权利主体的法律构造物。法律拟制说在中国也受到学者的极大推崇。[①]无论是法人实在说抑或法人拟制说，均和公司法人财产所有权的确立相融相契、一脉相承。

（二）有助于准确定位国企改革之方向

国有企业改革要坚持市场化的方向。在当今全球疫情肆虐的情况下，中国的国有企业改革应当坚定不移地坚持市场化的改革方向。应当承认，由国家出

---

① 参见江平、龙卫球：《法人本质及其基本构造研究——为拟制说辩护》，载《中国法学》1998 年第 3 期。

资到公司的财产是按照"股权—法人财产所有权"的逻辑构建的，以此为基点完善国有企业的治理结构，妥善协调好股东（大）会、董事会、监事会三会之间的职能和关系。同时基于国有企业担当的特殊的政策性使命和社会责任方面的要求，应当妥善处理好国企党建建设、国企党委和公司内部治理机关的权界划分问题以及党委参与公司治理的方式和边界、党委在国有企业治理中的角色定位问题。这些问题都必须在承认公司法人财产所有权的逻辑前提下展开。党委只能对公司内部治理起到政策上的引领和引导作用，不能干涉或者直接参与公司具体事务。如果脱离了这一逻辑和主线，国有企业改革将可能会出现方向性错误，中国特色社会主义市场经济建设亦将可能会付出不必要的成本。

（三）有助于评估《公司法》修改之成效

如果以此来检验我国 2013 年完成的公司资本制度改革，则改革目标存在诸多偏谬之处。完全认缴制虽然强化了股东对出资事项（出资期限、出资类型、出资方式）的自治权，尤其在出资缴纳期限上完全脱离了法律控制轨道，[①]允许股东（发起人）自由约定。遗憾的是，由于 2013 年公司资本制度改革缺乏正确的目标引导，在关涉公司资本制度改革核心——公司筹资的"机动性"和"灵活性"这一问题上未作任何适应性改进。当前我国公司资本制度形成模式仍然属于法定资本制的范畴。[②]公司筹资的"机动性"和"灵活性"仍然掌握在"股东"而非"公司"手里，董事会未享有对公司筹资决定权，立法未赋予董事会根据公司经营需要在章程授权额度内发行股份的权力。尤为严重的是，完全认缴制所形成的"认"和"缴"分离使得股东完全有可能只"认"不"缴"或"认"而"少缴"，出资控制权完全掌握在股东而非公司手里，公司财产和股东财产的区分原则遭到破坏，不仅严重削弱了公司独立人格，弱化公司的稳定性和可信度，同时也不利于股东有限责任功能的发挥。[③]再如，2005 年中国《公司

---

① 参见邹海林：《我国司法实务应对公司注册资本制度改革的路径选择》，载《法律适用》2014 年第 5 期。

② 参见赵旭东：《资本制度变革下的资本法律责任——公司法修改的理性解读》，载《法学研究》2014 年第 5 期。

③ 参见徐强胜：《我国公司人格的基本制度再造——以公司资本制度与董事会地位为核心》，载《环球法律评论》2020 年第 3 期。

法》修订史无前例地将公司法人格否认制度成文化亦存在进一步探讨空间。无论在大陆法系还是英美法系，公司法人格否认制度一般均是作为判例法存在的。实证研究显示，我国公司法人格否认制度的适用率较之于国外是比较高的。[①]公司法人格否认制度作为公司人格独立和有限责任原则的"例外"和"补充"，频繁使用会戕害公司人格独立和有限责任的基石。

（四）有助于匡正《公司法》的修改目标和任务

当前正在修改之中的《公司法》也应当恪守这一底线要求，遵照《民法典·物权编》第 268 条确定的股权—法人财产所有权的产权关系逻辑、第 269 条第 1 款关于营利法人财产所有权的基本规定，明晰并强化公司法人财产所有权的观念和定位，在这一前提之下进一步完善公司资本制度、公司治理制度以及《公司法》立法的体系化设计。就公司资本制度而言，应当在坚持完全认缴制强调股东自治的前提下，赋予公司机关（董事会）对股东已经认缴（购）但是未实缴出资的催缴权。如果股东不按时缴纳则应当对未缴股东启用失权程序，情形严重者，可考虑将其除名；对于公司治理而言，应当明确董事会中心主义公司治理模式。考虑到我国绝大多数公司属于"股权集中型"，有必要严格控制控股（制）股东对公司财产的掏空或侵占行为，重新设计董事、经理的权利、义务和责任；关于公司表意机制的完善建议吸收《最高人民法院关于适用〈中华人民共和国公司法〉若干问题的规定（四）》（第 1—6 条）规定，明确公司决议不成立、可撤销、无效的"三分法"体例；突出和强化章程在公司治理中的地位和作用，妥善处理好章程和《公司法》任意性条款（第 41 条第 1 款、第 42 条、第 49 条、第 71 条第 4 款、第 166 条第 4 款）的适用关系，进一步明确股东协议和公司章程之间的关联和边界；另外，对于一股多权或多重投票权股份原则上亦应当允许。

（五）对《公司法》司法裁判也影响巨大

承认公司法人财产所有权对"侵占公司财产"和"抽逃出资"的概念澄清亦具有基础性意义。如果承认公司对于出资人（股东）投入公司的动产、不动

---

① 参见黄辉：《中国公司法人格否认制度实证研究》，载《法学研究》2012 年第 1 期。

产享有所有权，可以肯定地说，中国《公司法》第 35 条，《最高人民法院关于适用〈中华人民共和国公司法〉若干问题的规定（三）》（以下简称《公司法司法解释（三）》）第 12 条、第 14 条等关于抽逃出资的规定是值得商榷的。因为出资人（股东）所拥有和控制的动产或者不动产作为出资财产一旦转移给公司，出资人（股东）即丧失对该动产或不动产的所有权，获得的乃是基于该出资享有的对公司的股权。如果后续股东拿回该出资则显然属于"侵占公司财产"而非"抽逃出资"。对于以"侵占公司财产"取代"抽逃出资"这一中国公司立法和司法中的概念的必要性和可行性，已有研究作了较为充分的论证，①对此笔者深表赞同。再如，《公司法司法解释（三）》第 13 条第 2 款规定，股东未履行或者未完全履行出资义务时，公司债权人请求未履行和未完全履行出资义务股东在未出资本息范围内对公司债务不能清偿的部分承担补充赔偿责任的，人民法院应当支持；第 14 条第 2 款规定，公司债权人请求抽逃出资股东在抽逃出资的本息范围内对公司债务不能清偿的部分承担补充赔偿责任的，人民法院应当支持；第 18 条规定有限责任公司股东未履行或者未全面履行出资义务即转让股权的，受让人如果知道或者应当知道，公司请求转让股东履行出资义务、受让人承担连带责任的，人民法院应予支持；公司债权人依照本规定第 13 条第 2 款请求转让方在未出资的本息范围内对公司债务不能清偿部分承担补充赔偿责任，同时请求前述受让人对此承担连带责任的，人民法院应予支持。《公司法司法解释（三）》以较大篇幅和内容规定了公司债权人对股东的直接追诉权，本质系资本信用理念的强化，②其试图通过资本的信用担保功能为公司债权人提供全面救济和周全保护。但是按照法律关系原理，股东和公司债权人原本不存在任何法律关系，《公司法司法解释（三）》为保护公司债权人，使其频繁"穿越"公司这一实体，这可能会损害公司人格独立和股东有限责任原则。既然承认了公司的财产所有权，就应当明确公司以其全部责任财产对公司债权人承担无限责任，而不是为了保护公司债权人一味地直接要求股东为公司债权人"兜底"。如此，将有可能会抑制投资者的积极性，亦不利于"大众创新、万众创

---

① 参见樊云慧：《从"抽逃出资"到"侵占公司财产"：一个概念的厘清——以公司注册资本登记制度改革为切入点》，载《法商研究》2014 年第 1 期。

② 参见彭冰：《未完成的改革——以股东分期缴付出资制度为例》，载《华东政法大学学报》2006 年第 1 期。

业"优化营商环境目标的实现。

六、顺势而为：修改《公司法》第 3 条第 1 款

"法人财产所有权的出现可谓是一场深刻的产权制度革命。"①在《民法典》旗帜鲜明地更新观念并确立营利法人财产所有权的前提下，正在紧锣密鼓修改之中的《公司法》也有必要顺势而为，对第 3 条第 1 款进行修改，具体包括：第一，将《公司法》第 3 条第 1 款第一句中的"企业法人"修改为"营利法人"，明确公司的性质为营利法人，以和《民法典·总则编》确立的营利法人、非营利法人、特别法人的法人分类模式以及《民法典·物权编》第 240 条、第 269 条的规范内容相衔接，保持概念用语的统一和法律适用的协同。第二，将该款的"法人财产权"修改为"法人财产所有权"，并明确公司以股东投资形成的股本、公司经营所获得的利润和其他一切合法财产对公司的债务承担责任。修改后的条文为：公司是营利法人，有独立的法人财产，享有法人财产所有权。公司以股东投资形成的股本、公司经营所获得的利润和其他一切合法财产对公司的债务承担责任。在修改该款明确公司法人财产所有权之后，可以预见，犹如找到了蓄水的"阀门"和开门的"钥匙"，后续关于公司资本制度和公司治理制度的体系化修改才有可能顺畅推进。

---

① 参见宋养琰：《论公司法人制度和公司法人财产权》，载《学术月刊》1996 年第 11 期。

第七章 《民法典》实施后企业财团抵押权制度研究

  2014 年 10 月 23 日党的十八届中央委员会第四次全体会议通过了《中共中央关于全面推进依法治国若干重大问题的决定》（以下简称《决定》），《决定》提出加强市场法律制度建设，编纂《民法典》。历时五年多经过各方努力《民法典》已顺利实施。《民法典》编纂的首要意义应当是民法立法的"体系化"和"科学化"。所谓"体系化"，即民法种类繁多的规范和制度，依照民法自身的逻辑形成内在和谐一致的统一体。[①]而"科学化"是指民法领域的规则制度，应当从整体的角度，设定合理的体系构架，明确各项制度的功能定位，使之做到合理有序、功能一致。[②]《民法典》的实施标志着我国民商事立法"体系化"和"科学化"迈向了一个崭新高度，也预示我国民商法学研究将正式从"立法论"迈向"解释论"时代。《民法典》第 395 条第 2 款（原《物权法》第 180 条第 2 款和《担保法》第 34 条第 2 款）规定了共同抵押权，但未规定财团抵押权。[③]长期以来，学界对财团抵押权的研究几乎处于"休眠"和"空白"状态。[④]笔者尝试在廓清《民

---

  ① 参见孙宪忠：《我国民法立法的体系化与科学化问题》，载《清华法学》2012 年第 6 期。
  ② 参见薛军：《当我们说民法典，我们是在说什么？》，载《中外法学》2014 年第 6 期。
  ③ 参见冉克平：《我国〈物权法〉第 180 条第 2 款的理解与适用》，载《法学》2010 年第 10 期。
  ④ 仅有的几篇文献均距今较远，其中有部分还将财团抵押和浮动抵押混为一谈。参见陈本寒：《财团抵押、浮动抵押与我国企业担保制度的完善》，载《现代法学》1998 年第 4 期；王全弟、丁怡：《试析财团抵押、浮动抵押与我国企业担保法制的完善》，载《黑龙江省政法管理干部学院学报》2001 年第 3 期；龙著：《试论财团抵押的几个问题》，载《国际经贸探索》1996 年第 5 期；张美荣、黄岩生：《企业财团抵押制度论》，载《福建论坛（经济社会版）》1998 年第 1 期；李锐：《财团抵押的历史、理论及立法研究》，山东大学 2006 年硕士学位论文；霍艳丽：《财团抵押权立法研究》，吉林大学 2005 年硕士学位论文。

法典》第 395 条第 2 款规范意义的基础之上，就我国财团抵押的制度构造、财团抵押同其他部门法和制度的衔接问题进行系统研究。

一、《民法典》第 395 条第 2 款规范意义释疑

《民法典》第 395 条第 1 款规定了可以设定抵押的财产范围，紧承该条第 2 款规定："抵押人可以将前款所列的财产一并抵押。"要厘清该条的规范意义，首先需要对财团抵押的起源、含义及特征有较为清晰的认识，如此才便于讨论的深入。①财团抵押权滥觞于德国。19 世纪中叶，德国为适应垄断资本主义经济发展的需要，满足铁路运输等大型企业的融资需求，在 1895 年颁布了《铁路财团抵押法》，此后为荷兰、日本、卢森堡、韩国等大陆法系国家所纷纷效仿，其中尤以日本财团抵押权发展得最为系统、完备。②学界对财团抵押权的理解存在广义和狭义之分。有观点认为，财团抵押权包括美国的浮动抵押③和德国的固定式财团抵押，二者均属之；④亦有论者指出，财团抵押权仅指固定式财团抵押权，浮动抵押作为和财团抵押并存的担保物权，不能将二者混同。⑤虽然二者都是以企业的各类财产组成的结合体为标的而设定的担保物权，但在权利主体、权利客体以及特定性等方面差异明显，仅以抵押权客体的"整体性"和"集合性"就将二者强行罗列在一起，实属不当。本书如无特殊说明，一律采用"固定式"财团抵押的概念。我国民商法学界对财团抵押权制度的定义，主要存在三种观

---

① 国内学者对财团抵押外延的界定存在着广义和狭义两种不同的理解。一种观点认为，财团抵押主要包括英美的浮动担保制度和德国固定式财团抵押制度两种。但是，随着研究的不断深入和细化，越来越多的学者主张财团抵押应当专指德国的固定式财团抵押，将浮动抵押作为和其平行的两种不同抵押方式，笔者赞同这种区分。财团抵押的定义及其和浮动抵押之间的区别，参见史尚宽：《物权法论》，中国政法大学出版社 2000 年版，第 331 页。

② 日本财团抵押法包括 1905 年制定的《工厂抵押法》《矿业抵押法》《铁道抵押法》，1913 年制定的《运河财团抵押法》，1925 年制定的《渔业财团抵押法》《道路交通事业财团抵押法》，1951 年制定的《港湾运送事业法》，1968 年制定的《观光设施财团抵押法》等。

③ 浮动抵押（floating charge），指抵押人将其现在和将来所有的全部财产或者部分财产上设定的担保，在行使抵押权之前，抵押人对抵押财产保留在正常经营过程中的处分权。浮动抵押是英国衡平法院在司法实践中发展起来的一种特殊抵押。最主要的特点是抵押财产在抵押人的日常生产经营中处于不断变动的状态之中，这亦是和财团抵押权最大的区别。财团抵押权一经设定后，财团财产就被固定下来。

④⑤ 参见史尚宽：《物权法论》，中国政法大学出版社 2000 年版，第 331 页。

点：观点一认为，所谓财团抵押权，是指同一人为担保债权而以不同种类的特定财产作为集合物所设定的抵押权；①观点二认为，财团抵押权系指将企业中的一定的不动产、动产、权利组成一个财团，使之具有特殊的价值，并采用适当公示的方法而设定的用来担保特定债权的抵押权；②观点三认为，财团抵押权是指企业将其所有的动产、不动产以及各种权利作为抵押物，向金融机构申请贷款的制度。

笔者认为，上述三种对财团抵押的界定均存在一定的缺陷和问题。观点一仅仅关注到了财团抵押的"特定性"和"集合性"两大特征，对财团抵押的主体范围未作任何的限定，认为设定财团抵押，一切民事主体均可为之。无论抵押人为自然人、企业法人、个体工商户或合伙，在所不问。但是从财团抵押的起源和历史变迁来看，恰恰是对财团抵押权设定主体的限定，构成了其能和一般抵押权制度区分开的主要原因之一。并非所有民商事主体均可设定财团抵押权，能够设定财团抵押权的仅为法律规定的特定种类的企业，故财团抵押权亦被称为"企业财团抵押权"。第二种观点对财团抵押权的功能理解存在偏颇。财团抵押权作为抵押权的一种，保障债权的实现应是其固有之义。但是财团抵押最主要目的并非仅为保障债权的顺利实现。财团抵押作为商事担保的主要方式之一，其目的已经从传统的担保债权的实现转换为促进企业资金的融通。③第三种观点看到了财团抵押的融资性特征，但又将财团抵押的融资对象狭隘地限定在金融机构上。这和现代发达的企业信用机制不相吻合，企业融资或借贷的方式多种多样，除可通过银行等金融机构获得间接性融资之外，更多的上市公司还可以通过发行股票或债券，直接到资本市场上筹措企业发展所需的大规模资金；再者，一般抵押制度中抵押人也可向金融机构融资，向金融机构融资非财团抵押人所独有的特征。

对财团抵押概念的科学界定，应当包括以下三方面：（1）主体：财团抵押主体适用范围特定。（2）客体：财团抵押标的构成上的特殊性。（3）目的：以

---

① 参见王利明：《中国民法典草案建议稿及其说明》，中国法制出版社 2004 年版，第 143 页。

② 参见陈本寒：《财团抵押、浮动抵押与我国企业担保制度的完善》，载《现代法学》1998 年第 4 期。

③ 参见［日］近江幸治：《担保物权法》，祝娅、王卫军、房兆融译，法律出版社 2000 年版，第 214 页。

促进企业融资而非担保债权实现为主要目的。依此三项标准，所谓财团抵押权，是指企业以可以特定化的不动产、动产、权利等组成的有机结合体为标的，为企业融资担保目的而设定的抵押权。从这一定义中可以看出，财团抵押具有如下四方面的特征：（1）设定主体范围仅限于企业。考财团抵押发展史，无论是其滥觞地德国，还是发展较为充分的日本，均规定可以设定财团抵押的主体仅为企业，这在国内外学者的著述中也得到了印证。史尚宽先生认为："财团抵押的标的，谓供企业经商之用。"①日本学者近江幸治也认为，《日本民法典》之特别法中的《工厂抵押法》《铁道抵押法》《矿业抵押法》等在设定主体上均为企业。②（2）权利客体具有特定性和整体性。特定性是财团抵押最基本的特征，整体性是特定性的要求和延伸。按照大陆法系物权法的基本原理，作为权利主体指向对象的物必须是"特定的"。③企业无论是以不动产财团还是以其拥有的生产设备、厂房等动产和不动产构成财团，其必须满足物权之客体特定之特征。只有将这些动产和不动产详细地列入企业制作的财团目录之中，组成"物财团"，在观念上形成一个可以交易转让的"整体物"的时候，才可以设定财团抵押。④（3）设定程序上必须制作财团目录。由于财团抵押标的是由动产、不动产等组合在一起的"有机整体"，如果按照一般抵押权登记方法，对财团之中的各个企业财产分别逐一登记，程序何等繁琐！为便于财团抵押的公示，减少第三人与之交易的信息查询成本，为此，各国均规定设定财团抵押必须进行财团目录登记（日本称为财团所有权保存登记），待在财团目录登记完成后的一定期间内才能进行财团抵押权登记（日本规定为六个月）。财团目录的制作和登记过程，是财团抵押在设定程序上区别于一般抵押权所独有的特征。（4）以满足企业投融资需求为主要目的。晚近以来，抵押权所担保的主债权的种类从传统意义的民事债权向金融债权转变。财团抵押权的出现主要是为了满足企业日益迫

---

① 参见史尚宽：《物权法论》，中国政法大学出版社 2000 年版，第 333 页。

② 参见［日］近江幸治：《担保物权法》，祝娅、王卫军、房兆融译，法律出版社 2000 年版，第 214 页。

③ 参见孙宪忠：《德国当代物权法》，法律出版社 1997 年版，第 23 页。

④ 有观点认为，财团抵押突破了传统物权法"一物一权"原则的限制，属于"多物一权"的现象。对此，笔者不敢苟同。从域内外均要求企业设定财团抵押必须制作财团目录的要求来看，其恰恰是为了维护物权"一物一权"原则。对"一物一权"原则的理解不能过于机械化，只要能纳入财团目录并能够特定化的财团，在观念上都可以视为"一物"。

切的投融资需求，促进市场资金的流通。

基于以上认识，《民法典》第 395 条第 2 款（原《物权法》第 180 条第 1 款）规定的"一并抵押"究竟该如何理解才符合该条的规范特征和意义脉络？学界对此存在三种不同的解释路径：以江平和崔建远为代表的学者认为，我国《物权法》第 180 条第 2 款规定的是财团抵押。从文义解释来看，本条规定"一并抵押"其立法本意在于避免共同抵押中设定多个抵押权而遭遇设立手续的麻烦，进而为融资提供便利。如果将"一并抵押"理解为"共同抵押"，则有违立法之本意。①与之相反，王利明教授认为，《物权法》第 180 条第 2 款规定的是共同抵押而非财团抵押。共同抵押的特点即在于抵押权标的为数项财产而非一项财产。从《物权法》之规定来看，无论是动产、不动产还是权利之上，均可以设定抵押权。②还有学者持折中的"混合说"立场，③认为该条规定的"一并抵押"用语含糊概括，既可以理解为财团抵押，亦可以理解为共同抵押。④

笔者同意"共同抵押"说。首先，从上文中对财团抵押的意义及其特征的分析可知，财团抵押是以企业可以特定化的财产有机组合在一起以融资为目的而设定的抵押权。从《民法典》第 395 条第 2 款之规范内容观之，该条第 1 款规定可以设定抵押权的财产包括：（1）建筑物及其他土地附着物；（2）建设用地使用权；（3）海域使用权；（4）生产设备、原材料、半成品、成品；（5）正在建造的建筑物、船舶、航空器；（6）交通运输工具；（7）法律、行政法规未禁止抵押的其他财产，第 2 款允许可以将前款所列财产一并抵押。依文义解释，此处的"一并抵押"既可以解释为将前款所列的财产合并在一起设定单一抵押权，也可以将上述所列财产分别设定抵押权，前者属于财团抵押，后者属于共同抵押。当文义解释存在疑义时，应选择能实现一致性的解释方法，可借助于

---

① 参见江平、李永军：《物权法》，法律出版社 2009 年版，第 334 页。

② 参见王利明：《物权法研究（修订版）》（下卷），中国人民大学出版社 2007 年版，第 492 页。

③ 持该种见解的学者依据的规范文本是《担保法》第 34 条第 2 款（当时《物权法》尚未实施），由于《担保法》第 34 条在规范内容上和《物权法》第 180 条一致，两者均有两款，第 1 款规定抵押财产的范围，第 2 款规定可以将上述财产一并抵押。因此笔者认为，对《担保法》第 34 条规范意义的理解可以移用至《物权法》第 180 条。至于该学者之后的观点是否有改变或修正，在相关的著述、论文中，笔者尚未查阅到（参见程啸：《中国担保法的理论与实践》，法律出版社 2002 年版，第 438 页）。

④ 参见程啸：《中国担保法的理论与实践》，法律出版社 2002 年版，第 438 页。

法律的外部体系及基础概念体系，以求得规范在事理上的相关性。①依循前文对财团抵押的意义及其特征的论述，如果该条规定的是财团抵押，那么在《民法典》的规范体系构架上，必然会考虑与财团抵押相配套的制度设计。例如，可以将企业财产特定化的财团目录的制定要求，财团抵押权公示的程序，这些都是财团抵押设定过程中不可或缺的环节。然而，翻诸《民法典》整个规范体系，却找不到相关的条文设计。在与《民法典》密切相关的原《物权法》《担保法》及其司法解释、《土地登记办法》《房屋登记办法》等相关规定中，亦同样未具明文。因此，如果僵硬地承认《民法典》第 395 条第 2 款规定的是财团抵押，则无疑会使该条成为无任何意义的"僵尸型"法条。②其次，从第 395 条第 1 款所列的可以抵押的财产内容上看，包括了生产设备、原材料、半成品、成品、正在建造的建筑物、船舶和航空器，这些财产均处于在建或者流动状态，不大可能随时特定化，这有违财团抵押的基本特征。最后，进一步分析，《民法典》第 396 条已经规定了特别动产浮动抵押，将第 395 条第 2 款解释为财团抵押，在法律逻辑上两者间便存在不可调和的矛盾和重复。③

鉴于此，可以确定《民法典》第 395 条第 2 款和原《物权法》第 180 条第 2 款规定的是共同抵押而非财团抵押。将该条的规范意义理解为财团抵押的观点，是偏离立法目的的不恰当解释。

二、未来我国企业财团抵押权制度之体系构建

由上可见，《民法典》、原《物权法》《担保法》及其相关法律之中未规定财

---

① 参见［德］卡尔·拉伦茨：《法学方法论》，商务印书馆 2005 年版，第 220 页。

② 参见葛云松：《过渡时代的民法问题研究》，北京大学出版社 2008 年版，第 269 页。

③ 司法实务中也对财团抵押持否定态度。早在 1994 年 3 月最高人民法院在给山东省高级人民法院的相关批复中明确指出："债务人有多个债权人的情况下，债务人将其全部资产抵押给其中一个债权人，因而使债务人丧失了履行其他债务的能力，侵害了其他债权人的利益，根据《中华人民共和国民法通则》第 4、5 条的规定，应当认定为无效。"后来在原《最高人民法院关于适用〈中华人民共和国担保法〉若干问题的解释》中规定得更为详细，第 69 条规定："债务人有多个普通债权人的，在清偿债务时，债务人同其中一个债权人恶意串通，将其全部或部分财产抵押给债权人，因此丧失了履行其他债务的能力，损害了其他债权人的合法权益，受损害的其他债权人可以请求人民法院撤销该抵押行为。"

团抵押权制度。笔者认为，未来我国《民法典》修订及相关司法解释有必要明确财团抵押权制度。那么该如何安排财团抵押的具体制度设计？又如何实现财团抵押同《民法典》中其他制度和部门法的融洽和协调呢？下文对这些问题详加分析和阐述。

（一）构建财团抵押权制度的理论及实践价值

1. 扩张物权客体的范围，符合民法制度体系化要求。一方面，财团抵押扩大了物权客体的范围。通过制作财团目录，将企业的土地、土地上的定着物、机器设备、电线电缆、债权、知识产权等各种动产、不动产及权利打包成一个不动产财团，以便于财团抵押权的登记和公示。财团抵押中的"财团"在观念上可以视为"一物"，抵押权人可以借助于财团目录实现对企业的支配和控制，突破了传统物权客体必须为有体物的观念束缚，扩张了物权客体的范围；另一方面，规定财团抵押制度可以进一步丰富抵押权的类型，符合民法制度"体系化"之要求。民法"体系化"的要求前提即在于，针对社会生活实践中的物权类型必须能够及时、充分地反映在立法规定当中来。我国《物权法》长期严守"物权法定主义"要求，物权的类型和程序设定均由法律直接规定。然而，近年来，"物权法定主义缓和化"已成为一大基本趋势。[1]新类型的物权不断出现，面对这些实际生活中的新物权，立法者是通过立法技术安排反映在《民法典》当中，还是视而不见，将考验立法者的智慧。相较国外立法实践，财团抵押在我国还属于一种"新"物权类型，[2]需要立法及时予以确认，以符合民法制度"体系化"的要求。

2. 拓宽企业融资的渠道，推动抵押权功能转型。资金的融通是企业生存和发展的关键要素之一。依照企业融资途径的不同，企业融资可分为直接融资和间接融资两种方式，无论何者，均需借助于优良的融资工具。以资金借贷等间

---

[1] 参见苏永钦：《寻找新民法》，北京大学出版社 2012 年版，第 103 页；龙卫球：《物权法定原则之辩：一种兼顾财产正义的自由论视角》，载《比较法研究》2010 年第 6 期；常鹏翱：《体系化视角中的物权法定》，载《法学研究》2006 年第 5 期。

[2] 需要指出的是，笔者在此所言的"新"，并非仅指实践中刚刚产生的新类型物权，还系指财团抵押作为一种实践中较为常见的企业融资抵押方式，在我国民商事立法过程中却被长期忽视这一客观事实。

接融资方式目前在我国企业融资过程中仍占据主导地位。[1]银行在发放贷款时，一般均要求债务人（企业）提供相应的人或物的担保。财团抵押立足于企业自身财产的特点，通过对企业自身财产的价值评估和利用，以满足企业融资渠道和类型的多元化需求。并且，财团抵押的主要制度功能是为了促进企业投融资的需求，这和以保障债权顺利实现的传统担保物权制度功能迥异。在我国未来民法典中规定财团抵押制度，将有助于从理论层面进一步丰富抵押权制度的功能结构，推动其转型。

3. 降低登记费用和监督成本，有助于发挥物的效能。前已述及，财团抵押登记首先必须制作财团目录，然后再将财团目录中被"特定化"的"物"（企业财团）进行一次抵押登记，以避免将动产、不动产、权利和其他有形或无形财产权等不同标的分别到不同的登记机关办理登记手续时的不便和繁琐，减少了部分登记费用支出；[2]同时，债权人在财团抵押权设定之后，标的物遵循物之"特定性原则"，这使得担保权人可以随时准确地预测担保物的价值和范围，无需时刻关注财产变动状况，这减少了债权人搜寻企业财务及相关信用信息的费用支出，也间接降低了履约的监督成本。[3]通过制定财团目录这一法定程序要求，使得企业动产、不动产和权利等财产得以整体化和特定化，有利于发挥

---

①　2013年，我国各类金融机构贷款占社会融资规模的比例高达74%，同期的企业债券和股票融资只占16%，直接融资和间接融资的比例失衡问题十分明显。并且，有些看似直接融资的活动，如企业发行中期票据、短期融券，在统计数据时汇入直接融资之中，但其中大约50%以上又是商业银行投资和持有。参见凤凰财经网：financeifeng.com/a/20141022/13205439_0.shtml，2021年1月4日访问。

②　值得指出的是，2014年11月24日，国务院总理李克强签署国务院令（656号），颁布了《不动产登记暂行条例》（2015年3月1日正式实施）。条例界定了不动产登记的范围，明确了不动产登记机构的法律地位，规范了不动产登记的程序，搭建了不动产登记信息共享与保护的平台，《不动产登记暂行条例》的出台标志着不动产登记工作将进入全面确定产权、有效保护权利、保障交易安全和效率的新阶段。

③　事实上，犹如一枚硬币的两面，财团抵押在为抵押权人带来诸多便益之时，于抵押人（企业）亦存在不利之处。由于财团抵押是从静态角度把握财团的构成，因此，抵押权设定完成后一般不允许"财团"财产的流出，在理论上难以圆通，实践上也几无可行。只要企业存在经营活动，其资产（财产）就一直处在动态的变化过程中，因此，设定财团抵押势必会影响企业的正常经营；另外，如果企业（尤其是规模较大的企业）由于规模的扩大（缩小）需要更新财团目录，其目录制成、变更和登记将相当繁杂，亦需损耗大量的人力和物力资本支出。但是，笔者认为，作为企业的融资手段之一，是否设定财团抵押，完全是法律关系当事人协商选择的结果。财团抵押的制度功能并不会因此而减损。

"物"（企业财团）的效能。

4.促进民营及中小企业的发展，便于吸引外资。长期以来，民营和中小企业融资难问题一直是制约其发展的最主要原因。[1]一方面，民营企业和中小企业在资产结构、经营风险、信息披露等方面存在先天的弱点和缺陷；另一方面，银行等金融机构一般从交易成本、融资成本、信贷风险等多方面综合考量是否放贷给企业。多重因素的叠加使得民营企业和中小企业的发展常常因融资难而举步维艰。如何寻求破解之道？毋庸置疑，完善相关商事担保制度应当是国家从立法层面应对这一问题的重要举措。[2]未来《民法典》中将财团抵押作为一种融资型的担保方式规定进去，将丰富民营企业和中小企业的融资渠道，以利于民营及中小企业的发展。

另外，结合日本财团抵押引进及发展的历史实践来看，日本当时规定财团抵押的主要目的是为了吸引英美等资本主义国家对其投资。虽然时过境迁，中日两国在投资环境和依赖方向上存在差异。但是，考虑到市场经济发展过程中同质性因素，引进外资仍然是促进我国经济发展的重要方式之一。我们要吸引外资就需要建立一套和国际接轨的融资担保方式，财团抵押作为一种发展了百余年的融资性担保方式无疑是上佳的选择。

（二）构建财团抵押权制度的内容设计

1.立法模式的选择

从域外立法经验来看，财团抵押的立法模式主要有两种：一般法模式和单行法模式。一般法模式，即在《民法典》担保物权部分规定财团抵押权制度，德国、法国、意大利等国即为典型示例；单行法模式，即将财团抵押权制度先

---

[1]　有关民营企业及中小企业融资难的相关资料、文献汗牛充栋，国家出台了大量的法律法规、政策性文件。但是，受制于民营企业和中小企业自身的经营特点等多重因素，目前仍然未能找到有效的破解之道（参见李大武：《中小企业融资难的原因剖析及对策选择》，载《金融研究》2001年第10期）。

[2]　破解民营及中小企业融资难有多重途径，包括建立有利于中小企业融资的信贷机制、加强立法（美、德等发达国家为此专门制定了《民营企业法》）、健全民营及中小企业公司内部治理结构、发展中小金融机构等。当前，有关P2P网络借贷平台、股权众筹等新型融资模式的出现为民营及中小企业融资提供了新的模式，但由于相关的监管机制尚不完善，这些新型融资模式在合法性、风险监管等方面正遭受强烈的批评和质疑。

仅仅限定在一些特定的行业内（如铁道、矿业、运河），然后根据实际需要逐步扩大到其他行业，类似于"先行试点、再全面推广"的立法模式。日本是这种立法模式的典型代表。

有学者提出，财团抵押只适合于大企业，其优缺点均十分明显。而《民法典》的适用具有一般性和普适性，因此，不宜在一般法中规定财团抵押权制度，而应效仿日本特别法模式。[1]笔者认为，这种观点值得商榷：（1）该学者提出，财团抵押只适合于"大企业"。确如所言，如果仅对日本财团抵押的引进、发展做一番考察，日本规定财团抵押的设定主体均为大型工厂、矿业、铁道等企业财团。但是，允许这些大型企业设定财团抵押，主要是日本当时为引进外资且必须提供担保的情况之下的权宜之计，其中的政策性因素不容忽视。[2]他国史虽可镜鉴，但是完全照搬则需要慎思。我国规定财团抵押并非仅仅只为引进外资，如前文所述，如何促进民营及中小企业融资，是我国当前经济发展中的重要难题之一。我国担保物权的制度设计，首先应当关照民营及中小企业融资对工具的现实选择和多元化需求。（2）从时间上考察，日本未在一般法中规定财团抵押权制度，是因为《日本民法典》施行时，财团抵押权制度在日本的民商事生活实践中还未广泛盛行，并非财团抵押与生俱来的缺陷阻碍了其入法的机会和可能。（3）其实，早在 2002 年，由梁慧星教授主编的《中国物权法草案建议稿——条文、说明理由和参考立法例》（以下简称"梁稿"）和王利明教授主编的《中国物权法草案建议稿及说明》（以下简称"王稿"）均规定了财团抵押权制度（"梁稿"第七章第三节，"王稿"第四章第一节）。[3]两个建议稿均详细规定了财团抵押的含义、客体、财团目录的制作和登记程序等内容。[4]这两个学者建议稿为我国未来财团抵押权制度的立法模式提供了可资参照的标准。

由此观之，我国将来《民法典》修订应当对财团抵押作出一般的制度性规定，然后根据未来民商事实践发展之需要，针对各行各业的现实要求制定财团

---

①　参见徐洁：《抵押权论》，法律出版社 2003 年版，第 26 页。

②　参见霍艳丽：《财团抵押立法研究》，吉林大学 2005 年硕士学位论文，第 46 页。

③　参见梁慧星：《中国民法典草案建议稿附理由·物权编》，法律出版社 2013 年版，第 580—584 页。

④　虽然在称谓上，"梁稿"采"企业财产集合抵押"，"王稿"以"集合抵押"代之，但是在具体制度的架构上均和财团抵押基本相同。

抵押的特别法，以实现一般性规定和特别法之间的协调、统一。

2. 基本制度的安排

我国财团抵押权的制度设计应当从立法简约和体系容量两方面考虑，合理设置财团抵押权制度条文。参酌日本财团抵押权立法及梁慧星、王利明教授建议稿的相关规定，①我国财团抵押权的制度设计应重点包括如下内容：

（1）财团抵押权名称

前文"梁稿"和"王稿"中，"梁稿"用"企业财产集合抵押"命名（第337条），②"王稿"用"集合抵押"代之（第442条）。③无论是"企业财产集合抵押"还是"集合抵押"均扩大了财团抵押的范围。首先，"梁稿"中设定抵押权的"企业"范围过于宽泛，似乎无论公司、合伙、个人独资企业等均可以设定财团抵押；"王稿"中未限定财团抵押的主体范围，当然解释就是个人、合伙、个体工商户、法人等民事主体均可设定财团抵押权。其次，"梁稿"和"王稿"均使用了"集合抵押"这一称谓，可是"集合抵押"一般是指将动产、不动产和权利等置于一起设定一个抵押权，各个财产之间仍然是相互独立的，而"财团抵押"之"财团"是由众多财产构成的"结合体"，这个"结合体"有其特殊、独立的价值，往往高于其全部财产各单独价值的总和；④最后，财团目录的制作十分繁琐且需要支付高昂的费用成本，在财产目录登记之前还要经过财产所有权异议公告期，这两点限制了财团抵押的主体适用范围。⑤对财团抵押主体范围的限定是财团抵押区别于一般抵押权的基本特征之一。考虑到上述理由，我国未来应当采用"财团抵押"这一称谓，并且明确限定财团抵押的适用范围是具有法人资格的企业，其他个人、合伙企业等不得采用。

此外，从域外立法例来看，破产企业在丧失支付能力至正式宣告破产的一

---

① 考虑到日本财团抵押权立法主要是通过行业特别法逐步制定出来的，而财团抵押在我国《民法典》将会以一般法的形式出现，立法模式上的差异决定了两者在制度设计上会有所区别，因此能在多大程度上借鉴、吸收日本财团抵押权立法的经验，需要仔细斟酌。

② 参见梁慧星：《中国民法典草案建议稿附理由·物权编》，法律出版社2013年版，第580页。

③ 参见王利明：《中国民法典草案建议稿及其说明》，中国法制出版社2004年版，第143页。

④ 参见钱明星：《物权法原理》，北京大学出版社1994年版，第356—357页。

⑤ 参见徐洁：《抵押权论》，法律出版社2003年版，第26页。

定阶段内，不能就自己的财产设定抵押担保；①资不抵债的企业也不得设定财团抵押，以上两点限制在财团抵押权制度设计时亦有必要明确。

（2）财团的类型

财团的类型主要有两种划分标准：第一，主体标准。按照企业性质的不同可以分为交通事业财团和非交通事业财团。在日本，属于前者的主要有道路交通事业财团、轨道财团、铁道财团、运河财团；后者主要包括渔业财团、矿业财团、工厂财团和旅游设施财团。②交通事业财团为维护其公共性特征，以阻止企业设施的分解，故常常强制性要求将企业的全体设施视为"一物"以作为抵押权客体；非交通事业财团主要是以企业的不动产设备为中心构成的，不强制性要求"财团"必须包含企业的全部设施。第二，客体标准。依照财团组成部分的不同还可分为"不动产财团"和"物财团"两种。前者是以不动产为中心，将机械、器具等动产和不动产做成一体化财团。不动产的组成采任意选择主义，以当事人在财团目录中记载的物构成财团，如道路交通事业抵押法（1952 年）、矿业抵押法（1925 年）、渔业抵押法（1925 年）、观光措施财团抵押法（1968年）。③后者系指将企业的全体设施视为"一物"，作为财团抵押权的标的，采当然归属主义。此种财团抵押的中心是铁道抵押法的铁道财团抵押，如铁道财团抵押（1909 年）、运河财团抵押（1913 年）。④

从法律制度的公共产品属性角度考量，立法设计首先需要为法律关系主体提供多样化的"产品"供其选择。⑤从便利抵押权人设定的角度而言，有必要对上述两者财团类型明确规定。在财团类型的立法选择上，主体标准按照设定财团抵押的不同行业作出区分，这契合日本财团抵押特别立法的现实选择。我国财团抵押立法采取"一般法"模式，故不宜按照主体标准来设计财团的类型，

---

① 参见钱明星：《物权法原理》，北京大学出版社 1994 年版，第 357 页。

② 值得提及的是，我国旧民法还创设性地规定了自动车交通事业财团（参见史尚宽：《物权法论》，中国政法大学出版社 2000 年版，第 271 页）。

③ 参见［日］近江幸治：《担保物权法》，祝娅、王卫军、房兆融译，法律出版社 2000 年版，第 214—215 页。

④ 参见［日］近江幸治：《担保物权法》，祝娅、王卫军、房兆融译，法律出版社 2000 年版，第 215 页。

⑤ 参见［美］弗兰克·伊斯特布鲁克、丹尼尔·费希尔：《公司法的经济结构》，罗培新、张建伟译，北京大学出版社 2014 年版，第 14 页。

应采"不动产财团"和"物财团"的客体区分模式。理由如下：第一，我国《民法典》、原《物权法》《担保法》立法均采取不动产、动产区分的立法思路，动产、不动产、物作为物权法的基本概念范畴，无论在学理上、立法上还是司法实务中均早已被接受，采纳"不动产财团"和"物财团"二元区分法，在概念逻辑的贯彻上具有一致性和彻底性；第二，财团抵押权的客体是其区别于一般抵押权的核心特征，以客体区分财团抵押的类型，能够对不同类型财团抵押的边界作出较为清晰的区分；第三，日本财团抵押的立法过程是按照不同行业的需要逐步、分别立法的，可以说，主体区分标准和日本财团抵押特别立法模式是相对应的，而我国是采一般法模式。因此，按照"不动产财团"和"物财团"的客体区分符合《民法典》一般法的地位和财团抵押权条文设计的基本要求。

（3）财团的构成

构成财团的财产首先需要满足下列要件：第一，在设定财团抵押时，抵押人必须对财团所属的财产具有处分权；第二，财团所属财产必须是法律允许抵押的财产；第三，不转移原所有权人对所属财产的控制和占有；第三，具备特定性并且能够通过一定的方法公示。

在前述两个建议稿中，"梁稿"第575条以列举＋排除适用方式规定了财团抵押权标的的范围。第575条第1款规定企业可以设定集合抵押的财产包括房屋及其定着物、基地使用权和农地使用权、房屋等建筑物所取得的典权、机器、交通运输工具和其他动产、专利、商标和其他知识产权，第2款以排除的方式规定法律禁止抵押的财产不得作为集合抵押财产。"王稿"第1030条采概括＋排除适用的方式，规定可以设定集合抵押的财产包括设定抵押时抵押人有权处分的全部财产，包括动产、不动产、用益物权和知识产权，法律禁止抵押的财产不得作为集合抵押的财产。两者在抵押财产的范围表述方式上虽略有不同，"梁稿"采列举式，"王稿"采概括式，但基本意义并无轩轾。相比较而言，"梁稿"的列举式具有清晰、直观的优点，但还不够全面。在抵押财产的排除规则上，两者完全一致。

结合两建议稿之规定，同时参照《民法典》第395条第1款以及域外立法例（主要指日本），笔者认为，企业设定财团抵押的财产范围可从正反两方面进行界定。可以设定财团抵押财产包括：第一，企业有权处分的建筑物和其他土地附着物；第二，企业有权处分的机器、交通运输工具及其他动产或准不动产；第三，企业享有的建设用地使用权、海域使用权、矿业权、地役权、水库使用权、租赁权、专利权、注册商标专有权及其他知识产权。禁止设定财团抵押的财产包括：第一，带有浮动性不能特定化的财产（如半成品、原材料）；第二，营业性债权（如应收账款）；第三，商业秘密权；第四，抵押权设定之后流入企业的财产（这部分财产要设定财团抵押权，原则上需要变更财团目录）；第五，已经被纳入其他财团目录的财产；第六，所有权已转移的财产；第七，依法已经被查封、扣押、冻结的财产；第八，依法禁止抵押的其他财产。可纳入财团财产的范围，原则宜采取"法无禁止皆可为"的思路，只要不违反法律的强制性规定皆可纳入财团之中。我国公司出资制度目前不允许无形财产出资，财团抵押是否应当将其排除在外？企业无形财产权并非仅仅以出资方式形成，企业后续运营也可能会拥有大量的无形财产权（如商誉、商标、工业产权、非专利技术等），只要符合条件也应当允许纳入财团抵押财产的范围。但是以企业无形财产权抵押时，应当注意保护措施的运用。譬如以科学的手段加强对无形财产权的评估等，在抵押协议中明确抵押权在一定期限内负有保密义务。如果属于联合开发的技术，则应当注意保护第三方的合法权益。

（4）财团抵押权的设定

财团抵押权的设定包括三个步骤：第一，制作财团目录。财团目录的制作应采取抵押人（第三人）与抵押权人之间协商一致原则，共同确定拟设定财团抵押权的财产范围，由抵押人聘请独立的第三方资产评估机构评估财团目录财产的总价值，并出具书面证明。经抵押权人同意之后，由抵押人将财团目录报送登记机关备案登记。第二，签订抵押合同。企业将财团抵押财产制作成财团目录，经抵押权人同意后，由抵押权人和抵押人签订抵押权合同。抵押权合同在性质上属于物权合同而非债权合同。依法理，债权合同仅仅产生请求权的法律后果，而物权合同才能完成物权所有权的转移或他物权的设定。[①]抵押合同签订后产生了一项新的物权——财团抵押权。在合同形式上，财团抵押权的标的一般价值巨大，涉及的法律关系也比较复杂，因此，域外各国一般均明确要求财团抵押合同应采用书面形式。如日本《工厂财团抵押法》第 22 条和《不动产

---

① 参见王泽鉴：《民法学说与判例研究》（五），中国政法大学出版社 2005 年版，第 45 页。

登记法》第35条规定，申请人申请财团抵押权登记必须提交能证明财团抵押的公示登记原因的书面财团抵押合同，合同书是最正规的合同形式。如果当事人未采用书面形式，则可能导致抵押合同无效。第三，登记财团目录。日本财团抵押权的设定登记首先要进行财团所有权保存登记（财团设定）。换言之，设定财团抵押权必须经过财团"所有权保存登记"和"抵押权设定登记"两个步骤，并且财团抵押权登记应当在财团所有权保存登记后的六个月内进行，否则财团抵押权设定无效。日本《工厂财团抵押法》第3条第1款、第9条及第22条第1款规定，设定抵押包括以下步骤：工厂财团所有权保存登记：首先由抵押人向主管机关提出书面所有权保存登记申请，登记机关受理、审查之后，进行公告（一般为一周）、权利申报（三个月）之后，财团所有权保存登记即产生物权公示、公信的法律效力，登记记载于登记簿上的抵押权人即推定为真正的权利人。[①]

对财团抵押首先进行财团所有权保存登记的目的有二：第一，通过财团所有权登记赋予该登记以公信力，保障抵押权人对财团设立的合法性及财团财产免遭追夺的风险；第二，承上文所述，将各类财产通过财团目录集合"打包"一次性登记，可以简化登记程序和登记成本。[②]笔者认为，我国财团抵押权设立登记，可参酌上述规定，但切不可盲目照搬。由于日本和我国在经济体制上存在巨大差异，日本属于私有制国家，企业对其财产享有完全意义上的所有权，故可命名为"所有权保存登记"，而我国是以公有制为主体、多种所有制共同发展的国家，抵押人所拥有的可抵押财产，可能并不拥有所有权（如抵押人有权处分的国有土地使用权）。因此，我国不宜使用"财团所有权保存登记"这一称谓，考虑到财团目录的制定是为将"财团"作为一个不动产来处理，以便于抵押权的设定，可以"财团设立登记"代之作为财团抵押权登记的前置程序。

（5）财团抵押权登记

财团抵押权登记是财团抵押权设定最关键的环节。财团合同的签订仅表明财团抵押权的成立，财团抵押权的生效、变更和消灭端赖于登记程序。考虑到

---

① 另外，根据物权法基本法理，如果事后发现登记记载的物权不存在或者存在瑕疵，对于信赖该物权存在而与之进行交易的第三人，法律仍然承认其和真实物权相同的效果。

② 参见［日］我妻荣：《新订担保物权法》，申政武、封涛、郑芙蓉译，中国法制出版社2008年版，第512页。

这一问题极为重要，故在此有详述必要。第一，登记类型。财团抵押权登记包括设立登记、变更登记、涂销登记三种类型。设立登记：指财团抵押权人和抵押人依据抵押合同的约定在法定的期间内，向登记机关提出设立财团抵押权的申请。财团抵押权的设立登记一般在财团设定登记之后六个月内进行，申请时应当提供申请书、财团目录、主债权合同、抵押权合同等书面材料。如需企业机关（如股东会或董事会）的决议方可，还需提交经主管机关决议通过的相关证明材料。变更登记：指在抵押权存续期间登记机关依据法定事由对抵押登记事项的变更。导致变更登记的原因在于，财团抵押存续期间企业经营活动正常进行，企业资产的变动（如企业的兼并、收购和重组等）属于常态现象。因此，强制性要求企业财团在设定之后就一直处于静止不变，近乎是一项无法实现的苛刻要求。当企业的经营性活动影响到企业财产变动时，应当及时办理抵押权变更手续。通常而言，导致变更登记的法定情形主要有四种：一是财团所属物的增加；二是财团所属物的分离；三是财团所有权的整体转让；四是被担保主债权的变更。注销登记：指登记机关依据法定事由对财团抵押登记簿上记载的事项予以涂销、使财团抵押权消灭的行为。注销登记的法定情形包括：主债权的消灭，财团的灭失，财团抵押权的实现，财团抵押合同的解除或终止。财团抵押权被注销登记之后，财团所有权人可以向登记机关申请消灭财团的登记。[1]第二，登记方式。传统不动产登记主要以纸质登记为主，随着信息网络技术的迅猛发展，不动产登记信息化和智能化已是大势所趋。我国《不动产登记暂行条例》第9条第1款虽然规定不动产登记簿应当采取电子介质的形式，第23条规定不动产登记主管部门应当建立统一的不动产登记信息管理平台，但是，仅仅要求登记簿电子化和统一信息平台远远还不能满足不动产登记实践的要求。这两项措施的目的也仅为提高管理效率而非登记效率，要使交易第三人准确、方便地知晓财团抵押权的登记信息和登记内容，还应当建立全国统一的电子登记系统，实行登记过程的电子化和自主化，[2]提高财团抵押权登记的效率、减少登记错误。第三，登记机关。"梁稿"第539条第1款规定，财团抵押权登记机关为不动产登记机关，结合第242条可知，此处的不动产登记机关为不动产所

---

① 参见《日本民法典》，王书江译，中国法制出版社2000年版，第345页。

② 参见张保红：《论不动产登记的电子化和自主化》，载《中国土地科学》2015年第10期。

在地的县级人民法院。如果将财团抵押等同于不动产抵押，将不动产所在地法院作为登记机关是合适的，域外德国、瑞士等国规定亦是如此。但是，财团抵押权作为商事担保物权，应当遵循商事登记的基本逻辑。未来将我国财团抵押权登记地点确立为企业主要办事机构所在地的行政管理机关更为合适，理由有三：一是财团抵押的设定主体为企业，工商行政管理机关作为国家经济活动的综合管理部门，为企业提供抵押权登记是其义不容辞的义务和责任；二是长期以来，我国都是由工商行政管理机关负责商事登记，行政管理机关具有较为丰富的经验和人力资源优势，由其负责登记具有较高的公信力和权威性；三是工商行政管理机关登记符合我国的立法传统，相应的制度成本较低，操作方式简便易行。

第四，登记效力。财团抵押权登记后产生三种效力：一是决定财团财产变动的效力。财团抵押权一般采用登记要件主义模式，即便是奉行登记对抗主义的日本，《工厂财团抵押法》第 9 条亦明确规定，工厂财团抵押权的设定，以在工厂财团登记簿内为所有权保存登记为止；第 10 条规定，工厂所有权的保存登记，在登记的六个月内未进行财团抵押权登记，便失其效力。日本一般抵押权登记虽采取对抗主义模式，但对财团抵押登记却采取要件主义。概因一方面财团抵押权的客体财团一般价值巨大，对抵押人和其他债权人影响较大；另一方面，日本设定财团抵押权的企业多为与社会公共利益相关的大企业，如铁路公司、道路交通运输公司等。如果这些企业因无法偿还到期债权而进入抵押权拍卖程序，会使大量员工失业并可能对经济发展及社会稳定造成极大影响。二是权利正确性推定的效力。所谓权利正确性推定，即将纳入公示的物权作为正确权利的假定。①其作用和意义在于，当法律物权和事实物权发生冲突时，在法律解释和司法上确定法律保护的基点，法律应当首先将什么权利作为正确的权利予以保护。财团抵押权登记完成后，对于纳入不动产登记簿的财团抵押物权应该优先保护，以不动产登记簿确立的权利外观推定抵押权人享有财团抵押权。当然，这种推定不是终局和绝对的，仅仅是一种事实上的"推定"。当登记错误事实发生时，应允许权利人根据《物权法》第 19 条第 1 款的规定申请更正错误登记，②财团抵

---

① 参见孙宪忠：《中国物权法总论》，法律出版社 2009 年版，第 285 页。
② 原《物权法》第 19 条第 1 款规定："权利人、利害关系人认为不动产登记簿记载的事项错误的，可以申请更正登记。不动产登记簿记载的权利人书面同意更正或者有证据证明登记确有错误的，登记机构应当予以更正。"

押权人不同意更正错误时，利害关系人还可以根据《物权法》第 19 条第 2 款提起异议登记。①三是善意保护的效力。财团抵押权登记最重要的功效还在于，通过登记这种公开的方式来确定善意的客观标准，建立第三人保护的法律制度。借助于登记程序可以使得外部第三人及时准确地了解抵押权人对抵押权的享有和抵押权信息变动的情况，为第三人与之交易提供公信力的法律基础。第三人正是依据登记簿上记载的财团目录信息来判定交易的风险，如果第三人愿意转让抵押权人的抵押权，则必须承担相应的法律后果。

（6）财团财产的保全

限制抵押人对财团财产的处分权，这是由财团抵押的特征所决定的。财团抵押权标的物的特定性和整体性，是财团抵押成立的基石，舍此则无所谓财团抵押。②日本《工厂财团抵押法》第 13 条第 2 款，第 49 条第 1 项规定，抵押人未经抵押权人同意，不得将财团转让或为所有权以外的权利、扣押、假扣押或假处分的标的。工厂所有人以转让和质押的目的将抵押标的的动产移交给第三人时，处 1 年以下有期徒刑或 10 万日元以下罚金；《铁道抵押法》第 4 条第 2 款也明确禁止个别单独处分属于财团范围之内的财产，以及为了第三人利益而强制执行属于财团范围的某项单独财产。上述两建议稿中，"梁稿"参照日本立法例规定了财团抵押人的处分权限制规则，相异处在于，按照日本《工厂财团抵押法》第 13 条第 2 款后半部分"但书"规定，抵押人处分财团财产如果经抵押权人的同意可"排除"适用本条规定，但是"梁稿"第 577 条却明令"禁止当事人单独让与属于集合抵押的某项财产"，这等于通过强制性规定排除了当事人意思自治的适用空间。从维护财团的整体性和特定性角度观之，本无可厚非，但是，从私法自治的角度考量，在此赋予抵押权主体处分抵押物的意思自治排除法律适用的优先效力，似乎更为可取。"王稿"注意到了该点，在第 1032 条第 1、2 款规定了抵押物处分限制规则后，紧承的第 3 款规定："抵押人经抵押权人同意将集合财产分离转让的，转让的财产不再为集合财产的组成部分。"我国

① 原《物权法》第 19 条第 2 款规定："不动产登记簿记载的权利人不同意更正的，利害关系人可以申请异议登记。登记机构予以异议登记的，申请人在异议登记之日起十五日内不起诉，异议登记失效。异议登记不当，造成权利人损害的，权利人可以向申请人请求损害赔偿。"

② 参见梁慧星：《中国民法典草案建议稿附理由·物权编》，法律出版社 2013 年版，第 584 页。

财团抵押权可以参照日本《工厂财团抵押法》规定，一方面明确限制抵押人处分抵押物，以维护财团的整体性和特定性要求；另一方面应赋予抵押权主体意思自治具有排除该条优先适用之地位。

此外，财团抵押的效力范围，财团抵押合同内容、效力，财团抵押权变更、实现和消灭等问题，可以参照抵押权的一般规则操作进行，并无单独立法的价值和必要，故不一一赘述。

三、财团抵押权同相关法律制度的衔接和配合

财团抵押权制度的功能实现还离不开需要同不动产登记法律制度、公司担保法律制度、破产法律制度的有序配合。这些制度的完备程度将直接影响到财团抵押权的实施效果，决定着财团抵押权制度能否从"纸面上的法"变成"现实中的法"。

（一）不动产登记制度

不动产登记制度是物权公示原则的基本要求，亦是为不动产物权交易提供具有国家公信力支持的、统一的、公开的法律基础。如果没有完备的不动产登记制度，财团抵押权的运行将会寸步难行。对此日本提供了充足的历史镜鉴。《日本民法典》以第176条、第177条规定的不动产物权变动模式为依托，后续逐步形成了《不动产登记法》《不动产登记法施行令》及相关法律法令所组成的不动产登记法律制度群，①这些法律制度有效地保障了日本财团抵押权制度的运行和实施，推动了日本企业资金的融通和经济发展。我国《民法典》第210条第2款规定："国家对不动产实施统一的登记制度"，《不动产登记暂行条例》第4条、第7条也进一步明确了该原则，《不动产登记暂行条例实施办法》亦明确要求实现不动产登记机构、登记依据、登记簿册、信息平台的四统一，力图改变不动产资源长期由不同部门登记的"九龙治水"的混乱局面，实现不动产登

---

① 还有诸如与《土地改良法》相关的《土地改良登记令》《土地改良登记实施细则》，与《土地区划整理法》相关的《土地区划整理登记令》《土地区划整理令实施细则》等相关联的法律和法令。

记的统一。未来我国不动产登记统一立法，应注意与财团抵押权制度条款的衔接，就财团的设定登记以及财团抵押权的登记机关、登记程序等问题作出细化规定，以保障财团抵押权之实施。

（二）企业信息公示制度

财团抵押权制度还应当注意和企业信息公示制度的衔接和配合。2013 年12 月底我国公司资本缴纳制度改革后，随着企业设立门槛的降低，公司管制正从事前预防转向事后规制。为此，商事登记制度改革也积极探索建立以"信息归集共享为基础、以信息公示为手段、以信用监管为核心"的新型事中、事后监管机制。2014 年 8 月颁布的《企业信息公示暂行条例》第 6 条第 1 款规定，工商行政管理部门应当通过企业信用信息公示系统，公示其履行职责中的信息。①第 10 条规定，企业应当自下列信息形成之日起 20 个工作日内通过企业信用信息公示系统，②其中公示的信息内容中均未包含财团抵押权信息。但是《企业信息公示暂行条例》第 6 条第 1 款第 5 项和第 10 条第 1 款第 6 项，却以兜底条款形式明确工商行政管理机关和企业应当公示"其他依法应当公示的信息"，对公示信息作了开放式的规定，这为企业财团抵押权登记信息的公示预留了解释空间。笔者认为，应当对此处的"其他应当公示的信息"作扩张解释。"其他应当公示的信息"理应包括财团目录登记信息和财团抵押权登记信息。企业设定了财团抵押权后，应及时将财团目录信息和财团抵押权登记信息报送企业信息公示系统公示，工商行政管理部门亦应当及时履行职责，公示企业财团目录信息和抵押权登记信息，积极做好财团抵押权和企业信息公示系统的衔接和配合，保障企业运营中财团信息变动的及时公示。

（三）公司担保制度

我国《公司法》第 15 条肯定了公司对外转投资的权利能力，第 16 条又进

---

① 包括：（1）注册登记、备案信息；（2）动产抵押登记信息；（3）股权出质登记信息；（4）行政处罚信息；（5）其他依法应当公示的信息。

② 包括：（1）有限责任公司股东或者股份有限公司发起人认缴和实缴的出资额、出资时间、出资方式等信息；（2）有限责任公司股东股权转让等股权变更信息；（3）行政许可取得、变更、延续信息；（4）知识产权出质登记信息；（5）受到行政处罚的信息；（6）其他依法应当公示的信息。

一步明确了公司转投资和提供担保的程序性规定。公司设立财团抵押权之时，必然涉及公司担保规范的理解和适用问题。目前，有关公司转投资限制取消已成定论，理论和实践中争议较大的集中在《公司法》第16条第1款，该条的规范意义、规范性质、担保合同效力以及公司债权人是否有审查义务等问题仍有待厘清。例如，假设A公司章程规定对外担保的决议机关是股东会，公司法定代表人B未经章程之规定，向银行提供以公司房屋C、机器设备D……为标的的财团抵押融资，银行E在和B签订了抵押权合同后，合同效力该如何判断？E在和B签订财团抵押权合同时，又是否负有对公司章程的审查义务。如果再将此案稍加变通，A公司章程对担保决议机关未作规定；又或者，章程对法定代表人B可以对外担保的数额进行了限制（如规定，法定代表人B可以决定500万元以下的对外担保，大于或等于500万元需经董事会决议）。此时又该如何处理？《公司法》第16条第1款留下的疑题为司法实务中财团抵押合同效力的判断带来了诸多不便，当前正在进行中的《公司法》修改需要重新厘定第16条第1款的规范意义，以保障公司在设定财团抵押权过程中规范群体之间的适用和衔接。

（四）破产别除权制度

财团抵押制度的有效运行还需要注意同《破产法》相关制度的衔接和协调。我国《破产法》第109条规定："对破产人的特定财产享有担保权的权利人，对该特定财产享有优先受偿的权利。"该条规定的权利即属破产法理论上的别除权。[1]破产别除权的"优先性"主要体现在其行使不受破产清算和和解程序的限制。我国《破产法》第16条规定："人民法院受理破产申请后，债务人对个别债权人的债务清偿无效。"第19条规定在人民法院受理破产申请后，有关债务人财产的"执行程序应当中止"，破产别除权对此可排除适用，以下就以一起典型案例释明：[2]

---

① 所谓别除权，是指债权人因其债权设定物权担保或享有特别优先权，而在破产程序中就债务人（即破产人）特定财产享有的优先受偿权。破产别除权本质上是民法债的担保效力在破产法领域的延伸，甚至有相当一部分学者认为这是"物权效力优先于债权效力"的集中体现（参见王欣新：《破产别除权理论与实务研究》，载《政法论坛》2007年第1期）。

② 本案由湖北省汉江中级人民法院民二庭法官刘汝梁提供，为行文需要，笔者在此基础上进行了简要修改。

2010 年 10 月 30 日，某建筑有限责任公司 A 向 B 银行借款 5 000 万元，借期 3 年，并以其所有的三处房产、四处国有土地使用权及六辆装载车申请设立了财团抵押权担保。至 2013 年 10 月借款到期时，A 公司已停产 6 个月，B 银行向当地仲裁委申请仲裁，仲裁裁决 A 偿还 B 银行的借款本息及管理费用。A 公司未履行裁决书，B 银行申请强制执行，2014 年 3 月法院查封了抵押物，其后又有债权人 C、D、E、F……申请查封 A 公司的房地产及机器设备。此时，A 公司和 B 银行私下达成和解并对财团抵押物进行了估价拍卖，所得价款 2 900 万元于 2014 年 10 月 25 日汇入了 A 银行账户。之前，因 A 公司不能清偿到期债务，债权人 C 和 D 即在 2014 年 9 月 30 日向法院提起了破产清算申请……

本案争议的焦点即在于，A 公司对 B 银行的清偿行为是否有效？法院审理认为，A 公司和 B 银行之间的财团抵押权合法、有效。A 公司和 B 银行达成的执行和解协议属于正常的还债行为，不适用《破产法》第 16 条、第 19 条之规定。《破产法》第 16 条所指的"个别清偿行为"是针对个别一般债权的清偿行为（如 A 公司向无担保债权人 C 清偿），不适用于 B 银行的财团抵押权。同时，根据最高人民法院《关于审理企业破产案件若干问题的规定》第 71 条第 1 款第 2 项之规定，抵押物不属于破产财产，抵押权人就抵押物享有优先受偿权，这也从侧面肯定了上述结论；同时，《破产法》第 19 条规定的"执行程序应当中止"也不包括下列情形：除人民法院受理重整申请之外，别除权人对担保物实行执行程序、或提起新的执行程序不受该条规定之限制。①

通过该案即可以鲜明地窥见出，在破产清算过程中，债权人 A 公司和 B 银行达成的执行和解协议之所以有效，不适用《破产法》第 16 条规定的"个别清偿行为"及第 19 条"执行程序应当中止"的情形，主要基于财团抵押权在权利主体和权利性质上的特殊性。因此，在财团抵押权实现程序的制度设计上，宜充分重视财团抵押同破产别除权法律制度之间的体系关联，以保障司法裁判的统一、准确适用。

---

① 其实，仅从《破产法》第 19 条之规定之文义来看，在执行程序当中担保权人能否继续实行执行程序，或提起新的执行程序，并不明确。笔者认为，汉江法院主审法官在审理该案时，对该条的规范意义进行的扩张解释，符合法理逻辑。未来制定新的司法解释时，应当明确担保债权人就担保物提起的民事执行程序，不受《破产法》第 19 条规定的限制。

（五）其他相关制度

财团抵押权的实现过程中，还应当注意和资产评估、破产别除权等法律制度的衔接和配合。财团目录所列财产价值的评估，离不开完善的资产评估法制。资产评估机构的选择，评估程序以及评估机构的权利义务配置的完善程度，对财团抵押权价值的确定具有重要作用。民事强制执行、拍卖法律制度和其他专业化服务机构的质量也都是影响财团抵押权制度功能能否实现的重要因素。

第八章　《民法典》实施后《公司法》总则修订之路径选择

《民法典》已经实施。有关《民法典》的解释适用和实效评估正在进行之中。本章尝试就《民法典》实施后《公司法》总则修订和《民法典·总则编》的互动和协调问题展开深入探究。

一、《民法典》实施后《公司法》总则修订的动因

尽管早在《民法典》颁布之前，我国商法学界就有学者呼吁，应当注意《公司法》和《证券法》的联动修改问题，①还有学者就下一步《公司法》修订提出了十方面的意见和建议。②但是这些探讨仅仅局限于《公司法》同其他商事单行法的协同修改问题，没有亦不可能从《公司法》和《民法典·总则编》关系互动的角度探讨《公司法》的修订。《民法典》实施后，我国《公司法》修订正面临着新问题和新景象。

众所周知，我国《民法典》编纂之初，即秉持"民商合一"的立法体例，《民法典·总则编》不仅是民法典各分编的一般法和总则，亦对各商事单行法及其司法解释起着"统帅"和"引领"作用。这就要求《民法典·总则编》除了将能够适用于各民事单行法和司法解释中的一般性规则纳入之外，还要从众多

---

① 参见王保树：《公司法与证券法修改应联动进行》，载《清华金融评论》2014 年第 11 期；刘俊海：《建议〈公司法〉与〈证券法〉联动修改》，载《法学论坛》2013 年第 4 期。

② 2017 年 12 月 15 日在上海召开的第六届上证法治论坛上，中国商法学研究会会长赵旭东教授呼吁《公司法》修改早日列入全国人大立法计划，并提出了十个方面的修改意见。参见证券时报网：http://sh.qihoo.com/pc/2s1cm3p6t1c?sign＝360_e39369d1，2017 年 12 月 23 日访问。

的商事单行法及其司法解释中，剥离出若干共通性规则纳入民法典之内。①因此，《民法典》编纂任务之繁重、时间之紧迫程度可想而知。

在上述目标和任务的约束之下，如何在不延误《民法典》出台时间（2020年）的前提下，又能保证《民法典·总则编》的质量和水平，就成为摆在《民法典》编纂者面前一个"两难"问题。最终，囿于历史传统和现实条件等因素综合考量，《民法典·总则编》在体系结构和内容安排上基本沿袭了《民法通则》的思路和做法，并作了适当调整和扩充。在对商事关系的处理上，《民法典·总则编》"法人章"采取了大规模"复制"商事单行法（主要是《公司法》）规定的立法技术。对于以《民法通则》为基础制定《民法总则》，学界虽有零星质疑的声音，②但主流意见基本持肯定态度。③就《民法总则》对商事关系的处置方法和态度而言，从《民法总则》颁布之后历次的研讨会及相关评述来看，争议却不绝如缕。《民法总则》对商法逻辑、商法思维和商法方法未予以充分体现或根本未体现。④与其民商合一的巨大热情相比，《民法总则》明显显现出叶公好龙的意味。⑤《民法总则》虽然宣称坚持"民商合一"立法体例，但是在具体内容的统筹安排上，却忽略商法的特殊性不予体现，逻辑上存在明显的悖论。⑥

如果查阅《民法典·总则编》"法人章"的条文，可以明显窥见，"法人章"的绝大部分规则都是商事单行法（主要是《公司法》）内容的"变通"甚至直接"复制"（复印）。尤其是《民法典·总则编》"法人章"之"一般规定"和"营利法人"部分，基本上属于《公司法》的缩简（微缩）版。据笔者初步统计，《民法总则》"法人章"共计有16处复制了《公司法》"总则章"13个条文。例如，《民法典·总则编》"法人章"之"一般规定"第60条法人的民事责任承担，是《公

---

① 参见雷兴虎、薛波：《民法总则包容商事关系模式研究》，载《甘肃政法学院学报》2017年第1期。

② 参见柳经纬：《民法总则不应是〈民法通则〉的"修订版"》，载《法学》2016年第10期。

③ 参见全国人大常委会法工委主任李适时2016年6月27日在第十二届全国人大常委会第二十一次会议上所作的《关于〈中华人民共和国民法总则（草案）〉的说明》。参见《民法总则立法背景与观点全集》编写组编：《民法总则立法背景与观点全集》，法律出版社2017年版，第11页。学者观点参见王利明：《民法典的时代特征和编纂步骤》，载《清华法学》2014年第6期；孙宪忠：《用民法通则的理性光芒指导民法典编纂》，载《光明日报》2016年4月18日第10版。

④⑤ 参见施天涛：《商事关系的重新发现与当今商法的使命》，载《清华法学》2017年第6期。

⑥ 参见赵磊：《民法典编纂中的立法模式悖论——基于商法规范如何安排的视角》，载《北方法学》2017年第3期。

司法》第 3 条的复制和延伸，第 63 条法人的住所是《公司法》第 10 条的翻版。"法人章"之"营利法人"第 81 条法定代表人之规定是《公司法》第 13 条的重复，第 79 条营利法人的章程是《公司法》第 11 条的改造，第 85 条决议效力之规定是《公司法》第 22 条的复制，第 86 条营利法人社会责任之规定系《公司法》第 5 条的沿用，第 84 条关联关系规则是《公司法》第 21 条的复制。另外，《民法典·总则编》第 125 条规定民事主体依法享有股权和其他投资性权利，《公司法》第 4 条亦规定股权的具体权能包括资产收益、重大决策和选择管理者的权利，形式上虽然不能说前者是后者的"复制"，但后者明显属于股权外延的"扩展"和"延伸"（《民法典·总则编》复制《公司法》"总则章"条文见表 2-8-1）。

表 2-8-1　《民法典·总则编》复制《公司法》"总则章"条文

	规范内容	条文序号	
		民法典·总则编	公司法
1	营利法人的类型	第 76 条第 2 款	第 2 条
2	法人民事责任承担	第 60 条	第 3 条
3	投资性权利	第 125 条	第 4 条
4	营利活动的要求	第 86 条	第 5 条
5	营利法人的成立	第 77 条	第 6 条
6	营利法人的成立日期	第 78 条	第 7 条第 1 款
7	法人的成立要件	第 58 条	第 7 条第 2 款
8	法人的变更登记	第 64 条	第 7 条第 3 款
9	法人的住所	第 63 条	第 10 条
10	营利法人的章程	第 79 条	第 11 条
11	营利法人的法定代表人	第 81 条	第 13 条
12	法人分支机构及其责任承担	第 74 条	第 14 条
13	法人人格否认	第 83 条	第 20 条
14	关联交易	第 84 条	第 21 条
15	决议效力	第 85 条、第 94 条	第 22 条

客观而言，《民法典·总则编》采用这种"复制"《公司法》的立法技术，具有一定的现实性和合理性。就《民法典》编纂的技术定位而言，我国是"编纂"而非"制定"《民法典》，"编纂"两字已经表明了《民法典》的核心要义和内在精髓。我国的《民法典》既要"编"亦要"纂"，所谓"编"就是要将各民商事单行法律和制度进行系统的整理和统合；"纂"就是要结合我国改革开放中的新问题和新情况，确定新制度。①因此，《民法典》编纂既非制定全新的民事法律，亦不同于简单的不对现行法不做修改的法律汇编，而主要系对我国当前种类繁多的民商事单行法及其司法解释进行系统化、科学化的清理、整顿和吸收。②民商事单行法及司法解释作为我国改革开放以来民商事立法本土化创新的结晶及司法实务审判经验的总结，我们完全没有理由弃之另起炉灶。《民法典·总则编》采用"复制"《公司法》规定的立法技术具备现实性与合理性。

但是，编纂《民法典》本质属于一个国家的政治行为和政治事件。③德国、法国、日本民法典的编纂史已经表明，编纂《民法典》要么是为了废除封建特权；要么是为了实现国家统一；抑或是为了变法图强。④我国自清末维新变法以降，民法典建设已逾百年。新中国成立以来，曾分别于1954年、1962年、1979年、2002年四次启动《民法典》编纂工作，但均因历史条件所限，始终未能完成。⑤自2016年初党中央重启编纂《民法典》以来，《民法典》编纂已经被上升为一项重大的"政治任务"，⑥其重要性与社会关注度不言而喻。《民法典》

① 参见王利明教授在第十三届全国人大常委会专题讲座第六讲上的专题发言：《我国民法典分编编纂的几个问题》，载中国人大网：http://www.npc.gov.cn/npc/xinwen/2018-09/05/content_2060667.htm，2018年9月5日访问。
② 参见全国人大常委会副委员长李建国2017年3月28日在第十二届全国人民代表大会第五次会议上所做的《关于〈中华人民共和国民法总则（草案）的说明》，载《民法总则立法背景与观点全集》编写组编：《民法总则立法背景与观点全集》，法律出版社2017年版，第3页。
③ 例如，梁慧星教授指出，民法典编纂是一个国家的政治行为，是一个国家发展中的重要事件，民法典体现的是国家和人民的意志，不是体现学者个人的意志，应由国家立法机关编纂民法典。参见梁慧星教授2016年10月17日在四川大学法学院的演讲：《民法典编纂若干理论问题的思考》。
④ 参见谢怀栻：《外国民商法精要》，法律出版社2014年版，第55、65、160页。
⑤ 参见梁慧星：《新中国第三次民法起草亲历记》，载《武汉文史资料》2015年第9期。
⑥ 2016年6月14日，习近平总书记主持召开中央政治局常委会会议，听取了全国人大常委会党组《关于民法典编纂工作和民法总则（草案）几个主要问题的请示》的汇报，原则上同意请示，并就做好民法典编纂和民法总则草案审议修改工作做了重要指示。

代表着一个民族的文化高度，一个全中华民族的民法典才表明中华民族已经攀上历史的高峰。①因此，协调自洽的体系规划，周详合理的内容安排，优良精湛的立法技术，都是《民法典》编纂必备的基本要求。这就决定了我国当前的《民法典》编纂，不仅仅是民商事单行法及其司法解释的简单汇编和总结。《民法典》采用这种"复制"技术必须掌握好边界和限度，如果不能审慎、节制地运用这种"复制"技术，可能会给后续法典适用带来无法预料的"混乱"。更有甚者，整个《民法典》编纂亦可能会成为一场失败的法典化运动，②最终损伤的将是中国《民法典》的体面和尊严。③

在去除掉《民法典·总则编》"复制"《公司法》的 13 个条文后，再简单对照《民法典·总则编》"法人章"和《公司法》"总则章"的条文，原本《公司法》"总则章"的 22 个条文只剩下 9 个条文，即立法目的（第 1 条）、公司名称（第 8 条）、公司形式变更（第 9 条）、公司经营范围（第 12 条）、公司转投资及其限制（第 15 条）、公司转投资和对外担保的程序规定（第 16 条）、公司的劳动保护义务（第 17 条）、公司的工会和民主管理（第 18 条）及公司中的中国共产党组织（第 19 条）。

如果再逐一分析这 9 个条文，《公司法》第 1 条立法目的，属于民商事单行法中的通用条款。第 8 条公司名称属于定义性条款。第 9 条公司形式变更属于说明性条款。第 12 条公司的经营范围之规定，基本属于一个闲置的条文，且已被理论界和实务界诟病已久。④第 15 条关于转投资的限制性规定明确否认公司成为普通合伙人，但是 2006 年修订的《合伙企业法》第 3 条却仅仅将国有独资公司与上市公司排除在普通合伙人之外，未禁止其他公司成为普通合伙人，二者存在明显的矛盾。第 16 条（尤其是第 1 款）公司转投资及担保条款可谓是公司法学研究中的"悬案"。2005 年《公司法》修订在 1993 年《公司法》第 60 条第 3 款的基础上规定了《公司法》第 16 条第 1 款，该款甫一颁布就争议不断。由于该款仅仅对公司对外担保的决议机关（股东会或董事会）及担保数额作了限

---

①　参见谢怀栻：《大陆法国家民法典研究》，载《外国法译评》1994 年第 3 期。

②　参见蒋大兴：《论民法典（民法总则）对商行为之调整——透视法观念、法技术与商行为之特殊性》，载《比较法研究》2015 年第 4 期。

③　参见施天涛：《商事关系的重新发现与当今商法的使命》，载《清华法学》2017 年第 6 期。

④　参见王保树：《竞争与发展：公司法改革面临的主题》，载《现代法学》2003 年第 6 期。

制性规定，对于违反的法律后果，却未置明文，导致司法实践中对违反第 16 条第 1 款的担保合同效力判断结论迥异。围绕《公司法》第 16 条第 1 款的研究成果已经汗牛充栋，以至于该款被认为是一个失败的立法产品。①《公司法》第 17 条、第 18 条、第 19 条关于公司的劳动保护义务、工会和民主管理、共产党组织之规定，亦属于定义性、说明性、宣示性条文。

概言之，《公司法》"总则章"的 22 个条文已有 13 个核心条文被《民法典·总则编》所"复制"或"抽离"了，约 2/3 的主要条款已被"移位"至《民法典·总则编》之内。《公司法》"总则章"仅仅剩下一些为数不多的定义性、说明性、宣示性条文，且这些条文在"总则章"中不具有"支柱"和"核心"地位，亦不属于或裁判规范或行为规范的范畴。在《民法典·总则编》"法人章"实际上已经"掏空"《公司法》"总则章"的现实之下，如果剩余 9 个条文再以"总则章"冠名，则严重名不副实。

二、《民法典》实施后《公司法》总则修订的可能路径

当前，由于民商法学界正在群策群力推进《民法典》的宣传普及工作，对于《民法典·总则编》"法人章"出现的"掏空"《公司法》"总则章"的现象，尚未引起学界应有的关注和重视。如果任由这一困局持续存在，可以预见，那将会给整个民商立法体系及法律的适用带来怎样的混乱和不堪。当务之急，必须尽快择取妥适的方案和措施，以消解/化解这一困局。

(一) 修订《公司法》总则的可行性

欲破解上述困局，理论上就存在两种可能的进路：一是修订（简化）《民法典·总则编》"法人章"之规定，使之与《公司法》"总则章"的规定相吻合；二是修订（简化）《公司法》"总则章"之规定，以充分体现对《民法典·总则

---

① 在 2017 年 12 月 15 日召开的第六届上证法治论坛上，中国商法学研究会会长赵旭东就明确指出："《公司法》第 16 条规定担保制度后，对这个条款的法律效力，以及违反第 16 条规定的行为有效还是无效，学界一直争论激烈。司法机关长期就这个问题进行探讨，多个部门的意见也难以统一。这个问题应该交由立法机关解决，明确相关规定，不要让争论持续下去。"参见证券时报网：http://sh.qihoo.com/pc/2s1cm3p6t1c?sign=360_e39369d1，2017 年 12 月 27 日访问。

编》一般规定的尊重及《民法典》权威之维护。尽管这两种方案在最终目标上殊途同归，但是在实际操作层面，考虑到《民法典》刚刚颁布实施不久，要在短期内启动大规模修改《民法典·总则编》，几无现实可能。因此，可行的思路只能寄希望于后一种方案，即从《公司法》和《民法典·总则编》体系逻辑和适用关系的角度考量，重新修订（简化/删减）《公司法》"总则章"的部分内容。应当说，后一条思路是具备现实性和可行性的。一方面，近年来我国《公司法》修订的呼声已此起彼伏，立法机关也已经明确将《公司法》修法列入下一步修法规划；①另一方面，《公司法》天然具有贴近市场、照应实践的"适应性"品格，②域外各国《公司法》总要根据市场情势的不断变化进行频繁的调整和改革，这为"总则章"修订提供了契机。

（二）《公司法》总则修订的四条备选路径

未来我国《公司法》"总则章"的修订存在以下四条备选路径：

第一，继续保留总则章。这是一条较为典型的保守主义思路。即在保留目前《公司法》"总则章"形式和称谓不改变的前提下，于下一步《公司法》修订之时，径直将《公司法》"总则章"中与《民法典·总则编》"法人章"重复的 13 个条文彻底地删除，然后将剩余的 9 个条文继续沿用"总则章"的形式统领。

第二，删除公司法总则。前文分析已经表明，目前《公司法》"总则章"只剩下立法目的、公司的劳动保护义务、公司的工会及民主管理、公司中的中国共产党组织等 9 个定义性、说明性、宣示性的条文。这些条文大多数不具备或行为规范或裁判规范的属性。与其在《公司法》中保留这些徒具形式意义、几无实用价值的条文，③不如在下一步《公司法》修订之时，彻底地将其删除或移位至别处（分则或附则之中），《公司法》不再保留"总则章"。这样一来既呼应

---

① 参见《中国证监会关于〈中华人民共和国公司法修正案（草案征求意见稿）〉公开征求意见的通知》，载中国政府法制信息网：http://www.chinalaw.gov.cn/art/2018/9/6/art_33_209138.html，2018 年 9 月 7 日访问。

② 参见［美］弗兰克·伊斯特布鲁克、丹尼尔·费希尔：《公司法的经济结构》，罗培新、张建伟译，北京大学出版社 2014 年版，第 16 页。

③ 笔者在此称这 9 个条文"徒具形式意义"仅是从裁判法的角度而言，这 9 个条文在我国公司法中的存在价值，后文还会述及。

了当前《公司法》结构性改革的呼声,①亦可为《公司法》分则各章内容的充实和调整"腾挪"出更多的空间。

第三,改公司法总则为序编。如果彻底删除《公司法》"总则章"的做法过于激进,一时还尚难为立法机关及学界接受的话,那么还有一条较为缓和的路径,即修改《公司法》"总则章"为"形式序编",用"形式序编"的方式将《公司法》"总则章"剩余的9个条文统领起来。在去除掉《公司法》"总则章"被《民法典·总则编》吸收的13个条文之后,剩余的9个条文用"形式序编"的形式统领,应当说符合当前《民法典·总则编》实施后《公司法》"总则章"条文的实际容量。这方面,法国、瑞士、荷兰、意大利等法典化国家已经提供了比较成熟的立法经验可资借鉴。②

第四,重构企业形态编纂公司法典。除上述三条思路之外,钱玉林教授还提出了一条颇为新颖的"变通"思路。即在沿用《公司法》"总则"体例和结构不改变的前提下,借鉴和效仿《日本公司法典》的体例和做法,将剩余9个条文用"通则"形式统领,并将我国商法学界学者建议的《商法通则》③(或《商事通则》)的部分内容充实到公司法通则章和其他一般规定之中来,以解决总则内容偏少的问题。④通过这种"借壳上市"方式对商主体进行立法改造,完成实质意义上的《商法通则》内容在立法上的表达。⑤鉴于大陆法系国家无限公司和两合公司被视为个人独资企业和合伙企业的替代品,⑥可将合伙企业和独资企

---

① 参见王保树:《公司法律形态结构改革的走向》,载《中国法学》2012年第1期;王保树《公司法的全面改革不能着眼于堵漏洞、补窟窿》,载《环球法律评论》2014年第1期。

② 参见陈小君:《我国民法典:序编还是总则》,载《法学研究》2004年第6期。

③ 目前商法学界已有五个《商法通则》建议稿,分别为由王保树教授主持的全国商法学会调研组起草的《中华人民共和国商事通则》建议稿(载王保树主编:《商事法论集》(第20卷),法律出版社2012年版,第1—11页);苗延波起草的《商法通则》建议稿(参见苗延波:《商法通则立法建议研究》,知识产权出版社2008年版,附录部分);樊涛的《商法通则》建议稿[参见樊涛:《商法通则:中国商事立法的应然选择(附:〈中华人民共和国商法通则〉建议稿)》,载《河南大学学报》(社科版)2008年第3期];还有王建文的《商法通则》部分条文建议稿(参见王建文:《中国商法立法体系:批判与建构》,法律出版社2015年版,第183—294页);国家工商行政管理总局立项、赵旭东教授主持的《中华人民共和国商法通则》立法建议稿。

④ 参见钱玉林:《民法总则与公司法的适用关系论》,载《法学研究》2018年第3期。

⑤ 参见钱玉林教授在第二届《商法通则》立法研究学术研讨会上的发言。资料来源中国商法网:http://www.commerciallaw.com.cn/index.php/home/salon/info/id/50.html,2019年1月4日访问。

⑥ 参见范健、王建文:《公司法》(第五版),法律出版社2018年版,第13页。

业改造为无限公司、两合公司、有限责任合伙等一体纳入《公司法》的调整范畴，通过重构企业法律形态的方式使我国《公司法》囊括有限责任公司、股份有限公司、无限公司、两合公司等绝大部分的商主体形态，编纂一部完整的公司法典。①《日本公司法典》第一编总则的体例和内容构造如表 2-8-2 所示：

表 2-8-2 　《日本公司法典》第一编总则的体例和内容构造

《日本公司法典》第一编：总则		
第一章	通则（1—5 条）	立法宗旨、定义条款、公司法人人格、公司住所和商行为
第二章	公司的商号（6—9 条）	商号的定义、禁止使用被误认为公司名称等
第三章	公司使用人（10—15 条）	经理人、经理权、经理人竞业禁止、表现经理、代理商等
第四章	已实施事业转让时的竞业禁止等（16—20 条）	转让公司的竞业禁止、已使用转让公司商号的受让公司的责任等

（三）四条备选路径优劣之权衡

第一，继续保留"总则章"的称谓和形式，这种做法的优点是实际操作起来简单、易行，修法成本较小，且不会触动《公司法》既有的结构模式和逻辑体系。但如果继续沿用"总则章"统领剩余 9 个条文，"总则章"的实际内容能否支撑起"总则"应当承载的功能，颇值得怀疑。

第二，删除《公司法》"总则章"操作起来亦可谓简单、易行。但是其缺陷也至为明显。就"总则章"剩余的 9 个条文的规范属性而言，多数条文虽然不具备或裁判规范或行为规范的特质，但是它们在《公司法》之中亦绝非可有可无的"鸡肋"条款。如《公司法》第 17 条劳动保护义务和第 18 条公司工会及民主管理之规定，虽然仅具宣示意义，但实际却承载着《公司法》人文主义关怀的价值导向。《公司法》第 19 条公司中的共产党组织之规定，本质上是国家参与资源分配的权力行为文明化的结果，②彰显着中国公司治理结构中的政治嵌入和政治约束，其存在亦具有经济上的合理性与法理上的正当性。如果将这些

---

① 参见钱玉林：《公司法总则的再生》，载《环球法律评论》2019 年第 4 期。

② 参见蒋大兴：《政治/政党与企业——政治权力参与资源分配的文明结构》，载《当代法学》2018 年第 1 期。

条款彻底删除，有可能会影响到《公司法》之法政策目标的贯彻实施以及《公司法》立法目标的实现。

第三，将《公司法》"总则章"用"形式序编"形式统领，这种形式虽然符合《公司法》"总则章"剩余条文之实际容量且修法成本较小，但是"形式序编"能否与《公司法》分则各章节之间实现链式过渡和无缝对接，能否为商法学界和实务界所接受和认可，尚待进一步的周延论证。

第四，借鉴《日本公司法典》重构企业形态、在篇首设置"通则章"编纂公司法典属于一条颇具特色和智慧的理想主义进路。①这种做法的优点在于契合了当前我国商法学界极力呼吁制定《商法通则》（或《商事通则》）的要求和呼声，同时将各类不同的企业形态容纳统合进一部统一的法典之中，亦迎合了当前世界范围内以"企业"为中心构建商法典的新趋势。②但是这一路径将要改变我国目前讨论已久的关于制定商法通则/商法典的路线图，亦与改革开放以来我国商事立法采用单行立法的立法模式相悖。在《民法典》编纂强势推进并且尚无理论准备的情况下，重构企业形态制定企业法典能否为理论和实务界所接受也是一个颇为疑虑的难题。

三、我国《公司法》总则修订路径之应然选择

上述四条路径基本囊括了未来我国《公司法》"总则章"修订的可能路径。综合权衡各条路径之优劣利弊，一时尚难确定何者系我国《公司法》"总则章"修订最为妥适的路径选择。不过在短期内大规模修订《民法典》几无现实可能的情况下，我国《公司法》"总则章"修订势必会在上述路径中择其一。那么，决定我国《公司法》"总则章"修订路径选择的关键因素何在呢？未来我国《公

---

① 值得注意的是，钱玉林教授一开始似乎倾向于仅将《公司法》"总则章"修订为"通则章"，但是后续他又认为，在《公司法》统了有限责任公司、股份有限公司、两合公司、无限公司等绝大多数商业形态之后，可以考虑在《民法典》之外另立一部独立的企业法典。前后观点出现这种更迭原因不得而知。无论是修订《公司法》"总则章"为"通则章"还是另立一部企业法典，思路和实质内容并无二致。参见钱玉林：《民法总则与公司法的适用关系论》，载《法学研究》2018年第3期；钱玉林：《公司法总则的再生》，载《环球法律评论》2019年第4期。
② 参见叶林：《企业的商法意义及"企业进入商法"的新趋势》，载《中国法学》2012年第4期。

司法》"总则章"修订路径之选择应参酌以下因素确定：（1）《公司法》"总则章"实际容量；（2）《公司法》的体系构造；（3）《公司法》与《民法典·总则编》的适用关系；（4）立（修）法成本；（5）比较法之参照；（6）现实可接受程度。综合这六重因素，继续保留"总则章"、删除"总则章"和将"总则章"修改为"通则章"这三条路径面临的障碍较多，将《公司法》"总则章"用"形式序编"形式统领是一条符合现实的路径选择。

（一）其他三条路径之否弃

第一，继续保留"总则章"不符合剩余条文之实际。虽然《公司法》第一章仍然以"总则"命名，但是在抽离掉与《民法典·总则编》"法人章"重复的13个核心条文之后，剩余9个条文事实上已经无法承载起"总则"应当具备的功能。总则立法采取"提取公因式"的立法技术，主要目的就是要对有限责任公司和股份有限公司的"一般性、共通性、普适性"规则进行集中、统一的规定，如今这些规则中大部分已被"抽离"至《民法典·总则编》之内。试问这样的《公司法》"总则章"又如何做到"名"与"实"统一？在《民法典》已经实施的背景下，再保留"总则章"形式显然已不合时宜。

第二，删除《公司法》"总则章"过于武断和激进。虽然《民法典·总则编》"法人章"已经基本抽空（掏空）了《公司法》"总则章"的核心条文，但是如果就此彻底删除《公司法》"总则章"，将会面临更大的麻烦和难题。

首先，使剩余条文无所皈依。如果不再设置《公司法》"总则章"，那么"总则章"剩余的9个条文是彻底去除抑或"移位"安放至"分则"或者"附则"之中，是一个颇为棘手的难题。在这9个条文之中，《公司法》的第1条立法目的、第17条劳动保护义务、第18条工会和民主管理、第19条公司中的党组织等条款显然不能放置在《公司法》分则各章节或附则之中，如果删除之，亦绝非妥适之选。综观我国《物权法》《合同法》《担保法》《侵权责任法》《婚姻法》《继承法》《合伙企业法》《证券法》《票据法》《保险法》《信托法》《海商法》等重要的民商事单行法，无不存在立法目的等条款，这些条款或者揭橥法价值，或者有贯彻法政策之需，也确有存留之必要。如果唯独《公司法》删除之，则会显得不伦不类。

其次，会破坏《公司法》的体系结构。我国《公司法》自1993年制定至今，虽然历经多次不同程度和规模的修订，但一直采（沿）用总—分—总的结构模式，现《公司法》第一章为总则。第二章至第五章为分则，依次对有限责任公司和股份有限公司的设立、组织机构及股权（份）转让和发行作了规定。第六章至第十二章为总则。第六章公司董事、监事、高级管理人员的资格和义务。第七章公司债券，第八章公司的财务、会计。第九章公司的合并、分立、增资和减资。第十章公司的解散和清算。第十一章外国公司的分支机构。第十二章法律责任。第六章至第十二章均一体适用于有限责任公司和股份有限公司。如果删除第一章"总则章"将会彻底改变既有的总—分—总的结构模式而为分—总结构模式，使得首尾无法呼应、难以一致。

最后，徒增立法和司法成本。前已述及，设立"总则章"的核心目的之一就是要将有限责任公司和股份有限公司共通适用的规则集中规定在"总则章"之中（如公司的名称、公司形式变更之规定），以便于集中信息，节约立法成本，降低搜寻成本并把裁判歧异控制在一定范围内。[①]在我国当前公司法律形态仍然以有限责任公司和股份有限公司二元区分标准的前提之下，如果彻底删除《公司法》"总则章"，会使有限责任公司和股份有限公司的一些共通规则（如公司名称、公司住所、公司转投资和对外担保）无所皈依。虽然就立法技术而言，亦可先在有限责任公司各章节之中予以规定，待股份有限公司遇到相同或相类似问题时，再通过"准用"或"参照适用"等转介条款予以解决，但这将会无端地推高立法成本，增加法官"找法"的困难并徒增适用上的繁琐。

第三，在篇首设置"通则章"并重构企业形态进而制定全新的公司法典，这一方案看似美妙，实则不然。钱玉林教授认为，采用总则编但是将剩余条款用"通则"形式统领，同时将部分商法学者建议的《商事通则》的相关内容填充到《公司法》"总则章"当中来。这一路径既能解决商法一般性规则长期缺失的问题，亦能填补公司法总则的"空洞化"和"形式化"问题，是一种比较理想的方案。[②]直观上看，这样的考虑具有理论上的自洽性和周延性。我国商法体系一般性规则的长期缺失确属不争的事实，但是商法一般性规则能否完全融入公司法典的"通则章"中却是一个颇值得斟酌的问题。而《公司法》总则的

---

① 参见苏永钦：《寻找新民法》，北京大学出版社 2012 年版，第 11 页。
② 参见钱玉林：《民法总则与公司法的适用关系论》，载《法学研究》2018 年第 3 期。

"空洞化"和"形式化"亦未必一定要通过商法一般性规则"加入"的方式来填补和充实。重构企业形态制定全新的公司法典将会面临以下难题：

首先，会彻底扰乱我国商主体的立法格局。按照这一做法，将商主体、商行为、商事代理和经理权、代理商、商事登记、商号、营业转让、商事责任这些原本由《商法通则》规定的内容，[①]融入公司法典的第一编"总则编"第一章"通则章"之中。这样一来"通则章"就不仅是公司法典的"通则"，还是其他各商事单行法的"一般性、共通性、补充性"规则之集成。"通则章"俨然已成为一个变形的《商法通则》。这将会使其内容变得杂乱无章、臃肿不堪，与分则各编/章内容之间的不协调非常明显。尽管钱玉林教授认为，在将合伙企业和独资企业改造为无限公司、两合公司、有限责任合伙等一体纳入公司法典后，公司法典包揽绝大部分商主体形态，这样"通则章"就能做到"形式"和"实质"的统一。[②]姑且不论这一做法存在的现实障碍以及可能性，仅从法技术层面而言，倘若将无限公司、两合公司、有限责任合伙之规定全部统合到《公司法》体系之内，编纂一部全新的《公司法典》，将会彻底颠覆目前整个商主体立法的格局，牵涉面广，改革成本较高。

其次，比较法上鲜有先例。域外德国、法国、英国、美国、韩国、澳大利亚等国，均无修订（制定）《公司法》"总则"为"通则"之先例。钱玉林教授在详细考察《日本公司法典》总则的形成过程及特点后，认为借鉴《日本公司法典》的体例重构我国公司法总则，将合伙企业和公司法打通，在观念上易于接受，在立法上也有先例可循，完全是可行的。[③]需要指出的是，《日本公司法典》第一章第1—5条（包括立法宗旨、定义条款、法人格、住所、商行为5个条款）虽然用"通则"的形式统摄，[④]第二章公司的商号（第6—9条）、第三章公司的使用人和代理商（第10—15条）也属于商法一般性规则，[⑤]但是《日本公司法典》第一章"通则"与第二章、第三章是位于第一编"总则"之下的，因此《日本公司法典》依然采用的是"总则"而非"通则"模式，只不过在"总

---

① 参见王保树主编：《商事法论集》（第20卷），法律出版社2012年版，第1—11页。

② 参见钱玉林教授在第二届《商法通则》立法研究学术研讨会上的发言。资料来源中国商法网：http://www.commerciallaw.com.cn/index.php/home/salon/info/id/50.html，2019年1月4日访问。

③ 参见钱玉林：《公司法总则的再生》，载《环球法律评论》2019年第4期。

④⑤ 参见《新订日本公司法典》，王作全译，北京大学出版社2016年版，第1—5页。

则"下另置了一个"通则章"。造成这种体例的原因在于，日本 2005 年修订商法典时将第二编"公司"独立出来，与有限责任公司法和商法特例法整合在一起编纂了独立的公司法典，商法典中有关公司一般规定也随之从中剥离进入公司法典，《日本公司法典》第一章"通则"为原商法典的内容。因此《日本公司法典》的这种体例有其自身的立法特点和路径依赖。在我国《民法典》编纂实行"民商合一"模式且尚无商法典的前提下，如果贸然采用这种模式恐难为立法机关所接受。

再次，与我国的历史传统不符。考诸我国商法立法史及现行近二十部民商事单行法可知，除公元 1904 年（光绪三十年）我国历史上第一部独立的商事法《商人通例》（共 9 条，包括商人、商人资格的取得、商号、商业账簿及禁令等内容）、①1986 年的《民法通则》以及商法学界出于商法立法"体系化"和"科学化"考虑制定《商法通则》时采用了"通则"或"通例"称谓之外，其他各民商事单行法均无一例外，均在篇首采用"总则章"而非"通则章"。迄今为止，还未有哪一部民商事单行法/法典的第一章直接以"通则章"命名。在历次的学术研讨会、专家咨询会、立法建议稿、专家议案之中，亦从未出现过将"公司法总则"修改（命名）为"公司法通则"的意见或建议。如果采用这种思路与我国民商立法的传统明显不符。

最后，与制定《商法通则》的现实相悖。当前我国商法学界正在着力推进《商法通则》的立法工作。制定《商法通则》主要的立法目的就是要将各商事单行法中的"一般性、共通性、补充性"规则集中统合到一部商事单行法当中来，以实现对商事关系的集约化调整，进而实现商法立法的"系统化"和"科学化"目标。②如果将《公司法》"总则章"修改为"通则章"，并将我国学者所主张的《商法通则》的部分内容扩充进来制定一部独立的公司法典，等于改变了学界讨论已久的关于《商法通则》的立法规划和路线图，与单独制定一部《商法通则》的立法构想相矛盾。

---

① 参见任先行、周林彬：《比较商法导论》，北京大学出版社 2003 年版，第 345 页。
② 参见范健：《论我国商事立法的体系化——制定〈商法通则〉之理论思考》，载《清华法学》2008 年第 4 期。

（二）形式序编之确立

在排除了前三条路径之后，剩下的就是将"总则章"修订为"形式序编"了。序编，系在法典（法规）正文之前单独形成的部分。与总则采用"提取公因式"技术抽象出一般规则以统率全篇不同，作为一项立法技术，序编主要是在进行实体权利、义务分配之前，确立适用法典（法规）所必需的一些通用技术性规则。①序编包括形式序编和实质序编。形式序编，即在法典（法规）的首编（首章或第一章）前独立另设序编。在各国立法表述中，通常以"引言""序题""一般规定""基本原则"等不同称谓冠名。②实质序编，系指不单独设编（章），在法典（法规）首编（首章或第一章）的开头包括若干技术性规则。无论形式序编抑或实质序编仅是立法技术选择及表现形式之差别，实际内容并无二致。

我国《公司法》"总则章"修订是采用形式序编抑或实质序编之形式？考虑到《公司法》剩余的9个条文均系有限责任公司和股份有限公司的通用规则，而《公司法》第二章有限责任公司的设立和组织机构系特殊规定，若采用实质序编，将剩余的9个条文归并到现《公司法》第二章之篇首，将会造成"通用"规则和"特殊"规则相混淆，显非妥适之选。在《公司法》篇首设置独立的"形式序编"应当说是一条现实、可行的路径选择。至于形式序编模式下《公司法》篇首的具体命名，可参酌域外民法典形式序编的做法。由于《公司法》属于单行法而非法典，建议采用"引言""一般规定"或"序题"命名为佳。较之于其他三条路径，形式序编形式具有以下优势：

第一，符合总则条文之实际。在去除掉被《民法典·总则编》"抽离"走的13个条文之后，《公司法》"总则章"剩余的9个条文之中，除第15条、第16条之外，其他7个条文均属于定义性、说明性、宣示性、辅助性的条文，均不具备或行为规范或裁判规范之价值。但是囿于我国民商立法的历史传统以及法政策目标实现等因素的制约，如果将这些条文一次性、彻底地清除出《公司法》，也绝非妥适之选。借助于"形式序编"形式将这剩余的9个条文集中、归并在一起，独立放置于篇首，既考虑到了立法的延续性，亦符合形式序编之形

---

① 参见于飞：《论中国民法典序编的形式与内容——从各国民法典序编比较的角度》，载《西南民族大学学报（人文社科版）》2006年第7期。

② 参见陈小君：《我国民法典：序编还是总则》，载《法学研究》2004年第6期。

式要求，还关照到了"总则章"之实际容量。如果下一步《公司法》修订还要在这9个条文之外另外增设其他内容的话，在《民法典·总则编》"法人章"已经对"营利法人"一般规则作了较为周详、细密规定的前提下，《民法典·总则编》"法人章"实际上已经基本替代了《公司法》总则的功能。《公司法》是否还有必要再从分则各章中提炼出过多的一般性规则进行集约化规定，亦是一个颇值得斟酌的问题。因此，就《公司法》"总则章"剩余条文之实际容量及《民法典》对商事关系的包容性视角而言，用"形式序编"的称谓和形式具备现实性和合理性。

第二，能保持公司法的体系结构。较之于彻底删除"总则章"和重构企业法律形态编纂公司法典，"形式序编"亦能较好地保持《公司法》的体系结构。除《公司法》第一章"总则"改为"形式序编"之外，《公司法》其后各章节均可沿袭目前安排，依然保持总—分—总的体例结构。我国《公司法》自1993年制定至今，其间虽然历经1999年、2004年、2005年、2013年、2018年五次不同程度和规模的修订，但是在体例和结构上，基本保持了1993年《公司法》的原貌。历经近三十年的理论锤炼和实践检验已经证明，1993年《公司法》的体例和结构设计是成功的。正所谓历史隐喻着未来，历史往往亦是通往对于我们自身情势的真正知识的唯一道路。[1]唯有通过历史才能与民族的初始状态保持生动的联系。[2]在没有特殊理由的情况下，我们没有必要推倒重来。《公司法》作为融组织法和行为法于一体的部门法，其必定具有超脱于政治、经济、社会、文化背景的超稳定结构，这是《公司法》作为理性法得以不断发展的基础和源泉。因此我们没有必要颠覆《公司法》既有的体例和逻辑结构，理应在《公司法》既有体系结构和逻辑的基础之上，通过制度重组和规则再造的方式实现《公司法》规则体系稳定性和前瞻性的统一。形式序编形式可谓是实现这一目标最为妥适的路径选择。

第三，能理顺和《民法典·总则编》之适用关系。与将"总则章"修改为"通则章"重构企业形态编纂公司法典相较，编纂公司法典可能会引起法律适用

---

① 参见［德］弗里德里希·卡尔·萨维尼：《论占有》，朱虎、刘智慧译，法律出版社2007年版，"译者前言"第29页。

② 参见［德］弗里德里希·卡尔·萨维尼：《论立法与法学的当代使命》，许章润译，中国法制出版社2001年版，"中文序言"。

之混乱。按照这一做法，先要将合伙企业和独资企业改造成无限公司、两合公司、有限责任合伙等，同时将本属于《商法通则》的部分内容纳入公司法典的第一章"通则章"中，这样一来"通则章"实际上发挥着类似商法一般法（商法总则）的功能。在《民法典·总则编》"法人章"已经对商法一般规则作了周详、细密规定之前提下，有无必要另立一个不伦不类的"公司法通则"颇值得怀疑。操作不当，极有可能扰乱《公司法》和《民法典·总则编》的适用关系。形式序编则不同，它是在充分承认《民法典》作为《公司法》一般法和上位法的前提下，对需要在序编中规定的内容加以统筹规定，它无需过多考虑序编对其后各章的指导和统筹作用，亦无需考虑和《民法典·总则编》适用中可能发生的重叠和冲突问题。在我国《民法典》实行"民商合一"立法模式之下，采用形式序编至少在形式上客观承认了《民法典·总则编》对整个私法体系的统领作用，有助于统一私法法源体系的构建，也有助于理顺《民法典》和《公司法》之间的法源适用关系。

第四，修法成本比较低。"形式序编"亦是一种修法成本较低的路径选择。"形式序编"的特点决定了未来我国《公司法》"总则章"之修订只需在《公司法》体系内部作局部的调整和个别的修缮，而无需作结构性、实质性、根本性的变革。详言之，下一步我国《公司法》修订之时，除了将"总则章"之称谓和形式修改为"形式序编"形式之外，再就是细为斟酌"总则章"剩余的 9 个条文的"去"和"留"问题，最后，及时因应当前《民法典》推进民商立法"体系化"和"科学化"以及构建统一的私法法源体系的现实需求，进一步提炼和总结我国四个公司法司法解释以及司法裁判中已经运用比较成熟的《公司法》裁判规则。对于那些确实需要在《公司法》中予以明确的规则，在判断其是否具备理论和裁判价值的基础上，拟定妥适的条文以编入《公司法》之内。这些修订基本不会对《公司法》其后各章造成影响和冲击，亦无需触动《公司法》的体例结构和逻辑，修法成本比较低。

第五，具有比较法之理据。考诸域外法典化国家的立法例，"形式序编"亦是法典编纂的一种主流技术和方法。①域外多数国家的民法典均采用"形式序

---

① 该点可能和我们的传统观念不符。我国民法立法长期承袭大陆法系尤其是德国民法。德国民法典总则编系"提取公因式"技术运用之结果，其重要性不言而喻。但就世界范围民法典结构模式而言，序编明显占优。

编"形式，法国、瑞士、荷兰、意大利、西班牙、智利、阿根廷、菲律宾等均采用"形式序编"。①只有德国、日本、俄罗斯、越南等少数国家民法典采用"总则"形式。《法国民法典》历来被称为形式序编之典范，其序编形式十分简洁、不区分章节，仅用 6 个条文规定了法律效力、裁判规则及基本原则。②《瑞士民法典》的"导编"即为序编，总计 10 个条文规定了法律的适用、法律关系的内容、与各州法律的关系等。③《荷兰民法典》在九编制的篇首设"形式序编"形式将一般性条款和技术性条款用序编加以统筹。④虽然这些国家"形式序编"主要运用在民法典之中，但是对我国《公司法》"总则章"修订的借鉴意义不容忽视。尤其值得一提的是，《英国 2006 年公司法》虽未明确采用形式序编形式，但是其第一部分"一般导言条款"总计 6 条规定了公司定义以及公司类型两方面的内容，相当于序编。⑤采用形式序编的形式在比较法上亦非无先例可循，域外立法已经提供了充分参照。

第六，可接受程度较高。较之于删除《公司法》"总则章"和重构企业形态编纂公司法典这两条路径，"形式序编"也容易为学界所接受。删除《公司法》"总则章"虽然形式上能起到"瘦身"效果，为总则之后各章修订"腾挪"出更多的空间，但是删除"总则章"亦会导致一些原本应当/只能安置在"总则章"中的内容无安放之所。重构企业法律形态编纂全新的公司法典，姑且不论这种做法在现实和操作层面尚面临难以克服的障碍之外，在《民法典》已经颁布实施，商法学界又正在紧锣密鼓地推进《商法通则》立法的现实之下，这种做法亦恐难为民商法学界所接受和认可。采用"形式序编"之形式，既符合《公司法》"总则章"剩余条文的实际容量，亦能体现作为特别法和下位法的《公司法》对《民法典》私法之一般法和上位法地位的尊重和维护，亦不会与既有的《商法通则》立法思路相冲突和矛盾，还能够保持《公司法》各章节之间体系协调和逻辑自洽，是一个易于为民商法学界所接受的思路和方案（公司法总则修订路径之选择见表 2-8-3）。

---

① 参见徐国栋：《民法总论》，高等教育出版社 2007 年版，第 9—10 页。
② 参见《法国民法典》，罗结珍译，北京大学出版社 2010 年版，第 1 页。
③ 参见《瑞士民法典》，于海涌、赵希璇，法律出版社 2016 年版，第 1—3 页。
④ 参见陈小君：《我国民法典：序编还是总则》，载《法学研究》2004 年第 6 期。
⑤ 参见《英国 2006 年公司法》，葛伟军译，法律出版社 2017 年版，第 2 页。

表 2-8-3　公司法总则修订路径之选择

	公司法总则修订路径	是/否
1	保留总则形式	否
2	删除总则	否
3	制定公司法典	否
4	改总则为形式序编	是

四、结　　语

综上，我国《公司法》"总则章"修订在摒弃前三条路径而改采"形式序编"形式后，本书言指的《公司法》和《民法典·总则编》的"重叠"和"冲突"问题就随之而消弭了，从而才能为构建统一民商法法源体系并为彻底理顺《民法典》《公司法》的法源适用关系提供基础和前提。虽然将《公司法》"总则章"修订为"形式序编"在我国民商事单行法中实无先例可循，但这又何尝不是在《民法典》实施之后基于调和私法体系之矛盾所进行的一种理性思考和妥当选择。恰如 1886 年拉庞特（Laband）教授秉其分析天才提出"代理权授予及其基础关系的区别"（Unnterscheidung der Vollmacht vondem ihr zugrunde liegenden Verhaltnis）理论之初遭遇到的强烈异议一样，[1]本书关于《公司法》"总则章"修订的思路可能还会面临各种各样的质疑和诘问，但理论之光往往是实践的先导，本书的探索无疑是有益的。

---

[1]　代理权授予及其基础关系的区别和缔约过失、形成权、法律上的双重效果、积极侵害债权等一起被称为法学上的七大发现。参见王泽鉴：《法学上之发现》，载《民法学说与判例研究》（第四册），中国政法大学出版社 2005 年版，第6—7 页。

第三编　民商关系适用论

第九章　指导案例 67 号裁判理由之检讨

——兼论指导案例裁判理由的基本要求

最高人民法院 2016 年 9 月 19 日发布了第 67 号指导案例"汤某龙诉周某海股权转让纠纷案"。①该案主要涉及分期付款股权转让合同能否适用《合同法》第 167 条分期付款买卖合同解除权的问题。学界就此案褒贬不一、众说纷纭。有论者认同分期付款股权转让合同不适用《合同法》第 167 条的法理依据，并赞赏指导案例 67 号的裁判理由；②亦有学者从学说和司法实践出发，否定《合同法》第 167 条仅适用于消费合同；③还有观点基于实证数据证明《合同法》第 167 条不仅仅适用于消费合同。④这些研究成果对于深入理解指导案例 67 号意义宏著，值得肯定。但已有研究均未涉及从指导案例 67 号的裁判理由切入，进而反思和提炼指导案例裁判理由基本要求之先例，颇为遗憾。笔者试图通过对指导案例 67 号裁判理由的研读，就指导案例裁判说理的基本要求略述管见，以期收见微知著之功效。

一、基本案情和争点介绍

最高人民法院 2016 年 9 月 19 日发布的第 14 批第 67 号指导案例，即"汤某

---

①　参见《最高人民法院关于发布第 14 批指导性案例的通知》（法〔2016〕311 号）。

②　参见万方：《股权转让合同解除权的司法判断与法理研究》，载《中国法学》2017 年第 2 期。

③　参见孙新宽：《分期付款买卖合同解除权的立法目的与行使限制——从最高人民法院指导案例 67 号切入》，载《法学》2017 年第 4 期。

④　参见钱玉林：《分期付款股权转让合同的司法裁判——指导案例 67 号裁判规则质疑》，载《环球法律评论》2017 年第 4 期。

龙诉周某海股权转让纠纷案"。该案的基本案情为：汤某龙（原告）与周某海（被告）在 2013 年 4 月 3 日签订了《股权转让协议》和《股权转让资金分期付款协议》。双方约定周某海将其持有的青岛变压器集团成都双星电器有限公司 6.35% 的股权转让给汤某龙，合计 710 万元，分四期清偿：2013 年 4 月 3 日付 150 万元；2013 年 8 月 2 日付 150 万元；2013 年 12 月 2 日付 200 万元；2014 年 4 月 2 日付 210 万元。该协议自双方当事人签字后生效，不得反悔。2013 年 4 月 3 日，汤某龙依约支付了 150 万元，但是截至第二笔款项付款日期，其并未偿付。同年 10 月 11 日，周某海发出《关于解除协议的通知》，要求解除双方之前签订的协议。次日，汤某龙即通过转账支付的方式支付了次笔款项，第三、四笔转让款也如约履行完毕。周某海则以合同已解除为由，如数退回了汤某龙支付的 4 笔股权转让款。汤某龙遂向四川省成都市中级人民法院起诉请求确认周某海发出解除协议的通知无效，并责令其继续履约。法院在案件审理过程中查明，周某海所持有的 6.35% 股权已于 2013 年 11 月 7 日变更登记至汤某龙的名下。本案的裁判结果为：一审法院驳回了汤某龙的诉讼请求；[1]二审四川省高级人民法院判决撤销一审判决，确认周某海解除合同行为无效，汤某龙于本判决生效后十日内向周某海支付股权转让款 710 万元。[2]周某海不服四川省高级人民法院的二审判决，以二审法院适用法律错误为由申请再审。最高人民法院于 2015 年 10 月 26 日作出民事裁定，驳回周某海的再审申请。

该案系争要点在于分期付款股权转让合同能否适用《合同法》第 167 条分期付款买卖合同解除权。股权转让合同的标的物为股权，我国《合同法》中买卖合同的客体仅限于有体物，主要包括动产和不动产。[3]股权不同于物权或债权，本质属于一种独立于物权、债权的综合性的民事权利。[4]但是，这并未排除《合同法》适用于股权转让纠纷。只不过对于股权转让合同，首先应适用《公司法》等特别法的规定，在《公司法》无规定或规定不明时，才考虑适用《合同法》买卖合同及其司法解释的规定。《合同法》第 174 条规定："法律对其他有偿合同有规定的，依照其规定；没有规定的，参照买卖合同的有关规定。"股权

---

① 参见四川省成都市中级人民法院（2013）成民初字第 1815 号民事判决书。
② 参见四川省高级人民法院（2014）川民初字第 432 号民事判决书。
③ 参见崔建远：《合同法》，北京大学出版社 2013 年版，第 435 页。
④ 参见雷兴虎主编：《公司法学》，北京大学出版社 2012 年版，第 173 页。

转让合同在本质上仍为合同，但是其在股权转让程序、合同义务履行以及股权转让交付方面具有特殊性，故不可直接适用买卖合同相关规定，而应当参照《合同法》第 174 条所规定的"其他有偿合同"适用。翻诸整部《公司法》条文，未对分期付款股权转让合同作明确规定。《合同法》第 167 条规定："分期付款的买受人未支付到期价款的金额达到全部价款五分之一的，出卖人可以要求买受人支付全部价款或解除合同。出卖人解除合同的，可以向买受人要求支付该标的物的使用费。"此条文是规范分期付款买卖的请求权基础。回顾本案，一审成都市中级人民法院以双方约定款项分期支付，认定本案可以参照《合同法》有关分期付款买卖合同的规定，转让人有权解除合同。二审四川省高级人民法院与再审最高人民法院虽然裁判理由各异，但结论一致，均认为本案不适用《合同法》第 167 条合同解除条款的规定，①最高人民法院在再审裁定的基础上编写生成了指导案例 67 号的裁判规则。

指导案例 67 号作为最高人民法院发布的指导案例之一，势必会影响到后来各级人民法院在审理类似案件的裁判思路和判决结果。依据《合同法》第 174 条准用性条款的规定，缘何二审四川省高级人民法院和最高人民法院均一致认为，对于指导案例 67 号分期付款股权转让合同不能适用《合同法》第 167 条，准予周某海依法行使解除权？二审四川省高级人民法院和最高人民法院得出本案不适用《合同法》第 167 条结论的裁判理由是否一致？支撑指导案例 67 号裁判结论的裁判理由是否妥当和周延？推而广之，指导案例的裁判理由应当符合怎样的基本要求？

二、指导案例 67 号的裁判理由及其初判

指导案例 67 号欲解决的问题，如其案由部分和关键词所示，乃分期付款股权转让合同引发的纠纷，请求权基础为《合同法》第 167 条，故有必要先厘清《合同法》第 167 条的规范意义，再结合裁判理由作初步评判。

---

① 参见四川省高级人民法院（2014）川民终字第 432 号民事判决书。

（一）《合同法》第 167 条的规范意义

1. 规范性质。合同解除权包括约定解除权和法定解除权，《合同法》第 93 条和第 94 条分别对这两种解除权作了规定。前者多数场合是为了防止一方违约而约定解除权，其功能是对法定解除的要件和效果进行修正、缓和或补充。①但在缔约双方经济地位不平等的情况下，又很容易被强势地位一方所滥用，因此有必要规定法定解除权予以补充和矫治。《合同法》第 167 条即赋予了出卖人在特定法律事实成就之时，享有解除合同的法定权利。首先，本条规范属于强制性规范。如果当事人在合同中直接约定与法条不一致，违背法条意旨之时，合同无效；其次，买受人不支付价款的金额达到全部价款五分之一，出卖人享有选择权。如果该买卖对其有利，出卖人亦可选择继续保留在合同中，要求买受人支付全部价款；如果该买卖对出卖人不利，出卖人可行使解除权，使自己不再受合同约束。②当然，二者只能择一行使。

2. 适用范围。通说认为分期付款买卖适用于动产和不动产。③从我国的实际情况来看，分期付款大量适用于动产买卖，如汽车、冰箱、电视机等耐用消费品的买卖。而在不动产买卖中，目前二手房买卖仍有可能适用分期付款的规定。所以，动产和不动产均可适用分期付款买卖。现有规定不足以证明分期付款买卖仅仅适用于消费合同领域。有论者明确指出："我国法律没有规定消费者在合同成立和解除方面的特权，而且《合同法》将分期付款买卖中出卖人的解约权作为一般规定适用于各类买卖合同，显然不再专门针对消费者。"④甚至还有观点进一步认为，《合同法》第 167 条在事实上秉持保护出卖人的价值立场，是对消费者不利的条款。⑤因此，我们无法从实证法层面作出《合同法》第 167 条属于消费者保护条款的论断，原则上《合同法》第 167 条适用于所有类型的合同。

3. 构成要件。《合同法》第 167 条规定的法定解除权构成要件有二：第一，买受人不支付或者迟延支付价金；第二，不支付或者迟延支付的金额达到全部

①　参见韩世远：《合同法总论》（第三版），法律出版社 2011 年版，第 508 页。
②　参见李永军、朱庆育：《合同法学》，高等教育出版社 2011 年版，第 233 页。
③　参见王利明：《合同法研究》（第三卷），中国人民大学出版社 2012 年版，第 140 页；李永军、朱庆育：《合同法学》，高等教育出版社 2011 年版，第 234 页。
④　谢鸿飞：《民法典与特别民法关系的建构》，载《中国社会科学》2013 年第 2 期。
⑤　参见宁红红：《分期付款买卖法律条款的消费者保护建构》，载《华东政法大学学报》2013 年第 3 期。

价款的五分之一。只要这两项要件完全成就，出卖人即可以解除合同。

4. 法律效果。出卖人依据《合同法》第 167 条行使解除权的法律效果有两项：第一，当满足分期付款买卖合同解除权条件时，出卖人可以向买受人提出支付全部价款或者解除合同的要求；第二，合同解除后请求买受人交纳标的物使用费。

（二）指导案例 67 号的裁判理由

指导案例 67 号的基本案情前已述及，其裁判理由主要包括以下四点：

1. 从规范意义上分析，《合同法》第 167 条第 1 款所针对的合同"是多发、常见在经营者和消费者之间，一般是买受人作为消费者为满足生活消费而发生的交易"。根据《合同法》第 167 条第 1 款和《最高人民法院关于审理买卖合同纠纷案件适用法律问题的解释》（以下简称《买卖合同司法解释》）第 38 条的规定，①分期付款买卖合同的显著特征有二：一为标的物先行交付；另一为买受人受领标的物后分两次以上支付价款。指导案例 67 号中案涉股权转让形式为分期付款，但是，股权转让合同是以转移标的物股权所有权为主要内容，与以生活消费为目的的一般买卖不同：其一，汤某龙受让股权并非满足生活消费，而是为了参与公司经营管理以营利；其二，二者之间的风险不同。分期付款买卖中买受人取得标的物所有权时尚未付清全部价款，出卖人面临着预期不能收回价款之风险，且标的物存在毁损灭失之可能；而分期付款股权转让合同由于出卖人所持有的股权一直存在于目标公司，故二者风险有别；其三，由于股权的权利属性，买受人在合同存续期间并未对其加以利用，不构成不当得利，自然就谈不上标的物使用费的返还问题。因此，相较于一般以消费为目的的分期付款买卖合同，股权转让分期付款合同与之区别明显，本案不宜简单适用《合同法》第 167 条关于分期付款买卖合同解除权的规定。

2. 从缔约目的观之，双方订立的《股权转让资金分期付款协议》的合同目的能够实现。受让人于转让人发出解约通知的次日即支付了次笔股权转让款，

---

①　该条规定："合同法第一百六十七条第一款规定的'分期付款'，系指买受人将应付的总价款在一定期间内至少分三次向出卖人支付。分期付款买卖合同的约定违反合同法第一百六十七条第一款的规定，损害买受人利益，买受人主张该约定无效的，人民法院应予支持。"

且按期支付了剩余两期款项。另查明，本案案涉股权已于 2013 年 11 月 7 日变更登记至汤某龙名下。

3. 从诚实信用角度考察，《合同法》第 60 条规定："当事人应当按照约定全面履行自己的义务。当事人应当遵循诚实信用原则，根据合同的性质、目的和交易习惯履行通知、协助、保密等义务。"鉴于双方股权转让合同明确约定"此协议一式两份，双方签字生效，永不反悔"，周某海即使依据《合同法》第 167 条的规定，也应当选择要求汤某龙支付全部价款，而不是解除合同。

4. 从维护交易安全上看，公司的股权交易关涉其他股东对受让人汤某龙的信任（过半数同意股权转让），股东名册记载和工商登记亦会引发社会成本，且汤某龙受让股权后已实际参与公司经营管理、股权也已过户登记在其名下，如果汤某龙没有根本违约行为，撤销合同可能对公司经营管理产生不利影响。

（三）指导案例 67 号裁判理由的初步评判

根据《合同法》第 167 条规范意义的简要解释，指导案例 67 号的裁判理由存在四点明显疏漏：

1. 指导案例 67 号限缩了《合同法》第 167 条的适用范围。指导案例 67 号的裁判要点旗帜鲜明地将分期付款股权转让合同排除在《合同法》第 167 条适用之外，其裁判理由中用大量的笔墨阐述该条仅适用于消费者合同。但据上述分析所示，《合同法》第 167 条一体适用于所有类型的合同，并非仅仅适用于消费者合同。[1]指导案例 67 号在未经充分考证《合同法》第 167 条规范意旨、适用范围、适用条件的前提下，武断地限缩该条的适用范围，有违我国《合同法》对分期付款买卖合同的规范意义。并且，在司法实践中，法院也并未限定《合同法》第 167 条的适用范围，而是一体适用于商事合同领域。[2]解释论上民法分期付款买卖仍有相当广泛之存在空间。[3]

---

① 对此，本章第三部分还将结合《合同法》第 94 条第 3、4 项规定的一般解除权作深入分析，在此不赘。

② 例如，在"红阳建工集团有限公司与江苏富余混凝土拌和浇铸有限公司买卖合同纠纷案"中，双方主体为商事公司，法院援用《合同法》第 167 条据以裁判。参见江苏省高级人民法院（2013）苏商终字第 0182 号民事判决书。

③ 参见邱聪智：《新订债法各论》（上），姚志明校，中国人民大学出版社 2006 年版，第 144 页。

2. 指导案例 67 号混淆了"适用"和"参照适用"。在指导案例 67 号的裁判要点和裁判理由部分，指导案例的撰写者直接使用了"适用"而非"参照适用"。按照《合同法》第 174 条和第 167 条，分期付款股权转让合同应属第 174 条规定的"其他有偿合同"，应当"参照"买卖合同，即《合同法》第 167 条的规定。《买卖合同司法解释》第 45 条规定，法律或行政法规对股权转让等权利转让合同有规定的，依照其规定；没有规定的，可以"参照适用"买卖合同的有关规定。但指导案例 67 号直接使用"适用"而非"参照"或者"参照适用"。在法律术语表达上，"适用"和"参照适用"区别显著。"适用"的前提是待决的案件事实和请求权基础的构成要件完全相同，"参照适用"则说明待决案件虽不在请求权基础所涵盖的案件类型之内，但类型和特征与之具有高度的类似性和等同性。由于买卖合同以动产和不动产等有体物为客体，而股权是一种综合性的民事权利，故二者不可等同。但除标的物不一致外，其他方面均极为类似。因此分期付款转让合同可以"参照"适用《合同法》第 167 条。指导案例 67 号的裁判要点和裁判理由未准确区分"适用"和"参照适用"，属于法律术语使用上的错误。

3. 指导案例 67 号脱离了原二审的裁判理由。司法判例的裁判理由支撑裁判要点，又往往围绕着争议焦点展开。原二审法院在裁判文书中将争议点归纳为"周某海要求解除《股权转让资金分期付款协议》有无事实及法律依据"。二审的裁判理由主要有二：一是周某海与汤某龙于 2013 年 4 月签订的《股权转让资金分期付款协议》不具备分期付款买卖合同中关于"标的物先行交付"的基本特征。[1]二是周某海所提供的证据不能证明其已尽到合理的催告义务，不符合《合同法》第 94 条规定的情形，因此周某海无权解除合同，支持汤某龙的诉讼请求。[2]这与指导案例 67 号裁判理由所指称的交易标的物是物权还是股权、股权作为转让标的物有无商事组织法上的特殊性及对解除权的影响如何没有关系。[3]指导案例 67 号与二审的裁判理由出现了明显的偏颇。指导案例编写人员脱离原二审生效的裁判理由，再造全新的裁判理由，实值审思。如果编写人员认为二审的裁判理由存在不妥或谬误，也应当先指明二审判决事实认定或法律适用上的

---

① 类似案例亦可参见四川省高级人民法院（2014）川民提字第 554 号民事判决书。

② 参见四川省高级人民法院（2014）川民终字第 432 号民事判决书。

③ 参见吴建斌：《指导性案例裁判要点不能背离原案事实——对最高人民法院指导案例 67 号的评论与展望》，载《政治与法律》2017 年第 10 期。

错误，然后再重新详述支撑指导案例 67 号裁判结论的裁判理由，这样有破有立、破立结合，才能达至逻辑上的周延。

4. 指导案例 67 号超越了《合同法》第 167 条之文义。指导案例 67 号裁判理由之三以诚实信用原则认定出卖人应当选择"要求支付全部价款"，而非解除合同。诚实信用原则作为"帝王条款"存在广泛的适用空间。但是，《合同法》第 167 条后半段明确规定"出卖人可以要求支付全部价款或者解除合同"，该第三项裁判理由有两处不妥：其一，自法律适用视角观察，当待决案件法律有具体规定时，应优先适用该具体规定，而不能适用诚实信用原则。①我国《合同法》第 167 条对分期付款买受人要求支付全部价款或解除合同的权利已有规定，指导案例 67 号缘何直接认定买受人应要求支付全部价款，不无疑问。其二，自文义解释视角审视，在《合同法》第 167 条的用语表述中，其采用了"可以"和"或者"，这实际上赋予了出卖人自由选择的权利，即在满足分期付款买卖合同解除的条件时可以要求买受人支付全部价款"或者"解除合同。在此规范语境下，指导案例 67 号直接否定了出卖人的选择权有失偏颇。这无疑属于超越《合同法》第 167 条第 1 款文义范围所作的扩张解释。众所周知，法律解释的最终目的是要确定法秩序的标准意义。②解释法律首先应尊重法条文义，为文义解释，一般须按照词句之通常意义解释；超越法律解释之范围，将进入另一阶段之造法活动。③可见，将文义解释扩展至扩张解释难谓妥当，法院不可以超越法条原有文义作扩张解释，除非提供充分的政策理由和依据。

综上，从指导案例 67 号的裁判理由初步分析中发现，指导案例 67 号旨在保护买受人的价值立场，尽管其判决结论和二审一致，但裁判理由部分存在明显的逻辑矛盾和论证不周延之处，甚至无力支撑其裁判结论。

三、指导案例 67 号裁判理由再质疑

如果说，上述指导案例 67 号之初评还仅仅止于对该案裁判理由"显性漏洞"的罗列，下文将深入该案的细部和本质，并结合一、二审部分裁判理由，

---

① 参见梁慧星：《民法总论》（第五版），法律出版社 2017 年版，第 278 页。
② 参见［德］卡尔·拉伦茨：《法学方法论》，陈爱娥译，商务印书馆 2003 年版，第 202 页。
③ 参见梁慧星：《论法律解释方法》，载《比较法研究》1993 年第 1 期。

对指导案例 67 号的裁判理由作进一步剖析。

（一）"分期付款买卖一般以生活消费为目的"之否定

指导案例 67 号共四点裁判理由，其中第一点裁判理由最为关键，阐述也最为细致周详。核心要点为：《合同法》第 167 条主要适用于以消费为目的的分期付款买卖合同，而分期付款股权转让合同与之判然有别，故案涉《股权转让资金分期付款协议》不宜简单套用《合同法》第 167 条之规定。前述《合同法》第 167 条的适用范围部分已指明该条并非仅仅适用于消费合同。下文再进一步考察《合同法》第 167 条的立法构造，将该条的解除权与《合同法》第 94 条第 3 项和第 4 项一般解除权对比，亦能更清晰地窥见，《合同法》第 167 条并非消费者保护的特别条款。

1.《合同法》第 167 条第 1 款与第 94 条第 3 项之比较。前已述及，《合同法》第 167 条第 1 款的构成要件有两项：（1）分期付款的买受人迟延付款；（2）买受人迟延付款金额达到总额的五分之一。《合同法》第 94 条第 3 项规定可拆分为四个构成要件：（1）迟延履行；（2）履行迟延的债务为主要债务，主要债务系指双务合同中立于对价关系的债务，即给付义务；（3）债权人催告债务人履行；（4）债务人在合理期限内仍未履行债务。①将《合同法》第 167 条第 1 款与第 94 条第 3 项的构成要件对比后发现，两者行使合同解除权的第一个相同要件均要求债务人迟延履行债务。在《合同法》第 167 条第 1 款中，当买受人迟延给付金额达到总价款的百分之二十，出卖人即可以要求买受人支付全部价款或解除合同，无须《合同法》第 94 条第 3 项中的"催告"和"设置合理期限"的程序。由此便会引发这样的结果，假若出卖人援用《合同法》第 94 条第 3 项行使合同解除权，则必须履行催告的义务，且为买受人设置合理的履行期限。买受人在此宽限期届满时仍未履行的，出卖人才有权解除合同。与之相比，《合同法》第 167 条第 1 款为出卖人设置了更为宽松的解除条件，立法旨意明显偏向于出卖人利益之保护。有学者明确指出，缺乏"催告"程序使分期付款买卖中的买受人处于比普通买卖中买受人更为不利的法律地位。②

2.《合同法》第 167 条第 1 款与第 94 条第 4 项之比较。二者在解除权行使要

---

① 参见韩世远：《合同法总论》（第三版），法律出版社 2011 年版，第 516—517 页。
② 参见宁丽红：《分期付款买卖法律条款的消费者保护建构》，载《华东政法大学学报》2013 年第 2 期。

件上相同，均为债务人迟延履行债务，只是《合同法》第 167 条第 1 款要求迟延付款金额达到全部金额的五分之一，《合同法》第 94 条第 4 项要求合同因迟延履行导致目的不能。在这种情况下，合同约定的履行时间对合同目的的实现影响较大，超过履行合同的期限履约已无意义。在分期付款买卖合同中，即使出卖人行使要求支付全部价款或解除合同之选择权的条件得以满足，付款的迟延并非就导致合同目的不能实现。试想，如果本案中双方主体就股权转让再次交涉达成一致，完全可以实现合同目的。况且《合同法》第 109 条和第 159 条也为出卖人提供了救济途径。因此，即使出卖人不能以"不能实现合同目的"为由援引《合同法》第 94 条第 4 项解除合同，但依然可以援用分期付款买卖合同解除权以解除合同。这亦同样说明《合同法》第 167 条第 1 款比第 94 条第 4 项设置了更为宽松的解除要件。

综上，通过前文第二部分《合同法》第 167 条适用范围部分的论述，再结合《合同法》第 167 条与第 94 条第 3、4 项构成要件的比较分析，可以证实，《合同法》第 167 条的规范目的更偏重于出卖人利益的保护。指导案例 67 号裁判理由之一认为《合同法》第 167 条仅适用于以生活消费为目的的消费合同，是偏离规范意义和立法目的的不当解释。

（二）分期付款买卖合同"先货后款"本质之误判

分期付款买卖本质是一种信用交易，与一般买卖不同。主要体现在两方面：一是买受人价款的分期支付性。也就是说，标的物交付后，买受人至少应按两期以上支付价款。此为股权转让分期付款合同能否参照适用分期付款买卖合同的核心之一。二是物先交付性。分期付款买卖系"当事人以特约约定由买受人受领标的物，并以分期方式支付价金之全部或一部的买卖"。[1]《合同法》及其相关司法解释对物先交付特征虽未具明文，但我国司法实务对分期付款买卖合同"物先交付"之特征通常予以认可。[2]

---

[1] 参见黄立：《民法债编各论》（上），中国政法大学出版社 2003 年版，第 128 页。

[2] 参见最高人民法院（2012）民再审申字第 310 号民事判决书；四川省高级人民法院（2014）川民终字第 432 号民事判决书；江西省高级人民法院（2017）赣民申第 241 号民事判决书；北京市第三中级人民法院（2016）京 03 民终 4489 号民事判决书；北京市第三中级人民法院（2017）京 03 民终 8895 号民事判决书；内蒙古自治区赤峰市中级人民法院（2014）赤民再字第 22 号民事判决书；陕西省西安市未央区人民法院（2014）未民初字第 14317 号民事判决书；广西省壮族自治区田东县人民法院（2013）东民二初字第 479 号民事判决书。

前已述及本案的案由、诉讼请求及系争股权价款支付方式，此处不再赘述。值得注意的是，本案系争股权于 2013 年 4 月 3 日股权转让协议订立时尚未发生变动，该分期付款股权转让合同并不符合分期付款买卖合同物先交付性的特征。但是，自 2013 年 11 月 7 日完成股权变更登记后，股权已由周某海实际转移至汤某龙名下，股权实际发生了变动，仅仅两期款项尚未支付而已。因此，本案分期付款股权转让合同全部具备了分期付款买卖合同特征的时间点应自 2013 年 11 月 7 日起算。在此之前，买受人汤某龙的付款在性质上还属于预付款，分期付款买卖尚未成立。①周某海于 2013 年 10 月 11 日提出的解除合同之请求实际上发生在案涉合同具备分期付款特性之前，并不满足分期付款买卖的要件，自然无理由适用《合同法》第 167 条之解除权。这应当是案涉股权转让协议不适用《合同法》第 167 条之根源。在本案三级法院的裁判文书中，只有二审法院洞察到该点，认为本案并不具有分期付款买卖合同"物先交付"的特性，故不存在参照适用我国《合同法》第 167 条的前提条件。二审法院不参照适用《合同法》第 167 条是正确的，值得肯定。

但是，令人匪夷所思的是，指导案例 67 号的裁判理由之一在论述分期付款买卖的三项特征时，仅仅指出分期付款买卖的核心特征为"总价款支付分三次以上，出卖人交付标的物后买受人分两次以上向出卖人支付价款"。对"物先交付"这一核心特征，却语焉不详。尽管在裁判理由中阐释分期付款买卖特征时，提及了"总价款分三次以上支付，标的物交付后买受人分两次以上支付价款"以及"出卖人向买受人授予了一定信用，而作为授信人的出卖人在价款回收上存在一定的风险，为保障价款得以收回，一定条件下出卖人可行使解除合同的权利"。似乎可以推断出，指导案例 67 号隐约承认了本案分期付款股权转让买卖"物先交付"的特征（尽管与实际案情不符）。但是紧随其后在阐述本案不适用《合同法》第 167 条的裁判理由时，却又南辕北辙、风马牛不相及了。其接下来未进一步指明指导案例 67 号是否符合分期付款买卖合同的特征，转而论述股权转让合同与一般买卖合同的不同之处，如受让人取得股权的目的是为了参与公司经营，出卖人周某海所持有的股权一直存在于目标公司等特点，进而得出本

---

① 参见钱玉林：《分期付款股权转让合同的司法裁判——指导案例 67 号裁判规则质疑》，载《环球法律评论》2017 年第 4 期。

案不适用《合同法》第167条规定的分期付款买卖合同解除权规定的结论，前后论证逻辑存在着明显的断裂和矛盾。指导案例67号的裁判理由处处意在辨清股权转让合同不同于一般买卖合同的特殊性，似乎有意提示本案蕴含着商事组织法和团体法交易不同于一般民事合同交易的商事裁判理念和思维，尽管用意良善，但是本案的重心并不在于阐释民商区分的裁判思维和逻辑。指导案例67号在归纳、提炼裁判要点，阐释裁判理由时偏离了问题的关键和核心，未能准确承袭和解读原二审法院的裁判理由和裁判要点，以"物先交付"这一分期付款买卖合同的核心特征作为本案不适用《合同法》第167条的直接理由，对分期付款买卖合同"先货后款"的本质特征存在明显的误读和错判。

（三）《合同法》第94条与第167条适用之混淆

指导案例67号还存在着对《合同法》第94条混淆适用的问题。

本案原告汤某龙收阅了被告周某海送达的《关于解除协议的通知》后，次日即偿付了第二期股权转让款，并在双方约定的期限给付了后续的股权转让款，请求周某海继续履行合同义务。不可否认的是，2013年10月12日汤某龙虽然付清了第二期股权转让款，但是已经超过了合同约定的付款日期两个月，构成履行迟延。回顾本案三级法院的案情和裁判理由，一审当事人实际上是依据《合同法》第123条的"引致条款"，[①]转而援用《合同法》第94条有关合同解除的一般规定主张解除合同。但是，一审法院最终认定股权转让人周某海享有合同解除权，理由是援用《合同法》第167条的解除权之规定。一审法院却毫无根据地参照《合同法》第167条的规定，认定股权转让人周某海享有合同解除权。一审法院未能严格审查《合同法》第167条的适用前提和要件，存在规范适用上的明显错误。二审四川省高级人民法院则独辟蹊径，抓住了本案股权并未实际交付之要点，即不符合分期付款买卖之"先货后款"的情节，进而否定适用《合同法》第167条，收到了"四两拨千斤"的效果。[②]最高人民法院在受理了周某海的申诉请求之后，最终还是驳回了其申诉意见。但是明显不如二审

---

① 《合同法》第123条规定："其他法律对合同另有规定的，依照其规定。"

② 参见吴建斌：《指导性案例裁判要点不能背离原案事实——对最高人民法院指导案例67号的评论与展望》，载《政治与法律》2017年第10期。

法院裁判说理精确。

如前所述，《合同法》第 94 条和第 167 条在规范意义上区别显著，二者虽然都是合同解除权之规定，但前者为一般解除权，后者专门适用于分期付款买卖合同解除权，实质要件并不相同。《合同法》第 167 条规定的解除权，只要符合分期付款买卖的特征，且未支付价款占总价款五分之一时，出卖人即可行使；而《合同法》第 94 条之解除权还需要"经催告后在合理期限内仍未履行"或"致使合同目的不能实现"等要件成就后，方可行使解除权。指导案例 67 号裁判理由第二点和第四点从缔约目的和交易安全考察，运用了诸如"合同目的不能实现"与"根本违约"的表述，这些表述本应当成为本案适用《合同法》第94 条规定而不适用第 167 条的理由，但是通读指导案例 67 号全文，《合同法》第 94 条根本未在指导案例 67 号的"裁判理由"和"裁判要点"部分中出现，仅仅罗列在"相关法条"部分。仔细斟酌后发现，指导案例 67 号的裁判理由实质是在说明本案适用《合同法》第 94 条的理由，并未说明该案不适用《合同法》第 167 条的理由，却得出了本案不适用《合同法》第 167 条的裁判结论，难免有张冠李戴之嫌。

（四）维护交易安全之价值判断过于武断

指导案例 67 号第四点裁判理由认为，从维护交易安全的角度，考虑到"股权转让的程序特征（过半数同意股权转让）""股权登记""社会成本"及"公司经营管理的稳定"等诸因素，不支持周某海依据《合同法》第 167 条之规定解除股权转让合同，直观上看，似乎不无道理。但据前文分析所示，指导案例67 号的裁判理由之四并非上述二审判决否定出卖人周某海适用我国《合同法》第 167 条合同解除权的理由。二审否定周某海合同解除权的主要因由在于本案不具备分期付款买卖合同的特征和构成要件，因此无法适用《合同法》第167 条，二审裁判理由和指导性案例的裁判理由可谓南辕北辙。

其实，观察指导案例 67 号的第四点裁判理由，不难发现其中蕴含着最高人民法院对公司法律关系变化的关切，显示出分期付款股权转让合同纠纷不同于一般买卖合同纠纷的民商区分的裁判思维和裁判理念。其第四点裁判理由主要考虑到股权已变更，即股权已经发生了转让；再者，社会成本和公信力的影响亦难消除。故否定了股权转让人周某海的解除权。应当说，司法裁判不拘泥于案件本身,并能从民商区分和社会关系整体性的角度考量裁判结果可能产生的影响,体现了司法裁判者的能力素养和责任担当。①但亦存在三点重大不妥:第一,指导案例 67 号裁判理由之四以维护交易安全为由,否定本案不适用《合同法》第 167 条的合同解除权,但本案争议的焦点与交易安全这一商法原则无涉,裁判理由之四背离了系争案件事实和裁判要点。其二,本案虽然属于分期付款股权转让合同纠纷,但并不具有典型性和代表性,将之遴选为指导案例能否发挥应有的功能,似乎尚有斟酌和探讨的余地。最高人民法院虽意图通过本案彰显商事股权转让合同纠纷有别于一般买卖合同纠纷的独特的商事裁判思维和理念,但是在具体案例类型的选用和择取上有待商榷。其三,退一步观之,按照公司法的基本原理,公司所有权与经营权的分离是现代公司的核心特征之一,但这并未否定公司所有者股东参与到公司治理过程中来。因此,法官在个案裁判中,就必须妥当地平衡好《合同法》赋予的当事人的合同解除权与《公司法》所追求的公司经营管理稳定二者之关系。

四、指导案例裁判理由的基本要求

裁判理由作为认定案件事实、确定法律适用的依据,必须充分周密且经得起质疑和检验。唯有如此,方可发挥指导案例对后续类似案件的指导性和辐射能力。通过对指导案例 67 号的分析,见微知著,指导案例裁判理由应当符合以下约束要件和基本要求。

(一)裁判理由应以裁判要点和关联法条为中心

指导案例通常由标题、关键词、裁判要点、相关法条、基本案情、裁判结果和裁判理由七个部分构成。②其中,裁判理由与关联法条、裁判要点关系最为密切,裁判理由往往要结合关联法条说明裁判要点。

指导案例 67 号的裁判要点概括为分期付款股权转让合同之解除不适用《合

---

① 参见钱玉林:《分期付款股权转让合同的司法裁判——指导案例 67 号裁判规则质疑》,载《环球法律评论》2017 年第 4 期。
② 参见《〈最高人民法院关于案例指导工作的规定〉实施细则》第 3 条。

同法》第 167 条之规定，关联法条为《合同法》第 167 条。从序列上看，裁判理由部分紧随裁判要点部分之后，关系紧密自不待言。指导案例 67 号的裁判理由第一点着力解释了《合同法》第 167 条第 1 款分期付款买卖的三项主要特征，随后从分期付款转让合同相比一般买卖合同之特殊性角度，分析了《合同法》第 167 条不适用本案的理由，并试图将该条的适用范围仅限于消费者保护合同，这显然误读了《合同法》第 167 条的规范意义。客观而言，第一点裁判理由确实紧密围绕裁判要点和关联法条展开论述。至于第二点、第四点裁判理由分别从缔约目的和交易安全的维度否定周某海的合同解除权，明显脱离了原审三级法院裁判的焦点，未能紧密围绕本案的裁判要点和《合同法》第 167 条展开论述。

指导案例作为最高人民法院在既有制度架构和司法体制基础之上进行的一种创新举措，要充分发挥其在"统一法律适用标准、解决'同案不同判'的司法窘境、提升司法效率和维护司法公正"等方面的功能。①裁判理由围绕裁判要点和相关法条为中心展开是最基本和一般的要求。如果裁判理由动辄脱离裁判要点和相关联的请求权基础任意发挥，后续如何发挥指导案例对各级法院在类似案件上的指导性，久而久之，亦将会损及案例指导制度的权威及应有价值。

（二）裁判理由应继受和完善生效裁判理由

指导案例的生成是最高人民法院自上而下遴选的产物，是否遵循原案本意值得深究。指导案例 67 号的裁判要点毫无根据地改变了《合同法》第 167 条的适用范围，与原审生效判决之间存在明显的脱节甚至断裂。一审法院认为本案的争议焦点是：转让人周某海提出解除合同有无根据，其请求解除《股权转让资金分期付款协议》的行为能否生效。二审法院认为本案争议焦点是：周某海要求解除股权转让协议是否具有事实和法律上的依据。最高人民法院驳回申诉裁定则认为：该案不应当适用我国《合同法》第 167 条。仔细研阅三审法院判决书后不难发现，原三审法院得出的本案的诉争点，主要涉及我国《合同法》第 94 条和第 96 条指称的法定合同解除权，至多涉及《合同法》第 167 条的特殊

---

① 参见胡云腾、于同志：《案例指导制度若干重大疑难争议问题研究》，载《法学研究》2008 年第 6 期。

的合同解除权，与交易标的物是有形物还是无形权利、股权作为转让标的物有无商事组织法上的特殊性及其对解除权的影响如何没有关系。①指导案例作为以行政方式加工遴选的产物，应尊重和承袭原审判决的裁判理由和裁判要点。

但是，指导案例的裁判理由又不完全等同于生效裁判的理由。普通民商事案件裁判书中的裁判理由是案件承办法官对裁判结论的分析和说理，涉及对事实和适用法律的分析和认定，其目的是说服当事人。②而指导案例的裁判理由不涉及具体案件事实的认定，其目的是对裁判要点的说明，以使后续案件承办人能够准确地理解和适用裁判要点，最终实现"同案同判"效果。因此，指导案例的裁判理由应当准确、客观、凝练，应当在已生效裁判理由基础上进一步提炼和完善，如此方能为后续类似案件的审理提供指引和参照。

（三）裁判理由应紧扣请求权基础构成要件

通常认为，法官在裁判案件时首先应查明案件事实，之后是适用法律。法官在编写裁判理由时可能会割裂案件事实认定与法律适用之关联。③但是在司法审判实践中，事实认定与法律适用是不可分割的过程，侧重任何一方均有失偏颇。以请求权为线索，发现案件事实，明确可供援用之法律规范为一种可采的进路。

与之有别，德国的法官在给付之诉判决中，对诉由探讨通常先写明请求权基础，然后述明该法律规范的构成要件，并确认这些要件是否得到满足，随后逐项对各要件进行涵摄。④德国的整个判决理由都在重复"三步骤程序"。先写明规范基础，随之给出定义，然后进行涵摄。⑤涵摄是一种思考路径，即司法三段论：法律作为前提，事实作为基础，裁判作为结论。⑥若诉有理，则法官通过每一项构成要件来查明具以满足该要件的案件事实有哪些，以及通过何种方式认

---

① 参见吴建斌：《指导性案例裁判要点不能背离原案事实——对最高人民法院指导案例 67 号的评论与展望》，载《政治与法律》2017 年第 10 期。

② 参见鲁小江、周哲斯：《商事指导案例"裁判理由"的规范化》，载《中国应用法学》2017 年第 4 期。

③ 参见周翠：《民事指导性案例：质与量的考察》，载《清华法学》2016 年第 4 期。

④ Stein, JuS 2014，320，321ff.

⑤ Vgl. Knöringer, Die Assessorklausur im Zivilprozess, 12. Aufl., 2008，S.93.

⑥ Zöller/Vollkommer，& 546 Rn.6.

定这些案件事实。如果存在多个请求权基础，法官应当审查最易得出肯定结论和审查范围最狭窄的那个请求权基础。[①]指导案例 67 号未能准确地判定系争案件事实的请求权基础是《合同法》第 94 条还是第 167 条，亦未能对第 94 条和第 167 条的构成要件作细致的分析和比较，同时还误读了《合同法》第 167 条的适用前提和本质。在没有抓住分期付款买卖合同"先货后款"这一特征的情况下，对本案分期付款股权转让合同能否"参照"适用分期付款买卖合同详加甄别，最终由编写人员脱离原审法院的裁判理由和裁判要点，自己创造全新的裁判理由，背离了案件事实和裁判要点。

（四）裁判理由应客观准确地反映司法实践

近年来，我国裁判文书的制作越来越规范，但判决书的裁判说理部分仍然比较粗疏空泛。虽然某些裁判文书中也有法律事实、构成要件的详细论述，但大多数仍缺乏对法院已判决案例细致的实证分析。指导案例 67 号裁判理由最失当之处，即将分期付款买卖主要认定适用于生活消费领域。为验证上述裁判理由和观点是否与我国民商司法实践相吻合，已有学者在中国裁判文书网以"分期付款买卖合同纠纷"案由为检索对象，并以关键词"《中华人民共和国合同法》第一百六十七条"进行全文搜索后发现，截止到 2017 年 4 月共检索到的 199 份民事判决书，以生活消费为目的的分期付款买卖纠纷仅 14 件（仅占 7%），而以生产经营目的之需的有关运输车辆、工程机械设备等货物分期付款买卖合同共 185 件（占 93%）。[②]这说明指导案例 67 号的裁判理由和司法实践出现了较为明显的脱节甚至背离。裁判理由作为待决案件裁判结论正当性的说理依据，其意义重大，自不待言。指导案例裁判理由应当客观、准确地反映司法实践的需求。

五、结　　语

实现法律适用的统一和同一，追求"同案同判"的自然正义，这是法治国

---

① 　Vgl. Stein, JuS 2014，320，320.

② 　参见钱玉林：《分期付款股权转让合同的司法裁判——指导案例 67 号裁判规则质疑》，载《环球法律评论》2017 年第 4 期。

家追求的核心目标，我国的案例指导制度亦不例外。裁判理由是结合具体案件对相关法条作出的解释，有自身独特的表达逻辑和基本要求。我国民商事指导案例的裁判理由仍有较大的提升和改造空间。本章以指导案例67号为例，分析其裁判理由生成中存在的问题，试图从个案到一般，探索我国案例指导制度裁判理由的基本要求，希冀能对案例指导制度裁判理由的完善有所启迪。

笔者注：《民法典》实施后因《合同法》已经废止。原《合同法》第167条经略微修改后已被《民法典》第634条所完全吸收。但是考虑到指导案例67号发布于《民法典》实施之前，该案一审、二审引用的均为《合同法》条文。为使读者了解该案一审、二审法律适用的原貌，因此对本章中涉及的《合同法》条文未作改动。修改前后的条文对应如下：

【《民法典》第634条】：分期付款的买受人未支付到期价款的数额达到全部价款的五分之一，经催告后在合理期限内仍未支付到期价款的，出卖人可以请求买受人支付全部价款或者解除合同。出卖人解除合同的，可以向买受人请求支付该标的物的使用费。

【《合同法》第167条】：分期付款的买受人未支付到期价款的金额达到全部价款的五分之一的，出卖人可以要求买受人支付全部价款或者解除合同。出卖人解除合同的，可以向买受人要求支付该标的物的使用费。

第十章　出资未届期股权转让后出资责任之主体

——兼谈合同法与组织法思维之界分

　　我国 2013 年年底将有限制的认缴制改为完全认缴制，章程确定的注册资本一次性认缴后无需实缴，至于实缴期限交由股东自治决定。该情形下出资未届期即转让股权变得比较常见。①股权转让后由谁承担未届期出资义务呢？《公司法》及司法解释均未具明文。尽管资本制度改革已经引发了理论和实务界的广泛关注，但大多聚焦于债权人保护②和出资义务加速到期问题上，③对未届期股权转让后的责任承担关注者寥寥。本章在梳理既有观点的基础上，明辨其请求权基础并就出资未届期股权转让后的出资责任之主体略述管见。

一、出资未届期股权转让后出资责任主体观点之述评

　　以"出资未届期""股权转让"等为关键词在北大法律信息网、中国裁判文书网、无讼案例数据库检索，共收集到相关案例 40 个（剔除无关、说理粗糙案

---

　　① 本书仅指有限责任公司和发起设立股份公司股权对外转让，募集设立股份公司实行实缴制，因此不予涉及。

　　② 参见甘培忠：《论公司资本制度颠覆性改革的环境与逻辑缺陷及制度补救》，载《科技与法律》2014 年第 3 期；黄辉：《公司资本制度改革的正当性：基于债权人保护功能的法经济学分析》，载《中国法学》2015 年第 6 期。

　　③ 参见蒋大兴：《论股东出资义务之"加速到期"——认可"非破产加速"之功能价值》，载《社会科学》2019 年第 2 期；李建伟：《认缴制下股东出资责任加速到期研究》，载《人民司法·应用》2015 年第 9 期；钱玉林：《股东出资加速到期的理论证成》，载《法学研究》2020 年第 6 期。

例 5 个），直接涉及出资责任纠纷案件 18 个，由出资责任引发的股权转让纠纷 17 个。最后访问数据库的时间是 2019 年 5 月 25 日。在 18 个直接涉及出资责任纠纷案件中，有 9 个案件判决由受让方承担出资责任，3 个案件由转让方承担责任，5 个案件由转让方与受让方承担连带责任，还有 1 个案件未言明由谁承担责任。在 17 个由出资责任引发的股权转让纠纷中，有 10 个案件说明了由转让方或者受让方承担出资义务，其余 7 个均存在不同程度的说理模糊。整理如下：

（一）既有观点的类型化整理

1. 转让股东担责说

未届期出资本质系转让股东对公司的债务，股权转让合同是转让股东与受让股东之间的法律关系。根据债之相对性原理，股权转让合同不能免除第三人公司之债权，即便股权转让时股东和公司配合办理股权变更登记手续，亦是对法定义务之履行，而非对未届期出资义务转让之同意。① 在"中房联合置业集团有限公司与内蒙古奥翔矿业有限公司等借款合同纠纷案"中，二审法院认为，根据我国《公司法司法解释（三）》第 13 条第 2 款和第 19 条（现第 18 条）之规定，中房联合公司已经将其持有的中房金控公司的股权转让，但是无论转让时出资期限是否届期，股权转让并不能免除股东本身对公司的出资义务。② 在"崔某利、淄博汇顿国际贸易有限公司股东出资纠纷案"中，法院认为，根据《公司法司法解释（三）》第 18 条股东出资义务未届期即转让股权的，转让股东的出资义务不得因股权转让而解除，公司仍有权请求转让股东履行出资义务……上诉人以其出资义务尚未到期的情况下转让股权，不属于出资期限届满而不履行出资义务之情形，不应对汇顿公司承担出资责任的主张与上述规定不符，本院不予支持。③

2. 受让股东责任说

出资未届期的股权转让属于"合法"转让，转让方享有期限利益，在出资义务届期前并无出资义务。只要转让内容和程序合法并完成了股权变更手续，

---

① 参见李志刚等：《认缴资本制语境下的股权转让与出资责任》，载《人民司法（应用）》2017 年第 13 期。

② 参见北京市中级人民法院（2018）京民终 403 号民事判决书。

③ 参见山东省高级人民法院（2018）鲁 03 民终 1633 号民事判决书。

原出资（认股）协议项下的权利义务概括转移至受让方，受让方成为公司的新股东取得股东地位和资格，理应对未届期出资承担出资责任。即便受让方承担责任后，亦不能向转让方追偿。无论公司或者公司债权人均不能要求转让方履行出资义务或承担加速到期责任。①实践中，绝大多数支持由受让股东承担未届期出资责任。②在"绿能高科集团有限公司、孙某科企业借贷纠纷案件"中，二审法院认为，安徽控股和中能控股签订《股权转让协议》，将其持有99%的股权转让给中能控股，并将股东权利义务一并转让，故未届期出资义务由中能控股承担，原审查明该事实情况下仍然判令安徽控股在对安投资本未出资到位的6930万元内承担补充赔偿责任，缺乏事实和法律依据，处理不当，应予以纠正。③最高人民法院再审亦支持这一主张。④在"易宏塑胶五金制品（昆山）有限公司与江苏亚辉轻合金科技有限公司、郭某辉等买卖合同纠纷案"中，一审法院认为，被告郭某辉、林某、朱某冰在为被告亚辉公司股东期间已经依照公司章程规定按期足额缴纳了各自认缴的出资额。依据现有证据，郭某辉、林某、朱某冰在股权转让前并不存在未履行或者未全面履行出资义务之情形，股权转让后郭某辉、林某、朱某冰不具有股东资格，既无法完成补缴义务，也无法完成减资等行为，故出资义务由股权受让方联合公司承担。⑤

3.连带责任说

公司或公司债权人可以请求转让方和受让方承担连带出资责任。公司债权人权利类似于代位权，无论债权形成在股权转让前还是转让后，均应承担连带责任。在"成都同美誉投资管理有限公司与涂某章、宋某秀、四川省意邦电子科技有限公司民间借贷纠纷案"中，四川省高级人民法院认为，黄某对未届期出资享有期限利益，该期限利益仅能对抗公司和股东但是不能约束第三人。尽

---

① 参见李志刚等：《认缴资本制语境下的股权转让与出资责任》，载《人民司法（应用）》2017年第13期。

② 参见最高人民法院（2016）民再301号民事判决书；上海市第一中级人民法院（2011）沪一中民四（商）终字第363号民事判决书；广东省高级人民法院（2017）粤71民终151号民事判决书；厦门市中级人民法院（2011）厦民终字第2498号民事判决书；浙江省高级人民法院（2017）浙04民终1929号民事判决书。

③ 参见河南省高级人民法院（2015）豫法民一终字第00120号民事判决书。

④ 参见最高人民法院（2016）民再301号民事判决书。

⑤ 参见江苏省昆山市人民法院（2013）昆商外初字第0059号民事判决书。

管黄某已经足额缴纳了届期出资额，但未缴纳其认缴的全部出资额，在其足额缴纳出资差额前，皆属未全面履行出资义务，且黄某将其持有股权转让给同美誉公司后，同美誉公司亦未缴纳该出资。无论出资期限是否届至，在公司未能清偿时，黄某和同美誉公司仍需在认缴出资差额本息范围内对债权人承担连带责任。[①]在"雷某波、雷某绪与曾某波案外人执行异议之诉案"中，华美医信公司的注册资本为 100 万元，股东雷某绪认缴 91 万元，出资截至时间为 2020 年 3 月 25 日。2016 年 7 月 7 日，雷某波将其持有的股权全部转让给雷某绪。法院认为，原告雷某波在未依法履行出资义务的情况下，将股权转让给华美医信公司的现股东雷某绪，现华美医信公司财产不足以清偿生效法律文书确定的债务，故依据《最高人民法院关于民事执行中变更、追加当事人若干问题的规定》第 19 条，[②]追加原告雷某波、雷某绪为本案的被执行人，就雷某波未依法履行的出资义务承担连带责任。[③]

4. 区别责任说

未届期股权转让因涉及公司债权人利益之保护，最终出资责任应当依据债权形成和股权转让时间先后而论。若债权形成在先，推定公司债权人可以向转让股东主张出资责任，因在先债权人信赖的是转让（登记）股东的出资承诺，尤其在一些巨型公司、跨国公司、国有企业设立的子公司以及知名人士出任股东的公司，确实会因特殊身份获得额外的市场/交易信用；如果债权形成时间在后，不能向出让股东主张出资责任。债权形成于股权转让后债权人对股东的认缴和实缴资本信息可以通过工商登记、公司章程、企业信用信息公示系统查知，亦不存在转让方在认缴期限届至前转让股权以规避出资义务问题，转让股东无需担责。

5. 发起人不免责说

该说未言明未届期出资责任的承担主体，仅强调在转让方为发起人的情况

---

① 参见四川省高级人民法院（2016）川民再 232 号民事判决书。

② 该条规定："作为被执行人的公司，财产不足以清偿生效法律文书确定的债务，其股东未依法履行出资义务即转让股权，申请执行人申请变更、追加股东或依公司法规定对该股东或依公司法规定对该出资承担连带责任的发起人为被执行人，在未依法出资的范围内承担责任的，人民法院应予以支持。"

③ 参见四川省成都市高新技术开发区人民法院（2017）川 0191 执异字第 100 号民事裁定书。

下，即便股权转让行为合法亦不能当然免除发起人的责任，这主要乃是基于资本充实/维持原则之要求。发起人既要就自己违反出资义务的行为对其他股东承担违约责任，又要对公司资本的充实相互承担出资担保责任。①资本充实责任作为仅适用于发起人的特殊责任形式，性质上属于法定责任、无过错责任、连带责任，②不因股权转让合同免除。

（二）对既有观点优劣之评判

第一，转让股东担责说可以类型化为二：（1）受让方在"不知情"情况下无需担责，未届期出资义务由转让方承担。（2）受让方在"知道"或"应当知道"情况下，③根据《公司法司法解释（三）》第18条第1款公司请求转让方履行出资义务并要求受让方承担连带出资责任，人民法院应当支持；公司债权人依据《公司法司法解释（三）》第13条第2款向转让方提起诉讼，同时要求受让方承担连带责任的，人民法院应当支持。

该说优点在于突出了出资未届期股权转让时转让方的责任并敏锐观察到了出资义务的债务属性。股东已经认缴但尚未届期的出资在性质上是对公司及公司债权人的一种附履行期限或者附条件的债务。股东出资认缴行为是对公司、其他股东和公司债权人的一种"认缴承诺"。股东应当依约定按时足额缴纳自己认缴的出资额。公司债权人正是基于信赖股东对认缴出资期限之承诺才与公司交易。因此，公司债权人基于认缴承诺产生的信赖利益理应受到法律保护，出资未届期股权转让不能侵害公司债权人的信赖利益。基于此，《公司法》第31条、第32条要求股东出资证明书和股东名册载明股东的认缴（购）出资额，《公司注册资本登记管理条例》第2条第1、2款亦要求登记全体股东的认缴（购）出资额。但是转让股东担责说亦存在明显不足：（1）法理上难谓圆通。在股权全部转让的情形下，转让完成后既然转让方已经退出公司，不再具备股东地位和资格，缘何还要对转让前未届期的出资继续承担出资责任？如果罔顾转让方已经退出公司之事实仍然责令继续承担出资责任，无疑会妨碍股东退出自

---

①　参见赵旭东主编：《公司法学》，高等教育出版社2004年版，第123页。

②　参见陈甦：《公司设立者的出资违约责任与资本充实责任》，载《法学研究》1995年第6期。

③　该情形下"转让股东担责说"和"连带责任说"内涵相重叠。

民法典时代民商关系论

由、阻碍股权流通并与投资自愿原则相悖。（2）该说将判断受让方担责与否的依据诉诸受让方对"出资未届期"这一事实是否"知道"或者"应当知道"，受让方"知道"或者"应当知道"属于价值判断，诉讼程序中公司或者公司债权人如何举证是难题。

第二，受让股东责任说看到了股权转让约定性的一面，只要股权转让行为合法，出让方出资（认股）协议下未届期出资义务转移至受让方。如果转让方将全部股权份额转让给受让方，则是免责的债务承担，结果是转让方出资承诺的免除和受让方对未届期出资义务的继受；如果转让方将部分未届期出资股权份额转让给受让方，则是并存的债务承担，转让方在剩余的承诺出资部分和受让方在受让的未实缴出资的部分对公司承担出资责任。

但是该说将债务承担原理完全套用在股权转让上，以民法（合同法）思维处理商法问题，忽视了股权转让不同于物权转让的特殊性及《公司法》的团体法/组织法属性。股权作为《公司法》赋予股东的一种和所有权、债权、社员权并列的独立的商事权利，是以出资为对价获得的。[1]它兼具人身权和财产权两个维度。[2]股权转让涉及股东、公司、公司债权人多元主体之利益平衡。该说将股权转让视为转让方和受让方关于"股权"这种特殊财产权让渡的双务合同，存在重大不足：（1）"股权转让行为"不等于"股权转让合同"，转让合同有效不能当然发生股权变动的法律效果，前者属于负担行为，后者属于处分行为。在股权转让合同成立并且生效后，如欲发生股权变动的法律效果，尚需通知公司并经过公司的同意等若干环节。（2）股权转让合同是转让方和受让方双方法律关系，未届期出资义务是转让股东对公司而非其他股东或债权人义务，[3]不能基于股权转让合同免除该义务。

第三，连带责任说虽然符合风险自负和责任自担的私法原理，但既然股权转让发生在转让方和受让方之间，理应由二者对公司承担连带出资责任并在认缴出资范围内就公司债务不能清偿部分对公司债权人承担补充责任。该说的法律适用简洁、司法成本较低且能为公司和公司债权人提供较为周全的保护，但是这种"一刀切"的责任承担方式却存在将复杂问题简单化之嫌疑。双方承担

---

① 参见雷兴虎主编：《公司法新论》，中国法制出版社 2001 年版，第 83 页。
② 参见郑玉波：《公司法》，台北三民书局股份有限公司 1999 年版，第 106 页。
③ 参见朱慈蕴：《股东违反出资义务应向谁承担违约责任》，载《北方法学》2014 年第 1 期。

连带责任的基础何在？对于已经通过股权转让退出公司多年的出让方，如果事后还要无期限追究其出资责任，显然不利于交易秩序之稳定。公司诉请出让方和受让方承担连带责任、公司债权人诉请转让方和受让方承担补充责任的请求权基础是《公司法司法解释（三）》第 18 条第 1 款。该说虽然观察到了公司和股东对公司债权人责任承担之差异，但是《公司法司法解释（三）》第 18 条第 1 款适用的前提是股东"未履行或者未全面履行"出资义务即转让股权，"出资义务未届期"能否涵盖其中？补充赔偿责任又是一种什么性质的责任？转让方的担责基础尚待进一步释明。

第四，发起人不免责说和转让股东责任说、连带责任说存在交叉和重叠之处。如果忽略发起人身份的特殊性，该说可以归于转让股东担责或者连带责任说下。但是考虑到发起人在公司设立中的特殊地位，故将其单列。发起人作为公司创设股东，通常享有比其他股东更多的特权和权利。在权力配置方面，基于发起人的地位和身份享有公司设立的业务执行权，如制定公司章程，办理公司设立申请和变更手续、主持召开创立大会等；在权利配置方面，发起人享有费用返还请求权、劳务报酬支付请求权、非货币出资特权、股权结构设计权、优先分配股息和红利的权利、自认优先股或者后配股等一系列权利。[1]因此自然应当承担更多的义务和责任。但是该说仅仅指明了发起人不免责，对转让方和受让方出资义务分配未作进一步释明。

第五，区别责任说貌似一种折中路径，该说在是否要求转让股东承担出资责任问题上附加了依债权形成时间和股权转让时间先后顺序这一条件。但是单纯从股权转让和债权形成时间之先后来判断公司债权人可否向出转股东要求承担出资责任，缺乏法理基础和实证法依据，亦缺乏司法实践支撑。[2]

二、出资未届期股权转让后出资责任主体请求权基础之否定

归纳出资未届期股权转让后出资责任主体的理论纷争和裁判歧见，涉及的

---

① 参见施天涛：《公司法论》，法律出版社 2012 年版，第 123 页；李建伟：《公司法学》，中国人民大学出版社 2009 年版，第 69 页。

② 区别责任说理论障碍的分析，详见王东光：《论股权转让人对公司债权人的补充责任》，载《法律科学》2020 年第 2 期。

请求权基础有三：一是扩张解释《公司法司法解释（三）》第 18 条第 1 款；二是直接适用《公司法》第 3 条第 2 款；三是类推适用《公司法》第 177 条第 2 款要求转让股东对公司债权人履行通知义务。这三者均不能作为未届期股权转让责任承担的请求权基础。

（一）"出资未届期"超出了《公司法司法解释（三）》第 18 条第 1 款之涵摄范围

《公司法司法解释（三）》第 18 条第 1 款规定，有限责任公司股东未履行或者未全面履行出资义务即转让股权的，受让人如果知道或者应当知道，公司请求转让股东履行出资义务、受让人承担连带责任的，人民法院应予支持；公司债权人依照本规定第 13 条第 2 款①请求转让方在未出资的本息范围内对公司债务不能清偿部分承担补充赔偿责任，同时请求前述受让人对此承担连带责任的，人民法院应予支持。"出资未届期"是否属于"未履行或者未全面履行"出资义务之情形？存在两种观点：（1）否定说。"未履行或者未全面履行"是一种出资违约行为，不能涵盖出资未届期的未违约出资之情形。②（2）肯定说。"未履行或者未全面履行"包括出资未届期之情形，即使股东约定出资期限未届至原股东也要承担出资责任。③笔者支持否定说。

第一，符合文义解释。"扩张法文之意义，须在文义可能之范围内始可，亦即必在文义'预测可能性'的射程之内。苟其内涵相同，或为其内涵所能涵盖时，在不违背立法之目的，殆均可为扩张解释。"④依据行为方式之不同，股东违反出资义务包括"未履行"和"未全面履行"出资义务两种类型。"未履行"指根本未出资，包括拒绝履行、出资不能、虚假出资、抽逃出资，等等；"未全面履行"包括"未完全履行"和"不适当履行"。其中，"未完全履行"是指股东仅仅履行了部分出资义务，未按规定数额足额出资，包括货币出资不足，出资

---

① 该款规定："公司债权人请求未履行或者未全面履行出资义务的股东在未出资本息范围内对公司债务不能清偿的部分承担补充赔偿责任的，人民法院应予支持；未履行或者未全面履行出资义务的股东已经承担上述责任，其他债权人提出相同请求的，人民法院不予支持。"

② 参见黄睿、梁慧：《"一元公司"时代下债权人利益的司法保护》，载《第三届公司法司法适用高端论坛论文集》，第 92 页。

③ 参见梁上上：《未出资股东对公司债权人的补充赔偿责任》，载《中外法学》2015 年第 3 期。

④ 杨仁寿：《法学方法论》，中国政法大学出版社 2013 年版，第 150 页。

的实物、工业产权等非货币出资价值明显低于公司章程所确定的价额等；"不适当履行"是指股东出资时间、形式、手续不符合规定，包括迟延出资、瑕疵出资等。由此可见，"未履行"或者"未全面履行"出资义务是一种出资违约行为，出资未届期并不在该款文义之"预测可能性"射程之内。

第二，符合体系解释。法体系分为内部体系和外部体系，内外部体系应当是统一、无矛盾的，有矛盾即构成法秩序中的"体系违反"（die Systembrche）。①整个法秩序（或其大部分）都受特定指导性法律思想、原则或一般价值标准支配。诸多规范各种价值决定得借此法律思想得以正当化、一体化并因此避免彼此间的矛盾。②除《公司法司法解释（三）》第18条第1款、第13条第2款使用了"未履行或者未全面履行出资义务"这一表述之外，该解释第13条第1、3、4款，第16条，第17条，第19条均使用了同一表述。《公司法司法解释（三）》第13条第1款的"未履行或者未全面履行"出资义务系指股东出资违约行为，若将《公司法司法解释（三）》第13条第2款、第18条第1款"未履行或者未全面履行"出资义务解释成涵盖"出资未届期"之情形，在同一部司法解释内就出现了不同条款之间解释相矛盾之情形，违反体系解释原理。

第三，和立法目的相一致。2013年资本缴纳制度改革目的在于降低市场主体准入门槛，鼓励万众创业和大众创新，优化营商环境。为此一概废止了最低资本额之限制，将有限责任公司和发起设立股份公司由有限制认缴制改为完全认缴制，并取消了验资程序。实行完全认缴制的目的在于取消股东出资缴纳期限限制，将涉资本事项交由股东自治决定。如果股权转让后仍然要求转让方就未届期出资对公司承担出资责任并对公司债权人承担补充清偿责任，显然未达到赋予股东出资期限自治之目的，与此次资本制度改革目的相悖。

第四，与司法实践相契合。2006年山东省高级人民法院公布的《关于审理公司纠纷案件若干问题的意见（试行）》第20条规定："公司章程规定股东分期缴纳出资的，出资期限届满前，公司或公司债权人向该股东主张权利的，人民法院不予支持。"③上海市高级人民法院民二庭2016年出台的《关于当前公司

---

① 参见黄茂荣：《法学方法与现代民法》，法律出版社2008年版，第311页。
② 参见［德］卡尔·拉伦茨：《法学方法论》，陈爱娥译，商务印书馆2003年版，第133页。
③ 参见山东省高级人民法院《关于审理公司纠纷案件若干问题的意见（试行）》（2006年12月26日）。

纠纷案件审理中若干问题的讨论纪要》第3条规定："股东在出资期限届满前转让股权，因尚未届出资期限出让股东并不构成对出资义务的违反，不属于'未履行或未全面履行出资义务即转让股权'之情形。"①最高人民法院民二庭庭长2015年在《最高人民法院关于当前商事审判工作中的若干具体问题》中指出，《公司法司法解释（三）》第18条对虚假出资时不缴纳出资的民事责任作了规定，但目前尚无法律、司法解释对股东因出资未届期而未缴纳出资转让股权时由谁承担出资责任进行明确规定。②2017年12月的《最高人民法院民二庭第七次法官会议纪要》规定，未届出资期限的出资股东即便未予以缴纳似也难以构成未履行出资义务或者未缴纳出资。③2019年8月最高人民法院印发的第九次《全国法院民商事审判工作会议纪要》进一步明确，在注册资本完全认缴制下，股东依法享有出资期限利益，公司债权人以公司不能清偿到期债务为由，请求未届期出资股东在未出资范围内对公司不能清偿的债务承担补充赔偿责任的，人民法院不予支持。④

第五，亦具裁判观点支撑。在"浙江捷诚科技有限公司与被上诉人杭州沈大实业有限公司、宏达控股集团有限公司股权转让纠纷案"中，法院认为，沈大公司、宏达公司在出资义务尚未到期的情况下转让股权，不属于出资期限届满而不履行出资义务的情形，沈大公司、宏达公司不应再对公司承担出资责任。本案并不符合《公司法司法解释（三）》第18条规定的情形，捷诚公司要求沈大公司、宏达公司在本案中承担付款责任，缺乏依据，本院不予支持。⑤在"上诉人郭某维、肖某成因与被上诉人深圳前海华盛财富管理有限公司、原审被告四川省莫舍餐饮管理有限公司、原审被告四川省连城石化能源开发有限公司合同纠纷案"中，法院认为，股东在章程中约定的出资认缴期限届满前未缴纳出资状态是一种合法状态。《公司法司法解释（三）》第18条和第13条第2款所规定的"股东未履行或者未全面履行出资义务"责任是针对股东并未履行按期

---

① 参见上海市高级人民法院民二庭《关于当前公司纠纷案件审理中若干问题的讨论纪要》（2016年6月）。

② 参见最高人民法院《关于当前商事审判工作中的若干具体问题》（2015年12月24日）。

③ 参见贺小荣主编：《最高人民法院民事审判庭第二庭法官会议纪要——追寻裁判背后的法理》，人民法院出版社2018年版，第145页。

④ 参见最高人民法院《全国法院民商事审判工作会议纪要》（2019年11月8日）。

⑤ 参见浙江省嘉兴市中级人民法院（2017）浙04民终1929号民事判决书。

足额缴纳其认缴出资的违法状态，即适用该司法解释的前提是股东的认缴期限已经届满且未足额缴纳认缴出资。公司债权人请求股东在未出资本息范围内对公司债务不能清偿的部分承担补充赔偿责任的前提也是股东处于未履行按期足额缴纳其认缴出资的违法状态，否则，公司债权人无权请求股东承担补充赔偿责任。[①]

综上可见，《公司法司法解释（三）》第18条第1款规制的乃是股权转让时出资已届期但仍未缴纳时受让人的出资责任问题，其瑕疵出资股权转让系建立在原《公司法》分期缴纳法定资本制基础之上，出资未届期股权转让显然难以等同瑕疵出资股权转让。《公司法司法解释（三）》第18条第1款无法作为类案的请求权基础。

（二）《公司法》第3条第2款不能作为转让股东担责之依据

《公司法》第3条第2款之规定，股东以其认缴（购）的出资（股份）额为限对公司承担责任。有学者指出，该款属于强制性规定股东所负认缴（购）义务不能因股权转让行为而涤除。[②]《公司法》第3条第2款能否作为转让股东担责之依据，需回归到该款的体系定位和立法目的去探寻。

第一，从体系位置而言，《公司法》第3条第2款位于"总则"部分。我国《公司法》采用"总—分—总"的立法体例。"总则"采取"提取公因式"技术，先抽离出有限责任公司和股份公司的一般规则，再以有限公司为原型设置基本公司法规范。设置"总则"旨在将有限公司和股份公司的"一般性、共通性"规则集中归置于一起，以起到立法简约的效果。第3条第2款属于《公司法》一般/原则条款，一体适用于有限公司和股份公司，对《公司法》分则亦具重要指导和贯彻价值。尤其值得一提的是，遵循"民商合一"体例的《民法典·总则编》第60条在《民法通则》第48条的基础上规定了"法人以其全部财产独立承担民事责任"。[③]法人独立承担责任亦即法人的成员只承担有限责任。[④]《民法典·总则编》将有限责任一体适用于营利、非营利和特别法人所有法人类型，

① 参见四川省成都市中级人民法院（2016）川01民终9841号民事判决书。
② 该观点主要为蒋大兴教授所持。参见李志刚等：《认缴资本制语境下的股权转让与出资责任》，载《人民司法（应用）》2017年第13期。
③ 参见陈甦主编：《民法总则评注》，法律出版社2017年版，第409页。
④ 参见梁慧星：《〈民法总则〉重要条文的理解与适用》，载《四川大学学报（哲学社会科学版）》2017年第4期。

拓宽了有限责任原则的功能和适用空间。有限责任原则在《公司法》中类似于民法意思自治原则，属于《公司法》的"支柱"和"核心"法则。在未穷尽《公司法》及司法解释的前提下不宜将《公司法》的一般/原则条款作为裁判依据，向一般/原则条款逃逸容易助长司法裁判之惰性。

第二，从立法目的观之，《公司法》第3条第2款旨在明确股东有限责任原则。现代责任形式发展经历了从纯粹的个人责任到团体责任，由人身责任到财产责任、由无限责任到有限责任的趋势。[1]有限责任原则在罗马法时代即已存在，最早由布拉姆维尔提出，率先在1807年的《法国商法典》中确立。有限责任被认为是当代最伟大的创举，意义甚至超过了蒸汽机和电的发明。[2]有限责任也被认为是最轻的财产责任，决定了公司资合性本质，奠定了现代公司所有权和控制权分离的基础，通过促进股（权）份自由转让并刺激管理层进行有效管理，降低了监控其他股东和代理人的成本，有利于股东作出最优投资决策。[3]有限责任原则贯穿了股东出资、资本三原则、股权转让、股东权、公司解散清算等公司法绝大部分领域，是公司财产独立和人格独立之基石。[4]《公司法》第3条第2款无意、亦不能解决未届期股权转让后的出资责任问题。在《公司法》和司法解释对未届期股权转让后出资责任承担未作规定的情况下，径直适用《公司法》第3条第2款裁判过于牵强。

（三）不符合类推适用《公司法》第177条第2款之前提

当转让方将股权转让给一个明显无缴付能力的受让人时，因未届期出资被受让方继受，该转让行为存在给公司债权人造成损害的潜在风险。该特殊情形下，有论者建议类推适用《公司法》第177条第2款减资规定要求转让方履行对债权人通知义务。[5]出资未届期股权转让缺乏类推适用《公司法》第177条第

---

① 参见［美］斯蒂芬·M. 班布里奇等：《有限责任——法律与经济分析》，李诗鸿译，上海人民出版社2019年版，第38页。

② Steven C. Bahis：Application of corporate common law Doctrines to limited liability companies，montana law Review，winter，1994，p.55.

③ See Fank H. Easterbrook and Daniel R. Fischel：The Economic Structure of Corporate Law，Harvard University Press，1998，pp.41—44.

④ 参见赵旭东：《公司法上的有限责任制度及其评价》，载《比较法研究》1987年第1期。

⑤ 该观点主要为江苏省无锡市中级人民法院陆晓燕法官所持。参见李志刚等：《认缴资本制语境下的股权转让与出资责任》，载《人民司法（应用）》2017年第13期。

2 款之前提。

第一，性质上无法类推。作为一种"或然性"推理方法，类推的法律理念在于同类事物相同处理（Cleichbehandlung），此为一般正义之要求。①当特定案件无法律规定时，法官可援引与该案件类似之规定，以为适用。②在这一过程中，要将援引规定的构成要件和系争案件类型进行价值上的"类似性"评价，③类似性程度越高，结论可靠性程度越高。出资未届期股权转让和公司减资的性质迥异。公司减资减少的是注册资本，无论实质减资抑或形式减资，一旦启动减资程序即可能会导致公司资产的实质缩减或者账面/形式资本减少。在我国法定资本制的前提下，减资往往减损的是公司责任财产，有违资本维持原则。因此《公司法》第177条第2款要求公司自作出减资决议之日起10日内通知债权人，并于30日内于报纸上公告，债权人自接到通知书之日起30日内，未接到通知书自公告之日起45日内有权要求公司清偿债务或者提供相应的担保。目的即在于通过严格的减资程序设计防止公司责任财产不当减损，保护债权人利益。股权转让仅仅涉及股权实际享有/控制主体之更迭，公司的注册资本在形式上不会发生任何增减变化，仅在某些特殊情形下，如转让方将未届期股权转让给一个明显无实际履行出资能力的受让方时才可能会损及债权人利益。即便认为受让方明显无实际履行出资义务能力，司法实践中公司债权人该如何举证亦是难题。④

第二，类推会陷入无法裁判之困境。按照法规范在权利（请求权）基础之观点下（Anspruchsgrundlage）是否单独地作为权利之发生依据为标准，法规范分为完全规范和不完全规范。⑤一个完全规范首先要描述事实构成，然后赋予该事实构成以特定的法律效果。⑥但是《公司法》第177条第2款本身是一个不完全规范，⑦其仅仅要求公司应当自作出减少注册资本之日起的一定期限内通知债

---

①　Bitter，Rauhut. Crundzüge zivilrechtlicher Methodik-Schlüssel zueiner gelunfenen Fallbearbeitung. JuS，2009，297f.

②　参见黄茂荣：《法学方法与现代民法》，法律出版社2008年版，第123页。

③　参见［德］考夫曼：《法律哲学》，刘幸义译，法律出版社2005年版，第115页。

④　参见浙江省嘉兴市中级人民法院（2017）浙04民终1929号民事判决书。

⑤　参见黄茂荣：《法学方法与现代民法》，中国政法大学出版社2001年版，第132页。

⑥　参见［德］卡尔·拉伦茨：《法学方法论》，陈爱娥译，商务印书馆2003年版，第133页。

⑦　参见薛波：《公司减资违反通知义务时股东的赔偿责任——〈最高人民法院公报〉载"德力西"案评释》，载《北方法学》2019年第3期。

权人，债权人自接到通知书之日起的一定期限内有权要求公司清偿债务或提供相应的担保。对于公司减资违反通知义务的法律后果，翻诸《公司法》及司法解释均未具明文。如果出资未届期股权转让类推适用《公司法》第177条第2款会存在"适法"难题。

第三，类推的成本过高。前文分析已指出，股权转让对公司债权人的影响是间接而非直接的，并不会必然损害债权人利益。公司债权人作为理性的经济人，理应对商事交易风险具有较高的预判能力和评估能力，强制性要求未届期股权转让时通知债权人属于对债权人的过度保护。股权转让类推公司减资之规定，要求转让方或者受让方履行对债权人通知义务的程序繁琐，成本较高，亦会限制股权自由流通和股东退出。众所周知，现代企业属于资本企业，股权的自由流通是资本企业的生命线。不允许资本企业的股权自由流通就等于扼杀了其自身的生命线。①未届期股权转让时人为设置对债权人通知义务无疑属叠床架屋之举。

三、出资未届期股权转让后出资责任主体之确定

物权转让主要涉及转让方—受让方—第三人三方之法律关系，股权转让还涉及其他股东、公司及其利害关系人、公司债权人等多元主体之利益平衡，股权转让可能会诱发公司内部各主体的利益冲突。因此，不能僵化地将交易法/合同法思维模型套用在作为组织法/团体法的股权转让问题上。我国司法实践产生误区的根源即在于没有准确辨识商法思维区别于民法思维的特殊性。在处理出资未届期股权转让问题时，习惯性地将合同法/交易法的思维模型套用在作为组织法/团体法的公司股权转让上，从而造成了大量司法误判。在《公司法》及其司法解释缺乏明确规定的前提下，出资未届期的股权转让后的出资责任主体之确定应当遵从民商法思维区分逻辑。一方面股权转让合同/协议是转让股东和受让股东意思自治/合意的"涉他"合同，当事人关于股权转让事项的约定理应得到尊重；另一方面股权转让又属于团体法/组织法范畴，出资未届期的股权转让纠纷处理更应当树立商法思维和商事裁判的理念，应虑及商事团体法思维和商

①　参见江平：《现代企业的核心是资本企业》，载《中国法学》1997年第6期。

事外观主义原则之运用。循此，下文分两类探讨。

(一) 转让方和受让方有约定

如果转让方和受让方在股权转让合同中对未届期的出资义务之承担有明确的约定，并且在股权转让时转让方已经明确告知受让方待受让的股权份额尚附有未届期的出资义务，或者受让方已经通过公司章程、工商登记、企业信用信息公示系统查知受让股权的实缴出资信息。除非存在明确的合同无效事由，股权转让合同中关于未届期出资义务的约定理应得到尊重。转让方和受让方既可以在股权合同中约定由转让股东或者受让股东承担未届期的出资义务，亦可以约定双方的份额责任或者连带责任。但是因未届期出资义务本质系转让股东对公司之负债，基于债的相对性原理，股权转让合同不能处理第三人公司之债权。如果股权转让合同中出资义务约定条款未经公司之同意，仅在转让方和受让方之间有效，不得对抗公司和公司债权人。

如果转让方和受让方约定由受让方承担未届期的出资义务（此系实践中的常见做法），该情形下可分为两类：(1) 如果是股权全部转让，在转让内容和程序合法并且经公司同意之前提下，股权转让完成后受让方成为公司章程和股东名册记载的股东，具备了权利外观事实。转让方对未届期出资不需承担出资责任，对公司债务不能清偿的部分亦无需承担补充清偿责任。原出资（认股）协议项下的权利义务概括转移至受让方，无论公司或者公司债权人均不能要求转让方承担未届期的出资义务。(2) 如果是股权部分转让则较为复杂，试设例以释明：A 有限责任公司注册资本为 1 400 万元（人民币），股东 B 认缴资本为 800 万元，持股 60%，认缴后一次性实缴；股东 C 认缴资本为 600 万元，实缴资本 100 万元，待缴资本 500 万元，持股 40%；公司章程约定实缴期限为 20 年。在公司成立后的第 3 年，股东 C 将其持有 A 公司股权的 50%（300 万元）转让给了外部第三人 D，转让后 C 对 A 公司持股 20%；D 持股 20%。在完成股权变更工商登记后，受让方 D 加入公司成为在册股东。对此可参照并存的债务承担原理处理。"概并存的债务承担，原债务人并不脱离债之关系，仅由第三人从新加入之并负责任而已"，[①]"其一切的权利义务均应维持原状故也"。[②]故

---

①② 参见郑玉波：《民法债编总论》，中国政法大学出版社 2002 年版，第 454 页。

D 加入原债权债务关系之中，与 C 共同就未届期出资义务对公司承担连带出资责任。如果 C 和 D 事先在转让合同中约定由受让方 D 承担 300 万元未届期出资义务，剩余 200 万元自己承担，该约定虽不得对抗公司和公司债权人，但是 D 在承担出资义务后可以按约定向 C 追偿多出资的 100 万元。如果认缴期限届至后，C 承担了 500 万元的出资义务，可以依据 C 和 D 之间的股权转让合同向 D 追偿 200 万元。C 能否在股权转让合同中约定由 D 承担 500 万元的出资义务呢？这样一来，D 的实缴资本（500 万元）就大于认缴资本（300 万元），似有违认缴制之法理。

只是上述公司之"同意权"在我国《公司法》及公司法司法解释中均无明确规定。根据《公司法》第 71 条第 2 款规定，有限责任公司股权对外转让需经其他股东过半数同意。最高人民法院《关于适用〈中华人民共和国婚姻法〉若干问题的解释（二）》第 16 条第 2 款规定，证明"过半数股东同意"的证据主要是股东（大）会决议。① 通常而言出资未届期股权转让公司是知晓的，只不过《公司法》第 71 条第 2 款赋予的是"其他股东"的优先购买权而非"公司"对未届期股权转让的"同意权"，法理上略显牵强。至于发起设立的股份公司对股份转让并无特别限制性规定，属于显性法律漏洞，建议《公司法》修改或者出台司法解释时赋予发起设立股份公司之"同意权"。② 即非经股东会决议之同意，即便出资未届期的股权转让合同成立并且生效，亦不能当然免除转让股东的出资义务。如果公司未就股权转让作出明确意思表示却协助办理了股东名册和工商变更登记，则可默示公司作出了同意转让的意思表示。公司可否要求转让方或受让方就未届期的出资义务提供担保？若公司要求提供担保而未获满足，公司作为债权人可以拒绝同意该未届期出资义务之转让。在公司拒绝股权转让时，即便转让方和受让方完成了股权转让程序和工商变更登记手续，仍然不得对抗公司和公司债权人，公司可以依据《民法典》第 538、539、540、541 条行使债权人撤销权。但是因股权转让事实已经成就，基于外观主义法理，公司撤销权行使应当受到严格限制。如果善意第三人因相信受让方的权利外观事实（工商登记）要求受让方承担出资责任，受让方不能拒绝，受让人在缴纳出资后可以向

---

① 当然亦存例外，当事人通过其他合法途径取得的股东书面声明材料亦具有相同证明力。

② 参见王建文：《再论股东未届期出资义务的履行》，载《法学》2017 年第 9 期。

转让方追偿。

（二）转让方和受让方无约定

如果转让方和受让方就未届期出资义务承担无明确约定，依据受让方主观状态之不同可分两种情形：

1. 受让方"明知"或"应知"之情形

股权转让行为属于典型商行为，受让人应当对自己行为的后果高度负责。只要转让方不存在虚假陈述即不负主动告知义务，受让方有义务主动调查和掌握受让股权的实缴出资情况，否则，因此遭受的商业风险应由受让方承担。根据《公司法》第 23 条和第 81 条，完全认缴制下工商登记虽然仅仅公示注册资本和认缴资本，不再公示实缴资本，营业执照亦不再反映实缴资本信息，但是根据《企业信息公示暂行条例》第 9 条第 4 项规定，公司向企业信用信息公示系统报送企业年度报告时应当载明股东的实缴资本，第 10 条第 1 项规定公司信息公示包括股东实缴出资额，这在一定程度上缓解了实缴资本不登记可能产生的企业信用信息失真问题。据此可以推定，受让方在受让股权时已经通过企业信用信息公示系统查询了目标公司的实缴资本信息，对受让股权附有未届期出资之事实为"明知"或"应知"。该情形下，如受让方受让全部股权则属于免责的债务承担，经公司同意后未届期出资义务由受让人承担；未经公司同意股权转让合同虽然有效但不得对抗公司和公司债权人；如果受让部分股权则属于并存的债务承担，股权转让完成后受让方成为在册股东，双方共同对该债务承担连带责任。转让方亦可以约定为按份责任，但是由于法定资本制下注册资本在公司成立时即已全部发行并认缴，股东认缴出资额系不可分割之整体，①该约定不得对抗公司和公司债权人。

如果公司或公司债权人提出，转让方和受让方在出资届期之前"恶意串通"转让股权以逃避债务，该情形下实证法提供了两条可能的解决路径：一是《公司法》路径。公司可以依据《公司法司法解释（三）》第 18 条第 1 款要求转让方和受让方就未届期出资义务承担连带责任，公司债权人可以要求转让方和受让方共同在未出资本息范围内对公司债务不能清偿的部分承担补充赔偿责任。

---

① 参见刘敏：《论未实缴出资股权转让后的出资责任》，载《法商研究》2019 年第 6 期。

二是《民法典》路径。公司可以根据《民法典》第 154 条（原《合同法》第
52 条第 2 项），提起股权转让合同因恶意串通无效之诉。股权转让合同无效并不
当然发生股权变动的法律效果，未届期出资义务仍由转让方承担。笔者支持第
一条路径，但是需要对《公司法司法解释（三）》第 18 条第 1 款进行重新解
释。在转让方和受让方"恶意串通"转让股权以逃避债务情形下，自利益衡量
视角观之，需要明确谁的利益更值得保护。[①]此时相对于转让股东的出资期限利
益，公司债权人利益更值得保护。该情形下可以直接判定未届期出资义务加速
到期，转而直接适用《公司法司法解释（三）》第 18 条第 1 款。[②]难点在于公司
或者公司债权人如何举证证明转让方和受让方存在"恶意串通"之事实？如果
双方以约定出资义务方式使转让方逃避出资责任，公司或者公司债权人可以综
合以下因素证明是否存在恶意串通：（1）股权转让合同签订的时间和股权发生
变动的时间点，如在临近出资届至之前的一段时间（几个月几天甚至几小时
前）转让股权的；（2）股权转让时该股权的市场估价和成交价之比较，如成交
价显著低于市场价格；（3）未届期出资部分的实际价值，即认缴出资的预估价
值减除已实缴出资价款的剩余部分。如果是有限责任公司，还可以考虑审查：
（1）公司章程对股权转让是否另有规定；（2）转让方有无遵循《公司法》第
71 条第 2、3 款和《公司法司法解释（四）》第 17 条、第 18 条、第 19 条、第
20 条、第 21 条股权外部转让时其他股东优先购买权之限制性规定。

　　2. 受让方"不知情"之情形

　　受让方虽然可以通过企业信用信息公示系统查询受让股权的实缴出资信息，
但是根据《企业信息公示暂行条例》第 11 条规定，企业自己应当对报送信息的
"真实性"和"及时性"负责。公司作为追求私利的经济人，其报送的实缴资本
信息可能是"错误"甚至"虚假"信息。企业信用信息公示系统只是向交易第
三人公示企业的实缴资本信息，无法像原工商登记簿登记的实缴资本信息因登

---

　　① 参见梁上上：《利益的层次结构与利益衡量的展开》，载《法学研究》2002 年第 1 期。

　　② 在恶意串通情况下如果判定"未届期"出资义务"加速到期"，据此就能认定股东未履行或
者未全面履行出资义务，直接适用《公司法司法解释三》第 18 条第 1 款。《全国法院民商事审判工
作会议纪要》第 6 点规定了适用加速到期的两种情形：（1）公司作为被执行人案件，人民法院穷尽
执行措施无财产可供执行，已经具备破产原因又不申请破产的；（2）公司债务产生后，公司股东
（大）会决议或者以其他方式延长出资期限。此处因恶意串通适用加速到期无需经过执行程序，
公司或公司债权人能举证证明恶意串通事实即可。

记公示后具有推定正确或真实的法律效力。[1]当转让方故意隐瞒、虚构实缴资本信息或者实缴资本不真实之时，如果双方仅仅签订了股权转让合同，尚未办理变更股东名册和工商登记等手续，此时，受让方可以依据《民法典》第 148 条（原《合同法》第 54 条第 2 项）请求人民法院或者仲裁机构予以撤销。如果公司已经同意并且完成了股权转让程序，即使转让方存在欺诈或者故意隐瞒未出资之事实，此时因涉及公司（善意第三人）利益也不可撤销。该情形下的出资责任之承担，亦建议类推适用《公司法司法解释（三）》第 18 条第 1 款，由转让方承担受让方"不知情"范围内的连带出资责任，受让方承担责任后可以向转让方追偿。如果转让方在股权转让时对受让方实施欺诈、隐瞒公司重大债务或者隐瞒重大风险的，在欺诈、隐瞒的范围内亦应当由转让方和受让方以认缴出资额为限就公司债务不能清偿部分对债权人承担连带赔偿责任，但是受让方因此遭受的损失有权向转让方追偿。

（三）发起人出资责任的特殊规制

出资未届期股权转让中发起人的出资责任分为两种情形：（1）发起人即转让股东；（2）转让股东非发起人。对于转让股东非发起人之情形，发起人非股权转让的当事人，只需按照《公司法》第 28 条、第 30 条、第 83 条、第 93 条之规定承担出资违约责任和资本充实责任，无特殊之处，故无需赘言。对于转让股东即为发起人之情形是否有必要予以特殊规制，目前主要存在两种观点：（1）肯定说。出资是股东的一项基本义务，在法律和公司章程仅仅对发起人课以出资义务，且无论其持有的出资是否转让给他人或者几经多次转让，在未履行或者未全面履行出资义务情形下，发起人均需承担资本充实责任。[2]（2）否定说。股权转让后继续由发起人承担未届期出资义务，不符合现代公司法改革对资本灵活化的要求，该观点受传统资本三原则影响较深，完全认缴制不应成为发起人退出投资的障碍。现代公司随着产业投资环境的变化进行增资减资、投资转型等现象已经普遍化，出资并非单纯发起人之责任。股权转让双方地位平等，受让方承担出让方的认缴出资责任理应得到法律的尊重和承认。[3]笔者认为

---

① 参见郭富青：《资本认缴登记制下出资缴纳约束机制研究》，载《法律科学》2017 年第 6 期。

② 参见虞政平：《公司法案例教学》（上），人民法院出版社 2012 年版，第 345 页。

③ 参见彭真明：《论资本认缴制下的股东出资责任——兼评"上海香通公司诉昊跃公司等股权转让纠纷案"》，载《法商研究》2018 年第 6 期。

上述观点有一定道理，亦存在偏颇之处。

发起人的出资义务不仅是合同法/交易法上的义务，亦是团体法/组织法之义务，无论股权转让合同事先是否有约定，均不能当然免除发起人未届期出资义务，这是资本充实/维持原则的要求。前已述及，发起人作为公司的创设股东，在公司设立过程中享有一系列特权和权利，公司成立后容易成为公司的控股（制）股东，当发起人以控股（制）股东身份转让股权时通常会要求受让方对其股权进行加价，这种加价系受让方购买公司控制权的溢价，故称为"控制股溢价"。①但是这种代表控制权的控制溢价却是公司机制赋予的而非发起人自己，是从公司获得的额外收益。发起人不能在转让股权时拿走从公司获得的控制股溢价收入却将股权所附的未届期出资义务留给受让方，这不符合权利义务相对等原则。因此，对发起人课以较重责任亦是其享有较多特权的必然逻辑。对此域外法的相关规则值得借鉴。例如，《德国有限责任公司法》第19条第5项、第22条第3项、《德国股份公司法》第65条第2项规定未出资股份前手和后手之间的出资担保责任。未实缴股权（份）转让之后，不仅现持有人负有缴清所有款项的义务，而且在股权转让后有限责任公司在五年内、股份有限公司在二年内对其前手仍然负有缴清股款之义务。如果有限责任公司股权转让后归一名股东所有而转换成一人公司的，该情况发生于公司登记后三年内的，剩下唯一股东必须在取得全部股份之后三个月内付清所有未支付的现金出资，或者向公司提供相应担保。这实际是要求转让方对受让方尚未缴清股款承担担保清偿责任。根据《意大利民法典》第2356条规定，转让尚未缴足全部股款的股票的，自转让之日起的三年内，出让方和受让方连带承担缴纳尚未付清股款之责任，持有股票的受让人是第一顺位责任人，转让人是第二顺位的补充缴纳责任人。上述规则虽然未言明适用于发起人，但颇具借鉴意义。一方面，不能因股权转让当然地涤除掉发起人的出资责任，否则就忽视了发起人在未届期股权转让中的特殊地位和身份以及《公司法》作为团体法/组织法之意义；另一方面，发起人出资责任亦非无期限的出资责任，未届期出资义务当然可以因股权转让涤除，只是基于发起人的特殊地位和身份，在转让出资未届期股权时应当在受让方未实缴出资范围内承担缴纳担保责任。如果出资届期后受让方未履行或者未全面履行

---

① 参见冯果：《现代公司资本制度比较研究》，武汉大学出版社2000年版，第234—235页。

出资义务，发起人应当承担受让方在未履行或者未全面履行出资义务的范围内的缴纳担保责任。该责任在性质上属于法定责任、补充责任、一次性责任、无过错责任。发起人（转让方）可以以受让方未履行或者未全面履行出资义务为由抗辩，但不得以其已经退出公司不再具有股东资格和身份为由抗辩。

四、认真对待司法裁判中合同法和组织法思维的界分

最后，见微知著，出资未届期的股权转让后的出资责任承担之所以会出现上述争议，除有立法对完全认缴制的应对不足原因外，最根本的乃是未能准确把握商事司法裁判中交易法/合同法和组织法/团体法思维适用之边界。近年来，虽然我国商法学界对于何谓商法思维、商法思维的内容体系、商法思维的特殊性、民商法思维的区分等问题已有所重视并且成果卓著，①但是对民法思维和商法思维在司法裁判层面的界分却一直缺乏应有的关注。商法学者对商法思维的论证和解释大多停留在抽象的理论言说层面，显得过于凌空蹈虚，说服力有限。民法学者则长期受"民商合一"大民法观以及民法"沙文主义"思维之影响，往往很难冷静、客观地评价商法的地位及商事思维的特殊性。这种认识上的"鸿沟"亦是导致商法学界所倡导制定商法通则/商事通则之深意难为民法学界和立法机关所接受之根由所在。

我国《民法典》编纂力推"民商合一"立法体例，业已实施的《民法典·总则编》在基本原则、民事主体、法律行为、民事权利、代理、诉讼时效等章节已经部分关照到了商法的特殊性。但是由于《民法典》编纂时间紧迫、任务繁重，因此很难说立法机关对商法思维尤其是商事裁判中组织法/团体法和合同法/交易法思维的界分有精准的观察和体悟，这在《民法典》相关规范中得到了比较清晰的印证。正如学者总结，《民法典》对商法规范的处置要么存在"加入不足"，要么存在"加入过度"问题，②对涉商法元素的"摄入"显得穿凿附会、

①　代表性成果参见王保树主编：《中国商法年刊——法治国家建设中的商法思维与商法实践》（2013年卷），法律出版社2013年版；杨峰：《商法思维的逻辑结构与司法适用》，载《中国法学》2020年第6期；郑彧：《民法逻辑、商法思维与法律适用》，载《法学评论》2018年第4期。

②　参见周林彬：《〈民法总则〉制定后完善我国商事立法的必要性与可行性》，载《地方立法研究》2018年第1期。

难言妥帖。有学者严厉批评《民法典》所力推的"民商合一"模式仅具"圈地"意义而无实质进展。①《民法典》实施不久，其所开创"民商合一"中国模式还有待历史和实践检验。无论《民法典》是否另立一部独立的《商法通则》/《商法典》，商法思维在司法裁判中的特殊性不会因为《民法典》立法的完成而被抹杀。因此，如何在微观的司法裁判领域精准区辨商法思维的特殊性以及合同法/交易法和组织法/团体法思维的界分和融合，在司法裁判中真正领会和体悟到民商区分思维方式的精奥之处，才是当今商法学研究的使命所在。

---

① 参见李建伟：《〈民法总则〉民商合一中国模式之检讨》，载《中国法学》2019 年第 2 期。

第十一章　发起人转让出资未届期股权的规制路径

发起人、公司章程、资本是公司设立的三大要件。①发起人在公司设立法律关系中居于核心地位，公司成立后作为创设股东，在权利配置上亦处于比较有利的位置。我国公司资本缴纳制度改为完全认缴制之后，出资未届期即转让股权的情形变得比较常见，出资未届期股权转让后的出资责任承担问题已经有学者关注。②但是在转让方为发起人股东时，后续由谁承担未届期出资义务呢？该问题尚无人问津。本章拟对此展开研究。

一、发起人及其转让出资未届期股权的特殊性

（一）发起人的内涵界定

在探讨发起人转让出资未届期股权的出资责任承担之前，首先需要明确的前提概念是何谓发起人？关于发起人，各国和地区鲜有明确的定义，法理探讨亦是众说纷纭、莫衷一是，概括起来，主要有三：（1）形式标准说。该说认为，发起人者，乃首创设立公司并订立章程，于章程上签名之人。至于事实是否参与公司设立，则非所问。③采此立法例者有《日本商法典》第 165 条、第 169 条，《韩国商法典》第 289 条。该说实际操作简洁、易于交易安全之保障并且能够将

---

① 参见郑玉波：《公司法》，台北三民书局股份有限公司 1984 年版，第 85 页。
② 参见刘敏：《论未实缴出资股权转让后的出资责任》，载《法商研究》2019 年第 6 期；王东光：《论股权转让人对公司债权人的补充责任》，载《法律科学》2020 年第 2 期。
③ 参见柯芳枝：《公司法论》，台北三民书局股份有限公司 1984 年版，第 168 页。

发起人和其他参与公司设立活动主体（如广告设计师、律师事务所、注册会计师等中介服务机构）区分开来，使法律关系的识别清晰明确。但是该说片面强调章程的公开性，实际上，"盖交易相对人鲜少于交易前索取章程，则其认知及信赖者恒为与其交易之人。形式定义欲排除实际为设立事宜者，反纳入第三人可能不知存在之章程签章者"。①形式标准说极有可能引发某些无资力之人利用章程为幌子，操纵公司设立过程以巧取豪夺、诈骗钱财，为恶意发起人打开法律规避之门，有违实质正义之遵循。②（2）实质标准说。该说着眼于发起人在公司设立中是否起实质性作用，以参与公司设立筹办活动并且对公司设立事务尽主要义务和职责者为发起人，主要为判例法国家所采。例如，1877年科伯恩大法官在Twy Cross V. Crant 1877一案中认为，发起人是按一定方案组织公司，使公司运转并采取必要步骤完成这一目标的人。③美国《布莱克法律词典》将发起人描述为："从事推动、推进、发动、促进、促成组建一个公司的人，包括发行募股书、落实股票认购、办理营业执照等。"④实质标准说呼应了公司设立中交易的实际情况，体现了更热切的现实关照，在一个更实际的商业环境中维护着交易安全的落实。⑤但是该说因公示标准模糊、操作性较差被学者所诟病。公司设立是一项繁杂工程，参与筹建的主体众多，对于何人应确认为发起人委实难辨。若采实质标准说，当事人证明或者否定发起人资格、法官判定发起人身份都会面临难题，⑥将增加不必要的交易成本和社会成本。（3）折中说。该说试图结合"形式"和"实质"两方面理解发起人。公司章程中记载的发起人姓名和名称系推定相关人员具备发起人资格之依据。但是如果有证据能够证明相关主体确实参与了公司设立作业，即便未在公司章程中签名也应当确认该类

---

① 参见方嘉麟：《论发起人之形式定义》，载《财经法论集——柯芳枝教授六秩华诞祝贺文集》，台北三民书局股份有限公司1997年版。

② 参见荣振华：《公司发起人内涵界定研究》，载《商业研究》2012年第2期。

③ Ceoffrey Morse，Company Law [A]. Sweat & Maxwell，1995（90）.

④ Robert W. Hamilton：Corporation including Partnerships and Limited Partnerships Case and Materials. Third Edition，West Publishing Co，1986，182.

⑤⑥ 参见李飞：《公司法发起人的认定标准：为形式标准辩护》，载《华中科技大学学报（社会科学版）》2012年第2期。

人员的发起人资格。①该说兼收"实质"和"形式"标准说之优点，颇具新意。

我国《公司法》采用何种定义方式呢？我国有限责任公司未使用发起人概念，直接使用"股东"一语，根据《公司法》第23条、第24条之规定，有限责任公司设立时的股东和股份公司发起人的条件和要求相同，因此，有限责任公司设立时的股东亦应当纳入发起人范畴。仅从概念用语分析，我国《公司法》将从事设立有限责任公司的行为人称为"股东"，严格而论这一概念缺乏严谨性。因为"股东"是和"公司"相对应的概念，设立中公司尚未取得法人资格，倘若一旦设立失败，发起人显然无法取得股东身份和资格。"股东"一语只能存在于公司成立后。有鉴于此，《公司法司法解释（三）》第1条开宗明义："为设立公司而签署公司章程、向公司认购出资或者股份并履行公司设立职责的人，应当认定为发起人，包括有限责任公司设立时的股东。"《公司法司法解释（三）》为和《公司法》立法用语保持统一，虽然仍然将有限责任公司设立行为人称为"股东"，但是对发起人概念作了明显扩张，使发起人统摄适用于有限责任公司和股份有限公司，并且股份公司发起人权利、义务和责任之规定亦适用于有限责任公司设立时的股东，意义十分宏著。②本书语境下，出资未届期股权转让中的"发起人"亦涵盖有限责任公司股东和股份有限公司发起人。

从《公司法司法解释（三）》第1条文义观之，我国《公司法》上的发起人概念采用实质＋形式双重标准。该款第一句"为设立公司而签署公司章程"和第二句"向公司认购出资（股份）并履行设立职责"用"顿号"隔开，表明二者系"并存"而非"择一"关系。据此，我国《公司法》上的发起人应具备如下特征：（1）为设立公司在公司章程上签章之人。只有公司章程上的签署人才会对公司章程的制定和通过产生实质性影响。（2）向公司认缴（购）出资（股份）份额之人。有限责任公司和发起设立股份公司发起人必须认缴（购）全部出资（股份）。（3）履行公司设立职责并且承担公司设立的法律责任。本书言指的出资未届期股权转让中的发起人亦应当符合"形式"和"实质"双重标准。发起人既是公司章程上签字的行为人，亦应当认缴（购）公司的一定出资（股

---

① 参见施天涛：《公司法论》，法律出版社2012年版，第123页。

② 参见李建伟：《公司法学》，中国人民大学出版社2009年版，第123页。

份）额、实际参与公司设立过程并且对公司设立承担法律责任之人。

（二）发起人转让出资未届期股权的特殊性

基于创设股东的特殊地位，发起人转让出资未届期股权时在身份、标的、内容、责任方面具有特殊性。

1. 身份的特殊性。不同于普通股东转让股权，发起人转让出资未届期股权时是基于其发起人身份转让的。当然，发起人也可能未主动告知受让方其发起人身份，但是这并不影响股权转让的结果。发起人身份的特殊性系股权性质使然，股权作为公司法赋予股东的一种和所有权、债权、社员权并列的独立的商事权利，兼具财产权和身份权两个维度。①公司成立后发起人往往成为控股（制）股东，当发起人为控股股东转让出资未届期股权时，兼具发起人—控股股东—转让方三重身份，这使得其在未届期股权转让中的地位极为特殊。

2. 标的的特殊性。发起人转让股权尚附有未届期的出资义务，这种未届期出资义务具有约定性和法定性双重属性。②一方面，未届期出资义务始于公司设立时发起人对公司的"认缴承诺"，该"认缴承诺"本质系对公司"附期限"或"附条件"的债务，具有明显的约定性。但是发起人认缴出资登载于公司章程、签发出资证明书、备置股东名册并经工商管理机关登记备案后，即产生公示、公信的法律效力。当发起人将出资未届期股权转让给受让方时，不同于传统民法的物权转让或者债权让与，亦与出资瑕疵的股东股权转让有别，受让方受让的是一个附有抽象出资义务的股权，该义务只有在出资届期之后方转化为具体的债权债务关系。

3. 内容的特殊性。在权力配置方面，基于发起人的地位和身份，发起人享有公司设立的业务执行权，如制定公司章程、办理设立申请和变更手续、主持召开创立大会等；在权利配置方面，发起人享有费用返还请求权、劳务报酬支付请求权、非货币出资特权、股权结构设计权、优先分配股息和红利的权利、自认优先股或者后配股等一系列权利。③基于设立公司执行人身份，公司成立后

---

① 参见郑玉波：《公司法》，台北三民书局股份有限公司1999年版，第106页。
② 参见朱慈蕴：《股东违反出资义务应向谁承担违约责任》，载《北方法学》2013年第2期。
③ 参见施天涛：《公司法论》，法律出版社2012年版，第123页；李建伟：《公司法学》，中国人民大学出版社2009年版，第69页。

发起人往往成为公司的控股（制）股东（元老）。当发起人以控股（制）股东身份转让出资未届期股权时还涉及公司控制权转让和控制股定价问题。

4.责任的特殊性。如果发起人未履行或者未全面履行出资义务，除了要对其他股东和公司承担出资违约责任外，还需要承担资本充实责任。资本充实责任作为仅适用于发起人的特殊责任形式，性质上属于法定责任、连带责任、无过错责任。[1]发起人除承担前两项责任之外，由于转让股权尚负有未届期出资义务，该义务系公司成立时发起人向公司作出的认缴（购）出资（股份）的意思表示，因此，发起人"在进行出资约定时必须符合合同法的要求，善意地行使权利"。[2]在罗马法上债即"法锁"，有约必守亦是对商人的诚信约束。未届期出资义务能否随着股权转让一并转让，无论《公司法》抑或司法解释均未提供充分的制度供给。[3]

二、发起人转让出资未届期股权的类型区分

根据发起人转让出资未届期股权在身份、标的、内容、责任方面的特殊性，可以将之区分为以下三种类型。

（一）类型一：全部转让 VS 部分转让

依据转让股权份额之多寡可区分为两类：一是全部转让，即发起人将其所持有的认缴（购）出资对应的全部股权份额转让给受让方，该情形下属于发起人权利义务的概括转让，受让方对权利义务的概括承受。当转让方为普通股东转让完成后转让股东即退出公司，不再享有原股东的资格和身份，但是发起人转让股权则不同。由于发起人身份这一事实在公司成立时已经成就并且确定，无法更改。转让未届期股权时发起人身份无法随之一并转让。那么依次类推，

---

① 参见陈甦：《公司设立者的出资违约责任与资本充实责任》，载《法学研究》1995 年第 6 期。

② 参见蒋大兴：《"合同法"的局限：资本认缴下的责任约束——股东私人出资承诺之公开履行》，载《现代法学》2015 年第 5 期。

③ 参见李志刚等：《认缴资本制语境下的股权转让与出资责任》，载《人民司法（应用）》2017 年第 13 期。

《公司法》上专属适用于发起人的资本充实责任亦应当有适用的空间。二是部分转让，即发起人将认缴（购）出资所对应的部分股权份额转让给受让方，发起人并不退出公司，仍然是公司股东。只不过其持股份额会发生相应的减少，公司的股权结构亦会发生变化。部分转让可细化为五种类型：（1）转让全部已实缴部分股权份额。即发起人仅仅将已经实缴出资的全部股权份额转让给受让方，原股权所对应的出资未届期部分的股权仍然由自己持有。（2）转让部分已实缴出资股权份额。即发起人将其股权已经实缴出资的部分份额转让给受让方。由于这两种股权权属变动只涉及已实缴出资部分股权，原未届期出资义务仍由发起人承担，因此，下文将对二者合并论述。（3）转让全部出资未届期股权份额。即发起人将股权所附的出资尚未届期的全部股权份额转让给受让方。（4）转让部分出资未届期股权份额。即将股权上尚未实缴出资的部分股权份额转让给受让方，转让后发起人和受让方所持股权均负有未届期出资义务。（5）混合转让。即受让方受让的股权份额中既包括了出资未届期的股权份额，亦涵盖已实缴出资的股权份额。此五种类型只是发起人转让出资未届期股权的可能模型，区分之实益在于：在股权全部转让的情形下，转让完成后发起人退出公司；部分转让仅仅是持股份额的减少，发起人仍然为公司股东，因此在出资责任承担上存在显著不同。不过在实践操作中，发起人和受让方通常不会对转让股权的"未届期"份额和"已实缴"份额作出明确约定，通常由受让方受让发起人股东的全部或者部分股权份额。

（二）类型二：控股（制）股东 VS 普通股东

依据发起人（转让方）股权转让时身份之不同，可以区分为控股（制）股东股权转让和普通股东股权转让。前已述及，发起人作为创设股东，享有设立中公司业务执行的一揽子权力。这种业务执行可以由发起人单独执行，如设立中公司对外签订合同；亦可以由发起人共同执行，如有限责任公司和股份公司的章程由发起人共同执行。同时发起人享有一系列权利，如股权结构设计权、报酬请求权、优先认股权、非货币出资权、选举为首届公司机关成员的权利等。发起人成为公司的控股（制）股东也就有得天独厚的机会优势。当发起人为控股（制）股东转让出资未届期股权时，兼具创设股东—股权转让方—控股

（制）股东三重身份。

理论上，发起人以控股（制）股东身份转让出资未届期股权亦存在上述五种类型。当发起人转让全部或大部分出资未届期股权份额时，由于控股（制）股东所持股权份额对公司运营的影响力较中小股东要大得多，所以受让方从发起人处受让的股权份额不仅包括股权本身价值，亦涵盖对目标公司的控制力。这种控制力能够使目标公司按照自己意志或者符合其利益方式经营，从而降低其投资风险并减少交易成本。发起人为控股（制）股东转让未届期股权时因股权的规模和控制力通常会要求受让方对其股权加价，交易价格一般较正常股价为高。假如普通股一股的成交价为 20 元（人民币），发起人可能会要求加价至 21 元、22 元甚至更高价格。这种加价系受让方购买公司控制权的溢价，故称为"控制股溢价"或者"控制股加价"。[1]虽说作为追求私利的理性经济人，控股（制）股东追求股权价值最大化符合市场经济的运行逻辑，发起人有权依据自己财产获取收益并为此而采取任何合法行动。但是这种代表控制权的控制溢价实际来源于公司机制而非发起人自身，原本属于公司的财产或机会，[2]发起人在获得控制股溢价后不能置未届期出资义务于不顾。

当发起人以控股（制）股东身份转让其全部或者绝大部分股权份额时，还可能诱发公司股权结构的变化和公司内部管理层的重大调整甚至重新洗牌。在具体的商业实践中，受让方在受让股权的同时有可能在合同中约定要求转让方（发起人）接受其提出的董事、经理等高管人选的更换或者提名条款。[3]如果是有限责任公司股权全部转让，随着发起人的退出和受让方的加入，还可能会给公司人合性和企业整体形象带来较大冲击和影响，公司的发展目标和经营计划亦会作出相应的变更或者调整；另外，发起人作为控股（制）股东转让出资未届期股权还可能增加公司债权人债权不能受偿之风险。在人合兼资合的封闭型公司中，公司债权人主要信赖的是公司股东的人身信用和对认缴（购）出资的出资承诺。当发起人和受让方恶意串通转让出资未届期股权以逃避债务时，公司

---

① 参见冯果：《现代公司资本制度比较研究》，武汉大学出版社 2000 年版，第 234—235 页。

② Berle, The Price of Power: Sale of Corporate Control, 50 Cornell L Q 628 (1965), pp.637—638.

③ 参见最高人民法院（2016）最高法民再 301 号民事判决书。

债权人能否要求未届期出资加速到期亦是困扰司法裁判的重要疑题。[①]

(三) 类型三: 有约定 VS 无约定

依据发起人和受让方在股权转让合同中对未届期出资义务承担有无明确约定, 可以区分为有约定的股权转让和无约定的股权转让。此种区分无论股权全部转让还是部分转让抑或转让方身份之不同, 均可并存适用, 在处理未届期股权转让责任承担问题上具有基础性意义。区分有约定和无约定未届期股权转让之实益在于: 由于股权转让合同本质是关于"股权"这种特殊财产权为标的的双方民事法律行为, 民事法律行为效力规则在股权转让中有部分适用之余地。如果发起人和受让方在股权转让合同中对未届期的出资义务承担有约定, 在不违背法律、行政法规强制性规定及公序良俗的前提下, 理应尊重转让方 (发起人) 处分股权之意思, 尊重发起人的股权处分权亦是私法自治理念之要求。但是由于股权转让又有别于有体物的物权转让, 物权转让主要涉及处分权人和受让人双方法律关系, 股权作为股东以出资为对价所享有的对公司的权利其指涉对象是公司, 因此, 出资未届期股权转让需要考虑《公司法》的组织法和团体法属性, 需充分虑及公司、其他股东、利害关系人及公司债权人的利益 (发起

[①] 在"浙江捷诚科技有限公司、杭州沈业有限公司与公司有关的纠纷案"中, 二审法院判决股权转让方沈大公司、宏达公司不再对杭海公司承担出资责任, 但是仔细分析案情会发现, 法院判决对债权人极为不公。该案案情为: 2013 年 3 月, 沈大公司与宏达公司共同出资设立杭海公司, 注册资本为 10 000 万元 (人民币), 沈大公司出资 8 000 万元, 持股 80%, 实缴 1 600 万元, 其余 6 400 万元在公司成立 2 年内缴足; 宏达公司出资 2 000 万元, 持股比例为 20%, 实缴 400 万元, 其余 1 600 万元在公司成立 2 年内缴足。2013 年 8 月, 杭海公司和捷诚公司发生建设工程承包合同纠纷, 2014 年 11 月捷诚公司以杭海公司未履行承包款义务为由, 申请法院强制执行。法院查明被执行人杭海公司无履行能力且无其他财产可以执行。就在债权人捷诚公司和杭海公司诉讼期间 (2014 年 8 月), 沈大公司将其持有杭海公司尚负有 1 600 万元未届期出资义务的股权转让给沈某荣, 沈某荣随即又将股权转让给注册资本只有 50 万元的杭州沈大物业管理有限公司, 与此同时, 沈大公司也将其持有的杭海公司全部股权转让给了杭州浩煌实业投资有限公司。捷诚公司提出本案股权几经转手, 最终受让人杭州沈大物业管理有限公司和杭州浩煌实业投资有限公司对杭海公司进行违法减资, 且杭州浩煌实业投资有限公司的股东也未履行出资义务等事实, 但法院却认为, 该内容与争议无关一概不做审查。类似这种股东在出资届至前以规避公司债务为目的将股权转让给明显无清偿能力第三人之情形, 如果司法裁判仍然固守保护出资期限利益而置交易安全于不顾, 显非妥适。参见浙江省嘉兴市中级人民法院 (2017) 浙 04 民终 1929 号民事判决书; 浙江省海宁市人民法院 (2016) 浙 0481 民初 7455 号民事判决书; 浙江省高级人民法院 (2018) 浙民申 2313 号民事裁定书。

人转让出资未届期股权的可能类型如表 3-11-1 所示）。

表 3-11-1　发起人转让出资未届期股权的可能类型

	区分标准	出资未届期股权转让					
		全部转让	部分转让				
类型一	转让份额		已实缴部分全部转让	已实缴部分部分转让	未届期部分全部转让	未届期部分部分转让	混合转让
类型二	转让身份	控股（制）股东	普通股东				
类型三	主观意思	有约定	无约定				

三、发起人转让出资未届期股权的规制路径

（一）完全实缴后才能转让

虽然"资本的自由流通是资本企业的生命线，不允许资本自由流通就等于扼杀了资本企业自身的生命"，[①]但是基于发起人出资未届期股权转让的特殊性，股权上所附的未届期出资义务能否随股权转让而一并转让，理论界和实务界目前尚无明确的结论，无论《公司法》抑或公司法司法解释亦均未能提供充分的制度供给。

有观点提出，既然股权转让由发起人（转让方）引发，那么发起人欲退出公司或者减持其持股份额的前提条件便是提前缴清未届期出资。[②]理由在于：（1）此乃民法诚实信用原则和合同法"有约必守"理念之要求。发起人认缴（购）出资的意思表示是对公司和公司债权人以及社会公众的承诺。发起人转让出资未届期股权必须先兑现已认缴（购）的出资承诺，只有在完全实缴出资后，方可转让。（2）未届期出资义务的法定性。发起人的认缴出资额在公司成立时即已经确定并对外公示，公示之后即产生公信力，在公司存续期间股东对公司

---

① 参见江平：《现代企业的核心是资本企业》，载《中国法学》1999 年第 1 期。

② 参见李志刚等：《认缴资本制语境下的股权转让与出资责任》，载《人民司法（应用）》2017 年第 13 期。

的法定债务不得与其对公司享有的债权主张抵消，亦不能因股权转让协议约定免除。上述方案虽然操作简便并且减少了后续未届期出资（股）款追缴的风险，但是却和股权自由转让原则明显相悖。股东出资义务的法定性不能当然地推导出出资未届期的股权不能转让，两者完全是"风马牛不相及"的两码事儿。如果发起人所持出资未届期股权不能自由转让，那么和完全认缴制改革的本意相悖。众所周知，完全认缴制改革的核心目标就是要赋予股东在出资事项尤其是出资缴纳期限上的自治权。倘若发起人转让股权即剥夺其出资期限自治权并触发未届期出资义务之强制履行，显然不符合完全认缴制改革之目的。虽然说股权转让往往由发起人（转让方）引发，但是发起人作为理性的经济人根据自己意思处分所持股权，属于正常的商业投资和经营行为，只要不存在欺诈隐瞒或者和受让方恶意串通以规避公司债务等情形，发起人主观并无过错。在其转让股权时人为设置枷锁，实属不当。最后，我国现行法亦不支持。如果完全实缴未届期出资后方能转让，发起人要么等到出资期限届至实缴出资之后转让所持股权，要么立即实缴全部未届期出资再转让股权。前者可能要付出相当的时间成本并且随着公司运营活动的开展会带有较多不确定因素，后者即股东出资义务提前加速到期。2019 年 11 月最高人民法院印发的《全国法院民商事审判工作会议纪要》（以下简称《纪要》）仅仅规定了两种情形下可以适用出资义务加速到期：（1）公司作为被执行人案件，无财产可以执行的；（2）股东通过股东（大）会决议延长出资期限的。对股权转让中出资义务加速到期未予涉及。虽然《纪要》（征求意见稿）对股东恶意延长出资期限以逃避履行出资义务作了明确规定，但在正式稿中删除了该规定。由此可见，《纪要》对出资未届期股权转让亦持肯定立场。

尽管要求发起人实缴出资后转让股权具有操作上的便利等诸优势，但是却不能成为否定未届期股权转让的正当理由。在转让程序合法的情形下笔者支持发起人股东持有的出资未届期股权可以自由转让。

（二）出资未届期股权可转让

在可以转让的前提下后续由谁承担未届期的出资义务呢？根据前文对未届期股权转让之类型划分，存在如下可能：

1. 全部转让

在发起人转让全部出资未届期股权（份）时，关于未届期出资责任之承担存在多种观点：（1）转让股东/发起人担责说。未届期出资义务是一种法定义务，该义务具有身份依附性，不能因股权转让免除。（2）受让股东担责说。（3）连带责任说。（4）当前的股（份）权持有人承担未届期出资责任，发起人承担补充责任。①

第一，转让股东/发起人担责说可以分为两类：（1）在受让方"不知情"情况下，未届期出资义务由发起人承担；（2）在受让方"知道"或者"应当知道"的情形下，根据《公司法司法解释（三）》第 18 条第 1 款，公司可以诉请发起人和受让方对未届期出资承担连带责任，公司债权人可以诉请发起人和受让方就公司债务不能清偿部分在未届期出资范围内承担补充责任。该说敏锐地观察到了出资义务的法定性并有助于贯彻资本充实原则，但是发起人转让出资未届期股权往往是欲摆脱掉股权上所附的未届期出资义务，如果转让前和转让后发起人出资义务范围和担责方式无明显变化，则与发起人借股权转让摆脱或者减免未届期出资义务之本意相悖。该说将受让方担责的依据诉诸对出资未届期之事实是否"知道"或者"应当知道"，受让方"知道"或者"应当知道"是一种价值判断，诉讼程序中公司或公司债权人如何举证是难题。②

第二，受让股东责任说认为，出资未届期的股权转让属于"合法"转让，转让方享有期限利益，在届期之前并无出资义务。③在股权转让内容和程序合法的前提下，转让方未届期的出资义务将一概地转让给受让方。如果转让方将全部股权转让给受让方，则是免责的债务承担，结果是转让方认缴承诺的免除和受让方对未届期出资义务的继受；如果将部分未届期出资对应的股权转让给受让方，则是并存的债务承担，转让方在剩余认缴出资部分和受让方在受让的未实缴出资部分对公司承担出资责任。④受让股东责任说看到了出资未届期股权转让约定性的一面，但是该说将债务承担的原理完全套用在未届期股权转让上，

---

① 参见王东光：《论股权转让人对公司债权人的补充责任》，载《法律科学》2020 年第 2 期。
② 参见浙江省嘉兴市中级人民法院（2017）浙 04 民终 1929 号民事判决书。
③ 参见最高人民法院（2016）民再 301 号民事判决书。
④ 参见彭真明：《论资本认缴制下的股东出资责任——兼评"上海香通公司诉吴跃公司等股权转让纠纷案"》，载《法商研究》2018 年第 6 期。

对股权性质及公司法的组织法和团体法属性认识不足，亦忽视了发起人在公司设立中的特殊地位及其责任承担的特殊性。

第三，连带责任说认为，公司或者公司债权人可以请求转让方和受让方承担连带出资责任。公司债权人的权利类似于代位权，无论债权形成在股权转让之前还是之后，均在所不问。①该说实际操作简便，司法适用成本较低并且能给公司和公司债权人提供较周延的保护。但是这种"一刀切"的责任承担方式却存在将复杂问题简单化之嫌疑。在股权转让内容和程序合法、发起人股东已经完全退出公司的前提下，如果还要求和受让方共同对未届期出资承担连带责任，不符合发起人转让/减持股权（份）的初衷和本意，亦不利于法律关系和交易秩序之稳定。在股权全部转让的情况下，转让完成后公司的股东名册、出资证明书、公司章程等内部文件以及工商登记簿登记或载明的均是现股权（份）持有人，缘何还要求发起人对未届期出资承担连带责任？除非发起人明确表示对受让方未届期出资义务承担连带保证责任，但这属于另一层法律关系。

笔者部分赞同第四种观点，但是在证成逻辑上存在重大区别。未届期出资义务原则上由受让方承担，但发起人应当在未届期出资范围内承担补充责任。下文根据双方对未届期出资义务之承担是否有约定分别探讨：

（1）发起人和受让方无约定。如果发起人和受让方仅仅签订了股权转让合同尚未办理变更股东名册、签发出资证明书等手续，此时，因股权变动尚未发生，发起人作为持股人理应承担未届期的出资义务；如果已经签订了股权转让合同并履行签发出资证明书、变更股东名册和公司章程等手续，尚未办理股权变更登记，此时应区分而论。原则上，股东名册变更后股权权属发生变动，②原未届期的出资义务由受让方承担。③但是考虑到部分有限责任公司未备置股东名册之

---

① 参见湖北省当阳市人民法院（2016）鄂 0582 民初 343 号民事判决书。

② 股权变动模式存在"意思主义"和"形式主义"两种模式。前者指股权转让合同生效后股权权属发生变动；后者区分合同效力和股权权属变动，股权变动除签订股权转让合同之外，尚需一定的形式载体配合，如变更股东名册、签发出资证明书、工商登记变更等。为统一司法裁判尺度，《全国法院民商事审判工作会议纪要》明确规定："当事人之间转让有限责任公司股权，受让人以其姓名或者名称记载于股东名册为由主张其已经取得股权的，人民法院依法予以支持……"明确有限责任公司股权变动以股东名册为基准。

③ 参见叶金强：《有限责任公司股权转让初探——兼论〈公司法〉第 35 条之修正》，载《河北法学》2005 年第 6 期。

现实，股权权属变动应以受让方首次参与股东（大）会或者第一次实际参与公司事务为准。但是在面向公司债权人时，依据《公司法》第32条第3款，股东姓名或者名称发生变更的应当办理变更登记，未办理变更登记的，不得对抗第三人。股权变更登记属于股权权属变动的对抗要件，此时，股权转让行为仅具有内部效力，不得对抗公司债权人。如果公司债权人诉请发起人就公司债务不能清偿的部分在未届期出资范围内承担补充清偿责任，发起人不得以其为非股东身份为由进行抗辩。但是发起人在承担未届期出资责任后可以根据股权转让合同向受让方追偿。在股权转让内容和程序合法并变更股权登记后，受让方成为公司在册股东，原未届期出资义务转由受让方承担。在出资届期或者出现出资义务加速到期情形时，公司可以要求受让方在未实缴范围内承担出资责任，公司债权人亦可以要求受让方在未实缴出资范围内就公司债务不能清偿部分承担补充责任。但是发起人是否就完全退出公司呢？

发起人虽然已经退出公司，不再具有股东身份和资格，但是不能完全免责。在受让方届期不履行或者不完全履行出资义务时，发起人应当在受让方不履行或者不完全履行出资义务范围内承担补充责任。发起人可以以受让方未履行或未全面履行出资义务为由抗辩，但是不得以其已退出公司不再具有股东身份和资格为由抗辩。发起人补充责任不同于受让方的"出资责任"而属于"与出资相关的责任"，[1]前者指股东因违反出资义务对其他股东和公司承担的责任；后者指股东虽然未违反出资义务，但因违反该义务而与该出资义务存在牵连应承担的责任。该责任类型在我国《公司法》中有多处规定。如《公司法》第30条[2]和第93条[3]关于其他股东和发起人的连带责任，《公司法司法解释（三）》第14条第2款协助抽逃出资的其他股东、董事、高级管理人员或实际控制人对

---

① 参见王东光：《论股权转让人对公司债权人的补充责任》，载《法律科学》2020年第2期。

② 该条规定："有限责任公司成立后，发现作为设立公司出资的非货币财产的实际价额显著低于公司章程所定价额的，应当由交付该出资的股东补足其差额；公司设立时的其他股东承担连带责任。"

③ 该条规定："股份有限公司成立后，发起人未按照公司章程的规定缴足出资的，应当补缴；其他发起人承担连带责任。股份有限公司成立后，发现作为设立公司出资的非货币财产的实际价额显著低于公司章程所定价额的，应当由交付该出资的发起人补足其差额；其他发起人承担连带责任。"

债权人的补充责任,①第18条第2款瑕疵股权转让后受让股东的连带责任,②均为示例。发起人的补充责任劣后于受让方的出资责任,性质为法定责任、有限责任、补充责任。③发起人承担补充责任的前提必须通过法院判决、执行程序后受让方仍未履行或未完全履行未届期出资义务,方可追究发起人的补充责任。实际操作中,须防止发起人补充责任和受让方出资责任的连带和等同化。

缘何在股权转让内容和程序合法、发起人已经完全退出公司后仍然不能免责呢?这似乎对发起人约束过于严苛,亦与未届期股权转让目的不合。笔者不反对在转让方为普通股东时股权转让完成后,转让方完全退出公司,原未届期的出资义务转由受让方承担。但是在转让方为发起人的情形下,有必要予以特殊规制。

其一,资本充实原则之底线要求。在我国实行法定资本制的前提下,资本充实原则仍然是《公司法》的"支柱"和"核心"法则。④由发起人(转让方)对受让方在出资届期后仍不履行或不完全履行出资义务承担补充责任,目的在于保障未届期出资的及时到位和出资真实,满足公司运营中的资金需求并增强债权人的信用担保。对此,德国公司法严格恪守资本充实原则,穷尽一切手段力保公司资本得以缴付。根据《德国有限责任公司法》之规定,新设公司或新增资本进行登记时实物出资必须全部到位,现金出资必须至少缴付1/4的股金,剩余资本何时缴纳可以在公司合同中进行规定。⑤当股东迟延缴付出资时,首先给股东发出一封挂号信,信中包括不按规定缴纳股金将开除其股东资

---

① 该款规定:"公司债权人请求抽逃出资的股东在抽逃出资本息范围内对公司债务不能清偿的部分承担补充赔偿责任、协助抽逃出资的其他股东、董事、高级管理人员或者实际控制人对此承担连带责任的,人民法院应予支持;抽逃出资的股东已经承担上述责任,其他债权人提出相同请求的,人民法院不予支持。"

② 该款规定:"有限责任公司的股东未履行或者未全面履行出资义务即转让股权,受让人对此知道或者应当知道,公司请求该股东履行出资义务、受让人对此承担连带责任的,人民法院应予支持;公司债权人依照本规定第十三条第二款向该股东提起诉讼,同时请求前述受让人对此承担连带责任的,人民法院应予支持。"

③ 参见薛波:《公司减资违反通知义务时股东的赔偿责任——〈最高人民法院公报〉载"德力西"案评释》,载《北方法学》2019年第3期。

④ 参见赵旭东:《资本制度变革下的资本法律责任——公司法修改的理性解读》,载《法学研究》2014年第5期;赵万一:《资本三原则的功能更新与价值定位》,载《法学评论》2017年第1期。

⑤ 参见《德国有限责任公司法》第7条第2款、第56a条、第46条第2款。

格的威胁，并给予该股东不少于一个月的股金缴纳宽限期。①如果在宽限期内仍未缴付再发给股东一封挂号信，宣布公司收回其股份，该股东已经缴付的股金归公司所有。②如果被除名股东是从一个该股份的前所有者处购得股份的，那么原持有者也必须承担缴纳拖欠股款的义务，并可以通过缴付出资获得该股份。③出资未实缴股份转让之后，不仅现持有人负有缴清所有款项的义务，而且转让后有限责任公司在五年内、股份有限公司在二年内，其前手仍然负有缴清股款之义务。如果拖欠的股金既不能从被开除的股东或其前持有者收取，又不能通过出卖股份获得，其他股东就必须按其持股比例承担补缴缺少股金份额的责任。只要应当缴纳股金时仍为公司股东的人均必须承担这一责任，即使他们随即就出让了股权（份）亦不能免除。④根据《意大利民法典》第2356条规定，转让尚未缴足全部股款股票的，自转让之日起三年内，出让方和受让方连带承担缴纳尚未付清股款之责任，持有股票的受让人是第一顺位责任人，转让人是第二顺位的补充缴纳责任人。上述规则虽然未言明是否适用于发起人，但是均明确股权（份）转让后转让方对未实缴出资的责任承担。其二，有限责任原则之内在约束。有限责任机制使得股东责任和公司责任相区隔从而形成公司独立财产和独立人格之时，亦必然要求股东完全履行出资义务。股东完全履行出资义务是股东有限责任的必然逻辑和结果。只有每一位股东完全履行出资义务，公司的独立人格和独立财产才能有保障。出资义务不是某个或者某部分股东的义务，而是所有股东的义务；出资义务不仅指义务本身，更是义务的全面履行。发起人在持股期间已经享受了有限责任之庇护，发起人承担有限责任的前提是公司的独立责任，公司独立责任的前提是股东获得与其声名一致的资本，发起人在转让出资未届期股权后，亦必须保证股权所附的未届期出资能够全面、真实的缴纳。其三，前已述及，发起人作为创设股东基于在公司设立中的特殊地位，公司成立后往往较容易成为公司控股（制）股东，当发起人以控股（制）股东身份转让出资未届期股权时，一般均会要求受让方对受让的股权支付控制权的溢价，这

---

① Einzelheiten dazu bei OLG München CmbHR 1985，56，转引自［德］托马斯·莱塞尔、吕迪格·法伊尔：《德国资合公司法》，高旭军等译，法律出版社2005年版，第467页。

② 参见《德国有限责任公司法》第21条第1、2款。

③ 参见《德国有限责任公司法》第22条。

④ 参见《德国有限责任公司法》第19条第5款、第22条第3款、第65条第2款。

种转让股权所附的控制权溢价收入是由于公司机制带来的，而非发起人自己。发起人以控股（制）股东身份转让出资未届期股权时，不能做"甩手掌柜"顺势拿走从公司获得的控制股溢价却卸除掉股权所附的未届期出资义务，这有可能诱发商业投机行为和投资人道德风险，亦不符合权利义务对等原则。

发起人对未届期出资补充责任是否有时限限制？有学者通过考察民营企业的生命周期后认为，中国大多数民营企业的生命周期大概在五年内，因此，转让股东补充责任限于股权转让登记之日起的五年内，笔者认为值得商榷。[1]发起人补充责任本质是对股权所附未届期出资义务的一般保证责任，设置该责任的目的是要在出让方和受让方之间建立一种相互督促、相互约束的担保关系，[2]以贯彻资本充实原则。因此，发起人补充责任必须直至未届期出资完全实缴后，方可免除，借此以保障未届期出资能得到真实、全面的缴纳。还有观点认为，公司当下股东可以选择向发起人支付补充责任金额方式优先获得该股权，否则转让方将转而取得股东身份。[3]笔者认为，发起人的股东身份亦不可因缴纳了未届期出资而"复活"，除非通过受让股权或者新认购出资等方式重新获得股东资格。但是发起人在履行出资义务后可以向股权转让的任何后手追偿。

（2）发起人和受让方有约定。如果发起人和受让方在股权转让合同中就未届期出资义务承担有约定，该约定未经公司同意仅在发起人和受让方之间有效，不得对抗公司和公司债权人。在股权转让程序合法并经公司同意后，因受让方成为在册股东，基于商事外观主义原理，原股权上所附的未届期出资义务应由受让方承担。但是发起人应当在未届期出资范围内承担补充责任，并且不得以已经退出公司不再具有股东身份为由抗辩。理由前已详述，此处不赘。关于此处公司对出资未届期股权转让之"同意权"，《公司法》并无规定。但是根据《公司法》第71条，有限责任公司股权外部转让应当经其他股东过半数同意，因此，有限责任公司股权转让时公司是知晓的，只是该"同意权"乃是为维护有限公司人合性而创设的其他股东先买权，而非公司之同意权，法理上略显牵

---

① 参见王东光：《论股权转让人对公司债权人的补充责任》，载《法律科学》2020年第2期。该文讨论的是一般股东而非发起人转让出资未届期股权。基于前文对发起人转让出资未届期股权特殊性的分析，较之于一般股东，应当对发起人责任予以更严格约束。

② 参见陈甦：《论发起人的出资违约责任和资本充实责任》，载《法学研究》1999年第4期。

③ 参见王东光：《论股权转让人对公司债权人的补充责任》，载《法律科学》2020年第2期。

强。至于股份公司发起人持股份额转让无法律规定，属于显性的法律漏洞，建议《公司法》修改或者新颁布司法解释时赋予发起设立股份公司对出资未届期股权转让的同意权。还有观点认为，发起人认缴的未届期出资义务未经公司债权人同意不能免除，[①]笔者对此表示反对。公司债权人作为"外人"和发起人无直接法律关系，未届期出资义务指涉对象是公司而非公司债权人，发起人转让未届期出资股权无需征得公司债权人同意。即便在欺诈隐瞒、恶意串通情形下转让股权可能减损公司的责任财产，亦不必然损害债权人利益。要求转让出资未届期股权征求债权人同意成本高昂，法理难谓圆通。

上述讨论的前提均是转让程序和内容合法的股权转让：（1）如果受让方事后提出，发起人在转让股权时存在"欺诈"或者"故意隐瞒"事实，受让方可否诉请人民法院撤销股权转让合同？受让方作为理性的商人理应对潜存的商业风险具有一定的预估能力和判断能力，对待交易股权的未届期出资义务负有事先尽职调查之义务。[②]完全认缴制下，虽然公司章程无需登载股东的实缴出资额，但是《企业信用信息公示条例》第9条第4项、第10条第1项规定，公司向企业信息公示系统报送企业年度报告时应当载明股东的实缴资本信息。由此推知，受让方在受让股权前已经通过企业信息公示系统查知目标公司的实缴资本信息。只是根据《企业信用信息公示条例》第11条规定，企业应当对公示信息的"真实性"和"及时性"负责。公司作为追求私利的经济人，其报送的实缴资本信息可能是"错误"甚至"虚假"的信息。质言之，企业信用信息公示系统仅仅向交易相对方展示企业的实缴资本信息，不能像工商登记因登记公示之后产生推定正确或真实的法律效力。[③]当受让方因信赖该"虚假"或者"错误"信息受让股权时，发起人应当在欺诈、隐瞒事实范围内承担出资责任。如果完成了股东名册和公司章程变更并且签发了出资证明书，还进行了工商登记变更手续，因股权变动事实已经成就，不可撤销，事后无论发起人是否存在欺诈或者故意隐瞒事实，未届期出资义务由受让方承担，受让方承担出资责任后可以

---

① 参见李志刚等：《认缴资本制语境下的股权转让与出资责任》，载《人民司法（应用）》2017年第13期。

② 参见刘敏：《论未实缴出资股权转让后的出资责任》，载《法商研究》2019年第6期。

③ 参见郭富青：《资本认缴登记制下出资缴纳约束机制研究》，载《法律科学》2017年第6期。

在受欺诈或者故意隐瞒出资范围内向发起人追偿。（2）如果公司或者公司债权人提出，发起人在出资届期前和受让方"恶意串通"转让股权以逃避债务，[1]该情形下存在两条可能的解决路径：一是公司法路径。公司可以依据《公司法司法解释（三）》第18条第1款要求发起人和受让方就未届期出资义务承担连带责任，公司债权人可以要求发起人和受让方共同在未出资本息范围内就公司债务不能清偿部分承担补充清偿责任。二是民法典路径。公司可以根据《民法典》第154条（原《合同法》第52条第2项）提起股权转让合同恶意串通无效之诉。因合同无效并不当然发生股权变动的法律效果，未届期出资义务仍由发起人承担。笔者支持第一条路径，但是需要对《公司法司法解释（三）》第18条第1款进行重新解释。在发起人和受让方"恶意串通"转让股权以逃避债务的情形下，自利益衡量视角观之，需要明确谁的利益更值得保护。[2]此时，相对于发起人的出资期限利益，公司债权人利益更值得保护。该情形下，因发起人和受让方均存在规避公司债务之恶意，可以直接判定未届期出资义务加速到期，转而适用《公司法司法解释（三）》第18条第1款。[3]难点在于公司或者公司债权人如何举证证明发起人和受让方存在"恶意串通"之事实？如果发起人和受让方事先通过约定出资义务方式使发起人逃避出资责任，公司或者公司债权人可以综合以下因素证明：（1）股权转让合同签订的时间和股权变动时间点，如在临近出资届至前的一段时间（几个月几天甚至几小时前）转让股权；（2）股权转让时该股权的市场估价和成交价比较，如成交价显著低于市场价格；（3）未届期出资部分的实际价值，即认缴出资预估价值减除已实缴出资价款的剩余部分。如果是有限责任公司还可审查：其一，公司章程对股权转让是否另有规定；其二，发起人有无遵循《公司法》第71条第2、3款和《公司法司法解释（四）》第17条、第18条、第19条、第20条、第21条股权外部转让时其他股东优先购买权的限制性规定。

2. 部分转让

在股权部分转让时，如果双方有约定，因发起人仅仅减少了持股份额未退出

---

① 参见安徽省宣城市中级人民法院（2019）皖18民初84号民事判决书。

② 参见梁上上：《利益的层次结构与利益衡量的展开》，载《法学研究》2002年第1期。

③ 在恶意串通情形下如果判定"未届期"出资义务"加速到期"，据此就能认定股东未履行或者未全面履行出资义务，直接适用《公司法司法解释（三）》第18条第1款。

公司，在受让方届期不履行或者不完全履行出资义务时发起人应承担资本充实责任；在无约定时，未届期出资义务之承担可以参照并存的债务承担处理。但是由于股权的特殊性及公司法的组织法和团体法属性，亦要注意外观主义之运用。

（1）发起人和受让方有约定

第一，转让已实缴出资股权份额。如果发起人和受让方事先在股权转让合同中约定仅转让已实缴股权（股份）份额。无论是转让方转让全部抑或部分已实缴出资股权份额，由于原未届期出资义务主体未发生变动，仍为发起人，原股权上所附的未届期出资义务仍由发起人（转让方）承担。该情形下转让股权亦无需征得公司同意。不过，有限责任公司股权外部转让因受让方的加入可能会对公司的人合性造成影响，根据《公司法》第71条第2款，转让方（发起人）转让部分或全部已实缴出资股权时需经其他股东过半数同意。其他股东过半数以上不同意转让的，不同意的股东应当购买该转让部分股权，不购买的，视为同意转让。

第二，转让出资未届期部分股权。如果发起人和受让方约定未届期出资股权（股份）份额的全部或者部分转让，此时，因涉及未届期出资义务主体的变更或者加入，比较复杂，试设例以释明：A有限责任公司的注册资本为2 000万元（人民币），其中股东B的认缴出资额为800万元，持股为40%，公司成立时一次性认缴并全部实缴；股东C的认缴出资额为1 200万元，持股60%，认缴后仅实缴600万元，剩余600万元公司章程规定的实缴期限为5年内。在公司成立后的第2年，股东C将其持有的部分股权转让给外部第三人D，如果双方在股权转让合同中明确约定转让的系未届期部分的股权份额，此时，存在以下两种可能：（1）转让出资未届期的部分股权份额。如果股东C将其持股份额的25%（300万元）转让给了D并在股权转让合同中约定转让的是出资未届期部分股权，待转让完成后，A有限责任公司股东B、C、D的持股份额分别为40%、45%、15%，认缴出资额分别为800万元、900万元、300万元。该情形下，如果转让程序合法并经公司同意后，股东B、C、D在各自的认缴出资范围内承担实缴义务；同时基于资本充实责任之要求，当D未履行或未完全履行未届期出资义务时，C应当在D受让的300万元出资未届期额度内承担出资担保责任。（2）转让出资未届期的全部股权份额。如果股东C将其持股份额的50%（600万元）转让给了D，并且在股权转让合同中明确约定转让的是出资未届期的全部份额。待转让完成后，A 公司股东 B、C、D 持股分别为 40%、30%、30%，出资额分别为 800 万元、600 万元、600 万元。其中 B、C 全部实缴出资，股东 D 认缴出资 600 万元尚未实缴。在转让程序合法并经公司同意后未届期的出资义务由受让方 D 承担，C 对未届期出资不再承担出资义务。但是在受让方 D 未履行或者未全面履行出资义务时，C 应当在 D 受让的 600 万元出资未届期额度内承担出资担保责任。

第三，混合股权转让。如果受让方受让的股权份额中既包括了"未届期"部分亦包括"已实缴"部分且双方在股权转让合同中对出资义务有明确约定，此时，因实缴出资部分股权转让对双方权利义务没有影响，直接适用《公司法》第 71 条股权外部转让的规则处理即可。对于未届期部分可以参照上述转让出资未届期部分股权份额处理，该情形下亦包括转让出资未届期全部股权份额和转让出资未届期部分股权份额两种类型。

（2）发起人和受让方无约定

上述三类出资未届期股权部分转让仅是从理论层面所作的区分，在实际操作中，转让方（发起人）和受让方通常仅在股权转让合同中约定待转让股权份额之大小，对于转让的股权份额究竟系"实缴出资"还是"认缴出资"部分或者"混合转让"，均未予明确。[1]在发起人和受让方无约定之情形下，股权转让程序完成后，虽然发起人（转让方）的认缴出资额被切割，但是法定资本制下每位股东的认缴出资额在公司成立时已经确定，股东的认缴出资额可以看成是一个不可分割的整体。[2]此时未届期出资义务之承担可以部分参照并存的债务承担原理处理。"概并存的债务承担，原债务人并不脱离债之关系，仅由第三人从新加入之并负责任而已"，[3]"其一切的权利义务均应维持原状故也"。[4]故而，由发起人（转让方）和受让方在共同认缴（购）的出资（股份）额范围内对公司承担连带责任，在公司债务不能清偿时发起人（转让方）和受让方在认缴（购）出资（股份）范围内就公司债务不能清偿的部分对公司债权人承担补充责任。发起人亦可以和受让方约定未届期出资义务之责任承担，但是该约定仅在双方内部有效，不得对抗公司和公司债权人。

---

① 参见宁夏回族自治区银川市中级人民法院（2017）宁 01 执异 88 号执行裁定书。

② 参见刘敏：《论未实缴出资股权转让后的出资责任》，载《法商研究》2019 年第 6 期。

③④ 参见郑玉波：《民法债编总论》，中国政法大学出版社 2002 年版，第 454 页。

第十二章　公司减资对债权人通知义务的法解释学分析及展开

一、问题的提出

被告上海广力投资管理有限公司（以下简称广力公司）成立于 2009 年 1 月，注册资本为 2 500 万元（人民币），其中被告丁某认缴出资额 2 000 万元，实缴出资额 400 万元，持股比例 80%；被告丁某焜认缴出资额 500 万元，实缴出资额 100 万元，持股比例 20%。出资缴纳截至日期为 2010 年 12 月 1 日（广力公司出资结构见表 3-12-1）。

表 3-12-1　广力公司出资结构

股　东	认缴出资额（万元）	实缴出资额（万元）	出资比例	余额缴付期限
丁　某	2 000	400	80%	2010.12.1
丁某焜	500	100	20%	2010.12.1

2010 年 2 月 1 日，原告江苏万丰光伏有限公司（以下简称万丰公司）与被告广力公司签订了一份供应合同。合同约定原告向被告供应原生多硅晶 10 吨，单价 39.5 万元/吨（人民币），总计 395 万元。合同订立之后，原告万丰公司依约履行了供货义务，但是被告广力公司在付款 159 万元之后再未支付，截至 2012 年 10 月 25 日，广力公司仍拖欠原告万丰公司货款本金 236 万元。

2010 年 11 月 19 日，被告广力公司在未通知已知债权人万丰公司的情况下，将注册资本由 2 500 万元减少至 500 万元，减资后股东丁某、丁某焜的认缴出资额、实缴出资额、出资比例均不变。2011 年 1 月 20 日，根据广力公司存档于工商档案的《有关债务清偿及担保情况说明》载明其曾在《上海商报》刊登了减资公告（减资后广力公司出资结构见表 3-12-2）。

表 3-12-2　减资后广力公司出资结构

股　　东	认缴出资额（万元）	实缴出资额（万元）	出资比例	余额缴付期限
丁　某	400	400	80%	2010.12.1
丁某焜	100	100	20%	2010.12.1

由于广力公司减资时（2010.11.19）在明知对万丰公司负有已知债务（2010.02.01）的情况下，既未直接通知万丰公司，亦未向万丰公司清偿债务或者提供相应担保。万丰公司遂以广力公司、丁某、丁某焜为共同被告提起诉讼，诉请广力公司清偿拖欠万丰公司 236 万元的货款，并要求股东丁某、丁某焜共同对广力公司结欠万丰公司 236 万元的货款承担补充赔偿责任……①

本案争议的焦点包括：（1）被告广力公司在减资时是否对原告万丰公司履行了通知义务？广力公司在《上海商报》上的减资公告能否代替对已知债权人万丰公司的通知义务？（2）如果被告广力公司减资时违反了通知义务，股东丁某、丁某焜是否应当共同对被告广力公司结欠原告万丰公司的 236 万元债权在减资的本息范围内承担补充赔偿责任。这两个问题又直接涉及对《公司法》第 177 条第 2 款的解释和适用问题。

但是我国《公司法》第 177 条第 2 款仅用寥寥数语规定了公司减资对债权人的通知义务及债权人的救济权。对通知义务的性质和主体、履行方式、履行程序、违反通知义务的法律后果均未具明文。我国商法学界对减资问题的研究甚为薄弱，少量文献要么主要集中在 2005 年《公司法》修订之前；要么关注公

---

① 参见《最高人民法院公报》2018 年第 12 期；江苏省高级人民法院（2015）苏商终字第 00140 号民事判决书；江苏省镇江市中级人民法院（2014）镇商初字第 49 号民事判决书。

司违法减资的效力和认缴制下减资制度之完善问题。①对公司减资对债权人通知义务几乎无人问津。本章拟从法解释学视角展开研究以填补这一空白。

二、公司减资对债权人通知义务的性质和主体

（一）通知义务系法定义务

根据《公司法》第 177 条第 2 款规定，公司应当自作出减少注册资本决议之日起 10 日内通知债权人，并于 30 日内在报纸上公告。债权人自接到通知书之日起 30 日内，未接到通知书的自公告之日起 45 日内，有权要求公司清偿债务或者提供相应的担保。该条可分解为四层意思：（1）允许公司减资。公司减资属于商业决策的结果，是否减资、因何减资、何时减资、减资多少均属于公司自治范畴，立法一般不予干涉。（2）减资对象是"注册资本"而非认缴或者实缴资本。完全认缴制下，公司的注册资本 = 认缴资本 = 实缴资本 + 待缴资本，注册资本的减少既可以是认缴资本的减少，亦可能是实缴资本的减少。（3）减资应当自作出减资决议之日起的 10 日内通知债权人并于 30 日内在报纸上公告。（4）债权人自接到通知书或未接到通知书自公告之日起的一定期间内，有权要求公司清偿债务或者提供相应的担保。

从文义观之，虽然立法将公司减资的决定权交由公司自治决定，但是一旦启动减资程序即触发对公司债权人的通知义务。《公司法》第 177 条第 2 款对公司减资时对债权人之通知义务采用了"应当"这种命令式语句形式。"应当"作为法律中的虚词关键词，在行为模式上，由"应当"所引发的是法律主体按照法律安排去履行某种法律义务，违之在处置后果上只能是受罚。②因此，《公司法》第 177 条第 2 款对债权人通知义务系法定而非约定义务。公司一旦减少注册资本，无论实质减资抑或形式减资，无论减资最终是否实质损害到公司债权

---

① 参见周林彬、余斌：《我国"减法"改革中公司减资制度的完善》，载《中山大学学报（社会科学版）》2015 年第 3 期，第 138—148 页；丁辉：《认缴登记制下公司减资制度研究》，载《河北法学》2017 年第 6 期；刘玉妹：《认缴资本制视野下公司减资制度的构建》，载《法律适用》2016 年第 7 期；曹文兵、朱程斌：《〈公司法〉第 177 条减资规定的完善和适用研究》，载《法律适用》2019 年第 14 期。

② 参见谢晖：《"应当参照"否议》，载《现代法学》2014 年第 3 期。

人利益，均必须严格按照《公司法》第 177 条第 2 款履行通知义务，且公司减资对债权人的通知义务不允许以发起人（认股）协议/公司章程/股东（大）会决议等形式约定排除。如果发起人（认股）协议/公司章程/股东（大）会决议中出现了免除/变更公司减资对债权人的通知义务的条款（事项），属于对《公司法》第 177 条第 2 款强制性规定之违反，应否定其效力。

虽然减资对债权人通知义务系"法定"而非"约定"义务，但并不意味着就不存在任意性因子。依据行为人能否以其意思排除适用及意思作用的范围，法律规范分为强制规范、任意规范和半强制规范，《公司法》第 177 条第 2 款在性质上属于半强制规范（hal-bzwinggende Normen）而非强制规范。所谓半强制规范，系介于强制规范和任意规范之间，仅对法律关系的部分内容作出规制，其他则依当事人的意志自治决定。①《公司法》第 177 条第 2 款规定公司应当自作出减资决议之日起 10 日内通知债权人并于 30 日内在报纸上公告。虽然减资对公司债权人通知义务系强制性法律规定，但是只要公司在减资决议完成之后的"10 日"或者"30 日"的宽限期内履行了通知义务即可，至于通知时间点则交由公司自己决定。此处的"10 日"和"30 日"系指工作日还是法定期间？《公司法》及司法解释均未具明文。从督促公司及时履行通知义务以及保护债权人的角度考虑，宜明确为法定期间而非工作日。

（二）通知义务的主体仅限于公司

公司作为独立于所有人和投资者的一种法律秩序人格化的拟制主体，②减资必须遵守股东（大）会的决议程序和表决规则，减资决议之意思亦需通过法定代表人和公司董事等内部机关代为实施，但是这并不意味着股东及其利害关系人在公司减资时亦需对债权人负通知义务。公司减资对债权人通知义务的主体范围仅限于公司，不及于股东及利害关系人，理据有三。

第一，符合文义解释原则。文义解释是第一位的解释原则。在不违背立法目的前提下，解释法律首先应当遵循文义解释优先原则。既然《公司法》第

---

① 参见朱庆育：《民法总论》，北京大学出版社 2013 年版，第 55 页。

② 参见［奥］凯尔森：《法与国家的一般理论》，沈宗灵译，中国大百科全书出版社 1996 年版，第 113 页。

177 条第 2 款已经明确规定，公司应当自作出减少注册资本决议之日起 10 日内通知债权人并于 30 日内在报纸上公告。公司减资通知义务的主体就应当仅限于"公司"，立法已经排除了将股东及其利害关系人作为通知义务主体的必要性。如果将通知义务之主体扩张解释至股东及利害关系人则与该条文义相悖。

第二，符合减资之实质。虽然减资的提议者和发起者一般是股东尤其是控股股东（实际控制人），但是根据我国《公司法》第 37 条第 1 款第 7 项、第 43 条第 2 款之规定，公司减资系股东（大）会决议之结果。股东（大）会作为公司的最高权力机关和意思决定机关，其作出的意思表示系公司本身之意思表示。从公司减资的程序分析，公司减资的"决策者"和"实施者"均为公司，公司自然应当在作出减少注册资本决议之日起的法定期限内将减资的事实告知给债权人，以便于债权人及时行使救济权。尽管公司作为拟制的法律主体，其减资的意思表示需要通过法定代表人代为履行和实施。但是法定代表人在这一过程之中扮演着类似商业辅助人的角色，[①]以公司的名义履行对债权人的通知义务，行为法律后果仍由公司承担。

第三，防止责任主体盲目扩张。公司减资之意思表示虽然通常由股东提议或者发起，但是依据公司人格独立原则及公司意思形成规则，股东的意思表示往往仅是自然人的一种心理过程而已，股东（大）会作为公司意思的主要形成机制，系基于特定的法律程序由股东表决形成的。[②]股东减资的意思表示并不能当然地转化为公司减资的行为和后果。《公司法》第 177 条第 2 款为公司减资设定了严格的程序约束条件，只有在不违反公司减资决议程序的前提之下才肯定减资行为的效力。股东并非减资的实际"操控者"和"决断者"，将股东列为通知义务主体在法理上难谓圆通。实践中，大多数公开公司股权结构分散，股东人数成千上万，如果强制性要求公司减资时股东对公司债权人履行通知义务，几近是一纸无法实现的"空文"，亦与经济效率和股东利益保护原则相悖。另者，董事、高管等作为公司的职业经理人，在管理公司业务和执行公司事务时只需对公司负责即可，和公司债权人并不存在直接的法律关系，对公司减资这一事实亦无直接之利益关系，要求其承担通知义务在逻辑上就更勉为其难了。

---

① 参见范健主编：《商法》，高等教育出版社、北京大学出版社 2007 年版，第 47 页。

② 参见钱玉林：《股东大会决议瑕疵研究》，法律出版社 2005 年版，第 217 页。

（三）股东及利害关系人负有注意义务

虽然通知义务的主体范围不包括股东及其利害关系人，但并不意味着公司减资时股东及利害关系人不负任何义务。股东及其利害关系人应当对公司减资"通知债权人"这一事实负有注意义务。

第一，股东之注意义务。负注意义务股东包括两类：（1）实际减资股东。实际减资股东指因公司决议减资返还股东出资的实际受益者。根据股权和法人财产权的关系逻辑，股东的股权对应的是公司的法人财产权，股权和法人财产权实为一体两面的关系。①减资作为将公司的盈余返还给减资股东的主要方式之一。减资实际上减少的是公司的责任财产，减资往往亦关涉公司股权结构的重大更迭和调整。按照权利和义务相一致原理，实际减资股东作为公司减资最终结果的承担者和受益者，理应对通知债权人这一事实负注意义务。（2）协助/参与减资股东。协助/参与减资股东是指在公司减资时虽然未减少自己认缴（购）的出资（股份）额，但是在股东（大）会决议、工商变更登记等环节配合实际减资股东完成公司减资程序的股东。协助/参与减资股东应负注意义务的理由在于，协助/参与减资股东作为减资决议的实际"提议者"和"参与者"，对公司减资的原因、时间、地点、数额、表决过程、决议结果、通知债权人等事项不可谓不清楚。根据我国《公司法》第37条、第43条第2款、第103条第2款之规定，公司减资需经代表2/3以上表决权股东的股东（大）会决议通过。《公司登记管理条例》第31条第2款规定减资变更登记往往亦需要股东的配合。协助/参与减资的股东理应对通知债权人负有审慎、合理的注意义务，提示并督促公司依法履行通知义务。

如果存在名义股东和实际出资人由谁对"通知债权人"负注意义务？根据《公司法司法解释（三）》第26条第1款之规定，在实际出资人和名义股东参与公司外部法律关系处理上，我国《公司法司法解释（三）》遵循的是彻底的"名义主义"的商法逻辑。《公司法》作为集组织法和行为法于一体的商事单行法，就公司外部法律关系而言，名义股东就是公司的股东。既然是股东，如果协助/参与了公司减资的过程和相关事宜，理应对"通知债权人"这一事实负注意义务。

---

① 参见江平主编：《法人制度论》，中国政法大学出版社1994年版，第221页。

第二，协助/参与减资利害关系人之注意义务。董事、高管等利害关系人承担注意义务的实证法基础系我国《公司法》第 147 条。我国《公司法》第 147 条规定了董事、监事及高管人员的"忠实义务"和"善管义务"，其中善管义务在学理上即注意义务。①公司减资过程中减资方案的制作、股东（大）会的召集、决议、表决、减资登记均离不开董事和高管人员的参与和协助。董事、高管对于公司减资应当通知债权人一般是知晓的。本着对公司事务审慎、负责的态度，亦应当要求协助/参与减资活动的董事、高管对通知债权人这一事实负注意义务。另外，根据《公司法》第 216 条第 3 款之规定，实际控制人虽然不是公司股东，但是通过投资关系、协议或者其他安排，能够实际支配公司行为。在公司减资过程中，实际控制人常常是减资的"提议者"和"发起者"，对公司减资通知债权人这一事实亦应负审慎、合理的注意义务。因此，将协助/参与减资的实际控制人纳入注意义务的主体范围亦具妥当性。

第三，需要进一步释疑和追问的是，既然《公司法》第 177 条第 2 款已经明确规定公司减资时通知义务的主体仅限于公司，缘何协助/参与减资的股东、董事和实际控制人均对通知债权人这一事实负注意义务？如果要求股东及利害关系人承担注意义务是否有违公司独立人格和有限责任所确立的"资产分割理论"，进而束缚投资者和经营者的积极性和主观能动性。这样的质疑具有一定的正当性和合理性，但是要求公司减资时协助/参与减资股东及利害关系人对"通知债权人"这一事实承担"注意义务"却存在充足的正当性基础：（1）资本维持原则之要求。减资减少了公司的责任财产，在我国实行法定资本制的前提之下，资本维持原则仍然是我国公司资本制度的"支柱性"的法则。②要求公司减资对债权人履行通知义务并强化股东和利害关系人的注意义务，系资本维持原则之强制性要求。（2）符合利益平衡原则。虽然公司减资指向的主体是公司，但是减资的提议者和发起者一般系公司的股东尤其是控股（控制）股东，是否减资、如何减资一般先由股东提出后由董事会/执行董事制定减资方案再提交股东（大）会决议（减资程序见图 3-12-1）。正是由于公司和股东的合力导致了公

---

① 参见赵旭东：《公司法学》，高等教育出版社 2012 年版，第 389 页。
② 参见赵万一：《资本三原则的功能更新与价值定位》，载《法学评论》2013 年第 1 期。

司责任财产的减损，债权人作为外部不知情的第三人理应在权利义务配置上向其倾斜。

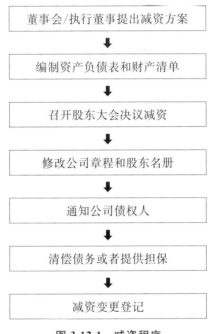

图 3-12-1 减资程序

三、公司减资对债权人通知义务的履行方式和履行程序

（一）履行方式

根据《公司法》第 177 条第 2 款之规定，公司减资对债权人的通知方式包括直接通知和在报纸上公告。直接通知指在减资决议完成之后公司在 10 日内将减资相关事宜通知给债权人，以使债权人能够及时知晓公司注册资本减少之事实，以便于其及时行使救济权。对于通知义务的范围和通知的内容，解释论上应包括债权人减资决议通过之日、减资数额、股东的认缴资本额、实缴资本额以及公司债权人可以要求公司清偿债务或者提供担保的权利。①至于公司减资的

---

① 参见上海市浦东新区人民法院（2014）浦民二（商）初字第 554 号民事判决书。

决议程序和表决方式则属于公司内部治理和商业决策范畴，不属于通知义务的内容和范围，①若债权人以减资为由要求公司履行通知义务以外的其他要求，公司可以拒绝。

关于公告方式，《公司法》第 177 条第 2 款规定公司在减资决议完成之日起30 日内通过"报纸"这种载体将减资事实向社会公布。该条关于公告的规定过于粗疏和简陋，仅规定了公司减资后应当在报纸上履行公告义务，对于报纸的级别、影响力范围均未具明文。实践中，许多公司为了规避通知义务，仅在当地一些级别较低、发行量较小的报纸上公告，致使公司减资的意思和事实无法及时传递给债权人。例如，在"辽宁恒利通拍卖有限公司与济南亨通制笔有限公司与企业有关的纠纷案"中，济南制笔有限公司作为亨通公司的减资股东本应当将减资事项通知给债权人。济南制笔有限公司和亨通公司没有直接通知本案的相关债权人，所发公告的媒介系在地方发行的《济南日报》，致使减资的意思表示无法到达区域外的债权人（公司债权人为辽宁恒利通拍卖有限公司，住所地为辽宁省沈阳市），起不到广而告之的效果。②在"圣鹰公司等股东损害公司债权人利益纠纷案"中，消防器械公司对拖欠金海双鹰公司的欠款是明知的，但是其仅在江苏省南京市本埠的报纸《南京晨报》上刊登了减资公告，而金海双鹰公司的实际住所地为浙江省诸暨市暨阳街道友谊路 150 号，该地址完全不在江苏省境内。金海双鹰公司无法知晓消防器械公司注册资本减少等事宜，未依法采取及时、合理、有效的方式告知。③同样，在"茉织华公司诉新世纪减资纠纷案"中，被告新世纪公司仅在《巴音郭楞日报》上刊登减资公告，而该报的发行量较小，客观上无法起到公告的法律效果。④诸如此类利用《公司法》第177 条第 2 款立法粗疏以规避通知义务，实质上等于未履行《公司法》第 177 条第 2 款规定之通知义务。关于报纸公告的级别和通知标准，具体个案裁判时可以采用"形式＋实质"的判断标准：（1）原则上以公司债权人所在地（住所或法人办事机构所在地）的官报或者登载有关时事新闻的日报为标准。（2）如遇疑难案件中形式标准难以确定则应当改采实质主义标准，即以一个正常、理性

① 参见上海市第二中级人民法院（2017）沪 02 民终 7061 号民事判决书。
② 参见山东省济南市中级人民法院（2014）济商初字第 149 号民事判决书。
③ 参见江苏省南京市建邺区人民法院（2013）建商初字第 369 号民事判决书。
④ 参见上海市徐汇区人民法院（2013）徐民二（商）初字第 1227 号民事判决书。

的债权人能够通过报纸上的减资公告准确知晓公司减资事宜为标准。若无法知晓，即可推定公司减资未履行或者未适当履行通知义务，并且是否登报公告及债权人知晓与否等法律事实的举证责任也应由公司承担。

关于通知的类型和手段，《公司法》第177条第2款仅规定了"直接通知"和"在报纸上公告"两种方式。直接通知理应包括口头通知、书面通知、电话通知、视频通知、语音通知甚至微信通知等多种方式。无论采用何种方式，只要公司及时将减资这一事实告知给债权人并使债权人清楚明确地知晓了减资这一事实，即为履行了通知义务。至于公告通知，《公司法》第177条第2款仅仅规定了"报纸"这种书面载体和形式，显得过于单一和滞后，这与现代电子媒体时代公告方式的多元化需求不相吻合。尽管报纸形式符合传统纸质文书环境下履行通知义务之现实需要，但是却严重忽略了现代商事活动跨入电子商务时代后公司可以借助于互联网、电子媒介等履行通知义务的新样态。日本在这方面规定得相当系统和完备。《日本公司法典》第二编股份公司第449条第3款规定："股份公司减少资本金或公积金，在官报以外，将同款所规定的公告按照基于第939条第1款规定的章程规定，通过同款第2项或者第3项所列的公告方法进行时，不再要求前款所规定的分别告知已知的债权人。"《日本公司法典》第939条规定了公司公告的三种方法：（1）在官报上登载；（2）在登载有关时事新闻事项的日报上登载；（3）电子公告。其实，无论是直接通知抑或报纸公告只是形式问题，最终目的仍然是为了将公司减资这一法律事实告知给债权人。因此，宜对此处的"报纸公告"作进一步的目的性扩张解释，突出/强化通知信息本身内容的文字化呈现形式，淡化通知义务内容文字化所借助的媒介和载体。除报纸公告之外，公司还可以通过电子公告等多元化的方式公告债权人，原则上只要符合《民事诉讼法》规定的公告送达的要件均应当肯定其法律效果，这种目的论解释才符合《公司法》第177条第2款的规范本意。

（二）履行程序

《公司法》第177条第2款规定的"通知债权人"和"报纸上公告"系何种关系呢？主要存在三种观点：（1）择一关系。"通知债权人"和"在报纸上公告"之间虽然用"并"字连接，但是并不表明公司一旦启动减资程序，通知债权人和在报纸上公告即为必须履行程序，二者缺一不可，实际上公司享有选择权。其既可以自减资决议之日起 10 日内通知债权人，亦可以于 30 日内在报纸上公告，只要履行其一通知义务即宣告完成。实践中绝大多数公司减资违反通知义务纠纷均将"通知债权人"和"在报纸上公告"理解为"择一"关系，并认为二者的法律效果相同。①（2）并列关系。"通知债权人"和"在报纸上公告"之间用"并"字连接，表明二者非"择一"关系而系"并列"关系。公司减资必须首先直接通知债权人，通知之后还应当在报纸上公告，二者缺一不可。那种认为"通知债权人"和"在报纸上公告"可择其一是偏离文义的不妥当解释。该观点因直观上与《公司法》第 177 条第 2 款的文义相符，实践中亦不乏支持案例。②（3）区分解释。此处的"直接通知"和"在报纸上公告"系分别针对不同的债权人。"直接通知"针对的是已经取得联系方式或者联系地址的已知债权人；"在报纸上公告"针对无法联络和不特定的潜在的债权人。对于已知债权人，应当采用直接通知方式，对于未知或者潜在的债权人，才可以采用在报纸上公告的形式。

上述三种何者才符合《公司法》第 177 条第 2 款的规范本意呢？笔者认为，观点一赋予了公司过于宽泛的自治权和选择权，超越了《公司法》第 177 条第 2 款之文义范围，亦与《公司法》第 177 条第 2 款旨在保护公司债权人的宗旨相悖。观点二虽然符合《公司法》第 177 条第 2 款之文义，但是却不符合该款的立法目的。第三种观点通知和公告的区分解释值得赞同。

第一，区分解释符合立法目的。《公司法》第 177 条第 2 款规定公司减资对债权人履行通知义务是为了让债权人及时、准确知晓减资这一事实，至于债权人是否及时行使要求公司清偿债务或者提供相应担保的权利、以何种方式行使、行使的法律效果等，并非该款规制的重心所在。公司减资对债权人履行通知义务与否/合理的判断标准就在于公司是否依法将减资事实/信息及时传递给了债权人。既然《公司法》第 177 条第 2 款前半句已经以强行法形式要求公司减资时对债权人履行通知义务且不允许公司以发起人协议/公司章程/股东大会等形式排除，那么即可推定，直接通知后债权人已经知晓了公司减资之事实，无需再履行公告程序。

---

① 参见上海市第二中级人民法院（2016）沪 02 民终 10330 号民事判决书。
② 参见湖南省湘潭市中级人民法院（2014）潭中民二初字第 20 号民事判决书。

第二，区分解释符合体系解释原理。在报纸上公告的目的亦是为了将公司减资这一事实公之于众以使债权人知晓公司减资之事实，并起到公示公信的法律效果。根据《公司登记管理条例》第 28 条第 2 款之规定，公司减资必须履行章程变更和减资变更登记程序，并且应当提供在报纸上登载减资公告证明和公司债务清偿或者债务担保的情况说明；同时《企业信息公示暂行条例》第 7 条和第 9 条规定，公司减资后应当将减资/资产变动信息通过当地的企业信用信息公示系统予以公示。在《公司登记管理条例》和《企业信息公示暂行条例》已经对公司减资公示作了明确规定的情况下，如果《公司法》第 177 条第 2 款再重复要求公司减资必须"在报纸上公告"，无异于画蛇添足，不符合体系解释原理。

第三，区分解释和司法实践观点一致。公司债权人包括已知和未知债权人，已知债权人指已经知道联系方式或地址的债权人，未知债权人指潜在的无法知道准确联系方式或地址的债权人。《公司法》第 177 条第 2 款前半部分"直接通知"针对的是减资决议时已知的债权人。对于公司"知道"或"应当知道"联系方式的已知债权人均应当采取直接通知的方式。①唯有对那些无法找到确切住址的债权人才可以通过公告送达方式通知。②公告作为一种"拟制通知"方式本质是对直接通知的"补充"和"完善"，③仅适用于那些无法直接通知的债权人。如果对于能够直接通知的债权人未直接通知，事后以已公告通知为由进行抗辩，不仅有违债权人利益保护原则，亦不符合我国《公司法》第 177 条之立法本义。④对于能够直接通知债权人却未采用直接通知而以登报公告减资属于减资程序违法，对债权人不发生效力。⑤显然，我国司法实践业已接受了这种区分论的解释路径。

四、公司减资违反通知债权人义务的法律后果

法规范作为具体规定权利和义务及其法律后果的准则，具有严密的逻辑结

① 参见最高人民法院（2016）最高法民申第 1112 号民事判决书。
② 参见上海市第二中级人民法院（2016）沪民终第 6253 号民事判决书。
③ 参见上海市浦东新区人民法院（2014）浦民二（商）初字第 554 号民事判决书。
④ 参见上海市浦东新区人民法院（2013）浦民二（商）初字第 1073 号民事判决书。
⑤ 参见湖北省武汉市中级人民法院（2018）鄂 01 民终 134 号民事判决书。

242

构。一个完整的法规范首要描述法定的事实构成（Tatbestand），然后赋予该事实构成某个特定的法律后果，对法律后果的安排同时包含了立法者对法定的事实构成所涉及的生活事实过程（Lebensvorgang）进行的法律评价。[1]当构成要件所描述的案件事实存在时，法后果随即发生。但是《公司法》第 177 条第 2 款仅仅规定了公司减资对债权人的通知义务及债权人救济权，对违反通知义务的法律后果未具明文。公司减资违反通知义务的法律后果包括四个方面。

（一）减资决议有效

减资违反通知义务时是否会反向致使已经完成的减资决议无效？对此，我国学界存在两种观点：（1）有效说。减资决议的效力和对债权人通知义务不存在牵连关系，减资违反通知义务不影响决议行为之效力。[2]（2）无效说。《公司法》第 177 条第 2 款系强制性法律规定。公司应当自作出减资决议之日起 10 日内通知债权人，债权人自接到（或未接到）通知的一定期限内有权要求公司清偿债务或提供担保，公司减资时通知债权人系决议有效的必要条件。如果违反通知义务则属于对强制性规定之违反，决议行为当然无效。[3]笔者同意有效说。

第一，无效说和团体自治的私法理念相悖。从完成时间上看，对债权人通知义务发生在减资决议完成之后，在公司减资履行/违反通知义务之时，减资决议作为一种已经完成的法律事实，法律效果已经发生。"减资决议"和"通知债权人"属于减资程序中两个独立的法律事实。决议属于社团自己依据法律或社团规章处理内部事务的团体法行为，决议主要调整该组织的内部法律关系，不调整团体或法人与第三人的关系。决议也不调整参与制定决议的人们个人之间的关系，而旨在构筑他们共同的权利领域或者他们所代表的法人的权利领域。[4]通知义务属于减资决议完成后的法定义务，二者不具有牵连效应。如果因违反通知义务而否定减资决议之效力，无异于赋予债权人参与公司治理的权利，

---

① 参见［德］魏德士：《法理学》，丁晓春、吴越译，法律出版社 2013 年版，第 61 页。

② 参见刘春梅、吴兆祥、李志刚等：《公司法第一百七十七条之理解与适用：决议减资与债权人保护》，载《人民司法（应用）》2017 年第 16 期。

③ 参见余斌：《公司未通知债权人减资效力研究》，载《政治与法律》2018 年第 3 期。

④ 参见［德］卡尔·拉伦茨：《德国民法通论》（下），王晓晔、邵建东、程建英、徐建国、谢怀栻译，法律出版社 2013 年版，第 433 页。

与团体自治的私法理念相悖。

第二，无效说不符合经济效率原则。如果因减资违反通知义务否定减资决议之效力，亦与经济效率原则相悖。公司减资必须经过代表三分之二以上表决权的股东的股东（大）会决议通过。股东（大）会的召集、通知、召开、表决需要经过一系列繁琐、严格的程序。《公司登记管理条例》第31条第2款规定："公司减资应当自公告之日起45日后申请变更登记，并且应当提交公司在报纸上登载公司减少注册资本公告的有关证明和公司债务清偿或者债务担保情况的说明。"如果违反了上述规定公司将会受到相应的行政处罚。在减资事由和决议程序不存在重大瑕疵的情况下，如果因通知义务之违反否定减资决议之效力，会造成巨大的经济和组织成本。

第三，无效说误读了减资决议和通知义务之关系。无效的核心理据在于，法律行为无效指当然无效、自始无效、确定无效，不发生当事人所欲实现的法律效果。[①]决议行为无效后被减少的资本应当返还公司。明确违反通知义务的减资决议无效可以防止公司责任财产的不当减少，保护债权人利益。这种解释貌似合理，实则违背了基本法律逻辑。首先，公司减资分为形式减资和实质减资，形式减资往往是亏损企业的行为，不产生资产的向外流动，而是旨在实现公司资产和资本的真实回归，使公司的章定资本与净资产水准接近。形式减资仅仅是一个公司资产负债表两端科目的等比消除的"纸面交易"，不会必然减损公司的责任财产。[②]即便是实质减资，只要公司减资后具备足够的债务清偿能力，责任财产的减少并不会必然损害债权人利益。其次，完全认缴制下，我国公司的信用基础已呈现出明显的从资本信用向资产信用转型的趋势，仅仅依靠公司责任财产/资本信用的债权人保护模式并不牢靠。责任财产对债权人的担保作用不宜被过分夸大。再次，公司债权人保护是一个系统工程。债权人作为理性的交易第三人，理应对潜在商业风险有理性认知和评估。最后，债权人的保护亦属于一个个案的判断问题。我国《民法典》《公司法》《破产法》及司法解释已经对债权人提供了系统的保护措施。以债权人利益保护为由否定决议行为效力，误读了减资决议和通知义务之关系。

---

① 参见王泽鉴：《民法总则》，北京大学出版社2009年版，第459页。
② 参见傅穹：《公司减资规则论》，载《法学评论》2004年第3期。

第四，减资决议的效力应当独立判断。虽然我国学界对决议行为性质的认识众说纷纭，形成了法律行为说①、商行为说②、团体法行为说③、意思形成说④、特殊的法律行为说⑤等诸种学说。但是在立法论上，《民法典》第 134 条第 2 款已经明确将决议行为作为法律行为的一种典型类型对待，即采纳了决议行为属于"特殊法律行为"的观点。既然决议行为属于法律行为，那么关于减资决议效力的判断自然应当遵循法律行为效力的一般理论。我国《民法典》第 144 条、第 146 条、第 153 条、第 154 条分别规定了无效法律行为的五种类型，即无民事行为能力人实施的民事法律行为、行为人与相对人以虚假的意思表示实施的民事法律行为、违反强制性规定和公序良俗之情形以及恶意串通、损害他人利益的民事法律行为；《公司法》第 22 条第 1 款规定，股东（大）会决议内容违反法律、行政法规的无效。原则上只要减资决议不存在上述无效之情形，就不能因为违反对债权人的通知义务而否定减资之效力。

（二）减资行为无效

虽然"减资决议"有效但是不能当然地推定"减资行为"有效。根据我国《公司法》第 37 条、第 43 条第 2 款、第 103 条第 2 款和《公司登记管理条例》第 28 条第 2 款规定，减资包括七大步骤（见图 3-12-1）。"减资决议"仅仅属于"减资行为"的一个步骤，二者属于两个层次的问题。这就类似于物权行为（处分行为）和债权行为（负担行为）分离原则，债权行为（负担行为）有效/无效和物权变动（处分行为）效力不存在牵连关系，⑥不能因债权合同（负担行为）无效而否定物权变动（处分行为）效力。决议作为旨在规定社团内部法律关系的行为，不具有约束外部第三人之效力。减资行为作为一种商事法律事实，减资往往关涉债权人利益之保护。既然《公司法》第 177 条第 2 款以强行法形

---

① 参见［德］卡尔·拉伦茨：《德国民法通论》（下），王晓晔、邵建东、程建英、徐建国、谢怀栻译，法律出版社 2013 年版，第 432 页。

② 参见叶林：《商行为的性质》，载《清华法学》2008 年第 4 期。

③ 参见吴飞飞：《论公司章程的决议属性及其效力认定规则》，载《法制与社会发展》2016 年第 1 期。

④ 参见徐银波：《决议行为效力规则之构造》，载《法学研究》2015 年第 4 期。

⑤ 参见柯芳枝：《公司法论》，中国政法大学出版社 2004 年版，第 239 页。

⑥ 参见王泽鉴：《物权法》，北京大学出版社 2010 年版，第 69 页。

式要求公司减资应当通知债权人，减资违反通知义务就理应受到《公司法》第177条第2款的约束，违之则减资行为无效。

第一，减资行为无效与《民法典》规定吻合。根据原《合同法》第52条第5项之规定，违反强制性法律规定的合同无效。《公司法司法解释（二）》第14条第2款进一步将违背强制性规定无效的范围限缩为效力性强制性规定。尽管《公司法》第177条第2款系规范公司减资行为的程序性规定，在性质上属于管理性强制性规定，但是依据《民法典》第153条第1款之规定："违反法律、行政法规的强制性规定的民事法律行为无效，但是该强制性规定不导致该民事法律行为无效的除外。"显然《民法典》第153条第1款已经抛弃了原《公司法司法解释（二）》第14条第2款确立的效力性强制性规定和管理性强制性规定二分法。从法律规范性质区分的角度判断减资行为效力缺乏实证法依据。

第二，减资行为无效具有比较法理据。英国公司法针对公开公司和封闭公司分别设置了不同的减资程序。《英国2006年公司法》第641（1）（b）条规定，公开公司减资除了要获得公司成员的特别决议通过外，并且需要经法院的确认程序。封闭公司虽然无需法院批准，但董事必须作出公司偿债能力的董事声明。如果董事在发表偿债能力声明时存在故意或者重大过失，导致债权人利益受损时则需承担侵权赔偿责任。①《英国2006年公司法》第641（1）（a）条规定，在股东作出特别决议时，还应当就股东权益受到减资影响的股东分别召开类别股东大会。如果违反上述程序性规定则减资行为无效，因减资受益的股东负有返还公司财产的义务。②《德国股份公司法》第222条第（2）项规定，只有经决议时代表基本资本至少四分之三多数同意才能作出减资决议。当存在多个种类表决权股东的，减资决议需经每个种类股东同意后生效。第225条第（2）项规定，只有在减资登记公告经过六个月并且及时申报，债权人已获得清偿或提供担保后，才可以向股东进行基于减资的支付，并将债权人异议作为减资的生效条件。《日本公司法典》第449条规定，股份公司减资未履行保护债权人程序，

---

① The Company Law Review Steering Group（1999），Modern Company Law For a Competitive Economy：Company Formation and Capital Maintenance，para. 3.27—3.25.

② Eilis Ferran，Principles of Corporate Finance Law，Oxford University Press，2008，pp.190—202.

可能成为减资无效或可撤销的理由，债权人可以在法定期间（一个月内）就资本金额的减少提出异议。域外成熟资本制度立法国家在公司减资行为效力问题上的审慎、保守立场值得借鉴。

第三，减资行为无效符合立法目的。我国《公司法》第 177 条第 2 款减资对债权人的通知义务系为避免公司债权人因减资而受到不正当侵害所专设，理应具有强行法效力。公司必须严格遵守不得回避，若舍弃其法定义务，则当构成对强行法之违反，而成为减资无效之理由。[1]唯有如此，才能给债权人提供实质保护。实证研究发现，在公司违背通知义务减资效力问题上，我国法院一般认为公司减资时通知义务之履行与否不影响减资行为的效力。这种过于偏袒公司（股东）利益的裁判导向，客观上可能会导致公司减资时股东认为违反通知义务并不会产生其他不良的后果，至多也就是对公司不能清偿的债务在减资范围内承担补充赔偿责任而已，这无疑会形成促使股东过度从事冒险行为的激励倾向。股东获得了冒险行为的全部收益，却无需承担相应的成本，股东行为的成本由债权人承担，对债权人而言极不公平。从本着提倡淳良守信的商业文化和审慎处分公司资产以及切实保护债权人利益角度考虑，在减资行为的效力判断上亦应当从严解释，明确公司减资违反通知义务时的减资行为无效。

（三）债权人法定救济权被阻却

有观点认为，如果公司未按照《公司法》第 177 条第 2 款之规定履行对债权人的通知义务，债权人旋即丧失了要求公司清偿债务或提供相应担保的权利。[2]这种观点存在望文生义的"僵化式"解读之嫌。《公司法》第 177 条第 2 款规定减资对债权人通知义务的目的是为了保障债权人能够及时行使救济权。如果因公司违反通知义务债权人就旋即丧失了要求公司清偿债务或者提供相应担保的权利，显然与债权人保护的宗旨相悖。《公司法》第 177 条第 2 款只是为公司减资时债权人之保护提供两种救济措施：（1）提前清偿债务；（2）提供相应

---

① 参见冯果：《现代公司资本制度比较研究》，武汉大学出版社 2000 年版，第 192 页。

② 参见李志刚等：《公司法第一百七十七条之理解与适用：决议减资与债权人保护》，载《人民司法（应用）》2017 年第 16 期。

的担保。无论公司减资时是否违背通知义务，债权人的法定救济权都始终存在，只是违反通知义务时债权人的法定救济权被临时阻却，不能及时行使。当债权人知道（有意/无意）公司减资这一事实后，其依然可以在规定的期限内要求公司清偿债务或者提供相应的担保。

另外，《公司法》第 177 条第 2 款规定债权人在未接到通知书的 45 日之内有权要求公司清偿债务或者提供相应的担保。这里的"45 日"应当属于"除斥期间"而非"诉讼时效"。债权人在未接到通知书的 45 日内享有要求公司清偿债务或者提供担保的权利，超过 45 日则救济权归于消灭，这种解释符合《公司法》第 177 条第 2 款的规范本意，亦与商事交易的效率价值相契合。债权人要求公司"清偿债务"或者"提供相应的担保"性质上亦非学者所理解系债权人的异议权，异议权作为一种形成权，形成权者，乃依自己之行为使自己或与人共同之法律关系发生变动之权利也。①形成权之本质系仅凭权利人之单方意思表示而发生法律效果。②如果要求公司"清偿债务"或"提供相应的担保"的救济权是异议权，那么债权人一旦提起即可阻止减资行为的履行，但《公司法》第 177 条第 2 款显然没有这样的法律效果。

（四）债权人获得对股东的求偿权

当减资导致公司的责任财产减少并且危及债权人利益，若公司穷尽全部责任财产仍无法清偿债务时，司法裁判一般类推《公司法司法解释（三）》第 14 条第 2 款抽逃出资之规定，要求实际/协助/参与减资股东在减资本息范围内对公司债务不能清偿的部分承担补充赔偿责任。

第一，在适用前提上，股东赔偿责任以公司不能清偿债务导致债权无法实现为前提，否则股东享有拒绝履行的先诉抗辩权。当减资违反通知义务损害债权人利益时，公司作为债权债务关系的相对方，债权人首先应当要求公司以其全部责任财产对债务承担无限责任，不能直接"越过"公司要求股东清偿债务。③因为按照有限责任原理，股东仅以其认缴（购）的出资（股份）额为限对

---

① 参见郑玉波：《民法总则》，中国政法大学出版社 2003 年版，第 67 页。
② 参见王泽鉴：《民法学说与判例研究》（第四册），中国政法大学出版社 2005 年版，第 12 页。
③ 参见最高人民法院（2016）最高法民申 1112 号民事裁定书。

公司承担责任，公司应当以其全部责任财产对其债务承担责任。关于"公司不能清偿"的判断标准，立法和司法解释均未具明文。主要存在三种观点：（1）债权人首先应当向公司提出请求，公司拒绝清偿其债务时债权人即可向股东提出清偿要求。（2）债权人必须经过对公司债务的强制执行后，如果仍然得不到清偿才可以要求股东清偿，否则股东享有拒绝履行的先诉抗辩权。（3）主体为现金流标准，同时兼顾特定物之债及其他可供参考要素。①只要公司的现金流或者其他可以及时变现还债的流动财产不足以清偿到期债务，即构成债务不能清偿。前两种标准属于传统的民法路径，笔者倾向于第三种公司法路径。实践中法院应当依据公司的利润报表、现金流量表、资产负债表等会计报表综合权衡判断。

第二，在赔偿基准上，股东对公司债权人赔偿责任以"减资数额"而非"认缴"或"实缴"出资额为基准。公司减资违反通知义务时股东对债权人承担补充赔偿责任的法理基础系资本维持原则。公司减资违背资本维持原则最终的救济目的在于力图使公司的责任承担能力和债务清偿能力恢复到"被减少的资本额"之前的范围和水平。因此理应先由公司对债权人的债务承担"直接赔偿责任"和"全额赔偿责任"，再由股东在"减资数额"的范围之内就公司债务不能清偿的部分承担补充赔偿责任。通过这样两个层次的责任设计力图使债权人保护的水平恢复至减资前的水平，符合资本维持原则的语义和精髓，亦可为债权人提供较周延的保护。

第三，在赔偿范围上，债权人诉请股东承担补充赔偿责任的范围包括减资"本金"和"利息"两部分。②至于利息额的计算方式，除减资额外主要取决于利率和期限，一般应当以同期中国人民银行同类贷款的基准利率计算利息；关于利息起算的时间点，既然减资通知义务的对象区分为"已知"和"未知"债权人，对于已知债权人应当在减资决议生效之日10日后；对于潜在的无法联络的债权人则应当在减资决议生效30日后开始起算；关于利息起算的终点，可以参照买卖合同的利息确定方法，从债权人保护以及统一司法裁判尺度角度考量，

---

① 参见张其鉴：《论认缴制下股东补充赔偿责任中的"不能清偿"标准》，载《政治与法律》2017年第3期。

② 参见薛波：《公司减资违反通知义务时股东的赔偿责任——〈最高人民法院公报〉载"德力西"案评释》，载《北方法学》2019年第3期。

建议采用债权全部清偿之日标准。如果债权人在主张减资款赔偿后再主张利息赔偿是否属于重复诉讼，答案为否。对此司法实务中已有类案，在"中国船舶工业物资总公司等诉上海宝莲鑫进出口公司等与公司有关的纠纷案"中，二审法院认为，债权人一审要求公司股东在减资本金范围内承担赔偿责任，本案又主张股东应对减资利息承担赔偿责任，并无重复起诉的情形，法律亦未规定当事人对自己基于同一法律关系所产生的多项权利必须同时主张。①

① 参见上海市第一中级人民法院（2014）沪一中民四（商）终字第 1340 号民事判决书。

第十三章 公司减资违反通知义务时股东的赔偿责任
——《最高人民法院公报》载"德力西案"评释

一、案件事实与争议焦点

《最高人民法院公报》2017 年第 11 期刊登的"上海德力西集团有限公司诉江苏博恩世通高科有限公司、冯某、上海博恩世通光电股份有限公司买卖合同纠纷案"(以下简称"德力西案"),①系"公司减资纠纷"的典型案例。该案原告德力西公司与被告江苏博恩公司 2011 年 3 月签订《电器电工产品买卖合同》,约定江苏博恩公司向德力西公司购买若干电器设备,合同总金额为 111 万元;合同同时载明质量标准要求、卖方对质量负责条件及期限、保质期、支付货款期限及方式等。合同签订后,德力西公司依约交付了设备,江苏博恩公司向德力西公司支付货款 33.3 万元,尚欠 77.7 万元待付。此后,江苏博恩公司在未通知德力西公司的情况下,于 2012 年 8 月和 9 月召开股东会并作出决议,同意公司减少注册资本 1.9 亿元(认缴额 2 700 万元,实缴额 1.63 亿元),其中,控股股东冯某减少 1.9 亿元(认缴额 2 700 万元,实缴额 1.63 亿元)。②减资后公司累

---

① 参见上海市第二中级人民法院(2016)沪 02 民终 10330 号民事判决书;上海市青浦区人民法院(2016)沪 0118 民初 5823 号民事判决书。

② 二审事实认定似乎有误。根据完全认缴制法理,单个股东的认缴额只可能≥实缴额。冯某不可能认缴额为 2 700 万元,实缴额为 1.63 亿元。从案情分析来看,冯某的认缴额应为 1.9 亿元,2 700 万元为待缴资本,1.63 亿元为实缴资本。

计注册资本额为 1 000 万元，冯某不再具备股东资格，上海博恩公司出资 700 万元、陈某燕出资 300 万元。江苏博恩公司随后办理了工商变更登记，在报纸上发布减资公告，并出具了验资报告。

由于江苏博恩公司减资前尚结欠德力西公司 77.7 万元货款，未清偿亦未提供担保，德力西公司遂以江苏博恩公司、上海博恩公司和冯某为共同被告向上海市青浦区人民法院提起诉讼。请求判令江苏博恩公司向德力西公司支付货款 77.7 万元，判令上海博恩公司、冯某在减资 1.9 亿元范围内对江苏博恩公司的债务承担补充赔偿责任。一审法院判决支持了除要求上海博恩公司在减资范围内对江苏博恩公司的欠款承担补充赔偿责任以外的诉讼请求。德力西公司不服一审判决，向上海市第二中级人民法院提起上诉。二审法院审理后判决支持了德力西公司的全部诉讼请求，上海博恩公司亦在减资 1.9 亿元范围内对江苏博恩公司结欠德力西公司的债务承担补充赔偿责任。

本案争议焦点在于，江苏博恩公司的股东上海博恩公司、冯某是否应在减资范围内共同对江苏博恩公司结欠德力西公司的债务承担补充赔偿责任。从两审判决结果观之，要求冯某对江苏博恩公司结欠德力西公司的债务承担补充赔偿责任，不存争议；有争议者，乃上海博恩公司是否应对德力西公司承担补充赔偿责任。一审法院不予支持，二审法院改弦易辙，明令上海博恩公司和冯某共同对江苏博恩公司的债务承担补充赔偿责任。在 2012 年减资完成后，冯某实际已退出江苏博恩公司，德力西公司依然要求其对江苏博恩公司的负债承担补充赔偿责任，理据何在？二审改判上海博恩公司、冯某在 1.9 亿元的减资范围内对江苏博恩公司债务不能清偿部分共同承担补充赔偿责任，又是为何？详查一、二审判决书，一审对不支持上海博恩公司承担补充赔偿责任的理由语焉不详，二审对支持冯某、上海博恩公司承担补充赔偿责任的理据亦含糊其词。另与本案争点密切关联的三项问题亦需释明：（1）江苏博恩公司仅在报纸上公告了减资结果，而未通知已知债权人德力西公司，"在报纸上公告"能否代替"通知"义务？《公司法》第 177 条第 2 款"通知债权人"和"在报纸上公告"系何关系？（2）冯某和上海博恩公司共同在减资 1.9 亿元范围内对德力西公司债务承担补充赔偿责任，该责任性质为何？（3）德力西公司未诉请利息赔偿，其能否诉请减资额的利息赔偿？

在完全认缴制背景之下，各地法院受理减资纠纷案件呈剧增态势。①无论在解释论和立法论上，研究公司减资违反通知义务时股东对公司债权人的赔偿责任，均具有重大的理论和实践意义。在当前公司法解释学（教义学）尚欠发达的情况下，"德力西案"亦深具方法论上的启迪意义。笔者结合一、二审裁判理由和裁判要点，爬梳近年来我国公司减资纠纷的司法案例，就公司减资违反通知义务的类型和后果，公司减资违反通知义务时股东对债权人承担赔偿责任的公司法理据、请求权基础、责任性质、构成要件、责任范围等问题展开系统研究，以期能对《公司法》第 177 条第 2 款的理解与适用及减资立法完善有所裨益。

二、公司减资违反通知义务的类型及后果

（一）公司减资违反通知义务的类型

1. 未履行通知义务。根据《公司法》第 177 条第 2 款规定，公司应当自作出减资决议起 10 日内通知债权人，并于 30 日内在报纸上公告。实践中，有公司减资时既不直接通知（已知或应知）债权人，亦不以报纸形式公告，公然违背减资的程序规定。在"浙江海特包装彩印有限公司与吴某丹、蒲某勤保证合同纠纷案"中，法院认为，公司的股东虽然出具了《债务清偿及债务担保情况说明》声称公司已将减资情况按程序通知了所有债权人，且无债权人要求清偿债务或提供债务担保，但公司并未依法将减资情况专门通知债权人，损害了债权人的利益。②在"江西远洋运输公司与 DAC 中国特别机遇（巴巴多斯）有限公司、福建宁化腾龙水泥有限公司、福建宁化蛟龙水泥有限公司债权纠纷案"中，法院认为，公司减资既未通知原债权人，也未通知转让后的任何债权人，违反了公司减资的程序规定，致使债权人丧失依照《公司法》规定要求公司清偿债务或提供担保的权利。③在"耿某诉江苏南通三建集团有限公司股东损害公

---

① 据笔者初步统计，2011—2016 年共有减资纠纷案件 234 件，2011 年 7 件，2012 年 5 件，2013 年 8 件，2014 年 82 件，2015 年 63 件，2016 年 69 件。可见 2013 年实行完全认缴制之后，减资纠纷大幅增加。

② 参见广东省深圳市中级人民法院（2012）深中法商终字第 2037 号民事判决书。

③ 参见最高人民法院（2012）民提字第 25 号民事判决书。

司债权人利益责任纠纷案"中，法院认为，公司未依法定程序减资，损害了债权人的利益，公司的唯一股东为公司违法减资未通知债权人，严重损害了债权人利益，应就系争债务向债权人在减资范围内承担补充赔偿责任。①

2. 通知形式不适当。这种情形系指虽有履行通知义务之事实，但通知形式不符合要求。主要表现为：（1）以公告代替通知。公司减资违反通知义务最集中的表现即为以"公告"代替"直接通知"。②《公司法》第177条第2款规定，公司应当自作出减资决议之日起10日内通知债权人，并于30日内在报纸上进行公告。此处"通知"和"公告"用"并"字连接，表明二者非择一关系。"通知"和"公告"系针对不同类型债权人，"通知"针对的是已知且能取得联络方式的债权人，"公告"针对的是无法联络上的债权人和不特定潜在债权人。公告作为一种拟制通知方式，是对直接通知的补充和完善，只有在无法直接通知时，公告才被作为一种替代方式使用。③如果能够通知而未采用直接通知方式，事后以公告为由进行抗辩，不仅有违债权人利益之保护，亦不符合《公司法》第177条之本意。在"钟某东诉上海杰之能信息科技有限公司减资纠纷案"中，法院认为，公司将注册资本由500万元减少到330万元，在作出减资决议时对债权人向其主张债权已明知，公司仅在报纸上进行公告，对已知债权人，未采取合理、有效的方式告知，致使债权人丧失了在公司减资前要求其偿还债务或提供担保的权利。④在"董某珍、江某中、夏某成诉浙江中成建工集团有限公司、苏州博海房地产开发有限公司、项成英建设工程施工合同纠纷案"中，法院认

---

① 参见上海市第一中级人民法院（2015）沪一中民（商）终字第384号民事判决书。
② 参见上海市第一中级人民法院（2014）沪一中民四（商）终字第462号民事判决书；上海市浦东新区人民法院（2014）浦民二（商）初字第554号民事判决书；上海市浦东新区人民法院（2017）沪0115民初26021号民事判决书；江西省南昌市东湖区人民法院（2016）赣0102民初4862号民事判决书；上海市浦东新区人民法院（2012）浦民二（商）初字第3637号民事判决书；湖南省湘潭市中级人民法院（2014）潭中民二初字第20号民事判决书；湖北省武汉市中级人民法院（2018）鄂01民终134号民事判决书；浙江省杭州市中级人民法院（2017）浙01民终6510号民事判决书；江苏省南京市中级人民法院（2017）苏01民申365号民事裁定书；广东省深圳市宝安区人民法院（2016）粤0306民初14840号民事判决书；河南省信阳市中级人民法院（2017）豫15民终2708号民事判决书；江苏省苏州市吴中区（2017）苏0506民初8538号民事判决书；广东省广州市（2015）穗海法民二初字第3193号民事判决书；辽宁省铁岭市中级人民法院（2017）辽12民初104号民事判决书。
③ 参见上海市第二中级人民法院（2016）沪民终第6253号民事判决书。
④ 参见上海市闸北区人民法院（2012）闸民二（商）初字第525号判决书。

为，公司仅在报纸上刊登公告，不构成对已知债权人的通知；公司主张曾口头通知债权人减资，但未提供相应证据证明，债权人对此不予认可，应认定公司减少注册资本没有履行通知债权人的法定程序。①（2）公告未起到通知效果。《公司法》第 177 条第 2 款仅要求在减资决议作出之日起 30 日内在报纸上公告，对于报纸的级别、影响力均未置明文。实践中有公司虽采用了报纸方式公告但却未起到通知的效果。在"辽宁恒利通拍卖有限公司与济南亨通制笔有限公司与企业有关的纠纷案"中，法院认为，公司及公司的股东未将减资事项直接通知债权人，所发公告媒介系地方发行的《济南日报》，使相关意思表示客观上无法到达区域外的债权人（债权人住所地在辽宁省沈阳市），起不到广而告之的效果。②在"圣鹰公司等股东损害公司债权人利益纠纷案"中，法院认为，公司对拖欠债权人的欠款是明知的，但其仅在南京市本埠报纸《南京晨报》刊登了减资公告，而债权人的住所地不在江苏省境内，债权人无法知晓公司减少注册资本的事宜，未依法采取及时、合理、有效的方式告知。③

（二）公司减资违反通知义务的法律后果

无论未履行通知义务抑或通知形式不适当，均构成对《公司法》第 177 条第 2 款的违反。公司减资违反通知义务的法律后果有二：

1. 债权人的法定救济权被阻却。根据《公司法》第 177 条第 2 款规定，债权人在接到通知书或未接到通知书自公告之日起的法定期间内，有权要求公司清偿债务或提供相应的担保。"德力西案"二审法院认为，江苏博恩公司仅在《江苏经济报》上发布了减资公告，未就减资事项直接通知德力西公司，使德力西公司丧失了要求江苏博恩公司清偿债务或者提供担保的权利。④笔者认为这一认定值得商榷。公司减资通知债权人的目的是为了保证债权人能及时行使救济权，如因公司违反通知义务而丧失救济权，与《公司法》第 177 条第 2 款的立法目的相悖。无论公司减资是否违反通知义务，债权人的救济权都始终存在，只是违反通知义务时债权人的法定救济权被临时阻却，不能及时行使。此处的

---

① 参见最高人民法院（2016）最高法民申第 1112 号民事判决书。
② 参见山东省济南市中级人民法院（2014）济商初字第 149 号民事判决书。
③ 参见江苏省南京市建邺区人民法院（2013）建商初字第 369 号民事判决书。
④ 参见上海市第二中级人民法院（2016）沪 02 民终 10330 号民事判决书。

"提前清偿"即加速到期的意思,只要公司减资完成,无论债务是否届期均一概视为届期。若公司不提前清偿即构成违约,债权人可诉请强制履行或损害赔偿。债权人有权要求"清偿债务"或"提供担保"亦非学者所理解的立法赋予债权人的异议权,异议权作为一种形成权,其根本特点是可以阻止减资行为的履行,但是《公司法》第 177 条第 2 款无此法律效果。①

2. 债权人获得对股东的追偿权。虽然公司违反通知义务时债权人的法定救济权仅被临时阻却,债权人依然能够要求公司提前清偿债务或者提供担保。但是,公司减资纠纷往往因减资导致公司责任财产严重减损并危及债权人利益。在公司责任财产仍不能清偿债务时,司法裁判一般会基于保护债权人的立场,要求股东在减资范围内对公司债务不能清偿的部分承担补充赔偿责任,债权人获得了对股东的追偿权。要求股东对公司债务不能清偿的部分承担补充赔偿责任,系由减资特点所决定。公司减资乃股东(大)会决议的结果,是否减资、因何减资、何时减资、如何减资取决于股东意志。股东(尤其是控股股东)作为减资决议的实际参与者,对公司减资的时间、地点、原因、表决过程、通知债权人等事项不可谓不清楚。公司减资违反通知义务时,股东主观上存在疏忽或过错,债权人可诉请股东在减资数额内对公司债务不能清偿部分承担补充赔偿责任。

三、股东承担赔偿责任的公司法理据

"德力西案"二审缘何判决上海博恩公司和冯某共同在减资 1.9 亿元范围内对江苏博恩公司结欠德力西公司的债务承担补充赔偿责任?此次减资实际减掉了控股股东冯某的出资额,上海博恩公司减资前后出资额不变,减资与其无直接关联,支撑二审的正当性基础何在?公司减资违反通知义务要求股东对债权人承担补充赔偿责任,存在着充足的正当性基础。江苏博恩公司违法减资实际上减损了公司的责任财产范围,违背了公司法的核心法则——资本维持原则。

维持(maintenance)在汉语中的意思为"保持使继续存在"。《牛津英语词

---

① 参见李志刚等:《公司法第一百七十七条之理解与适用:决议减资与债权人保护》,载《人民司法(应用)》2017 年第 16 期。

典》中解释为"保持、维护、持续地处于强有力的、有效的或免受损失或减损的状态"。①资本维持意味着公司保有其资本，免受损失和减损。所谓资本维持（充实/拘束）原则，指公司从设立至解散期间，应经常保持至少相当于公司资本额的财产，以具体财产充实抽象资本之原则。②此一原则旨在保护公司债权人利益。③无论大陆法系抑或英美法系国家，资本维持原则一向被公司法学者奉为公司资本制度设计的圭臬，④对公司资金的筹措、累积和运用均具有深远影响。⑤

在德国，资本维持原则主要体现在《德国股份公司法》第 57 条"禁止退回资产"、第 71 条"限制股份回购"，《德国有限责任公司法》第 30—33 条"禁止资本返还及限制回购股份"等规定中。⑥德国学者认为，资本维持作为一种预防保护措施，旨在保护原始资本金额范围内的股东财产，以免公司将其分配给股东。⑦即使原始资本被真实地缴付过一次，也不存在保护其免遭不利业务损害的问题。但是，国家法律却能够阻止股东从公司处筹措资本。法律保护公司资产在原始资金范围内免遭股东的侵害，这一分配阻却机制被称为有限责任公司法律的支柱和核心。⑧英国的资本维持原则在 19 世纪末以判例法形式确立，英国在 1882 年的 Cuinness v. Land Corporation of Island 案中和 1887 年的 Trevor v. Whitworth 案中确立了资本使用的两个限制：（1）资本只能由公司来追求交易目的；（2）未经法院同意，资本不得返还给股东。股东缴纳的资本只能用于公司交易目的，除公司所有债权人都获得清偿后的公司清算外，在未对债权人提供特殊保护的情况下，资本不得（非法）返还给股东。⑨大多数欧盟国家亦采纳了类似原则。⑩日本学者认为，资本维持原则指法律对资本金额之维护，防止资本

---

① John Armor，Share Capital and Creditor Protection：Efficient Rules for a Modern Company Law，The Modern Law Review Limited，2000，p.194.

② 参见王文宇：《公司法论》，中国政法大学出版社 2004 年版，第 208 页。

③ 参见柯芳枝：《公司法论》，中国政法大学出版社 2004 年版，第 128 页。

④ 参见冯果：《论资本三原则理论的时代局限》，载《中国法学》2001 年第 3 期。

⑤ 参见方嘉麟：《论资本三原则理论体系之内在矛盾》，载《政大法律评论》第 59 期。

⑥ 参见［德］托马斯·莱塞尔、吕迪格·法伊尔：《德国资合公司法》，高旭军等译，法律出版社 2005 年版，第 303、304、614 页。

⑦⑧ 参见［德］格茨·怀克、克里斯蒂娜·温德比西勒：《德国公司法》，殷盛译，法律出版社 2010 年版，第 366 页。

⑨ Ferran，Eilis，Company Law and Corporate Finance，Oxford University Press，1999，p.355.

⑩ See Reforming Capital：Report of the Interdisciplinary Group on Capital Maintenance，European Business Law Review，Vol.15，2004，Lssue，p.922.

非法分配或抽回。①《日本公司法典》第 445 条第 1 款规定，股份公司的资本金额，除本法另有规定之外，指设立或发行股份成为股东者，向该股份公司已缴纳或者交付的财产额。资本维持为法律对于公司中股东权益抽回的管控。②《日本公司法典》第 447 条规定，资本金额减少原则上必须经过股东（大）会的特别决议，第 449 条规定股份公司减少资本金或公积金时（将减少的全部或者部分公积金转为资本金的除外），该股份公司的债权人可对该股份公司就资本金等的减少陈述异议。③韩国公司法理论和立法亦存在资本维持原则。按照韩国公司法学者李哲松的解释，资本维持原则并不禁止公司经营中的损失资本，只是禁止通过资本交易，使公司财产"不当流出"，如依资本交易流出，主要是流到股东处。因此，该原则又被形象地称为防止资本流向股东的"防水墙"。④我国对资本维持的理解是即要求公司维持相当于资本额之财产。⑤有学者将资本维持分为形成中和形成后两个阶段。⑥形成中的维持主要是公司资金进入公司的安排；形成后的维持系资金运用限制之制度安排，旨在限制公司取得的资金不得外流，如禁止任意返还给股东、不得实施承担无限责任的转投资行为、禁止贷资金给他人等，以及股东与债权人利益冲突时，优先保护债权人，如股份回购禁止、法定盈余公积金的留存和无盈余不得分配原则等。⑦

综上，德国、英国、日本、韩国以及我国资本维持原则的核心为：该原则虽不禁止公司经营中的损失资本，但公司不得向股东非法返还/回资本；股东出资一旦完成，即成为公司的财产；在未给债权人提供特殊保护的情况下，原则上禁止/限制资本的返还。有学者曾精辟地指出，资本维持原则之本质是为保护公司债权人免受股东有限责任引发的外部风险的回应机制。⑧长期以来，我国《公司法》严格恪守资本维持原则，立法借助一系列否定性规则群建立起严密的债权人保护体系，如抽逃出资禁止规范、公司转投资和对外担保限制规则、利

① 参见［日］前田庸：《公司法入门》，王作全译，北京大学出版社 2012 年版，第 18 页。
②③ 参见《新订日本公司法典》，王作全译，北京大学出版社 2016 年版，第 195 页。
④ 参见［韩］李哲松：《韩国公司法》，吴日焕译，中国政法大学出版社 2000 年版，第 150 页。
⑤ 参见王文宇：《公司法论》，中国政法大学出版社 2004 年版，第 208 页。
⑥ 参见王保树：《"资本维持原则"的发展趋势》，载《法商研究》2004 年第 1 期。
⑦ 参见方嘉麟：《论资本三原则理论体系之内在矛盾》，载《政大法律评论》第 59 期。
⑧ 参见傅穹：《重思公司资本制原理》，法律出版社 2004 年版，第 165 页。

润分配限制规则、股（权）份回购和减资程序限制规则。可以说，我国整个公司资本制度体系立基于资本维持原则的基础之上。公司减资规则作为资本维持原则下的子规则之一，在贯彻资本维持原则要求上自不待言。我国《公司法》第177条明确规定，在不损害公司清偿能力的情况下，减资作为一种投资变现和股东退出方式是被允许的。但是当减资违背法定程序并危及债权人利益之时，就需要严格限制并保证公司减资前后的责任能力相当，以使债权人免受减资之害。

"德力西案"中江苏博恩公司经2012年8月和9月两次减资，在未直接通知已知债权人德力西公司亦未提前清偿债务或提供担保的情况下，直接将公司注册资本由2亿元减少到1000万元，减少了公司95%的责任财产。控股股东冯某减少1.9亿元的认缴资本，经此次减资后冯某退出了公司。上海博恩公司和冯某在明知江苏博恩公司有债务未清偿的情况下，一致同意减资并向工商登记机关出具与事实情况不符的说明方式骗取变更登记，致使江苏博恩公司减资得以完成。上海博恩公司和冯某在减资过程中主观上存在明显的故意，并造成了公司资产非法返还给股东的事实，严重违背了资本维持原则。遗憾的是，本案一、二审判决理由部分均未指明，股东上海博恩公司和冯某在1.9亿元减资范围内对江苏博恩公司欠结德力西公司的债务承担补充赔偿责任的正当性基础系资本维持原则，说理上存在明显瑕疵。

四、股东承担赔偿责任的请求权基础

"德力西案"二审指出，我国法律虽未规定公司减资违反通知义务导致债权人利益受损时股东的责任，但是可以类推适用《公司法司法解释（三）》第14条第2款加以认定。之所以类推适用，系由《公司法》第177条第2款的逻辑结构缺陷所致。《公司法》第177条第2款仅以"命令式"语句形式要求公司减资后通知债权人并且公告，未明确减资违反通知义务之法律后果，导致司法实践中请求权基础的适用呈现相当混乱的状态。

（一）既有的三条裁判进路

1.《公司法司法解释（三）》第14条第2款之规定。绝大多数案件要求股东承担补充赔偿责任均类推适用《公司法司法解释（三）》第14条第2款"抽逃出资"之规定。例如，在"安徽新集煤电（集团）有限公司与如东县农村信用合作联社、上海恒德置地有限公司借款合同纠纷案"中，法院认为，减资行为虽不属于抽逃出资，但因公司资产减少弱化了公司的责任能力，影响到公司债权人利益，故股东违反公司法规定的减资程序，应认定为名为减资、实为抽逃出资性质，减资股东应在其出资范围内对公司债务承担连带责任。①在"湖北银行南湖支行与吴某、郭某等人公司减资案"中，法院认为，公司不当减资实质是股东不适当收回出资，若公司的减资行为损害了债权人利益，可以比照公司法股东抽逃出资相关规定处理，公司股东应当在减资范围内就公司债务不能清偿部分对债权人承担补充赔偿责任。②在"曹某与上海银行股份有限公司虹口支行公司减资纠纷案"中，法院认为，曹氏公司股东曹某在明知公司对外所负巨额债务未清偿的情形下，仍通过股东会决议减少注册资本，并向工商行政管理部门出具虚假的《情况说明》，本质上造成了同抽逃出资相同的后果。在立法未明确规定的情形下，应比照抽逃出资责任，来认定减资股东在减资范围内对债权人债务承担补充赔偿责任。③

2.《公司法司法解释（三）》第13条第2款之规定。亦有部分法院类推适用《公司法司法解释（三）》第13条第2款之规定裁判。在"北京国安电气有限责任公司诉张某公司减资纠纷案"中，原审法院认为，公司通过减资免除了股东的出资义务，减少了公司对外偿债能力，客观上损害了债权人之利益，故应承担相应的责任；关于瑕疵减资的股东责任，法律未明确规定；减资分实缴出资减资和认缴的未出资部分减资，前者减资后股东可以取回出资，后者股东可以免除认缴的未出资义务，如果减资程序有瑕疵，前者可比照股东抽逃出资，后者可比照股东未出资的法律后果。④在"焦某亮与陆某权、张某光等公司减资纠纷案"中，法院认为，在公司减资时，债权人对公司的债权正处于法院强制执行期间，然而公司既未清偿债务亦未通过发送书面通知等形式通知债权人，仅在报纸上刊登公告，应认定其未依法向债权人履行告知义务，且债权人的合

---

① 参见最高人民法院（2010）民提字第79号民事判决书。
② 参见湖北省高级人民法院（2012）鄂民二终字第00084号民事判决书。
③ 参见上海市第二中级人民法院（2017）沪02民终521号民事判决书。
④ 参见上海市浦东新区法院（2015）浦民二（商）初字第1866号民事判决书。

法权益实际上受到了减资行为的侵害，依据《公司法司法解释（三）》第13条第2款之规定，公司股东应对公司债务承担补充赔偿责任。①

3.《民法典》侵权责任之规定。还有极个别案件要求股东在减资范围内对公司债务不能清偿部分承担补充赔偿责任，或未言明股东承担"补充赔偿责任"的请求权基础，或根据原《民法通则》第134条第1款第（七）项、第106条第2款（现《民法典》第179条第1款第（八）项、第1165条）要求股东承担侵权责任。如在"滨州市资产管理经营公司与韩某亮、崔某等金融借款合同纠纷案"中，法院认为，公司的减资行为虽经股东会作出决议并进行了公告，此后也进行了减资登记，但未严格按照《公司法》第177条减资程序之规定通知债权人，致使债权人无法行使要求公司提前清偿债务或提供担保的权利，故该减资程序不合法。但在诉讼中相关六名股东分别退回了其所收回的资金，使公司承担民事责任财产恢复到了减资前的状态，并未实际影响公司对外承担民事责任的能力，故不再支持债权人要求该六名股东承担侵权责任的主张。②

（二）请求权基础之确定

上述三条裁判进路均采用了类推适用方法，究竟何者才是"德力西案"及类似案件的请求权？所谓类推适用，乃是在特定案件缺乏法律规定之时，法官比照援引与该案件类似之规定，以为适用。③系将法律针对某构成要件（A）或多数彼此相类似的构成要件而赋予之规则，转用与法律所未规定而与前述构成要件相类似的构成要件（B），转用基础在于二者构成要件——在与法律评价有关的重要观点上——彼此类似，因此，应当对二者作相同的评价。④作为一种法律漏洞填补方法，类推适用以类比推理的逻辑方法为基础。⑤其推论过程可以描述为：以"如果符合A的事实，就会产生B的效果"为前提，如果产生了A1的事实，就会认为，虽然A和A1存在差别，但均包含着共同的构成要素A2，正是由于A2才承认B的效果，所以A1也会产生同样的结果。在这一推论

---

① 参见浙江省杭州市中级人民法院（2017）浙01民终6510号民事判决书。
② 参见山东省高级人民法院（2011）鲁商终字第12号民事判决书。
③ 参见黄茂荣：《法学方法与现代民法》，法律出版社2007年版，第492页。
④ 参见［德］卡尔·拉伦茨：《法学方法论》，陈爱娥译，商务印书馆2003年版，第258页。
⑤ 参见［德］考夫曼：《法律哲学》，刘幸义译，法律出版社2005年版，第115页。

过程中，还要将系争案型的事实要件与将要援引的法律规定的构成要件进行价值上类似性的评判，以确认二者立法目的具有一致性。①因此，有学者精辟地指出，类推属于或然性推理，介于"同一"和"差异"之间。②类推适用绝非简单之逻辑推论，而系"比较"之结果。③其适用的合理与否关键端赖于待决案件事实与法律规则二者类似性程度之高低。程度越高，结论的可靠性就越强；程度越低，结论的可靠性程度就越弱。

具体就公司减资违反通知义务股东赔偿责任的请求权基础而言，类推适用时就需要详考《公司法司法解释（三）》第 14 条第 2 款、第 13 条第 2 款以及《民法典》侵权责任之规定与减资违反通知义务股东承担赔偿责任在"构成要素"上的"类似性程度"之高低，程度越高者就越适合作为股东承担赔偿责任的请求权基础。比较而言，《公司法司法解释（三）》第 14 条第 2 款在责任基础、责任主体、法律后果、案件类型方面的"类似性程度"要明显高于《公司法司法解释（三）》第 13 条第 2 款和《民法典》侵权责任之规定，宜作为股东赔偿责任的请求权基础。

1. 适用《公司法司法解释（三）》第 14 条第 2 款的妥当性

第一，责任基础的统一性。股东抽逃出资被认为违反了资本维持原则，对债权人的威胁较大，当股东抽逃出资使公司不能清偿债务时，债权人可以直接"越过"公司诉请股东及利害关系人承担赔偿责任。公司减资违反通知义务之所以可以类推适用抽逃出资规范，由股东及利害关系人在减资范围内就公司债务不能清偿部分承担补充赔偿责任，亦因公司减资导致公司资本（产）非法（不当）地返还给了股东，客观上减损了公司的责任财产和责任能力，违背了资本维持原则这一公司资本制度体系的"支柱性"法则。责任基础的统一性是类推《公司法司法解释（三）》第 14 条第 2 款之前提。

第二，责任主体的一致性。《公司法司法解释（三）》第 14 条第 2 款规定公司债权人请求承担补充赔偿责任的主体除了抽逃出资股东，还包括协助抽逃出资的其他股东、董事、高级管理人员、实际控制人等，这与公司减资违反通知

---

① 参见〔德〕亚图·考夫曼：《类推与事物本质——兼论类型理论》，吴从周译，学林文化事业有限公司 1999 年版，第 12 页。

② 参见〔德〕考夫曼：《法律哲学》，刘幸义译，法律出版社 2005 年版，第 118 页。

③ 参见同上书，第 115 页。

义务承担补充赔偿责任的主体范围一致。依据《公司法》第 37 条、第 43 条第 2 款、第 103 条第 2 款之规定，公司减资需经代表三分之二以上表决权股东的股东大会决议通过。股东作为减资决议的实际参加者和决策者，对公司减资的原因、时间、地点、数额、表决程序、通知义务等事项不可谓不清楚。理应对"通知债权人"这一要求尽到审慎、合理的注意义务。另外，根据《公司登记管理条例》第 31 条第 2 款减资变更登记之规定，减资决议往往需要董事或高级管理人员的参与，减资登记亦需上述人员的协助，将协助减资的股东、董事、高级管理人员其至实际控制人纳入赔偿责任的主体范围亦具妥适性。

第三，法律后果的相似性。根据《公司法司法解释（三）》第 14 条第 2 款之规定，股东抽逃出资，公司债权人请求抽逃出资股东在"抽逃出资本息范围内"对公司债务不能清偿的部分承担补充赔偿责任。在"德力西案"及类似案件中，法院在类推适用《公司法司法解释（三）》第 14 条第 2 款要求股东"在减资范围内"对公司债务不能清偿的部分承担补充赔偿责任，一致认为公司违反通知义务的减资与股东抽逃出资之实质，对债权人造成的损害本质上具有一致性。[1]即均造成公司责任财产的减少，损害了债权人获偿债权的权利。[2]故可比照/类推适用抽逃出资的责任后果认定股东承担补充赔偿责任。

第四，案件类型的交叉性。在部分名为减资纠纷的案件中，实际上却是股东通过减资这种合法形式进行抽逃出资。尤其在当前实行完全认缴制之下，股东认缴出资期限完全交由发起人协议和公司章程自治决定。实践中已经出现公司策略性运用减资形式，先大幅度提升公司的注册资本，急剧放大公司信用后又转让巨额财产，然后在认缴期限届至前决议减资，以达至抽逃出资的目的。[3]这种名为减

---

①　参见上海市第二中级人民法院（2016）沪 02 民终 10330 号民事判决书。

②　参见江苏省高级人民法院（2015）苏商再提字第 00102 号民事判决书。

③　上海市普陀区人民法院审理的一起案件极具典型性：2013 年 11 月 1 日，甲和乙发起设立 A 公司，注册资本 2 000 万元，实缴 400 万元，甲认缴 1 400 万元，乙认缴 600 万元，认缴期限为 2 年。2014 年 4 月 6 日，A 公司决议增资至 10 亿元，实缴资本仍为 400 万元，认缴期限截至日期为 2024 年 12 月 31 日。2014 年 5 月 1 日，A 公司与 B 公司签订股权转让合同，约定 B 公司将其所持有的 C 公司的股权作价 7 960 万元转移给 A 公司，A 公司应于 2015 年 1 月 31 日前付清全部股权转让款。但截至法院受理案件时，A 公司未支付任何转让款。2014 年 7 月 20 日，A 公司作出减资决议，将公司注册资本由 10 亿元减至 400 万元，通知了债权人并在当地报纸上刊登了减资公告。这是一起典型以减资形式抽逃出资的案件。参见上海市普陀区人民法院（2014）普民二（商）初字第 5182 号民事判决书。

资实为抽逃出资案件，形式貌似合法，手段极为隐蔽。在案件事实与举证责任上，存在一定难度。在难以判断股东是否存在抽逃出资行为的情况下，将之归之于公司减资纠纷案件类推适用《公司法》第 14 条第 2 款，可达到相同的规制效果。

2. 不宜适用《公司法司法解释（三）》第 13 条第 2 款的理由

尽管《公司法司法解释（三）》第 13 条第 2 款与第 14 条第 2 款在责任基础、法律后果上具有相似性，[①]但是《公司法司法解释（三）》第 13 条第 2 款与公司减资违反通知义务股东承担补充赔偿责任在适用前提、责任主体、主观方面均存在显著差异，不符合类推适用的基础和条件。

第一，适用前提不同。《公司法司法解释（三）》第 13 条第 2 款规定股东承担补充赔偿责任的前提是股东"未履行或者未全面履行出资义务"。依据行为方式不同，未履行出资义务包括拒绝出资、迟延出资、不能出资、虚假出资、抽逃出资等；[②]未全面履行又包括未完全（足额）履行和不适当履行。未完全（足额）履行，指股东只履行了部分出资义务，未按规定数额足额出资；不适当履行指出资的时间、形式和手续不符合规定，包括迟延出资和瑕疵出资。[③]显然，无论是未履行抑或未全面履行出资义务，均导致了"股东违反出资义务"这一法律事实。而公司减资违反通知义务时，是否违反出资义务并非判断股东承担补充赔偿责任的基础和前提。

第二，责任主体相异。股权是作为股东转让出资财产所有权的对价的民事权利，只能由股东独占享有。[④]因此，未履行和未全面履行出资义务的主体只能是股东，公司机关及相关人员不负有出资义务。《公司法司法解释（三）》第 13 条第 2 款规定的债权人请求承担补充赔偿责任的主体仅限于未履行或未全面

---

① 二者均被认为是违反了资本维持原则，债权人可以要求股东对公司债务不能清偿部分承担补充赔偿责任。正是这两点的一致性，才导致请求权基础适用出现第 13 条第 2 款和第 14 条第 2 款相混淆的局面。

② 参见陈甦：《公司设立者的出资违约责任与资本充实责任》，载《法学研究》1995 年第 6 期。

③ 参见赵旭东主编：《公司法学》，高等教育出版社 2012 年版，第 238 页。

④ 参见江平、孔祥俊：《论股权》，载《中国法学》1994 年第 1 期；雷兴虎、冯果：《论股东的股权与公司的法人财产权》，载《法学评论》1997 年第 2 期。

履行出资义务的股东，未涵盖董事、高级管理人员、实际控制人等。公司减资违反通知义务的责任主体除了减资股东，还包括协助减资的股东、董事、高级管理人员、实际控制人甚至名义股东等。如果类推适用《公司法司法解释（三）》第13条第2款之规定，会存在责任主体范围过窄的问题。

第三，主观方面有别。公司减资违反通知义务时股东对债权人承担补充赔偿责任，实行过错责任原则，即要求股东主观上或存在"协助"公司减资之故意，或明知公司违反通知义务减资会损害债权人利益却放任结果的发生，对公司减资通知债权人这一事实未尽到审慎、合理的注意义务。而《公司法司法解释（三）》第13条第2款规定债权人请求未履行或未全面出资义务股东承担补充赔偿责任，却实行严格责任原则，无论股东不履行出资义务系主观不愿意或者客观不能，只要存在未履行或未全面履行的客观事实，且不具有免责事由，股东就应当承担相应的补充赔偿责任。[1]

3. 不适用《民法典》侵权责任规定的理由

有极个别案件适用《民法通则》第134条第2款第（七）项、第106条第2款［现《民法典》第179条第1款第（八）项、第1165条］要求股东承担补充赔偿责任，在法理上亦难谓圆通。补充赔偿责任系公司法上一种独立的责任形态。[2]如果将民法中的侵权责任适用到《公司法》中来，不仅存在转换的障碍，而且依据侵权责任要求股东在减资范围内对债权人承担补充赔偿责任，等于承认公司减资中股东行为损害了债权人利益，即"第三人侵害债权"。民法学界通说认为，侵权侵害的对象一般是绝对权而非相对权，债权作为相对权原则上不能作为侵权的客体。仅在极特殊的情况下才能例外成为侵权行为的客体，如《德国民法典》第826条所规定的故意以悖于善良风俗方法加害他人之侵权行为案例。[3]"第三人侵害债权"理论亦未被我国立法和司法实务所承认，适用《民法典》侵权责任显非妥适。

---

① 参见郭富青：《论公司债权人对未出资股东及利害关系人的求偿权》，载《北方法学》2016年第4期。

② 参见梁上上：《未出资股东对公司债权人的补充赔偿责任》，载《中外法学》2015年第3期。

③ 参见王泽鉴：《侵权行为》，北京大学出版社2009年版，第172—175页。

五、股东赔偿责任的性质和构成要件

（一）责任性质

1. 法定而非约定责任。股东赔偿责任属于法定责任，不允许当事人通过发起人协议、公司章程或股东大会等形式排除。按照有限责任原理，股东仅以其出资（股份）额为限对公司承担责任，公司则以其全部责任财产对公司的债务承担责任，股东和债权人之间原本不存在直接的法律关系。因此，公司减资违反通知义务导致债权人利益受损不可能系股东违约所致。"德力西案"中，江苏博恩公司于 2012 年 8 月和 9 月减资 1.9 亿元，实际上减掉了控股股东冯某的认缴出资额，冯某通过减资后退出了江苏博恩公司。法院要求上海博恩公司和冯某在减资的 1.9 亿元范围内共同对德力西公司承担的补充赔偿责任，乃股东对公司减资过程中违反通知债权人这一法定义务未尽到审慎、合理注意义务的情况下，要求股东对债权人承担的法定担保责任。

2. 补充赔偿责任。补充赔偿责任是一种与连带责任、按份责任相对应的独立的责任类型，[1]指当责任人的财产不足以承担应负的民事责任时，由相关人对不足部分予以补充的责任。[2]"德力西案"先由江苏博恩公司对结欠德力西公司的 77.7 万元债务承担全额责任。如获清偿则冯某和上海博恩公司免责；若德力西公司对江苏博恩公司提起诉讼或仲裁，并就德力西公司财产申请强制执行，法院采取强制措施后德力西公司的债权仍无法得到满足，德力西公司即可要求冯某和上海博恩公司承担债务清偿责任，否则冯某和上海博恩公司享有先诉抗辩权。冯某和上海博恩公司承担的是一种顺序责任。[3]另者，德力西公司将江苏博恩公司、冯某、上海博恩公司列为共同被告，亦不会改变补充赔偿责任的性质。此类诉讼属于普通共同诉讼，普通共同诉讼的诉讼标的是"同类"而非"同一"，它们之间无共同的权利义务关系，对其中一个诉讼标的作出判决效力不及于其他诉讼标的。[4]这类诉讼亦是可分之诉，可单独亦可共同起诉或应诉。

---

[1] 参见张新宝：《我国侵权责任法中的补充责任》，载《法学杂志》2010 年第 6 期。

[2] 参见魏振瀛主编：《民法学》，高等教育出版社 2000 年版，第 48 页。

[3] 参见上海市第一中级人民法院（2013）沪一中民四（商）终字第 1831 号民事判决书。

[4] 参见江伟主编：《民事诉讼法》，高等教育出版社 2013 年版，第 97 页。

即使合并审理形成共同诉讼，它们在诉讼中的地位仍是独立的，每个诉讼行为只对自己发生法律效力。

3. 有限而非无限责任。无论一审仅要求冯某对江苏博恩公司对德力西公司的债务承担补充赔偿责任，抑或二审判决冯某和上海博恩公司共同对德力西公司的债权承担补充赔偿责任，均明确以公司的"减资数额"为限。冯某和上海博恩公司承担责任的范围既不是其"认缴"或"实缴"的出资额，亦非公司"注册资本额"。按照完全认缴制原理，股东对公司承担责任的范围应当以其认缴（购）的出资（股份）额为限，要求股东在"减资数额"范围内承担补充赔偿责任，最终赔偿额度可能会大于单个股东认缴的出资额，但这不是对有限责任的突破和背离。要求股东在减资数额范围内对公司债务承担补充赔偿责任，仍然是一种有限而非无限责任，因为公司减资数额小于或等于注册资本额。

4. 内部连带责任。股东补充赔偿责任系内部连带责任，设置这种责任之目的系在股东及其利害人间建立一种相互督促和相互约束的责任担保关系，以确保资本充实保护债权人利益。[1]（1）股东之连带责任。冯某和上海博恩公司共同对1.9亿元的负债承担"内部连带责任"。在德力西公司诉请江苏博恩公司清偿债务未获完全清偿时，德力西公司可以择一要求冯某或上海博恩公司在1.9亿元的减资额度内承担补充赔偿责任。冯某或上海博恩公司任意一方清偿了德力西公司的债务、补充责任消灭之后，享有向对方追偿的权利。（2）利害关系人之连带责任。前已述及，公司减资决议及减资登记的办理，均离不开董事、高级管理人员和实际控制人的协助和参与。解释论上债权人诉请上述主体对公司债务不能清偿部分承担补充赔偿责任亦应是内部连带责任。如果存在实际出资人和名义股东，债权人可否诉请实际出资人承担补充赔偿责任？《公司法司法解释（三）》第26条规定，公司债权人以名义股东未履行出资为由，请求其对公司债务不能清偿的部分在未出资范围内承担补充赔偿责任，股东以其仅为名义股东而非实际出资人为由抗辩，人民法院不予支持。在实际出资人和名义股东参与公司法律关系及责任承担上，《公司法司法解释（三）》第26条遵循彻底"名义主义"的商事裁判逻辑。如果债权人要求名义股东在减资范围内对公司不

---

[1] 参见陈甦：《公司设立者的出资违约责任与资本充实责任》，载《法学研究》1995年第6期。

能清偿部分承担补充赔偿责任，名义股东不得以其为非公司实际出资人为由抗辩。

(二) 构成要件

1. 减资决议有效。《民法典》第 134 条第 2 款将决议作为法律行为的一种类型，法律行为的瑕疵和效力可适用于决议。但是由于决议的团体法和程序法属性，其瑕疵原因和法律效果与一般法律行为不同。减资决议首先需符合《民法典》第 143 条法律行为有效的条件，其次无《民法典》第 85 条和《公司法》第 22 条第 2 款决议撤销的情形，最后不存在《民法典》第 153 条、第 154 条和《公司法》第 22 条第 1 款决议无效之事由。至于违背《公司法》第 177 条第 2 款之通知义务，决议并不当然无效。决议之本质乃社团组织依据法律或社团规章处理内部事务的团体法行为，主要调整组织内部法律关系，不调整团体或法人与第三人的关系，①亦不调整参与制定决议的人们个人之间的关系，而旨在构筑他们共同的权利领域或他们所代表的法人的权利领域。②减资决议和通知义务属于两个独立的法律事实，二者不存在牵连关系。若因违反通知义务而否定决议行为效力，则无异于赋予债权人介入公司治理的权利，与团体自治私法理念相悖。

2. 公司违反通知义务。公司违反通知义务系股东对债权人承担补充赔偿责任的核心要件。无论未履行通知义务抑或通知义务履行形式不适当，只要客观上未达到通知债权人的效果，即构成对《公司法》第 177 条第 2 款之违反。本案中，德力西公司和江苏博恩公司签订的买卖合同详载了德力西公司的营业地址、法定代表人、联系电话等信息，二审裁判理由亦明示，现有证据不存在江苏博恩公司无法联系到德力西公司的情形，故德力西公司系江苏博恩公司能够有效联系的已知债权人，因此应当采用直接通知债权人之形式。而江苏博恩公司仅仅在《江苏经济报》上发布了减资公告，但并未直接通知德力西公司，不符合减资的法定程序，违反了通知义务。

3. 公司不能清偿债务使债权无法实现。公司不能清偿债务致使债权无法实

---

① ② 参见［德］卡尔·拉伦茨：《德国民法通论》（下），王晓晔、邵建东、程建英、徐建国、谢怀栻译，法律出版社 2013 年版，第 433 页。

现，系公司债权人要求股东承担补充赔偿责任的前置条件。公司减资违反通知义务，债权人要求公司清偿债务或提供担保的救济权被临时阻却，公司应当先以其全部财产对债权人承担无限责任。当公司财产足以清偿债权人债务时，债权人首先应当要求公司清偿其债权，而不得直接"越过"公司要求股东在减资范围内对其承担赔偿责任。至于"公司不能清偿债务"的标准为何，立法和司法解释均未置明文。学理上存在两种观点：一种观点认为债权人首先应向公司提出请求，公司拒绝清偿债务的，即可向股东提出赔偿请求；另一种观点认为，债权人必须经过对公司债务强制执行后，如果仍然得不到清偿，才可以获得股东的赔偿。[1]笔者支持第二种观点，这主要是由补充责任的性质所决定的。

4. 股东主观存在过错。股东补充赔偿责任应当实行过错责任原则。[2]要求股东主观上出于故意或过失，即明知其行为会造成损害公司债权人利益之后果，却希望或放任这种后果发生。公司减资时股东对债权人承担补充赔偿责任以过错为要件，原因有二：一是公司减资本属于"公司"的行为，股东和债权人之间原本不存在直接的债权债务关系，实行过错责任原则可以防止连带责任的盲目扩张；二是根据《公司法司法解释（三）》第14条第2款之规定，债权人诉请抽逃出资股东承担补充赔偿责任以股东有抽逃出资之"故意"为要件。公司减资违背通知义务时股东承担补充赔偿责任类推适用抽逃出资规定，皆因股东在公司减资过程中存在协助公司减资之行为，造成的实际后果与抽逃出资本质相同，因此应以股东过错为要件。

六、股东赔偿责任的确定基准和范围

（一）确定基准：减资数额

根据《公司法》第3条第2款规定，股东以其认缴（购）的出资（股份）额为限对公司承担责任。类推适用《公司法司法解释（三）》第14条第2款要求股东在"减资数额"内对债权人承担补充赔偿责任，是否会加重/扩大股东的责

---

① 参见李中原：《论民法上的补充债务》，载《法学》2010年第3期。

② 参见上海市第一中级人民法院（2014）沪一中民四（商）终字第462号民事判决书；上海市第一中级人民法院（2013）沪一中民四（商）终字第1817号民事判决书；上海市第二中级人民法院（2017）沪02民终521号民事判决书。

任？因为"减资数额"可能会≥单个股东的"认缴出资额"。客观而言，这种情况是确实存在的。但是以"减资数额"而非"认缴出资额"或"抽逃出资的本息"作为对债权人承担补充赔偿责任的基准，具有正当性和合理性。

第一，适用前提之要求。"德力西案"及类似案件的请求权基础主要为《公司法司法解释（三）》第13条第2款或第14条第2款。第13条第2款要求股东对公司债务不能清偿的部分承担补充赔偿责任的范围是"股东未出资的本息"，第14条第2款要求股东及利害关系人对公司债务不能清偿的部分承担补充赔偿责任的范围是"抽逃出资的本息"。显然，司法解释并不拘泥于要求股东在认缴（购）的出资（股份）额范围内承担补充赔偿责任。如果将本案的适用前提转换为"公司减资违反通知义务"，则类推适用《公司法司法解释（三）》第14条第2款，要求股东在"减资数额"范围内对公司债务不能清偿的部分承担补充赔偿责任亦是妥当的。

第二，符合立法目的。《公司法》第177条第2款对减资程序严格限制的目的在于保护债权人利益，不涉及减资的效力评判问题。①公司减资违反通知义务违背了资本维持原则，如何通过妥当的救济措施使债权人保护恢复至原有水平，是司法裁判应当关注的重心和关键。要求股东在减资的范围内对公司债务承担补充赔偿责任，通过公司承担直接责任和全额责任，股东在减资范围内对公司债务不能清偿部分承担补充责任和差额责任，这样有层次的二重责任设计，力图使债权人保护水平恢复至减资前的水平，与《公司法》第177条第2款的立法目的相契合。

第三，由责任性质决定。《公司法》第30条规定了有限责任公司设立时股东实物出资不实时其他股东的出资担保责任，第93条第2款规定了股份有限公司发起人出资不实时其他发起人的连带责任。发起人/股东需要在公司注册资本（认缴资本额）的范围内对公司承担出资担保责任。所以，股东在认缴（购）的出资（股份）额内对公司债务承担责任，是相对于股东认缴（购）的出资（股份）总额而言的。相对于公司债权人而言，要求公司以其注册资本额，也就是全体股东认缴（购）的出资（股份）总额承担担保责任，是我国《公司法》的

---

① 参见李志刚等：《公司法第一百七十七条之理解与适用：决议减资与债权人保护》，载《人民司法（应用）》2017年第16期。

一个原则性规定。因此股东在"减资数额"范围内对公司债务承担补充赔偿责任是合理的。

在"德力西案"中，江苏博恩公司减资的 1.9 亿元中有 1.63 亿元已实缴，2 700 万元尚待缴纳，是否意味着"认而未缴"的 2 700 万元不能类推适用抽逃出资责任？因为抽逃出资"抽回"的是公司财产，本质是一种侵占公司财产的行为，[1]认缴尚未实缴如何侵占公司财产？这种解释貌似合理，实属不当：第一，不符合完全认缴制之法理。完全认缴制只是将股东的出资期限交由股东（发起人）自治决定。认而未缴的出资本质属于股东对公司的负债，资本"认而不缴"丝毫不能免除股东的出资义务或责任。[2]第二，根据《公司法》第 177 条第 2 款规定，减资的对象是"注册资本"，理应包括认缴和实缴资本。第三，冯某和上海博恩公司承担补充赔偿责任系"类推适用"而非"适用"或"直接适用"抽逃出资规范。因此，要求冯某和上海博恩公司共同在 1.9 亿元的减资额内承担赔偿责任具有合理性。本案一、二审德力西公司仅要求在减资本金范围内承担补充赔偿责任，未要求利息赔偿，应推定为权利的放弃或忽视。根据不告不理原则，德力西公司诉请在 1.9 亿元范围内承担补充赔偿责任，法院亦无提示或告知义务。二审法院判决冯某和上海博恩公司共同在"减资范围内"承担补充赔偿责任具有合理性。

（二）责任范围：减资本息

《公司法司法解释（三）》第 14 条第 2 款规定抽逃出资股东及利害关系人补充赔偿责任的范围为"抽逃出资的本息"。在"德力西案"中，德力西公司仅要求冯某和上海博恩公司在"减资范围内"对江苏博恩公司的债务承担补充赔偿责任，均未要求减资额的利息赔偿，这是否意味着德力西公司只能在"减资数额"而非"减资本息"范围内承担补充赔偿责任呢？答案为否。如果类推适用《公司法司法解释（三）》第 14 条第 2 款，理应包括"本金"和"利息"，德力西公司可以诉请上海博恩公司、冯某在 1.9 亿元的本息范围内承担补

---

[1]　参见樊云慧：《从"抽逃出资"到"侵占公司财产"：一个概念的厘清——以公司注册资本登记制度改革为切入点》，载《法商研究》2014 年第 1 期。

[2]　参见赵旭东：《资本制度变革下的资本法律责任——公司法修改的理性解读》，载《法学研究》2014 年第 5 期。

充赔偿责任。[①]至于利息额的确定方式，除减资数额外，主要取决于利率和期限，一般以中国人民银行同期同类贷款的基准利率计算利息。关于利息起算的时间点，既然公司减资通知的对象区分为已知债权人和未知债权人，相应对于已知债权人，利息起算点应当是减资决议完成 10 日之后；对于潜在的和无法联络的债权人，利息的起算点应当是决议生效 30 日之后开始起算。关于利息起算的终点，可以参照买卖合同利息确定的方法，从统一司法裁判尺度和债权人保护角度考量，建议采用债权全部清偿之日标准。

德力西公司主张减资款后再主张减资款的利息是否属于重复诉讼？答案为否。对此司法实践已有类案。如在"中国船舶工业物资总公司等诉上海宝联鑫进出口公司等与公司有关的纠纷案"中，二审法院认为，债权人一审仅要求公司股东在减资本金范围内承担赔偿责任，本案原审中又主张对股东减资的利息承担责任，并无重复起诉的情形，法律亦未规定当事人对自己基于同一法律关系所产生的多项权利必须同时主张。[②]

尽管类推适用《公司法司法解释（三）》第 14 条第 2 款具有正当性和合理性，但毕竟属于类推解释的进路。本案德力西公司未诉请利息赔偿，虽不排除主观疏忽因素，但是《公司法》第 177 条第 2 款的立法疏漏亦难辞其咎。因此未来《公司法》修订应明确公司减资违反通知义务的法律后果，建议在《公司法》第 177 条第 2 款后再增加一款：公司违反通知义务时，公司债权人请求股东在减资的本息范围内对公司债务不能清偿的部分承担补充赔偿责任，协助减资的其他股东、董事、高级管理人员或者实际控制人对此承担连带责任的，人民法院应当支持。

---

① 类似案例参见最高人民法院（2012）民提字第 25 号民事判决书；湖北省武汉市中级人民法院（2018）鄂 01 民终 134 号民事判决书。

② 参见上海市第一中级人民法院（2014）沪一中民四（商）终字第 1340 号民事判决书。

第十四章　公司对外担保中债权人审查义务的认定

一、问题的提出

《公司法》第 16 条的出台并未达到解决公司对外担保合同效力纠纷之目的。学界与实务部门对此问题进行了长期、激烈的争讨。实务部门存在着巨大的分歧。一方面，各级人民法院的裁判思路存在显著差异。有法院直接依据《公司法》第 16 条对担保合同之效力进行判断，[①]亦有法院则在否认公司章程等内部文件"外部效力"的基础上，结合原《合同法》第 50 条（现《民法典》第 504 条）、原担保法司法解释第 11 条以判断担保合同之效力。[②]另一方面，各法院对于该款的适用又存在不同的解释。进而导致法院判决的不同意见，甚至同一法院都存在着截然相反的裁判意见，严重影响了司法的统一性与权威性。结合司法实务界出现的问题，学界对于本款的争议在于：该条的规范效力为何，如何依据该条款的规范效力判断担保合同之效力？公司章程、决议等内部文件是否具有外部效力？债权人是否应当承担审查义务、其审查的程度与内容为何？如何处理《公司法》第 16 条与《民法典》第 504 条的关系？对于这些问题，目前学界的讨论焦点在于第 16 条第 1 款的规范性质。[③]即该款式是效力性强制性规范，还是管理性强制性规范？但专门针对债权人审查义务的研究甚为罕见。

笔者无意于加入关于该款规范性质的争讨中去，仅希望能够从债权人审查

---

① 参见广州市中级人民法院（2014）穗中法金民终字第 1718 号民事判决书。
② 参见山东省菏泽市中级人民法院（2013）菏民一终字第 642 号民事判决书。
③ 参见高圣平：《公司担保相关法律问题研究》，载《中国法学》2013 年第 2 期。

义务的角度为公司对外担保合同效力的认定提供新的解决路径。原因在于：一方面，公司对外担保合同不仅是一个公司法的问题，亦涉及《民法典》第 61 条和第 504 条越权代表规则的适用。实践中，最高人民法院在案由上将公司担保纠纷归入"合同纠纷"而非"与公司有关的纠纷"。①由此可知，在最高人民法院看来，基于担保特殊的合同性质，公司担保法律关系在性质上有别于普通的公司法律纠纷。故不应仅从公司法或民法典的角度，对此问题进行割裂思考，而应从宏观的法律体系出发，在结合相关法条立法目的的基础上，探索新的解决路径。另一方面，由于第 16 条第 1 款条文中"依照"隐含不得更改之意，凸显强制性意图；"由"隐含"应由"之意，亦具有强制性规范指示色彩，以及"不得"等强制性的表述，②使得学界对该款强制性规定的性质达成共识，仅对其效力性与管理性存在争议。笔者认为，对规范性质的争议并不能对公司对外担保合同之效力产生决定性影响。

故本章未将该条规范性质作为讨论的重点，而是在反思我国法院主要裁判思路的基础上，对债权人是否应当承担审查义务、承担何种程度的审查义务以及审查义务的具体内容进行梳理，从而为公司对外担保合同效力之问题提供新的解决路径。

二、公司对外担保案件的裁判逻辑透视

我国法院对于公司对外担保合同效力案件的裁判存在诸多分歧。数据显示，近 67% 的法院裁判认定公司对外担保无效，33% 的裁判则认定担保有效。③梳理和总结有关公司对外担保合同纠纷案件后，发现法院裁判的逻辑思路可以归为以下三类：

（一）依据《公司法》第 16 条第 1 款判断

将第 16 条第 1 款直接作为认定担保合同效力之依据，在认定该款规范性质

---

① 参见《最高人民法院民事案件案由规定》（法发［2008］11 号）。
② 参见李建伟：《公司非关联性商事担保的规范适用分析》，载《当代法学》2013 年第 3 期。
③ 参见罗培新：《公司担保法律规则的价值冲突与司法考量》，载《中外法学》2012 年第 6 期。

的基础上，直接对担保合同的效力进行判断是法院早期审理此类案件的主要思路。在"经典纸业有限公司等金融借款合同纠纷案"中，法院认为，"公司章程仅约束公司内部关系人，不能对抗债权人，因此担保确定有效。依法成立的合同，具有法律约束力"，①但同样的审判思路，基于对第 16 条第 1 款规范性质认识的不同，在"冯某君诉林某龙等民间借贷纠纷案"中却得出了完全相反的结论。法院认为："依《公司法》第 16 条第 1 款，被告五洲大酒店为林某龙借款提供担保未经公司董事会或股东会的决议，应当认定无效。"②

笔者认为，上述审判思路存在着巨大不足：第一，通过确定法条规范性质进而判断担保合同效力的审判思路存在循环论证的逻辑错误：该款之所以为效力性强制性规定，是因为它能影响合同效力；合同效力之所以被否定，是因为它违反了效力性强制性规定。③即：法条的效力性规范性质与合同无效互为因果。在实践中，由于对该款规范性质没有明确的规定，导致法官没有统一的适用标准，增加了法律适用的不确定性。第二，忽略了法条的立法目的。在2005 年修改《公司法》时，为保护公司资产安全和股东利益，防范因担保可能给公司财产带来的较大风险而引入第 16 条，对公司担保的程序加以规范限制。由此可见，第 16 条所称"公司向其他企业投资或为他人提供担保"，是指公司对外担保这一行为，而非公司对外担保合同。

因此，从立法目的分析可知，《公司法》第 16 条是公司对外担保内部程序的限制性规定，而非对公司对外担保合同效力的约束。故不应仅依据第 16 条第 1 款对公司对外担保合同之效力进行判断，而应结合《民法典》的相关规定，对合同效力进行整体评价。

（二）依据《民法典》第 504 条规定判断

实践中的此类判决建立在章程等公司内部文件无外部约束力的理论基础之上，适用原《合同法》第 50 条（《民法典》第 504 条）与原《担保法解释》第 11 条对债权人"知或应知"进行辨别，对担保合同效力进行判断。以"中建材案"④为代表，

---

① 参见浙江省平阳县人民法院（2013）温平商初字第 455 号民事判决书。
② 参见浙江省临海市中级人民法院（2009）台临商初字第 205 号民事判决书。
③ 参见高圣平：《公司担保相关法律问题研究》，载《中国法学》2013 年第 2 期。
④ 参见《最高人民法院公报》2011 年第 2 期。

包括"吴某权诉罗某平等民间借贷纠纷案"、①"吴某俊案"、②"张某华案"③在内的大部分案件都秉承了这一思路。以"中建材案"为例，法院认为：（1）《公司法》未规定违反第16条的对外担保合同无效。（2）公司内部决议程序，不得约束第三人。（3）第16条并非效力性强制性规定。（4）依该条款认定担保合同无效，不利于维护合同的稳定和交易的安全。（5）中建材公司应为善意第三人。有限责任公司的公司章程不具有对世效力，其为公司内部决议的书面载体，它的公开行为不构成第三人应当知道的证据。（6）依原《合同法》第50条（《民法典》第504条）和原《担保法解释》第11条可知，对于公司法定代表人越权对外提供担保的情形，公司对外仍应对善意第三人承担民事责任。（7）第三人对公司章程不负有审查义务，第三人的善意由法律推定。上述判决理由存在以下三方面漏洞：

第一，该判决试图以第16条第1款作为判断公司担保合同效力的依据，但又否认依据该款制定的公司章程的对外效力，企图绕开《公司法》的规定，通过直接适用《民法典》第504条对债权人的善意进行判断。但由于其自身否定了《公司法》第16条第1款的外部效力，而难以对债权人善意认定给出一个客观、明确的标准或程序，而其所主张的"善意由法律所推定"并未给出明确的依据与理由。此时，便产生了一个逻辑上的悖论，即一方面否认公司章程等内部文件的外部效力，另一方面又无法对债权人善意的认定予以明确的法律上的依据。由于其自身对于《公司法》第16条第1款外部效力的否认，而无法根据债权人对公司内部文件的获知能力与获知程度对其善意进行判断。此外，其绕开《公司法》的行为，直接降低了交易第三人的注意义务标准，进而默许了公司担保市场的野蛮生长态势。④

第二，本案似乎隐含这样一种逻辑：因为依据该条款认定担保合同无效，不利于维护合同的稳定和交易的安全，而且该条款并未明确公司违反该规定的对外担保合同无效。因此，该条款并非效力性强制性规范。此时，本应作为其

---

① 参见江苏省苏州工业园区人民法院（2013）园民初字第1833号民事判决书。

② 参见江苏省高级人民法院（2014）苏民终字第0009号民事判决书。

③ 参见江苏省高级人民法院（2013）苏商终字第136号民事判决书。

④ 参见吴飞飞：《公司担保案件司法裁判路径的偏失与矫正》，载《当代法学》2015年第2期。

裁判思路支撑基础的第二点意见"公司内部决议程序，不得约束第三人"，似乎并不在其裁判逻辑之内，从而失去了意义。

第三，本案审判思路过分侧重债权人利益的保护，而忽略了《公司法》所欲保护的公司资产安全和股东利益。与第一类审判思路一味强调《公司法》第16条相反，"中建材案"所代表的审判思路则完全忽视了《公司法》第16条之规定，将公司对外担保合同效力纠纷单纯视为民法问题，直接适用越权担保规范裁判，在此审判思路下各方利益保护将面临失衡的局面。

（三）依据《公司法》《民法典》规定综合判断

与上述两类裁判思路不同，此类裁判思路以《民法典》第504条为判断担保合同效力之基础，结合《公司法》第16条第1款，认定债权人的善恶意。以"光大银行案"为例，该案一审法院认为："依《民法通则》第43条、《合同法》第50条、《担保法解释》第11条可知：光大银行是否知道创智股份法定代表人丁某签订本案担保合同超越职权是确定本案合同效力的关键。"就债权人审查范围，最高人民法院在二审中认为："光大银行仅负有形式审查的义务，即只要审查董事会决议的形式要件是否符合法律规定，银行即尽到了合理的注意义务。决议上的签名是否为董事亲笔所签，则属于实质性审查的范畴，光大银行对此并无法定义务 。"由此可见，最高人民法院对于债权人审查义务的认定参考了《公司法》第16条第1款的规定。尽管其并未直接表明该款具有外部效力，但不难看出，此裁判思路在一定程度上承认了章程、决议等内部文件的外部效力，赋予了债权人一定程度的审查义务。但两级法院并未明确公司内部文件外部效力之依据，亦未明确债权人审查的范围与标准。

通过对上述三类裁判思路梳理可知，导致法院裁判思路不一原因在于：（1）各级法院在利益保护的衡量上存在的差异，导致了《公司法》第16条第1款、《民法典》第504条适用时的龃龉和矛盾。（2）对于章程等内部文件何种情形下具有外部效力存在不同认识。（3）债权人是否应当承担审查义务存在争议。笔者认为，由于各级法院对公司章程等内部文件是否具有外部效力，债权人是否应当承担审查义务这两个问题存在分歧，从而导致了《公司法》第16条第1款、《民法典》第504条适用上的龃龉和矛盾。而这两个问题其实具有"一体两面"性，公司章程等内部文件是否具有外部效力影响了担保相对人的审查义务。

三、公司债权人应否承担审查义务之确定

最高人民法院就债权人对担保合同是否应当承担审查义务最早可追溯到 2000 年"中福实业案"，在该案中，法院认为："中福实业系上市公司，其公司章程公开，闽都支行也收到过中福公司提供的实业公司章程，故闽都支行对实业公司章程中关于限制董事为股东担保的规定应当知道。"①而在 2006 年"中建材案"的判决中，最高人民法院基于公司章程的内部效力又否认了债权人的审查义务。在"绵阳市红日实业有限公司案"中更明确表示："公司作为行为主体实施法律行为的过程可划分为两个层次，一是公司内部的意思形成阶段，通常表现为股东会或董事会决议；二是公司对外作出意思表示的阶段，通常表现为公司对外签订的合同。出于保护善意第三人、维护交易安全的考虑，在公司内部意思形成过程存在瑕疵的情况下，只要对外的表示行为不存在无效的情形，公司就应受其表示行为的制约。"②但最高人民法院在 2014 年又一次推翻了自己 2011 年所确立的标准。在"翔宇食品案"中最高人民法院却认为："担保权人对保证人提供的股东会决议文件仅负有形式审查义务，担保权人只需审查股东会决议的形式要件是否符合法律规定，即已尽到了合理的注意义务。"③

2019 年 11 月 14 日最高人民法院公布的《全国民商事审判工作会议纪要》（法〔2019〕254 号）总结之前的司法裁判经验，试图以规范性文件形式统一担保裁判规则。第十八点对债权人审查义务作了概括性规定："债权人对公司机关决议内容的审查一般限于形式审查，只要尽到必要的注意义务即可，标准不宜太过严苛。"不过 2020 年 12 月 25 日通过的《最高人民法院关于适用〈中华人民共和国民法典〉有关担保制度的解释》（法释〔2020〕28 号）（以下简称《民法典担保制度司法解释》）第 7 条第 2 款将债权人是否"善意"标准又界定为"是否有证据证明对公司决议进行了合理审查"。按照字面解释"合理审查"较"形式审查"范围更宽，证明标准更高。虽然二者均肯定债权人应当承担审查义务，但是《民法典担保制度司法解释》似乎又颠覆和部分否定了《全国民商事

---

① 参见最高人民法院（2000）经终字第 186 号民事判决书。
② 参见《最高人民法院公报》2011 年第 3 期。
③ 参见最高人民法院（2014）民二终字第 51 号民事判决书。

审判工作会议纪要》确立的裁判立场。[①]

由此可见，最高人民法院对此问题并未形成统一的认识，这一方面与前文所述对公司担保合同效力审判思路存在差异有关，另一方面也反映出最高人民法院对于"公司章程是否具有外部效力"仍存争议。

而在理论界，对于债权人是否应当承担审查义务同样存在不同的看法。反对债权人承担审查义务的学者认为：一方面，第 16 条第 1 款的立法目的是规范公司内部的意思决定程序，第 16 条的调整对象是公司内部法律关系，而非公司与第三人之间的外部法律关系。[②]公司法有关公司担保的规定不是约束债权人，为债权人负审查义务提供法律基础。[③]此外，随着"推定通知理论"和"越权理论"的废除，章程作为公司内部决议的书面载体，它的公开行为不构成第三人应当知道的证据，公司章程不具有对世效力。[④]另一方面，第三人本就没有参与公司对外担保决议之法律关系，要一个外部第三人就自己没参与的公司内部决议事项进行了解和调查，其困难可想而知。[⑤]要求担保权人审查公司章程既不符合实际，也有违公平，更增加了交易成本，并进而降低了担保权人交易的积极性，不利于活跃交易和促进经济发展。[⑥]然而，笔者认为债权人应当承担一定的审查义务。

第一，公司章程等内部文件在公司对外担保的情形下应当具有一定的外部效力。

首先，我国不具备完全废除"推定通知理论"和"越权理论"之基础。由于"越权原则"给公司行为的效力带来了不确定性，破坏了交易第三方的合理预期，故遭到西方各国的抛弃。但我国《公司法》第 16 条第 1 款对公司对外担

① 参见王毓莹：《公司担保规则的演进和发展》，载《法律适用》2021 年第 3 期。

② 参见钱玉林：《公司法第 16 条的规范意义》，载《法学研究》2011 年第 6 期。

③ 参见钱玉林：《公司担保中债权人"善意"的认定》，载《扬州大学学报（人文社会科学版）》2013 年第 5 期。

④ 参见崔建远、刘玲玲：《论公司对外担保的法律效力》，载《西南政法大学学报》2008 年第 4 期。

⑤ 参见薛波：《商法思维下公司担保规范适用困境之化解》，载《中国商法年刊》2013 年版，第 417 页。

⑥ 参见詹巍、杨密密：《公司越权担保效力之理论与实证分析》，载《金融法苑》（2011 年总第 83 辑），中国金融出版社 2011 年版，第 76 页。

保的内部程序作出了明确的规定。即便在决策机构的选择上，亦为股东会与董事会非此即彼的选择。因此在公司对外担保的语境下并不存在破坏交易第三方合理预期的可能。同时，英国公司法①在抛弃"越权理论"后对公司担保设置了严格的登记与公示制度，以防止法定代表人滥用权力，也为债权人查阅公司对外担保事项提供了便利。美国公司法亦对公司对外担保的有效性设立了商业判断规则，只有该担保能为公司带来直接或间接利益时才能为法官所认可。然而，我国现行法律并未就公司担保设立配套的制度，故盲目地废除"推定通知理论"与"越权理论"并不可行。

其次，笔者认为，公司对外签订的担保合同乃单务无偿合同，且在中国特定环境下，在为债权人的债权设定担保的同时，担保合同并未给公司及其股东带来直接的利益，反而还给公司资产增设了不确定的风险。故二者极不平衡的风险与收益分配亦为公司章程的对外效力提供了现实依据。

再次，法定代表人的利益与公司利益存在冲突之可能。在一般情况下，公司利益与法定代表人的利益是一致的，此时章程发挥着公司内部控制的作用，以外观主义保护债权人是恰当的。但当法定代表人与债权人存在恶意串通损害公司利益或其他特殊情况时，盲目保护债权人利益则不利于各方利益的平衡。在此情形下，通过突破公司章程的内部效力，赋予其对外担保合同等外部行为一定的约束力，有利于维护公司的利益。所以在债权人"知道或应当知道"的情形下，公司法定代表人越权代理的担保合同可以归于无效。

最后，基于《公司法》第 16 条对公司担保内部决议程序规定的公示效力，公司章程等内部文件亦具有外部效力。这一观点在最高人民法院"吴某俊案"②中亦得到认可。最高人民法院再审认为："因《公司法》第 16 条明确规定，吴某俊应当知道天利公司为戴某进的债务提供担保须经天利公司股东会决议，而其并未要求戴某进出具天利公司的股东会决议，吴某俊显然负有过错，因而其不能被认定为善意第三人。"如上文所叙，《公司法》第 16 条第 1 款乃强制性

---

① 《英国 2006 年公司法》第 25 部分第 860 条第 1 款规定："设立本条所适用之抵押的公司，必须在允许登记期间结束之前，为了登记而向登记官提交抵押的规定详情，连同设立或证明抵押之文件。"同时该法第 892 条第 2 款还规定："文件和登记册必须被置备于下列地点，以供查阅——（a）公司登记住所，或者（b）第 1136 条之下的规章所规定的地点。"

② 参见江苏省高级人民法院（2014）苏民终字第 0009 号民事判决书。

规定。由于法律本身具有极强的公示性，公司法条文明确规定指出公司对外担保应按照公司章程的规定，不仅公司应遵守，其用意也在于要求与担保行为有关的其他各方都要遵守此规定。①

第二，公司章程具有登记对抗效力。尽管我国《公司法》未明确规定公司章程的登记对抗效力，但《公司法》第 32 条第 3 款规定："公司应当将股东的姓名、名称及其出资额向公司登记机关登记；登记事项发生变更的，应当办理变更登记。未经登记或者变更的，不得对抗第三人。"从中可以看出，该条明确规定了股东信息登记的公示对抗效力。对于怠于审查公司登记事项的买方，法律推定其对登记事项有充分的了解。同时从《公司法》第 6 条之规定可知："公众可向公司登记机关申请查询公司登记事项，公司应当提供查询服务。"公司章程亦为公司登记机关登记之事项。结合上述法条可推知，公司章程作为公司登记事项亦具有登记对抗效力，故债权人对公司章程有关公司对外担保内部程序之规定应负审查义务。此外，基于商事交易理性人之思考，债权人亦应通过主动查阅公司章程的方式规避可能存在的风险。公司章程在公司登记机关的登记备案，将公司内部治理程序公之于众。债权人仅需向公司登记机关申请查阅即可了解公司对外担保内部程序之规定，从而降低自己的交易风险。如上文所述，在公司对外担保关系中，债权人处于相对优势之地位。同时，基于公司章程登记制度，为债权人增设一定的审查义务并不会增加其交易成本，反而更有利于其保护自身的债权。章程登记制度的登记对抗效力在保护公司及其股东利益的同时，亦为债权人和社会公众提供了自我保护的途径。此外，实践中有判决认为："封闭性有限责任公司，对外提供担保，相对人并无义务对其公司章程、股东会决议予以注意。在没有证据证明公司提供担保存在损害国家、集体和社会公共利益的情况下，不应以未经公司股东会决议而否认担保的效力。"②但是，《公司法》有关公司章程登记制度的规定并未将封闭性公司与开放性公司区别对待。此时，债权人的审查义务为《公司法》设立的公司章程登记对抗效力最低程度的要求。而对上市公司对外担保中债权人的审查义务，基于上市公司的开放性以及其对于社会公众、交易安全重要性的考量，除遵循《公司法》的基本

---

① 参见宁金成：《公司违反章程规定对外担保的效力研究——以〈公司法〉第 16 条第 1 款的适用为分析背景》，载《郑州大学学报（哲学社会科学版）》2011 年第 4 期。

② 参见浙江省杭州市中级人民法院（2013）浙杭商终字 1007 号民事判决书。

规定外，还需符合证监会更高程度的审查义务要求。

第三，从立法目的上看，《公司法》第 16 条为《民法典》在公司对外担保合同中的适用作出了补充。如上文所述，造成实践中法院判决分歧的重要原因便是，各级法院就公司对外担保所欲保护的法益存在不同理解。在笔者看来，出现这一问题的原因在于不同法律立法目的的不同，导致法官在审判中难以形成统一的利益衡量标准。一方面，《民法典》所欲保护的是债权人的利益，通过探寻合同各方的真实意思表示、严守合同的相对性以维护合同关系的实质公平；另一方面，《公司法》则强调在保护公司及股东利益的基础上，平衡各方利益，借助于行为外观，在保证效率的基础上维护交易安全。二者因利益保护的不同而引起的冲突在公司对外担保案件中尤为凸显。前者注重合同相对方利益的衡量，后者关注公司内部程序之规范。两者的制度构成不同，凝固于其上的制度利益也各不相同。①因此，法官在裁判时需对冲突利益进行判断，即在特定情形下是否存在一种法益比另一种法益更具优越性。在笔者看来，就公司对外担保合同纠纷这一特殊情形，《公司法》第 16 条第 1 款所欲保护的公司资产安全与股东利益优于《民法典》第 61 条、第 504 条所欲保护的债权人利益。一方面，公司对外担保合同仅为一般担保合同的特殊形式。故针对其所发生的法律纠纷仍应以《民法典》第 61 条、第 504 条为基础；另一方面，由于公司担保合同具有一定的特殊性，故在适用法律时应考虑《公司法》第 16 条第 1 款之特殊规定。依据该款和《民法典担保制度司法解释》第 7 条对《民法典》第 504 条所规定的债权人的善意进行判断。此时《公司法》第 16 条第 1 款是对合同规则与担保规则的补充，并明确了债权人审查义务的界限，将债权人的审查义务引致于《民法典》第 504 条之中。因此，只有当债权人依据《公司法》第 16 条第 1 款之规定承担相应的审查义务后，才能够认定其为善意。

综上所述，笔者认为，公司章程等内部文件在特定情形下应具有外部效力，同时基于章程的登记对抗效力，从《公司法》第 16 条所欲保护的公司资产及债权人利益出发，应赋予债权人一定的审查义务。以《民法典》第 61 条、第 504 条为基础判断公司对外担保合同效力，将《公司法》第 16 条第 1 款和《民法典担保制度司法解释》第 7 条第 2 款作为判断债权人善意之依据，从而理顺

---

① 参见梁上上：《制度利益衡量的逻辑》，载《中国法学》2012 年第 4 期。

三部法律在公司对外担保纠纷问题上的适用思路。

四、公司债权人审查义务的程度与范围分析

尽管近年来要求债权人承担审查义务的判决逐步增多，但实务界对于审查义务的程度和范围、具体内容的探讨仍然较少。"承担一定程度的审查义务"虽为理论界之主流观点，但"一定程度"在具体的司法裁判中究竟应当如何判断？目前仍缺乏充分的论证。《全国民商事审判工作会议纪要》第十八点规定："债权人对公司机关决议内容的审查一般限于形式审查，只要尽到必要的注意义务即可，标准不宜太过严苛。"但是对形式审查的程度和范围，何为尽到"必要"的注意义务，均未具明文。《民法典担保制度司法解释》第7条第2款又将债权人的审查义务修改为"合理审查"。究竟该如何理解债权人审查义务的程度和范围？

结合《全国民商事审判工作会议纪要》《民法典担保制度司法解释》之规定，笔者认为，就审查义务的程度而言，债权人应当承担一定的形式审查义务。审查义务的最高标准即要求债权人承担严格的实质审查义务，就公司对外担保事项之决议形成过程到场监督，对其决议结果与公司章程的合法性进行实质审查。而审查义务的最低标准，我国目前的司法裁判则要求债权人对公司担保决议签章进行形式审查，由于公司决议不会对外进行宣示或披露，而债权人亦未有正常渠道可以查阅，因此只要公司在协议上以保证人的身份加盖了公章，就应认定债权人已经尽到了注意义务。[①]在两种极端的标准之间，同样可以演化出其他的审查标准。比如，相对平缓的实质审查义务则要求审查股东会的到场记录及各个股东的投票份额与投票决定，[②]不需要债权人到场监督。较为严苛的形式审查义务则要求债权人充分了解公司对外担保之决议，对决议进行形式审查。面对不同的审查标准，笔者认为：

首先，应当排除最低的形式审查标准，即不能仅审查法定代表人及公司签章在形式上是否合法。法定代表人作为公司外部行为的表意机关，其职责在于

---

① 参见浙江省杭州市中级人民法院（2010）浙杭商终字第795号民事判决书。

② 参见梁琳：《银行审查公司担保决议要点分析》，载《时代金融》2012年第7期。

将公司内部决议向外界进行传达。因此，公司的外部行为都需要法定代表人的确认，此乃商事活动的最低标准。简言之，这一审查标准并不能达到保护公司资产安全，维护股东利益之目的，亦使得公司对外担保行为与公司一般的外部行为没有任何差异。

其次，应否认严格的形式审查标准。这一审查标准虽然能够保证交易的安全，但操作性极差，现实中债权人无法做到监督公司决议形成的每一个阶段，其无异于提升了债权人担保的成本，不具有可行性。同时，法定代表人的利益与公司利益存在冲突之可能。在一般情况下，公司利益与法定代表人的利益是一致的，此时要求债权人在形式上审查法定代表人的签章确实能一定程度上维护公司资产的安全。但当法定代表人与债权人恶意串通损害公司利益时，签章的形式审查则起不到任何作用。

再次，笔者亦认为不应采用实质审查之标准：第一，我国《公司法》在2005年取消了公司转投资法定限额的规定，将转投资和担保限额交公司章程自治，2013年彻底取消了公司注册资本的最低限额、采完全的认缴制。从中可以看出立法旨意的转变，即由过去专注于公司静态注册资本，转向动态的公司资产，试图以资产信用取代资本信用。相较于公司转投资等行为，公司对外担保并非确信债务，其危害性更小。依据"举重以明轻"的思路，若危险程度更高的公司转投资行为都不需要承担实质审查义务，那么危害性较小的公司对外担保行为亦不应承担实质审查义务。第二，实质审查义务导致双方利益的失衡。一方面，为债权人增设实质审查义务，将大幅提高债权人的交易成本。同时繁杂的实质审查事项将减缓交易效率，不利于促进商事活动的展开。另一方面，为了促进商业的开展，鼓励商事交易活动。现代公司法设立了有限责任制度，将部分原本属于股东的责任与风险转嫁于债权人，通过牺牲公平换取效率。若再为债权人增设实质审查义务，将使得债权人利益保护处于更为劣势的地位。

鉴此，笔者认为，债权人的审查义务应以形式审查为标准。依据第16条第1款之规定，对公司章程的合法性、决议合章性、法定代表人及公司签章进行形式审查，做到各项文件表面一致即可。

在对章程进行审查时，债权人应依据《公司法》第16条第1款通过查阅的方式就章程中有关公司对外担保内部程序之规定的合法性进行形式审查。具体包括：（1）对外担保决议机关是否符合法律规定。（2）章程是否设定了一定的担保数额。（3）是否就对外担保事项设立了特定的决议程序。当公司决议符合章程和法律规定时，担保合同有效。问题在于，实践中许多公司存在着章程未规定决议机关或者直接将法律条文原文照抄的情形。针对这种情况，有部分学者认为基于股东会系公司权力机关之地位，在章程未作规定时，对外担保的决议机关应推定为股东会。但笔者认为，这一观点存在不足之处：第一，股东会乃公司的权力机关，并非公司常设机构，而公司对外担保在商事活动中较为常见。召集股东会实属不易，不仅提升了成本更降低了效率。第二，《公司法》第 16 条第 2 款明确规定，公司对内担保需股东会决议。相比而言，该条第 1 款则为对外担保设定了更为宽松的条件。依照"举重以明轻"之规则，在公司章程未就对外担保规定决议机关时，不宜直接推定由股东会决议。第三，这一问题的出现，属于公司内部治理结构的缺失。由此而产生的法条解释风险应由公司自身承担，不应转移至担保合同债权人。在此情形下，应从有利于债权人的角度对法条进行解释。故笔者认为，对该款进行文义解释，在公司章程未规定对外担保决议机构时，股东会与董事会都有权就公司对外担保事项作出决议。

对公司决议的审查，理论界与实务界对其具体内容存在不同的认识。有学者认为，对于公开公司公告的董事姓名等有审查义务，对于签名真实性则无从知道，但对于董事的"人头"则属于审查范围，一般需要书面决议文件作为证明文件。[①]还有学者认为：银行债权人仅对公司章程、股东会、董事会决议的真实性与合法性进行合理审慎的审查即可，但要尽到具有普通伦理观念和智商的理性银行从业人员在同等或近似情况下应当具备的审慎、注意和技能。而最高人民法院在"凯城案"中认为：债权人对《股东会担保决议》的形式审查仅限于"有这份文件"，即签章形式上一致。对签章真实性无审查的义务和能力。由此可见，实务界与理论界就债权人对决议承担形式审查义务达成了共识，但就形式审查的具体事项仍存在争议。

笔者认为，一方面，债权人对决议的形式审查应集中于决议文件的合章性与合法性，而不应要求债权人对决议的每一个环节进行审查。这是因为公司一

---

① 参见蒋大兴、王首杰：《论公司内部行为至外部约束力——以〈公司法〉第 16 条为标的之解释（初稿）》，载《"第一届公司法适用高端论坛"会议论文》2010 年版，第 476 页。

项决议的作出包括会议的通知、召集、召开、表决等一系列程序，这些属于公司内部决策程序，债权人无法参与其中，也难有渠道对其进行监督。同时，实践中债权人多为专业银行，若要求其对公司内部决议形成过程进行审查无疑加大了其审查成本，不具有可操作性；另一方面债权人对决议文件的审查主要包括：（1）决议形式上是否符合公司章程的规定，包括决议机关是否与章程规定一致，担保金额是否符合章程之规定。（2）决议是否存在违反《公司法》第16条第1款之情形。（3）决议法定代表人签章在形式上与公司登记机关文件是否表面相符。笔者认为，如果公司决议违反了章程的规定，则依据《公司法》第22条、《民法典》第85条认定该决议为可撤销决议。在此情形下，若此瑕疵是因债权人未尽审查义务而导致，则被撤销决议之效力溯及担保合同；若债权人已尽审查义务，则可依《民法典》第504条认定其为善意第三人。此时，决议的撤销效力因其善意而被切断，担保合同继续有效，具言之：

第一，当公司实际决议机关与章程规定机关不一致时。基于公司章程"内部宪章"的性质，应严格依据章程之规定认定该决议违反章程，并依据《公司法》第22条第1款、《民法典》第85条认定该决议为可撤销之决议，若债权人已尽审查义务则公司担保合同有效。反之，则依决议最后效力而确定。

第二，当章程对担保限额作出限制时。若为对单项担保额度作出限制，则超出部分无效；若为对担保总额作出限制，则债权人审查时仅应审查该笔担保是否超过章程规定之总额。这是因为公司是否对外作出担保并非公司必要登记事项，在一定程度上公司内部的财务信息乃公司商业秘密，债权人对每一笔担保进行审查存在巨大困难。故其仅需对自己担保合同之担保额是否超出章程之规定作出审查。

第三，债权人对法定代表人签章的审查仅需核对该决议是否有签章，该签章是否与公司登记机关登记文件相符即可。决议上的签名是否为董事亲笔所签，则属于实质性审查的范畴。[1]债权人无审查股东会决议股东的签章是否真实的义务，也不具备审查股东会决议上股东签章真伪的能力。[2]

---

[1] 参见徐海燕：《公司法定代表人越权签署的担保合同的效力》，载《法学》2007年第9期。

[2] 参见最高人民法院（2014）民二终字第51号民事判决书。

五、结　　语

长期以来，公司对外担保理论和实务争论不休，法院判决结论的忽左忽右，使得公司对外担保合同在效力判断时呈现混乱不一的局面，不同法院依据不同的价值衡量标准使这一问题存在诸多不同的解释。但笔者认为，司法裁判应保持价值判断的一致性。在理解商事活动的基础上，充分予理性商人以信任，不应使裁判结果成为左右商事活动的重要因素。这一方面有利于维护法院的司法权威；另一方面也有利于促进商事活动的效率。

由于公司对外担保合同效力横跨民法、公司法两大法律体系，属于典型的民商事关系"交错地带"。故现阶段这一问题纠纷之核心在于如何平衡不同法律保护的不同利益，如何将民法、公司法视作一个整体对所欲保护之利益进行价值判断。笔者认为，在司法裁判中，不仅要从《民法典》的角度思考对外担保合同之价值，更要从《公司法》的角度审视公司对外担保合同的特殊性。裁判思路应将《民法典》第504条作为基础；同时，通过《公司法》第16条第1款、《全国民商事审判工作会议纪要》第十八点和《民法典担保制度司法解释》第7条对债权人的审查义务进行补充。此时，对于该款的解释不仅将公司对外担保合同中公司内部程序引致于《民法典》规则，更能够起到利益调节器之作用。基于目前我国公司对外担保现象较为普遍的现实，从保护公司资产安全与股东利益的角度考量，担保合同债权人应当承担一定程度的形式审查义务，为公司对外担保设立一定的门槛。

笔者注：关联法条对应如下：

【《民法典》第504条】法人的法定代表人或者非法人组织的负责人超越权限订立的合同，除相对人知道或者应当知道其超越权限外，该代表行为有效，订立的合同对法人或者非法人组织发生效力。

【《民法典担保制度司法解释》第7条】公司的法定代表人违反公司法关于公司对外担保决议程序的规定，超越权限代表公司与相对人订立担保合同，人民法院应当依照民法典第六十一条和第五百零四条等规定处理：

（一）相对人善意的，担保合同对公司发生效力；相对人请求公司承担担保责任的，人民法院应予支持。

（二）相对人非善意的，担保合同对公司不发生效力；相对人请求公司承担赔偿责任的，参照适用本解释第十七条的有关规定。

法定代表人超越权限提供担保造成公司损失，公司请求法定代表人承担赔偿责任的，人民法院应予支持。

第一款所称善意，是指相对人在订立担保合同时不知道且不应当知道法定代表人超越权限。相对人有证据证明已对公司决议进行了合理审查，人民法院应当认定其构成善意，但是公司有证据证明相对人知道或者应当知道决议系伪造、变造的除外。

主要参考文献

一、中文著作

1.《汉语大词典》(第 1 卷),汉语大词典出版社 1990 年版。

2.《现代汉语词典》,商务印书馆 1983 年版。

3.《中国大百科全书·哲学 1》,中国大百科全书出版社 1987 年版。

4.《邓小平文选》(第二卷),人民出版社 1994 年版。

5. 葛洪义:《法律方法讲义》,中国人民大学出版社 2009 年版。

6. 张文显:《法哲学范畴研究》,中国政法大学出版社 2001 年版。

7. 舒国滢:《法理学导论》,北京大学出版社 2012 年版。

8. 周枏:《罗马法原论》(上册),商务印书馆 2014 年版。

9. 史尚宽:《物权法论》,中国政法大学出版社 2000 年版。

10. 郑玉波:《民法总则》,中国政法大学出版社 2003 年版。

11. 郑玉波:《民法债编总论》,中国政法大学出版社 2002 年版。

12. 郑玉波:《公司法》,台北三民书局股份有限公司 1999 年版。

13. 柯芳枝:《公司法论》,中国政法大学出版社 2004 年版。

14. 王文宇:《公司法论》,中国政法大学出版社 2004 年版。

15. 黄茂荣:《法学方法与现代民法》,法律出版社 2008 年版。

16. 杨仁寿:《法学方法论》,中国政法大学出版社 2013 年版。

17. 黄立:《民法债编各论》(上),中国政法大学出版社 2003 年版。

18. 邱聪智:《新订债法各论》 (上),姚志明校,中国人民大学出版社 2006 年版。

19. 谢怀栻:《外国民商法精要》,法律出版社 2014 年版。

20. 王泽鉴:《民法思维——请求权基础理论体系》,北京大学出版社 2009

年版。

21. 王泽鉴:《民法总则》,北京大学出版社 2009 年版。

22. 王泽鉴:《民法概要》,北京大学出版社 2009 年版。

23. 王泽鉴:《民法物权》,北京大学出版社 2009 年版。

24. 王泽鉴:《侵权行为》,北京大学出版社 2009 年版。

25. 王泽鉴:《民法学说与判例研究》(第四、五、六册),中国政法大学出版社 2005 年版。

26. 苏永钦:《寻找新民法》,北京大学出版社 2012 年版。

27. 苏永钦:《走入新世纪的私法自治》,中国政法大学出版社 2000 年版。

28. 王保树主编:《中国商事法》,人民法院出版社 1996 年版。

29. 王保树:《商法总论》,清华大学出版社 2007 年版。

30. 王保树、王文宇主编:《公司法理论与实践——两岸三地观点》,法律出版社 2010 年版。

31. 王保树、崔勤之:《中国公司法原理》,社会科学文献出版社 2006 年版。

32. 王保树主编:《商事法论集》(总第 20 卷),法律出版社 2012 年版。

33. 赵旭东主编:《商法学》,高等教育出版社 2007 年版。

34. 赵旭东主编:《公司法学》,高等教育出版社 2012 年版。

35. 冯果:《现代公司资本制度比较研究》,武汉大学出版社 2000 年版。

36. 朱慈蕴:《公司法人格否认法理研究》,法律出版社 1998 年版。

37. 雷兴虎主编:《公司法新论》,中国法制出版社 2001 年版。

38. 范健主编:《商法》,高等教育出版社、北京大学出版社 2007 年版。

39. 范健、王建文:《公司法》(第五版),法律出版社 2018 年版,第 13 页。

40. 郭富青:《公司权利与权力二元配置论》,法律出版社 2010 年版。

41. 蒋大兴:《公司法的展开与评判》,法律出版社 2001 年版。

42. 张穹:《新公司法修订研究报告》(上册),中国法制出版社 2005 年版。

43. 邹海林、张辉:《商法基础理论研究的新发展》,中国社会科学出版社 2013 年版。

44. 黄辉:《现代公司法比较研究——国际经验及对中国的启示》,清华大学出版社 2011 年版。

45. 施天涛:《公司法论》,法律出版社 2006 年版。

46. 沈四宝：《新公司法修改热点问题讲座》，中国法制出版社 2005 年版。

47. 刘俊海：《新公司法的制度创新：立法争点和解释难点》，法律出版社 2006 年版。

48. 任先行、周林彬：《比较商法导论》，北京大学出版社 2003 年版。

49. 虞政平：《公司法案例教学》（上），人民法院出版社 2012 年版。

50. 李建伟：《公司法学》，中国人民大学出版社 2009 年版。

51. 钱玉林：《股东大会决议瑕疵研究》，法律出版社 2005 年版。

52. 江平主编：《法人制度论》，中国政法大学出版社 1994 年版。

53. 吕来明：《商事权利论》，法律出版社 2016 年版。

54. 刘文科：《商事代理法律制度论》，法律出版社 2013 年版。

55. 傅穹：《重思公司资本制原理》，法律出版社 2004 年版。

56. 梁慧星：《民法总论》（第五版），法律出版社 2017 年版。

57. 梁慧星：《中国民法典草案建议稿附理由·物权编》，法律出版社 2013 年版。

58. 孙宪忠：《中国物权法总论》，法律出版社 2009 年版。

59. 孙宪忠、朱广新主编：《民法典评注·物权编》，中国法制出版社 2020 年版。

60. 孙宪忠：《德国当代物权法》，法律出版社 1997 年版。

61. 王利明主编：《中华人民共和国民法总则详解》，中国法制出版社 2017 年版。

62. 王利明：《国家所有权研究》，中国人民大学出版社 1991 年版。

63. 王利明主编：《中国民法典草案建议稿及其说明》，中国法制出版社 2004 年版。

64. 王利明：《合同法研究》（第三卷），中国人民大学出版社 2012 年版。

65. 王利明：《物权法研究（修订版）》（下卷），中国人民大学出版社 2007 年版。

66. 王卫国主编：《中国民法典论坛（2002—2005）》，中国政法大学出版社 2006 年版。

67. 谢振民：《中华民国立法史》（下册），中国政法大学出版社 2009 年版。

68. 漆多俊：《经济法基础理论》，法律出版社 2017 年版。

69. 柳经纬：《当代中国民法学的理论转型》，法制出版社 2010 年版。

70. 柳经纬主编：《共和国六十年法学论争实录——民商法卷》，厦门大学出版社 2009 年版。

71. 朱庆育：《民法总论》，北京大学出版社 2013 年版。

72. 杨仁寿：《法学方法论》，中国政法大学出版社 2004 年版。

73. 葛云松：《过渡时代的民法问题研究》，北京大学出版社 2008 年版。

74. 石宏主编：《中华人民共和国民法总则——条文说明、立法理由及相关规定》，北京大学出版社 2017 年版。

75. 《民法总则立法背景与观点全集》编写组编：《民法总则立法背景与观点全集》，法律出版社 2017 年版。

76. 李适时主编：《中华人民共和国民法总则释义》，法律出版社 2017 年版。

77. 黄薇主编：《中华人民共和国民法典释义及适用指南》（上册），中国民主法制出版社 2020 年版。

78. 陈甦主编：《民法总则评注》，法律出版社 2017 年版。

79. 杨立新主编：《中华人民共和国民法典条文精释与实案全析》，中国人民大学出版社 2020 年版。

80. 崔建远：《中国民法典释评·物权编》（上卷），中国人民大学出版社 2020 年版。

81. 魏振瀛主编：《民法学》，高等教育出版社 2000 年版。

82. 崔建远：《合同法》，北京大学出版社 2013 年版。

83. 李永军、朱庆育：《合同法学》，高等教育出版社 2011 年版。

84. 韩世远：《合同法总论》（第三版），法律出版社 2011 年版。

85. 孔祥俊：《民商法热点、难点及前沿问题》，人民法院出版社 1996 年版。

86. 江平、李永军：《物权法》，法律出版社 2009 年版。

87. 程啸：《中国担保法的理论与实践》，法律出版社 2002 年版。

88. 葛云松：《过渡时代的民法问题研究》，北京大学出版社 2008 年版。

89. 钱明星：《物权法原理》，北京大学出版社 1994 年版。

90. 徐洁：《抵押权论》，法律出版社 2003 年版。

91. 江伟主编：《民事诉讼法》，高等教育出版社 2013 年版。

92. 盛洪主编：《现代制度经济学》（上卷），中国发展出版社 2009 年版。

93.孙隆基：《中国文化的深层结构》，中信出版集团 2015 年版。

二、译著

94.〔德〕康德：《法的形而上学原理》，沈叔平译，商务印书馆 2011 年版。

95.〔德〕马克斯·韦伯：《论经济与社会中的法律》，张乃根译，中国大百科全书出版社 1998 年版。

96.〔德〕K.茨威格特、H.克茨：《比较法总论》，潘汉典等译，中国法制出版社 2017 年版。

97.〔德〕伯恩·魏德士：《法理学》，丁晓春、吴越译，法律出版社 2013 年版。

98.〔德〕卡尔·拉伦茨：《法学方法论》，陈爱娥译，中国政法大学出版社 2003 年版。

99.〔德〕卡尔·拉伦茨：《德国民法通论》（下），王晓晔、邵建东、程建英、徐建国、谢怀栻译，法律出版社 2013 年版。

100.〔德〕霍尔斯特·海因里希·雅克布斯：《十九世纪德国民法科学与立法》，王娜译，法律出版社 2003 年版。

101.〔德〕古斯塔夫·拉德布鲁赫：《法学导论》，米健译，商务印书馆 2013 年版。

102.〔德〕卡尔·恩吉施：《法律思维导论》，郑永流译，法律出版社 2013 年版。

103.〔德〕迪特尔·梅迪库斯：《德国民法总论》，邵建东译，法律出版社 2000 年版。

104.〔德〕拉德布鲁赫：《法学导论》，米健等译，中国大百科全书出版社 2003 年版。

105.〔德〕迪特尔·施瓦布：《民法导论》，郑冲译，法律出版社 2006 年版。

106.〔德〕格茨·怀克、克里斯蒂娜·温德比西勒：《德国公司法》，殷盛译，法律出版社 2010 年版。

107.〔德〕罗伯特·霍恩、海因·科茨、汉斯·G.莱塞：《德国民商法导论》，楚建译，中国大百科全书出版社 1996 年版。

108.〔德〕托马斯·莱塞尔、吕迪格·法伊尔：《德国资合公司法》，高旭军等译，法律出版社 2005 年版。

109. [德] 弗里德里希·卡尔·萨维尼：《论占有》，朱虎、刘智慧译，法律出版社 2007 年版。

110. [德] 弗里德里希·卡尔·萨维尼：《论立法与法学的当代使命》，许章润译，中国法制出版社 2001 年版。

111. [德] 考夫曼：《法律哲学》，刘幸义译，法律出版社 2005 年版。

112. [德] 亚图·考夫曼：《类推与事物本质——兼论类型理论》，吴从周译，学林文化事业有限公司 1999 年版。

113. [美] 迈克尔·E. 泰格：《法律与资本主义的兴起》，纪琨译，上海辞书出版社 2014 年版。

114. [美] 艾伦·沃森：《民法法系的演变及形成》，李静冰、姚新华译，中国法制出版社 2005 年版。

115. [美] 戴维·M. 沃克：《牛津法律大词典》，李双元等译，法律出版社 2003 年版。

116. [美] 道格拉斯·诺斯：《经济史上的结构和变革》，厉以平译，商务印书馆 1992 年版。

117. [美] 罗纳德·科斯：《社会成本问题》，刘守英等译，载《财产权利与制度变迁——产权学派与新制度学派译文集》，上海三联出版社、上海人民出版社 2014 年版。

118. [美] 弗兰克·伊斯特布鲁克、丹尼尔·费希尔：《公司法的经济结构》，罗培新、张建伟译，北京大学出版社 2014 年版。

119. [美] 伯纳德·施瓦茨：《美国法律史》，王军等译，法律出版社 2011 年版。

120. [美] 斯蒂芬·M. 班布里奇等：《有限责任——法律与经济分析》，李诗鸿译，上海人民出版社 2019 年版。

121. [英] 梅因：《古代法》，沈景一译，商务印书馆 1959 年版。

122. [英] 弗里德利希·冯·哈耶克：《自由秩序原理》，邓正来译，生活·读书·新知三联书店 1997 年版。

123. [日] 近江幸治：《担保物权法》，祝娅、王卫军、房兆融译，法律出版社 2000 年版。

124.〔日〕我妻荣:《新订担保物权法》,申政武、封涛、郑芙蓉译,中国法制出版社 2008 年版。

125.〔日〕前田庸:《公司法入门》,王作全译,北京大学出版社 2012 年版。

126.〔意〕F.卡尔卡诺:《商法史》,贾婉婷译,商务印书馆 2017 年版。

127.〔奥〕凯尔森:《法与国家的一般理论》,沈宗灵译,中国大百科全书出版社 1996 年版。

128.〔英〕弗里德里希·冯·哈耶克:《法律、立法与自由》(第一卷),邓正来等译,中国大百科全书出版社 2000 年版。

129.〔韩〕李哲松:《韩国公司法》,吴日焕译,中国政法大学出版社 2000 年版。

三、中文期刊论文

130. 王保树:《商事通则:超越民商合一与民商分立》,载《法学研究》2005 年第 1 期。

131. 赵旭东:《民法典的编纂与商事立法》,载《中国法学》2016 年第 4 期。

132. 范健:《论我国商事立法的体系化——制定商法通则的思考》,载《清华法学》2008 年第 4 期。

133. 郭富青:《论民法典的体例对商法现代化的影响》,载《财经法学》2017 年第 2 期。

134. 施天涛:《商事关系的重新发现与当今商法的使命》,载《清华法学》2017 年第 6 期。

135. 施天涛:《民法典能实现民商合一吗?》,载《中国法律评论》2015 年第 4 期。

136. 赵万一:《民商合一体制下商法独立的可能性及其实现路径》,载《法学杂志》2021 年第 7 期。

137. 李建伟:《〈民法总则〉民商合一中国模式之检讨》,载《中国法学》2019 年第 2 期。

138. 刘凯湘:《剪不断,理还乱:民法典制定中民法与商法关系的再思考》,载《环球法律评论》2016 年第 6 期。

139. 周林彬:《民法总则制定后完善我国商事立法的必要性与可行性》,载

《地方立法研究》2018 年第 1 期。

140. 赵磊：《民法典编纂中的立法模式悖论——基于商法规范如何安排的视角》，载《北方法学》2017 年第 3 期。

141. 张鸣起：《〈中华人民共和国民法总则〉的制定》，载《中国法学》2017 年第 2 期。

142. 李建国：《关于〈中华人民共和国民法总则（草案）〉的说明——2017 年 3 月 8 日第十二届全国人民代表大会第五次会议上》，载《人民日报》2017 年 3 月 9 日第 5 版。

143. 郝铁川：《中国民法典起草的历史》（下），载《法制日报》2016 年 7 月 13 日第 007 版。

144. 梁慧星等：《中国民法典编纂：历史重任与时代力举》，载《中国法律评论》2015 年第 4 期。

145. 梁慧星：《新中国第三次民法起草亲历记》，载《武汉文史资料》2015 年第 9 期。

146. 梁慧星：《中国民法学的历史回顾与展望》，载《望江法学》2007 年冬季号（总第 1 期）。

147. 杨立新：《编纂民法典必须肃清前苏联民法的影响》，载《法制与社会发展》2016 年第 2 期。

148. 江平、马俊驹：《民法典：建设社会主义法治国家的基础——专家学者谈中国民法典的制定》，载《法律科学》1998 年第 3 期。

149. 柳经纬：《迈向意思自治的民事法律行为制度——评中华人民共和国民法总则第六章"民事法律行为"》，载《贵州省委党校学报》2017 年第 3 期。

150. 叶林：《商行为的性质》，载《清华法学》2008 年第 4 期。

151. 朱慈蕴：《我国商事登记立法的改革与完善》，载《国家检察官学院学报》2004 年第 6 期。

152. 魏磊杰、王明锁：《民法法典化、法典解构化及法典重构化——二百年法典发展历程述评》，载《私法》第 5 辑第 2 卷。

153. 房绍坤：《新中国民事立法的基本经验及其评析》，载何勤华主编：《曲折、磨难、追求——首届中国法学名家论坛学术论文集》（下），北京大学出版社 2011 年版。

154. 王涌：《中国需要一部具有商法品格的民法典》，载《中国法律评论》2015 年第 4 期。

155. 许中缘：《我国〈民法总则〉对民商合一体例的立法创新》，载《法学》2017 年第 7 期。

156. 杨峰：《商法思维的逻辑结构与司法适用》，载《中国法学》2020 年第 6 期。

157. 柳经纬：《编纂一部商事品格的民法典》，载《比较法研究》2016 年第 1 期。

158. 王利明：《民商合一体例下我国民法典总则的制定》，载《法商研究》2015 年第 4 期。

159. 苗延波：《论中国商法的立法模式——兼论〈商法通则〉的立法问题》（下），载《法学评论》2008 年第 2 期。

160. 赵万一、赵吟：《论商法在中国社会主义市场经济法律体系中的地位和作用》，载《现代法学》2012 年第 4 期。

161. 薛军：《中国民法典编纂：观念、愿景与思路》，载《中国法学》2015 年第 4 期。

162. 蒋大兴：《没有精神气质的公司法——法典构造的乌托邦》，载王文杰主编：《月旦民商法研究》（第 10 卷），清华大学出版社 2006 年版。

163. 张文显：《法治与国家治理现代化》，载《中国检察官》2014 年第 12 期。

164. 范健：《略论中国商法的时代价值》，载《南京大学学报（哲学社会科学版）》2002 年第 3 期。

165. 卓泽渊：《论法的价值》，载《中国法学》2000 年第 6 期。

166. 王文宇：《进出公司法——几点跨视域的观察》，载王文杰主编：《月旦民商法研究》（第 9 卷），清华大学出版社 2005 年版。

167. 钱玉林：《民法总则与公司法的适用关系论》，载《法学研究》2018 年第 3 期。

168. 王保树：《公司法的完善应当有结构性突破》，载王保树主编：《商事法论集》（第 22 卷），法律出版社 2012 年版。

169. 朱慈蕴：《公司独立人格与公司人格否认：从事前规制到事后救济——

兼评中国 2005 年〈公司法〉》，载王保树、王文宇主编：《公司法理论与实践——两岸三地观点》，法律出版社 2010 年版。

170. 赵旭东等：《〈商法通则〉立法大家谈》，载《国家检察官学院学报》2018 年第 3 期。

171. 李建华、麻锐：《论商事权利研究范式》，载《社会科学战线》2014 年第 10 期。

172. 朱慈蕴：《营业规制在商法中的地位》，载《清华法学》2008 年第 4 期。

173. 蒋大兴：《〈商法通则〉/〈商法典〉总则的可能体系——为什么我们认为"七编制"是合适的》，载《学术论坛》2019 年第 1 期。

174. 王建文：《中国商事司法实践中的法律适用：困境和出路》，载《现代法学》2010 年第 5 期。

175. 王保树：《公司法律形态结构改革的走向》，载《中国法学》2012 年第 5 期。

176. 刘俊海：《建议〈公司法〉与〈证券法〉联动修改》，载《法学论坛》2013 年第 4 期。

177. 周友苏、李红军：《现代化视野下中国公司法改革前瞻——以公司形态调整为主线》，载《社会科学》2012 年第 4 期。

178. 李游：《公司对外担保中相对人合理的审查义务——基于 458 份裁判文书的分析》，载《政治与法律》2018 年第 5 期。

179. 钱玉林：《公司法第 16 条的规范意义》，载《法学研究》2011 年第 6 期。

180. 钱玉林：《寻找公司担保的裁判规范》，载《法学》2013 年第 3 期。

181. 崔建远、刘玲玲：《论公司对外担保的法律效力》，载《西南政法大学学报》2008 年第 4 期。

182. 李金泽：《公司法有关公司对外担保规定的质疑》，载《现代法学》2007 年第 1 期。

183. 梁上上：《公司担保合同的相对人审查义务》，载《法学》2013 年第 3 期。

184. 罗培新：《公司担保法律规则的价值冲突和司法考量》，载《中外法学》2012 年第 6 期。

185．刘贵祥：《公司担保与合同效力》，载《法律适用》2012 年第 7 期。

186．王保树：《尊重商法的特殊思维》，载《扬州大学学报（人文社会科学版）》2011 年第 3 期。

187．郑成良：《论法治理念与法律思维》，载《吉林大学社会科学学报》2000 年第 4 期。

188．姚建宗：《法学研究及其思维方式的思想变革》，载《中国社会科学》2012 年第 1 期。

189．孙笑侠：《法律人思维的二元论兼与苏力商榷》，载《中外法学》2013 年第 6 期。

190．陈金钊：《法律思维及其对法治的意义》，载《法商研究》2003 年第 6 期。

191．郑永流：《法律判断大小前提的建构及其方法》，载《法学研究》2006 年第 4 期。

192．雷磊：《法律规则的逻辑结构》，载《法学研究》2013 年第 1 期。

193．张楚：《论我国商法规范的二元结构及其价值缺陷》，载《中国法学》1999 年第 2 期。

194．邹海林：《我国司法实务应对公司注册资本制度改革的路径选择》，载《法律适用》2014 年第 5 期。

195．郭富青：《论股权善意取得的依据与法律适用》，载《甘肃政法学院学报》2013 年第 7 期。

196．蔡定剑、刘丹：《从政策社会到法治社会——兼论政策对法制建设的消极影响》，载《中外法学》1999 年第 2 期。

197．陈甦：《司法解释的建构理念分析》，载《法学研究》2012 年第 2 期。

198．王轶：《论物权法的规范配置》，载《中国法学》2007 年第 6 期。

199．汤欣：《论公司法与合同自由》，载梁慧星主编：《民商法论丛》（第 16 卷），金桥文化出版（香港）有限公司 2000 年版。

200．罗培新：《我国公司社会责任规范的裁判困境及若干解决思路》，载《法学》2007 年第 12 期。

201．蒋大兴：《商法：如何面对实践？——走向/改造"商法教义学"的立场》，载《法学家》2010 年第 4 期。

202．梁慧星：《〈民法总则〉重要条文的理解与适用》，载《四川大学学报

（哲学社会科学版）》2007 年第 4 期。

203．陈爱娥：《萨维尼：历史法学派与近代法学方法论的创始者》，载《清华法学》2003 年第 2 期。

204．蒋大兴：《〈民法总则〉的商法意义——以法人类型区分及规范构造为中心》，载《比较法研究》2017 年第 4 期。

205．赵旭东：《公司法上的有限责任制度及其评价》，载《比较法研究》1987 年第 1 期。

206．范健、赵敏：《论公司法中的严格责任制度》，载《中国法学》1995 年第 4 期。

207．石静遐：《母公司对破产子公司的债务责任——关于"揭开公司面纱"理论的探讨》，载《法学评论》1998 年第 3 期。

208．黄辉：《中国公司法人格否认制度实证研究》，载《法学研究》2012 年第 1 期。

209．孟勤国、张素华：《公司法人人格否认理论与股东有限责任》，载《中国法学》2004 年第 3 期。

210．孔祥俊：《企业法人财产权研究——从经营权、法人财产权到法人所有权的必然走向》，载《中国人民大学学报》1996 年第 3 期。

211．江平、龙卫球：《法人本质及其基本构造研究——为拟制说辩护》，载《中国法学》1998 年第 3 期。

212．邹海林：《我国司法实务应对公司注册资本登记制度改革的路径选择》，载《法律适用》2014 年第 5 期。

213．赵旭东：《资本制度变革下的资本法律责任——公司法修改的理性解读》，载《法学研究》2014 年第 5 期。

214．徐强胜：《我国公司人格的基本制度再造——以公司资本制度与董事会地位为核心》，载《环球法律评论》2020 年第 3 期。

215．樊云慧：《从"抽逃出资"到"侵占公司财产"：一个概念的厘清——以公司注册资本登记制度改革为切入点》，载《法商研究》2014 年第 1 期。

216．彭冰：《未完成的改革——以股东分期缴付出资制度为例》，载《华东政法大学学报》2006 年第 1 期。

217．宋养琰：《论公司法人制度和公司法人财产权》，载《学术月刊》

1996 年第 11 期。

218. 孙宪忠：《我国民法立法的体系化与科学化》，载《清华法学》2012 年第 6 期。

219. 薛军：《当我们说民法典，我们是在说什么？》，载《中外法学》2014 年第 6 期。

220. 冉克平：《我国〈物权法〉第 180 条第 2 款的理解与适用》，载《法学》2010 年第 10 期。

221. 陈本寒：《财团抵押、浮动抵押与我国企业担保制度的完善》，载《现代法学》1998 年第 4 期。

222. 龙卫球：《物权法定原则之辩：一种兼顾财产正义的自由论视角》，载《比较法研究》2010 年第 6 期。

223. 常鹏翱：《体系化视角中的物权法定》，载《法学研究》2006 年第 5 期。

224. 王欣新：《破产别除权理论与实务研究》，载《政法论坛》2007 年第 1 期。

225. 王保树：《公司法与证券法修改应联动进行》，载《清华金融评论》2014 年第 11 期。

226. 谢怀栻：《大陆法国家民法典研究》，载《外国法译评》1994 年第 3 期。

227. 柳经纬：《〈民法总则〉不应是〈民法通则〉的"修订版"》，载《法学》2016 年第 10 期。

228. 王利明：《民法典的时代特征和编纂步骤》，载《清华法学》2014 年第 6 期。

229. 蒋大兴：《论民法典（民法总则）对商行为之调整——透视法观念、法技术与商行为之特殊性》，载《比较法研究》2015 年第 4 期。

230. 王保树：《竞争与发展：公司法改革面临的主题》，载《现代法学》2003 年第 6 期。

231. 王保树：《公司法律形态结构改革的走向》，载《中国法学》2012 年第 1 期。

232. 陈小君：《我国民法典：序编还是总则》，载《法学研究》2004 年第 6 期。

233. 王保树主编：《商事法论集》（第 20 卷），法律出版社 2012 年版。

234. 钱玉林:《公司法总则的再生》,载《环球法律评论》2019 年第 4 期。

235. 蒋大兴:《政治/政党与企业——政治权力参与资源分配的文明结构》,载《当代法学》2018 年第 1 期。

236. 叶林:《企业的商法意义及"企业进入商法"的新趋势》,载《中国法学》2012 年第 4 期。

237. 于飞:《论中国民法典序编的形式与内容——从各国民法典序编比较的角度》,载《西南民族大学学报》(人文社科版) 2006 年第 7 期。

238. 万方:《股权转让合同解除权的司法判断与法理研究》,载《中国法学》2017 年第 2 期。

239. 孙新宽:《分期付款买卖合同解除权的立法目的与行使限制——从最高人民法院指导案例 67 号切入》,载《法学》2017 年第 4 期。

240. 钱玉林:《分期付款股权转让合同的司法裁判——指导案例 67 号裁判规则质疑》,载《环球法律评论》2017 年第 4 期。

241. 谢鸿飞:《民法典与特别民法关系的建构》,载《中国社会科学》2013 年第 2 期。

242. 吴建斌:《指导案例裁判要点不能背离原案事实——对最高人民法院指导案例 67 号的评论与展望》,载《政治与法律》2017 年第 10 期。

243. 梁慧星:《论法律解释方法》,载《比较法研究》1993 年第 1 期。

244. 宁丽红:《分期付款买卖法律条款的消费者保护建构》,载《华东政法大学学报》2013 年第 2 期。

245. 胡云腾、于同志:《案例指导制度若干重大疑难争议问题研究》,载《法学研究》2008 年第 6 期。

246. 鲁小江、周哲斯:《商事指导案例裁判理由规范化》,载《中国应用法学》2017 年第 4 期。

247. 周翠:《民事指导性案例:质与量的考察》,载《清华法学》2016 年第 4 期。

248. 甘培忠:《论公司资本制度颠覆性改革的环境与逻辑缺陷及制度补救》,载《科技与法律》2014 年第 3 期。

249. 黄辉:《公司资本制度改革的正当性:基于债权人保护功能的法经济学分析》,载《中国法学》2015 年第 6 期。

250. 蒋大兴：《论股东出资义务之"加速到期"——认可"非破产加速"之功能价值》，载《社会科学》2019 年第 2 期。

251. 李建伟：《认缴制下股东出资责任加速到期研究》，载《人民司法（应用）》2015 年第 9 期。

252. 李志刚：《认缴资本制语境下的股权转让与出资责任》，载《人民司法（应用）》2017 年第 13 期。

253. 陈甦：《公司设立者的出资违约责任与资本充实责任》，载《法学研究》1995 年第 6 期。

254. 朱慈蕴：《股东违反出资义务应向谁承担违约责任》，载《北方法学》2014 年第 1 期。

255. 梁上上：《利益的层次结构与利益衡量的展开》，载《法学研究》2002 年第 1 期。

256. 梁上上：《未出资股东对公司债权人的补充赔偿责任》，载《中外法学》2015 年第 3 期。

257. 梁慧星：《民法总则重要条文的理解与适用》，载《四川大学学报（哲学社会科学版）》2017 年第 4 期。

258. 薛波：《公司法人格否认制度"入典"的正当性质疑——兼评民法总则"法人章"的立法技术》，载《法律科学》2018 年第 4 期。

259. 薛波：《公司减资违反通知义务时股东的赔偿责任——〈最高人民法院公报〉载"德力西"案评释》，载《北方法学》2019 年第 3 期。

260. 雷兴虎、薛波：《〈民法总则〉包容商事关系模式研究》，载《甘肃政法学院学报》2017 年第 1 期。

261. 薛波：《论公司法改革中商法思维的引入和运用》，载《北方法学》2017 年第 1 期。

262. 江平：《现代企业的核心是资本企业》，载《中国法学》1997 年第 6 期。

263. 王建文：《再论股东未届期出资义务的履行》，载《法学》2017 年第 9 期。

264. 郭富青：《资本认缴登记制下出资缴纳约束机制研究》，载《法律科学》2017 年第 6 期。

265. 彭真明：《论资本认缴制下的股东出资责任——兼评"上海香通公司诉

昊跃公司等股权转让纠纷案"》，载《法商研究》2018 年第 6 期。

266. 李飞：《公司法发起人的认定标准：为形式标准辩护》，载《华中科技大学学报（社会科学版）》2012 年第 2 期。

267. 蒋大兴：《"合同法"的局限：资本认缴下的责任约束——股东私人出资承诺之公开履行》，载《现代法学》2015 年第 5 期。

268. 王东光：《论股权转让人对公司债权人的补充责任》，载《法律科学》2020 年第 2 期。

269. 叶金强：《有限责任公司股权转让初探——兼论〈公司法〉第 35 条之修正》，载《河北法学》2005 年第 6 期。

270. 赵旭东：《资本制度变革下的资本法律责任——公司法修改的理性解读》，载《法学研究》2014 年第 5 期。

271. 陈甦：《论发起人的出资违约责任和资本充实责任》，载《法学研究》1999 年第 4 期。

272. 刘敏：《论未实缴出资股权转让后的出资责任》，载《法商研究》2019 年第 6 期。

273. 周林彬、余斌：《我国"减法"改革中公司减资制度的完善》，载《中山大学学报（社会科学版）》2015 年第 3 期。

274. 丁辉：《认缴登记制下公司减资制度研究》，载《河北法学》2017 年第 6 期。

275. 刘玉姝：《认缴资本制视野下公司减资制度的构建》，载《法律适用》2016 年第 7 期。

276. 曹文兵、朱程斌：《〈公司法〉第 177 条减资规定的完善和适用研究》，载《法律适用》2019 年第 14 期。

277. 谢晖：《"应当参照"否议》，载《现代法学》2014 年第 3 期。

278. 赵万一：《资本三原则的功能更新和价值定位》，载《法学评论》2013 年第 1 期。

279. 傅穹：《公司减资规则论》，载《法学评论》2004 年第 3 期。

280. 叶林：《商行为的性质》，载《清华法学》2008 年第 4 期。

281. 徐银波：《决议行为效力规则之构造》，载《法学研究》2015 年第 4 期。

282. 李志刚等：《公司法第一百七十七条之理解与适用：决议减资与债权人

保护》，载《人民司法（应用）》2017 年第 16 期。

283．冯果：《论公司资本三原则理论的时代局限》，载《中国法学》2001 年第 3 期。

284．王保树：《"资本维持原则"的发展趋势》，载《法商研究》2004 年第 1 期。

285．方嘉麟：《论资本三原则理论体系之内在矛盾》，载《政大法律评论》第 59 期。

286．江平、孔祥俊：《论股权》，载《中国法学》1994 年第 1 期。

287．雷兴虎、冯果：《论股东的股权与公司的法人财产权》，载《法学评论》1997 年第 2 期。

288．郭富青：《论公司债权人对未出资股东及利害关系人的求偿权》，载《北方法学》2016 年第 4 期。

289．张新宝：《我国侵权责任法中的补充责任》，载《法学杂志》2010 年第 6 期。

290．高圣平：《公司担保相关法律问题研究》，载《中国法学》2013 年第 2 期。

291．李建伟：《公司非关联性商事担保的规范适用分析》，载《当代法学》2013 年第 3 期。

292．吴飞飞：《公司担保案件司法裁判路径的偏失与矫正》，载《当代法学》2015 年第 2 期。

293．钱玉林：《公司担保中债权人"善意"的认定》，载《扬州大学学报（人文社会科学版）》2013 年第 5 期。

294．王毓莹：《公司担保规则的演进和发展》，载《法律适用》2021 年第 3 期。

295．徐海燕：《公司法定代表人越权签署的担保合同的效力》，载《法学》2007 年第 9 期。

四、中文网站

296．人民网：http://cpc.people.com.cn/n1/2018/1102/c64094-30377329.html.

297．光明网：http://politics.gmw.cn/2019-02/26/content_32567955.htm.

298. 国家统计局官网：http://www.stats.gov.cn/tjsj/sjjd/202007/t20200713_1775410.html.

299. 中国人大网：http://www.npc.gov.cn/npc/xinwen/2018-09/05/content_2060667.htm.

300. 中国法学会官网：https://www.chinalaw.org.cn/portal/article/index/id/17602/cid/54.html.

301. 中国政府法制信息网：http://www.chinalaw.gov.cn/art/2018/9/6/art_33_209138.html.

302. 法制网：http://www.legaldaily.com.cn/fxjy/content/2017-03/22/content_7063049.htm.

303. 无讼阅读：http://www.360doc.com/content/17/0421/00/35583591_647266612.shtml.

304. 中国法院网：http://www.chinacourt.org/article/detail/2017/04/id/2825849.shtml.

305. 证券时报网：http://sh.qihoo.com/pc/2s1cm3p6t1c?sign＝360_e39369d1.

306. 中国商法网：http://www.commerciallaw.com.cn/index.php/home/salon/info/id/50.html.

五、裁判文书

307.《最高人民法院公报》2011年第2期。

308.《最高人民法院公报》2018年第12期。

309. 上海市第二中级人民法院（2009）沪二中民四（商）初字第6号民事判决书。

310. 上海市第一中级人民法院（2011）沪一中民四（商）终字第363号民事判决书。

311. 上海市普陀区人民法院（2014）普民二（商）初字第5182号民事判决书。

312. 上海市第一中级人民法院（2013）沪一中民四（商）终字第1831号民事判决书。

313. 上海市第二中级人民法院（2017）沪02民终7061号民事判决书。

314. 上海市浦东新区人民法院（2014）浦民二（商）初字第 554 号民事判决书。

315. 上海市浦东新区人民法院（2013）浦民二（商）初字第 1073 号民事判决书。

316. 上海市第一中级人民法院（2015）沪一中民（商）终字第 384 号民事判决书。

317. 上海市第二中级人民法院（2016）沪民终第 6253 号民事判决书。

318. 上海市闸北区人民法院（2012）闸民二（商）初字第 525 号判决书。

319. 北京市高级人民法院（2009）高民终字第 1730 号民事判决书。

320. 江苏省常州市天宁区人民法院（2005）天民二初字第 497 号民事判决书。

321. 北京市第二中级人民法院（2014）二中民终字第 01813 号民事判决书。

322. 江苏省高级人民法院（2004）苏民终字第 056 号民事判决书。

323. 江苏省高级人民法院（2016）苏民申 5923 号民事裁定书。

324. 湖北省高级人民法院（2014）鄂民终字第 00006 号民事判决书。

325. 北京市第一中级人民法院（2012）一中民终字第 14962 号民事判决书。

326. 最高人民法院（2008）民二终字第 55 号民事判决书。

327. 江苏省高级人民法院（2014）苏商终字第 00406 民事判决书。

328. 湖北省十堰市中级人民法院（2013）鄂十堰中民二初字第 00021 号民事判决书。

329. 四川省成都市中级人民法院（2013）成民初字第 1815 号民事判决书。

330. 四川省高级人民法院（2014）川民终字第 432 号民事判决书。

331. 江苏省高级人民法院（2013）苏商终字第 0182 号民事判决书。

332. 四川省高级人民法院（2014）川民提字第 554 号民事判决书。

333. 最高人民法院（2012）民再审申字第 310 号民事判决书。

334. 江西省高级人民法院（2017）赣民申 241 号民事判决书。

335. 山东省高级人民法院（2018）鲁 03 民终 1633 号民事判决书。

336. 广东省高级人民法院（2017）粤 71 民终 151 号民事判决书。

337. 河南省高级人民法院（2015）豫法民一终字第 00120 号民事判决书。

338. 最高人民法院（2016）民再 301 号民事判决书。

339. 江苏省昆山市人民法院（2013）昆商外初字第 0059 号民事判决书。

340. 四川省高级人民法院（2016）川民再 232 号民事判决书。

341. 四川省成都市高新技术开发区人民法院（2017）川 0191 执异字第 100 号民事裁定书。

342. 浙江省嘉兴市中级人民法院（2017）浙 04 民终 1929 号民事判决书。

343. 四川省成都市中级人民法院（2016）川 01 民终 9841 号民事判决书。

344. 浙江省海宁市人民法院（2016）浙 0481 民初 7455 号民事判决书。

345. 浙江省高级人民法院（2018）浙民申 2313 号民事裁定书。

346. 湖北省当阳市人民法院（2016）鄂 0582 民初 343 号民事判决书。

347. 安徽省宣城市中级人民法院（2019）皖 18 民初 84 号民事判决书。

348. 宁夏回族自治区银川市中级人民法院（2017）宁 01 执异 88 号执行裁定书。

349. 江苏省高级人民法院（2015）苏商终字第 00140 号民事判决书。

350. 江苏省镇江市中级人民法院（2014）镇商初字第 49 号民事判决书。

351. 上海市徐汇区人民法院（2013）徐民二（商）初字第 1227 号民事判决书。

352. 上海市第二中级人民法院（2016）沪 02 民终 10330 号民事判决书。

353. 湖南省湘潭市中级人民法院（2014）潭中民二初字第 20 号民事判决书。

354. 湖北省武汉市中级人民法院（2018）鄂 01 民终 134 号民事判决书。

355. 最高人民法院（2016）最高法民申 1112 号民事裁定书。

356. 上海市第一中级人民法院（2014）沪一中民四（商）终字第 1340 号民事判决书。

357. 上海市青浦区人民法院（2016）沪 0118 民初 5823 号民事判决书。

358. 广东省深圳市中级人民法院（2012）深中法商终字第 2037 号民事判决书。

359. 最高人民法院（2012）民提字第 25 号民事判决书。

360. 最高人民法院（2016）最高法民申第 1112 号民事裁定书。

361. 山东省济南市中级人民法院（2014）济商初字第 149 号民事判决书。

362. 江苏省南京市建邺区人民法院（2013）建商初字第 369 号民事判决书。

363. 最高人民法院（2010）民提字第 79 号民事判决书。

364. 湖北省高级人民法院（2012）鄂民二终字第 00084 号民事判决书。

365. 上海市第二中级人民法院（2017）沪 02 民终 521 号民事判决书。

366. 上海市浦东新区法院（2015）浦民二（商）初字第 1866 号民事判决书。

367. 浙江省杭州市中级人民法院（2017）浙 01 民终 6510 号民事判决书。

368. 山东省高级人民法院（2011）鲁商终字第 12 号民事判决书。

369. 江苏省高级人民法院（2015）苏商再提字第 00102 号民事判决书。

370. 广州市中级人民法院（2014）穗中法金民终字第 1718 号民事判决书。

371. 山东省菏泽市中级人民法院（2013）菏民一终字第 642 号民事判决书。

372. 浙江省平阳县人民法院（2013）温平商初字第 455 号民事判决书。

373. 浙江省临海市中级人民法院（2009）台临商初字第 205 号民事判决书。

六、外文文献

374. Bank of United States v. Deveaux，9 U.S.（5 Cranch）61；3 L. Ed. 38（1809）.

375. Phillip I. Blumberg：The Law of Corporate Groups，p.132.

376. Income Tax Assessment Act 1936（Cth），Pt，IVA.

377. Berkey v. Third Avenue Ry.，244 N.Y.84，94，155 N.58.61（1926）.

378. See e.g.，H A J Ford，R P Austin and I M Ramsay，Ford's Principles of Corporations Law（9thed，1999）［4.400］；Briggs v. James Hardie & Co. Pty Lth.（1989）16 NSWLR 549，578.

379. Frank H. Easterbrook & Daniel R. Fischel，"Limited Liability and the Corporation"，52U. Chi. L. Rev. 89，89（1985）；see also John Farrar，"Fraud，Fairness and Piercing the Corporate Veil"（1990）16 Canadian Business Law Journal 474，478.

380. R B Thompson，"Piercingc the Corporate Veil：An Empirical Study"（1991）76 Cornell Law Review 1036.

381. Stein，JuS 2014，320，321ff.

382. Vgl. Knöringer，Die Assessorklausur im Zivilprozess，12. Aufl.，2008，S.93.

383. Zöller/Vollkommer，& 546 Rn.6.

384. Vgl. Stein，JuS 2014，320，320.

385. Steven C. Bahis：Application of corporate connon law Doctrines to limited liability companies，montana law Review，winter，1994，p.55.

386. See Fank H. Easterbrook and Daniel R. Fischel：The Economic Structure of Corporate Law，Harvard University press，1998，pp.41—44.

387. Bitter，Rauhut. Crundzüge zivilrechtlicher Methodik-Schlüssel zueiner gelunfenen Fallbearbeitung. JuS，2009，297f.

388. Ceoffrey Morse，Company Law ［A］. Sweat & Maxwell，1995（90）.

389. Robert W. Hamilton：Corporation incuding Partnerships and Limited Partnerships Case and Materials. Third Edition，West Publishing Co，1986，182.

390. Berle，The Price of Power：Sale of Corporate Control，50 Cornell L Q 628（1965），pp.637—638.

391. Einzelheiten dazu bei OLG München CmbHR 1985，56.

392. The Company Law Review Steering Group（1999），Modern Company Law For a Competitive Economy：Company Formation and Captial Maintenance，para.3.27—3.25.

393. Eilis Ferran，Principles of Corporate Finance Law，Oxford University Press，2008，pp.190—202.

394. John Armor，Share Capital and Creditor Protection：Efficient Rules for a Modern Company law，The Modern Law Review Limited，2000，p.194.

395. Ferran，Eilis，Company Law and Corporate Finance，Oxford University Press，1999，p.355.

396. See Reforming Capital：Report of the Interdisciplinary Group on Capital Maintenance，European Business Law Review，Vol.15，2004，Lssue，p.922.

后记：游弋在民法和商法中的十年

这本小书是我近十年来关于民、商两法关系的部分所思、所想、所感、所悟。

回首这十年，我始终游弋在民法和商法之间，时断时续、时快时慢地思考着民商两法的界分和融合问题。这些碎片化的思考前后跨度近十年，其中，最早的有我硕士学位论文修改后的一部分《〈民法典〉实施后企业财团抵押权制度研究》；最近的，亦有刚刚完成的《公司法人财产所有权确立的历史意蕴和当代价值》一文。

博士毕业已逾五年，原本没有结集出版的打算，一方面，这些论文中的好多观点都已经发表了，无需再重述；另一方面，自己对这些成果也难言满意，怕浪费纸张和资源，供之于学林后，沦为笑柄。在好友和同学的不断催促和询问之下，遂改变之前的初衷和想法。如果这本小书能给后来研习者提供一些资料的合集，能给他人一点点启发和查询的方便，亦是难得的收获。本书大部分内容曾发表在《法律科学》《社会科学战线》《学术界》《甘肃社会科学》《学术论坛》《北方法学》《湖北社会科学》《法治研究》以及《月旦民商法杂志》等刊物上。感谢周青、杨文德、王京、陈彦晶、肖新喜、邹秋淑、沈红宇、刘英玲等编辑的慧眼，是他们使这些稚嫩、不那么周延的文字得以发表，也满足了我内心那些莫名的虚荣。

在当前学术研究工作高度"技术化"和"内卷化"的背景下，一篇好的文章不达到两万字以上，不罗列一大堆数据和模型，不做上十个八个图表，成百上千个案例，似乎难以显露作者高深的学问和扎实的功底。可是高度"技术化"和"实证化"的背后，又有多少思想性和可读性呢？翻看历史，大浪淘沙，能被历史铭记的，寥寥无几。我从未以"学者"自居，更未敢说"以学术为志业"

（马克斯·韦伯语）之类崇高的话。在我心中"学术"是一项神圣的事业。微博言，今天做了明天还必须做的是职业，今天做了明天还想做的是志业。"以学术为志业"近乎奢望，我只是以我手写我心，不问收获。如果要究问为什么会有这些文字，也只是将一些或对或错、或不着边际的时不时"冒出"在脑际的不成熟想法，形诸文字，整理成册，以给自己的人生做一些交代。

古人有云："自悔少作。"这次结集出版，实际上做了不小的修订和改动：一是对较早之前发表的文稿中的部分错谬进行了改正。当再次重读这些或略显唐突、或不够准确、或过于武断的表述时，心头总是会泛起就此作罢、不再进行下去的想法。不过，总体来说，还是说服自己使之保持发表时的原貌。既然是当时的想法，就有必要尊重和留痕，即便丑陋和不堪，那也是自己的。二是由于《民法典》已经于2020年5月28日顺利颁布，对《民法典》颁布之前写就的部分文章的一些内容，结合最新的立法资料和《民法典》具体条文做了局部调整和修订。三是对书稿中部分重合的观点和注释，做了删减、合并和润色，力争使全书内容融为一体，以从理论、制度、实践三个维度全方位、立体化地展现本书"民商关系"这一"线索"和"主题"。

感谢无数人的宽容、帮助和提携，才使得生性愚钝的我，能够顺利完成博士学业并且能够不那么违心地选择生活的道路。

感谢我的父亲，是他生前的"命令"让我南下江城武汉读博。他教会我正直、勇敢、坦诚和豁达，是他告诉我"只要'想做'一件事，就能做成"。这十年来，父亲无时无刻不萦绕在我周身和脑际，给予我无尽的力量和勇气。感谢博士导师雷兴虎教授，有幸和老师缘聚于美丽的"南湖之滨"，他教会我精益求精的学术品格，低调踏实的为人以及一个和谐美满的家庭对于事业/人生的重要性。每当我打球回来看到老师和师母携手散步，温暖溢于言表。感谢硕士导师郭富青教授，是他帮我打开了法学研究和思考的那扇窗，如果没有老师，我不会步入法学研究的殿堂。每每和老师交流，总能从他那里获得无尽的收益。感谢强力教授，他润物细无声、高超的表达和简化艺术，让我体会到人生的宽阔和圆润。读硕士时，强导电子邮件发送给我的"读、说、听、写、想"一体化学习方法，让我受益无穷。感谢妻子曹竞，她的可爱、善良、善解人意以及"大智若愚（她自封的）""慵懒"和"嘴馋"，都给我人生带来了"暖阳"和"霞光"，和她在一起，我总能感受到无尽的赤诚和快乐。感谢我的母亲，她的勤劳、善良和热情诠释了中国大地上无数个慈母对儿女无条件的挚爱和付出。感谢我的岳父和岳母，他们帮我分担了很多操劳，他们质朴、中正的为人，深深感染了我。感谢姐夫和姐姐，他们的鼓励和帮助，让我能心无旁骛地完成博士学业。成书之际，恰逢女儿胖君（君君）降临，她是上天给我的奖赏和恩赐，在她的吱吱呀呀欢笑中，我体会到了为人父的快乐。

感谢我工作的第一站单位深圳市罗湖区委（政府）办公室，在那里工作了近两年，带给我许多不一样的体验和思考。罗湖区作为深圳经济特区最早开发的城区，可以说是四十多年深圳改革开放的聚焦和缩影。在那里工作期间，我直观地感受到了中国基层政府和基层治理的逻辑、当前中国社会治理面临的难题和挑战以及中国共产党人的初心和使命，也让我时刻谨记：无论做什么，个人的思考和研究一定要扎根于中国大地和中国社会，要相信"智慧在民间"，才有可能产生共频、共振的效果，而不是自说自话、自封自圣、自我陶醉。在那两年时间里，也有幸结识了很多要好的领导和同事，收获了关怀和友谊，是我一生的财富。

感谢夏红梅和谢贵春伉俪，是他们牵线搭桥促成本书出版。感谢学生钟成杰和林婷儿，她们帮我校对了文稿和格式。

前路漫漫，我迎接和期待下一个十年。

2021 年 7 月 13 日仲夏于深圳福田寓所

图书在版编目(CIP)数据

民法典时代民商关系论/薛波著.—上海:上海
人民出版社,2021
ISBN 978 - 7 - 208 - 17314 - 9

Ⅰ.①民… Ⅱ.①薛… Ⅲ.①民法-法典-研究-中
国 Ⅳ.①D923.04

中国版本图书馆 CIP 数据核字(2021)第 175563 号

责任编辑 夏红梅
封面设计 甘 璐

民法典时代民商关系论
薛 波 著

出   版 上海人民出版社
          (200001 上海福建中路 193 号)
发   行 上海人民出版社发行中心
印   刷 上海商务联西印刷有限公司
开   本 720×1000 1/16
印   张 20.5
插   页 2
字   数 325,000
版   次 2021 年 8 月第 1 版
印   次 2021 年 8 月第 1 次印刷
ISBN 978 - 7 - 208 - 17314 - 9/D·3827
定   价 78.00 元